Le Grand
Guide de
l'Aquarium

CONSTRUIRE, AMÉNAGER ET ENTRETENIR VOTRE AQUARIUM

LE GRAND GUIDE DE l'Aquarium

CONSTRUIRE, AMÉNAGER ET ENTRETENIR VOTRE AQUARIUM

Thierry Maître-Allain

Sélection
du Reader's Digest

PARIS•BRUXELLES•MONTRÉAL•ZURICH

LE GRAND GUIDE DE L'AQUARIUM

est une publication de
SÉLECTION DU READER'S DIGEST

CRÉATION et RÉALISATION
ATP Chamalières - France

Conception éditoriale :
Hervé Chaumeton

Coordination éditoriale :
Valérie Blanchout
Muriel Bresson
Stéphanie Castaing
Assistées de :
Laurence Borot
Carole Ferrari

PAO :
Vincent Allier, Stéphane Josse, Nathalie Mathonnat,
Isabelle Savignat, Isabelle Véret

DAO :
Christophe Courtier, Philip Loup, Vincent Moulinot

Assistance graphique et dessins :
Myriam Bach, Rémi Brugière,
Anne Guillemain, Jacques Theillard

Lecture-correction :
Sylvie Mascle, Valérie Sper, Dominique Szenes

Avec la collaboration de l'équipe éditoriale
de Sélection du Reader's Digest.

Remerciements :
Christian Chamfort et Sébastien Lasserre (aquarium tropical d'Arcachon, Gironde),
Luc Tramasset et Laurent Godin (club aquariophile d'Aquitaine, Cestras, Gironde),
Patrick Louisy (aquarium du cap d'Agde, Hérault), Pisciculture Montacq (Nogaro, Gers),
Christian Piednoir (AquaPress), Alain Breitenstein.

DEUXIÈME ÉDITION
Troisième tirage

© 1995, Sélection du Reader's Digest, SA
212, boulevard Saint-germain, 75007 Paris
©1999, NV Reader's Digest, SA
20, boulevard Paepsem, 1070 Bruxelles
©1995, Sélection du Reader's Digest, SA
Räffelstrasse 11, «Gallushof», 8021 Zurich
© 1995, Sélection du Reader's Digest (Canada), Limitée
1100, boulevard René-Lévesque Ouest, Montréal, Québec H3B 5H5
ISBN : 2-7098-1101-4

Sommaire

Autrefois réservée à de graves savants enfermés dans leur laboratoire, l'aquariophilie a aujourd'hui pignon sur rue. On voit se multiplier les commerces ou les rayons spécialisés dans les supermarchés autant que les grands aquariums publics et les publications... Enfants et adultes de plus en plus nombreux, sont captivés par le spectacle de cette nature, normalement inaccessible, qui s'offre à eux quotidiennement. Il y a presque autant d'espèces d'amateurs que d'espèces de poissons : les quasiment professionnels, les petits, les modestes, les spécialisés. Il y a les fous d'aquarium qui y consacrent tout leur temps et, toute leur énergie, et les velléitaires ; les jeunes, les moins jeunes, les scientifiques ou les néophytes, les actifs, les retraités... Le monde des aquariophiles est très diversifié, ce qui fait sa richesse.

Une étrange lucarne

Cette appellation s'appliqua à ses débuts au téléviseur, qui ouvrait dans nos salons une fenêtre sur un autre monde. L'aquarium, qui, lui aussi, nous met en contact avec un univers différent, mais habité par des êtres vivants celui-là. On s'occupe, bien sûr, de sa mise en valeur : choix de l'emplacement,

Bac amazonien dans le cabinet d'un dentiste face au fauteuil occupé par le patient. ▽

esthétique du décor et des poissons. Il devient alors un centre d'attraction, et peu à peu relègue au second plan les photos, les tableaux, voire la télévision.

Depuis une dizaine d'années environ, la présence d'aquariums dans les lieux publics ou semi-publics se développe. Dans les établissements scolaires, ils représentent un réel outil pédagogique et permettent l'observation des animaux dans des conditions rappelant celles du milieu naturel.

Les aquariums sont également très utilisés dans le secteur médical. La couleur verte souvent dominante, le silence, le spectacle vivant captivent l'attention. Présents dans les salles d'attente de certains médecins et dentistes, on les rencontre également dans les salles de rééducation en kinésithérapie, les hôpitaux, voire les établissements psychiatriques. Plus récemment, des aquariums ont été installés dans des prisons.

Aquariophilie, science et aquaculture

L'aquariophilie contribue au développement de la recherche scientifique concernant les milieux aquatiques. Les domaines d'utilisation sont variés : biologie animale et végétale, écologie, reproduction, alimentation, comportement. Certaines espèces sont utilisées pour tester la toxicité de substances polluantes, ou supposées telles.

L'aquaculture, la production d'êtres vivants dans un but généralement alimentaire, présente des similitudes avec l'aquariophilie. Dans les deux cas, il s'agit en effet de maintenir en captivité et de faire se reproduire des poissons dans les meilleures conditions possibles.

L'utilisation de l'aquarium a permis d'affiner les données concernant, par exemple, l'élevage de larves de poissons marins destinés à la consommation humaine. L'aquariophilie peut également contribuer à la préservation

d'espèces menacées de disparition pour diverses raisons. On peut étudier leur comportement, leur reproduction, et envisager ainsi la production de jeunes qui seront relâchés dans le milieu naturel.

À l'inverse, l'aquariophilie est régulièrement accusée de participer à la destruction de certains milieux.

En effet, si la grosse majorité des poissons d'eau douce vient de l'élevage, il n'en est pas de même pour les poissons marins, qui sont principalement capturés en milieu naturel. Les prélèvements effectués sont sans commune mesure avec les besoins de l'aquariophilie, à cause des mauvaises conditions de capture et de transport. Pour un poisson marin arrivé vivant dans un aquarium, combien sont morts lors de la capture, effectuée parfois dans des conditions douteuses, pendant le transport ou au cours de l'acclimatation ? En ce sens, le reproche est donc justifié. Le remède serait d'effectuer des contrôles plus sérieux et d'améliorer les techniques, afin que l'aquariophilie demeure dans les limites d'une prédation modérée.

À LA RECHERCHE DE L'ÉQUILIBRE

L'époque des poissons rouges tournant en rond dans un bocal est révolue, un aquarium, aujourd'hui, est bien plus que cela : c'est une « tranche » de nature reconstituée, qui nécessite la préservation d'un équilibre permanent. La nature, lorsqu'elle n'est pas perturbée par de graves déséquilibres, obéit à un certain nombre de lois. Être aquariophile, c'est comprendre ces lois et les reproduire dans un milieu réduit, où la densité des animaux et des végétaux sera nettement supérieure. L'aquariophile est l'ordonnateur de tous les phénomènes qui se déroulent dans son mini-univers. Mais cette apparente toute-puissance est en réalité conditionnée par une règle absolue : le résultat doit toujours se rapprocher de ce qui existe dans la nature. Sinon, la sanction sera sévère : à terme, la mort de l'aquarium !

L'AQUARIUM, OU L'ÉCOLOGIE AUTREMENT

Ce milieu clos se prête donc particulièrement à la compréhension de certains phénomènes écologiques et constitue une excellente introduction à cette science, apparue au siècle dernier, qui ne s'est popularisée que depuis une vingtaine d'années. Elle ne concerne pas uniquement l'homme et son environnement, comme beaucoup le pensent, mais recouvre tous les mécanismes régulant les relations entre les êtres vivants et leur milieu.

LE MONDE DE L'AQUARIOPHILIE

Enfin, même si de nombreux aquariophiles, surtout débutants, demeurent isolés, il est extrêmement profitable de prendre contact avec les nombreux clubs et associations.

△ Les aquariums publics participent au petit monde de l'aquariophilie en offrant la richesse de leurs bacs aux yeux de tous. Salmonidés dans l'aquarium Le Bugue.

L'eau, milieu de vie

Sans eau, il n'y aurait pas de vie sur notre planète.
Mais une eau trop pure n'est pas favorable au développement
d'organismes vivants. Ce sont les éléments qu'elle contient
qui permettent ce développement. Faire vivre et se reproduire
plantes et poissons en aquarium demande donc certaines
connaissances de base sur les caractéristiques de l'eau,
élément de notre environnement quotidien mais souvent
mal connue en tant que milieu de vie.

LES EAUX DOUCES

Ces eaux sont également appelées eaux continentales, terme plus juste du point de vue scientifique. Les eaux continentales ne représentent que 2,6 % des eaux du globe, le reste étant constitué par les mers et les océans. De ce volume, il faut encore déduire 98 % d'eaux stériles, sous forme de glaciers et d'eaux souterraines, et il ne reste donc pour abriter les organismes vivants que les eaux des rivières, des lacs et des étangs, soit 2 % à peine du volume total des eaux continentales.

LA TEMPÉRATURE

Paramètre important pour la vie aquatique, la température régule la croissance des animaux et des végétaux et influe sur le taux d'oxygène ainsi que sur de nombreux autres facteurs.

Contrairement à la température interne des mammifères, qui est réglée et pratiquement stable, celle des poissons et autres animaux d'aquarium varie selon celle de l'eau dans laquelle ils se trouvent. Ils ne peuvent vivre qu'à certaines températures, quelques espèces étant plus sensibles que d'autres aux variations de ce paramètre.

Les eaux douces tropicales se caractérisent par des variations de température moins importantes que celles des zones tempérées comme la France ; leur amplitude est de 20 à 30 °C. Localement, l'ombre fournie par la forêt tropicale rafraîchit l'eau, tandis que la température s'élève dans les eaux calmes sous l'influence directe du soleil.

En aquariophilie, une température moyenne de 25 °C est le plus souvent recommandée, et des variations de 1 à 2 °C sont sans conséquences. Sur une brève période (inférieure à 24 heures), les poissons sont même susceptibles de résister à des écarts plus importants. En revanche, sur une plus longue durée, leur métabolisme (c'est-à-dire le fonctionnement général de leur organisme) risque d'être fortement perturbé ; la mort peut survenir à plus ou moins long terme. Il faut également signaler que des températures trop basses favorisent parfois le développement de certaines maladies.

L'OXYGÈNE ET LE GAZ CARBONIQUE

Tandis que l'air contient environ 20 % d'oxygène, les eaux les plus oxygénées contiennent rarement plus de 1 % de ce gaz dissous.

Les poissons possèdent des organes performants – les branchies – qui leur permettent d'en extraire la plus grande partie (voir Anatomie et biologie).

△ *L'utilisation d'un combiné chauffant permet de maintenir la température d'un aquarium à une valeur quasi constante.*

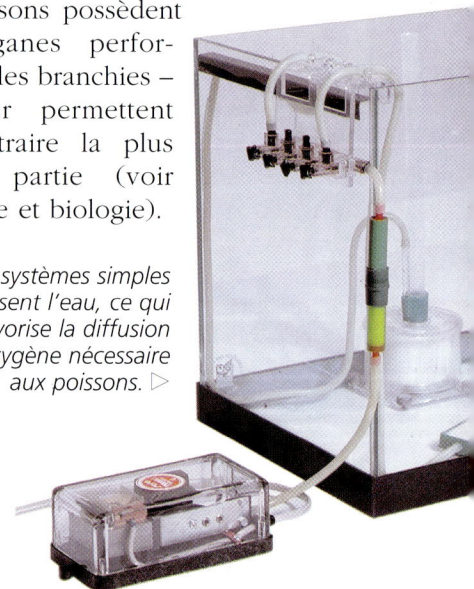

Des systèmes simples brassent l'eau, ce qui favorise la diffusion de l'oxygène nécessaire aux poissons. ▷

QUELQUES EXEMPLES DE TEMPÉRATURES DANS LES MILIEUX AQUATIQUES (EN °C)				
FRANCE		ZONES TROPICALES		
Rivières de montagne	Rivières de plaine	Amérique du Sud, rivières amazoniennes	Sud-Est asiatique, zones marécageuses	Afrique, grands lacs
4 - 14 à 15	6 - 18 à 20	23 - 28	26 - 28	25 - 27

PRODUCTION ET CONSOMMATION D'OXYGÈNE

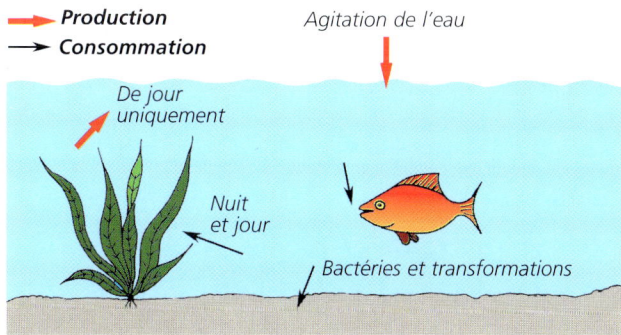

→ **Production**
→ **Consommation**

Agitation de l'eau

De jour uniquement

Nuit et jour

Bactéries et transformations

PRODUCTION ET CONSOMMATION DE GAZ CARBONIQUE

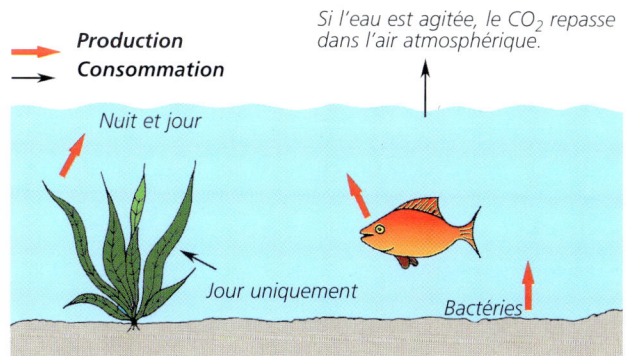

Si l'eau est agitée, le CO_2 repasse dans l'air atmosphérique.

→ **Production**
→ **Consommation**

Nuit et jour

Jour uniquement

Bactéries

Jour et nuit, tous les êtres vivants absorbent de l'oxygène et rejettent du gaz carbonique. De jour uniquement, les plantes, grâce à la photosynthèse, produisent de l'oxygène après avoir capté du gaz carbonique.

L'oxygène sert également à la respiration des végétaux et d'organismes invisibles à l'œil nu que l'on oublie souvent : les bactéries. Ces dernières transforment la matière organique issue des êtres vivants (excréments, débris divers) ; les réactions chimiques mises en jeu dans ces transformations demandent également de l'oxygène.

L'oxygène de l'eau provient de la dissolution de l'oxygène de l'air, qui est favorisée par le mouvement des eaux : vent, courant, dénivellation. Plus une eau est agitée, plus elle est oxygénée. De même, les végétaux apportent aussi de l'oxygène ; ils en produisent par photosynthèse, mais uniquement de jour. La quantité maximale d'oxygène que peut contenir une eau dépend de la température : plus cette dernière est élevée, moins l'eau peut contenir d'oxygène (à 25 °C, il y a 18 % d'oxygène de moins qu'à 15 °C).

L'oxygène se mesure en mg/litre, et son dosage est assez délicat. Les eaux les plus brassées, donc les plus oxygénées, en contiennent 8 à 10 mg/litre, les eaux les plus pauvres parfois moins de 2 mg/litre.

En aquarium, en tenant compte du brassage recommandé, la teneur en oxygène est en général à son maximum. Les problèmes, rares, surviennent lorsque l'équilibre général n'est pas respecté (surpopulation de poissons, faible quantité de plantes), ou lorsque le matériel ne fonctionne pas (oubli, panne, coupure de courant).

Le gaz carbonique provient de la respiration des poissons, des plantes, des bactéries. Le brassage de l'eau, qui facilite son oxygénation, diminue par conséquent le taux de gaz carbonique, qui passe dans l'air atmosphérique. Dans un aquarium, le CO_2 est plutôt rare, ce qui, dans une certaine mesure, peut se révéler préjudiciable pour les plantes. En effet, de jour, grâce à la photosynthèse, les plantes absorbent le gaz carbonique pour en tirer le carbone nécessaire à leur croissance.

Un équilibre permanent doit donc s'établir entre oxygène, gaz carbonique, plantes et poissons. Cet équilibre se modifie la nuit, période pendant laquelle les végétaux cessent de produire de l'oxygène.

Le gaz carbonique est, par ailleurs, l'un des principaux facteurs influant sur le pH.

LE pH

Le pH mesure l'acidité ou l'alcalinité d'une eau. La valeur 7 représente la neutralité ; en dessous de cette valeur, l'eau est acide ; au-dessus, elle est alcaline ou basique. Qualifier une eau d'acide ne signifie pas qu'elle contienne des acides dangereux : dans les ruisseaux et les rivières des forêts, l'eau se charge en matières organiques acides, les acides humiques, provenant de la décomposition des végétaux (humus) ; elle est reconnaissable à sa couleur jaune ambré.

En général, la vie aquatique n'est possible qu'entre 5 et 9. Ces valeurs extrêmes sont rarement atteintes en aquarium, où le pH varie entre 6 et 8 selon le type d'eau ; il est le plus souvent compris entre 6,5 et 7,5. En aquariophilie, on parle d'une eau acide lorsque le pH est compris entre 6 et 6,8 ; pour une eau basique, il est de 7,2 à 8.

Teneur maximale d'une eau en oxygène en fonction de la température. ▽

T °C	O_2 mg/litre
15	10,1
16	9,9
17	9,7
18	9,5
19	9,3
20	9,1
21	8,9
22	8,7
23	8,6
24	8,4
25	8,3
26	8,1
27	7,9
28	7,8

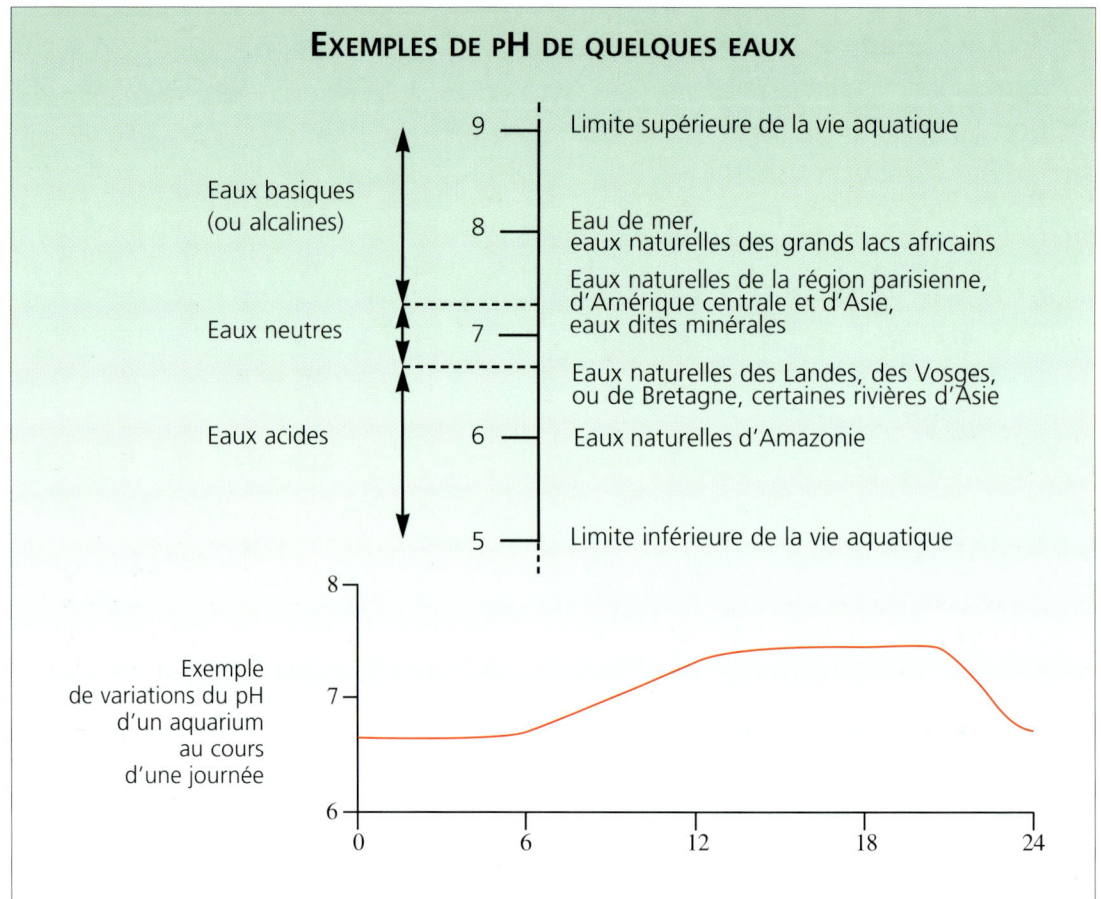

EXEMPLES DE pH DE QUELQUES EAUX

9 — Limite supérieure de la vie aquatique

Eaux basiques
(ou alcalines)

8 — Eau de mer,
eaux naturelles des grands lacs africains

Eaux naturelles de la région parisienne,
d'Amérique centrale et d'Asie,
eaux dites minérales

Eaux neutres   7 —

Eaux naturelles des Landes, des Vosges,
ou de Bretagne, certaines rivières d'Asie

Eaux acides   6 — Eaux naturelles d'Amazonie

5 — Limite inférieure de la vie aquatique

Exemple
de variations du pH
d'un aquarium
au cours
d'une journée

*La mesure du pH
s'effectue grâce
à un test
colorimétrique :
l'eau de
l'aquarium
contenant
quelques gouttes
du test est
comparée à une
échelle
colorimétrique,
ce qui permet
de déterminer
assez précisément
la valeur du pH.* ▽

De 6,8 à 7,2, on considère que l'eau est neutre. Les variations de pH sont principalement dues à des activités biologiques : la nuit, le gaz carbonique produit par les êtres vivants acidifie l'eau, et le pH descend légèrement. Une fois le gaz carbonique absorbé par les plantes pendant la journée, le pH remonte.

Si de faibles variations sont donc normales, de plus forts écarts peuvent révéler un problème. Le pH constitue un bon indicateur de l'équilibre en aquarium, et c'est à ce titre un paramètre à mesurer régulièrement. Grâce à un indicateur coloré que l'on ajoute à un échantillon d'eau, on compare la couleur obtenue à l'échelle colorimétrique fournie avec l'indicateur ; il existe également des pH-mètres électroniques.

Ajustement du pH

L'eau dont vous disposez n'a pas forcément un pH qui convient aux poissons que vous avez choisis. De plus, lorsqu'un aquarium est en service, le pH peut s'élever ou s'abaisser, lentement mais très régulièrement. Certains produits du commerce aquariophile permettent d'ajuster le pH, mais il existe d'autres moyens de le modifier.

• *Si le pH est trop élevé*
– on peut couper l'eau avec une eau plus acide ;
– on peut limiter le brassage de l'eau. Le gaz carbonique s'élimine moins rapidement, et il en reste dans l'eau pour l'acidifier. Soyez prudent, car diminuer le brassage réduit également l'oxygénation ;
– on peut filtrer l'eau de l'aquarium sur de la tourbe, qui va libérer certains acides. Par tâtonnements et en mesurant régulièrement

| pH | 5,0 | 5,5 | 6,0 | 6,5 | 7,0 |
| pH | 7,0 | 7,5 | 8,0 | 8,5 | 9,0 |

le pH, on arrive à déterminer la quantité de tourbe nécessaire au maintien d'une certaine valeur du pH.

• *Si le pH est trop bas*

– on peut couper l'eau avec une eau plus basique, en général une eau dure (voir La dureté) ;

– on peut augmenter le brassage de l'eau, ce qui favorise l'élimination du CO_2 dissous dans l'eau et fait remonter le pH ;

– on peut filtrer l'eau sur un matériau calcaire, roche ou coquilles d'huître brisées en petits fragments. Dans ce cas, la dureté augmente également.

LA DURETÉ

La dureté d'une eau correspond à l'ensemble des substances à base de calcium (Ca) et de magnésium (Mg) qu'elle contient. Les principales substances, que l'on appelle des sels, sont les carbonates, les bicarbonates et les sulfates.

Une eau de dureté nulle ne contient aucun de ces sels : c'est le cas de l'eau distillée.

Les eaux de certaines régions (région parisienne, Normandie, Quercy, Causses) ont une dureté assez élevée, principalement due au calcaire (ou carbonate de calcium).

La dureté d'une eau dépend en effet des terrains qu'elle a traversés : plus ils contiennent de roches calcaires et magnésiennes,

Des malettes disponibles dans le commerce offrent la panoplie de tests nécessaires à l'aquariophile même débutant pour contrôler la plupart des paramètres importants de l'eau. ▽

plus l'eau est dure. Pour un usage domestique, dans une machine à laver par exemple, on remarque qu'il faut alors augmenter la quantité de lessive. Au-delà d'une certaine dureté (voir tableau p. 17), l'eau est impropre à la consommation humaine ou à tout autre usage. Une eau de dureté faible, qui contient donc peu de sels de calcium et de magnésium, est dite douce. Ce terme désigne un certain type d'eau, et non pas, comme on le croit à tort, toutes les eaux douces. Une eau de dureté élevée est dite

LES CHAÎNES ALIMENTAIRES

Dans la nature

Dans l'eau comme sur terre, la vie n'est possible que grâce à la lumière. Les végétaux (plancton microscopique ou plantes) l'absorbent avec le gaz carbonique (CO_2) et utilisent les sels minéraux, qui jouent le rôle d'engrais. Ces végétaux servent d'aliments à des poissons herbivores ou omnivores, qui eux-mêmes nourrissent les poissons carnivores. À ce niveau, le dernier maillon de la chaîne peut être aquatique (dauphin, requin), terrestre (homme) ou aérien (oiseau). Lorsque les organismes aquatiques meurent, ils tombent au fond : leur corps est dégradé par l'action des bactéries, la matière recyclée en sels minéraux ; la chaîne est donc bouclée (lorsqu'ils sont vivants, ce sont les produits d'excrétion qui sont recyclés).

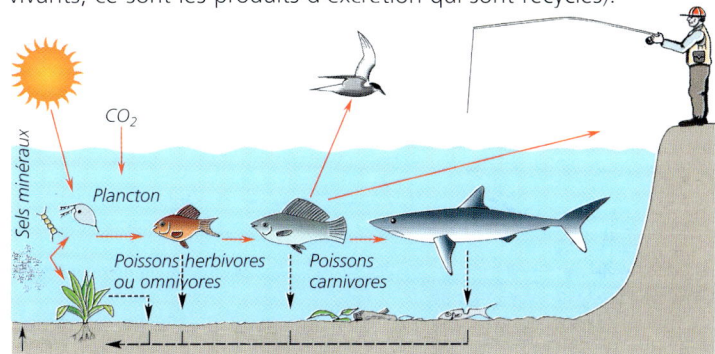

Dans l'aquarium

En aquarium, on a affaire à une chaîne simple : il est en effet hors de question de faire cohabiter des poissons carnivores avec leurs proies ! Les poissons sont alimentés par l'aquariophile, bien que, dans certains cas, ils puissent se nourrir des végétaux qui se développent dans l'aquarium.

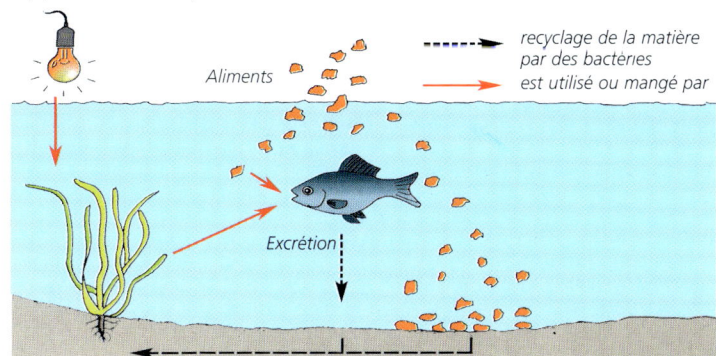

LA TOURBE

La tourbe provient de la décomposition de végétaux en milieu acide et sans oxygène. Le processus dure plusieurs centaines d'années et produit finalement une tourbière d'où est extraite la tourbe, fibreuse et compacte.

Elle colore l'eau en jaune ambré et l'acidifie, ce qui lui donne de légères propriétés antiseptiques : certaines maladies se déclarent moins souvent en eau acide. Il faut éviter d'utiliser de la tourbe horticole, parfois enrichie en divers produits, et lui préférer de la tourbe à usage aquariophile disponible dans le commerce. Faites-la bouillir, durant 15 minutes environ, avant de l'utiliser.

Hemigrammus erythrozonus. △

En Amérique du Sud, dans la région amazonienne, l'eau a une couleur allant du jaune ambré au brun, due à la présence de feuilles et de branches séjournant dans l'eau. Afin d'obtenir les caractéristiques de ce type d'eau en aquarium (faible dureté, pH inférieur à 7, coloration), on utilisera de la tourbe parmi les masses filtrantes.

Pterophyllum scalare. ▽

LE CALCIUM (CA)

Le calcium est un élément très important pour la vie aquatique. Les végétaux en contiennent peu, les animaux beaucoup plus : le calcium entre dans la composition du squelette des poissons, de la carapace des crustacés et de la coquille des mollusques (dans ces deux derniers cas, sous forme de carbonate de calcium, $CaCO_3$). Le calcium et le magnésium sont plus abondants dans les eaux dures.

quantité de substances à base de calcium et de magnésium.

En aquariophilie, on distingue en général trois groupes d'eaux :

– les eaux douces, TH de 1 à 10 °fr., qui sont en général acides ;

– les eaux de dureté moyenne, TH de 10 à 20 °fr., neutres ou légèrement basiques ;

– les eaux dures, TH supérieur à 20 °fr., nettement basiques.

Nous verrons dans cet ouvrage que certaines familles de poissons ne s'adaptent qu'à certains types d'eaux.

La mesure du TH

On utilise un indicateur coloré, dont le nombre de gouttes nécessaires pour obtenir un changement de couleur donne le degré. Malheureusement, ce dernier n'est pas le même selon le pays d'origine du matériel d'analyses, certains produits donnent un degré allemand. La correspondance est la suivante :

1 °all. = 1,78 °français

1 °fr. = 0,56 °allemand.

• *Comment connaître l'unité utilisée par le fabricant d'un produit ?*

Il suffit de mesurer un TH connu, par exemple celui d'une eau en bouteille (voir p. 23). Si l'on obtient la valeur figurant sur l'étiquette, ce sont des degrés français. Sinon, ce sont des degrés allemands, que l'on doit multiplier par 1,78. Si l'on n'obtient aucun des deux résultats, il y a probablement eu une erreur de manipulation, ou bien le test est périmé.

Relations entre le TH et le TAC

Nous avons vu précédemment que des variations importantes du pH sont préjudiciables à la vie aquatique, surtout si elles sont rapides. Pour pallier cet inconvénient, la nature a prévu un paravent, le TAC (titre alcalimétrique complet). Plus il est élevé, moins le pH risque

dure. La dureté d'une eau s'exprime en degrés français (°fr.), qu'il ne faut pas confondre avec les degrés Celsius (°C) de la température : 1 °fr. équivaut à 10 mg/litre de calcaire. Le terme scientifiquement exact pour désigner la dureté est le titre hydrotimétrique (TH), l'hydrotimétrie étant la mesure de la

LA DURETÉ DE L'EAU

EAU ADOUCIE ET EAU OSMOSÉE

Les adoucisseurs domestiques produisent une eau dont les sels calcaires ont été piégés par une résine spéciale, mais, en contrepartie, elles sont chargées d'autres substances, dont le sodium. Leur usage n'est pas recommandé en aquariophilie.

L'eau osmosée, très faiblement minéralisée, s'obtient par utilisation d'un osmoseur branché sur une canalisation d'eau potable. Grâce à une membrane particulière, cet appareil retient plusieurs substances, dont les sels à base de calcium.

L'eau obtenue est donc très intéressante en aquariophilie ; il faut cependant bien calculer ses besoins, car un osmoseur est un investissement non négligeable, pas forcément indispensable si l'on ne possède que quelques aquariums.

QUELQUES EXEMPLES DE DURETÉ (TITRE HYDROTIMÉTRIQUE)

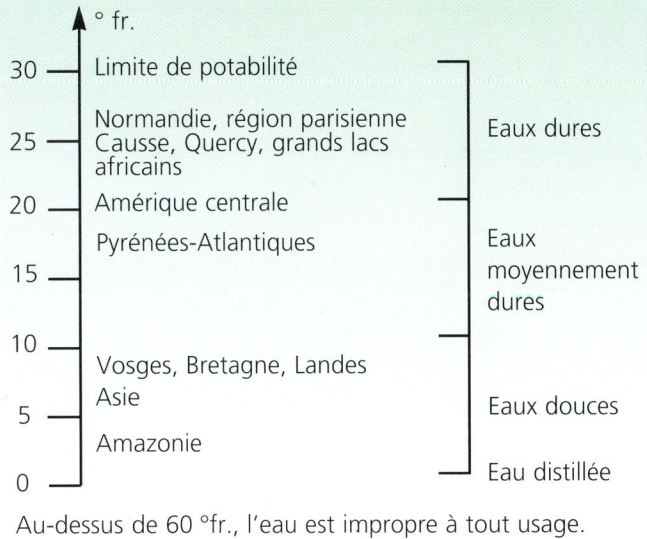

° fr.

30 —	Limite de potabilité	
25 —	Normandie, région parisienne Causse, Quercy, grands lacs africains	Eaux dures
20 —	Amérique centrale	
	Pyrénées-Atlantiques	Eaux moyennement dures
15 —		
10 —		
	Vosges, Bretagne, Landes Asie	Eaux douces
5 —		
	Amazonie	
0 —		Eau distillée

Au-dessus de 60 °fr., l'eau est impropre à tout usage.

COMMENT RECONNAÎTRE RAPIDEMENT UNE EAU DURE ?

Avec une eau dure, le savon donne beaucoup de mousse, ce qui n'est pas le cas avec une eau douce ou avec de l'eau distillée.

DURETÉ : POUR ÉVITER LES CONFUSIONS

L'utilisation de différents termes ou abréviations rend la notion de dureté parfois confuse. Le tableau ci-dessous rassemble les expressions que l'on rencontre habituellement dans la littérature aquariophile.

Nom français légal	Synonyme	Symbole français	Symbole allemand	Caractéristiques
Titre hydrotimétrique	Dureté totale	TH	GH	Mesure tous les sels de calcaire et de magnésium.
Titre alcalimétrique complet	Dureté temporaire Dureté carbonatée	TAC THCA	KH	Ne mesure que les carbonates et bicarbonates de calcium et de magnésium.

Le titre hydrotimétrique est l'une des premières données à prendre en compte pour l'étude d'une eau aquariophile. Au fil de cet ouvrage, nous emploierons souvent le terme dureté, devenu courant, bien que ce ne soit pas l'appellation légale. Le titre alcalimétrique complet (TAC) ne mesure que les carbonates et les bicarbonates, ces derniers étant majoritaires dans une eau douce dont le pH est inférieur à 8.

△ *Le barbus de Sumatra* (Capoeta tetrazona, *ici la variété dorée) préfère une eau de dureté faible à moyenne, notamment pour la reproduction.*

de varier de manière importante, et inversement. Ce phénomène, appelé pouvoir-tampon de l'eau, ne se produit donc pas dans une eau douce et acide. Il y a une relation entre le TAC et le titre hydrotimétrique : plus la valeur du TAC se rapproche du TH, plus l'eau est considérée comme équilibrée. Si le TAC vaut moins de 75 % du TH, on peut supposer qu'il y a un problème, il est donc recommandé de ne pas utiliser des eaux présentant cette caractéristique.

Modification de la dureté d'une eau

Dans certains cas, l'eau dont on dispose possède une dureté qui ne convient pas à l'utilisation aquariophile souhaitée. Dans la majeure partie des cas, on dispose d'une eau un peu trop dure dont il faut diminuer le TH pour l'utiliser dans un aquarium d'ensemble ou dans un bac de reproduction.
Dans d'autres cas, moins courants, l'eau est légèrement trop douce, et l'on doit remonter le TH.

• *Diminution du TH*
On peut utiliser des eaux de faible dureté que l'on mélangera à l'eau trop dure. Plusieurs solutions sont possibles (voir pp. 21-23) :
– l'eau de pluie ;
– les eaux de source et de forage ;
– l'eau de dégivrage du réfrigérateur ;

– l'eau de fonte des neiges ;
– l'eau distillée, vendue en bouteille dans le commerce ;
– certaines eaux dites minérales ;
– les eaux naturelles douces provenant de cours d'eau.
Selon les cas, le volume d'eau douce dont on peut disposer est donc plus ou moins important et plus ou moins coûteux. Pour remplir un aquarium de quelques centaines de litres avec une eau d'une dureté précise, il est parfois nécessaire de procéder à de nombreuses manipulations fastidieuses, à l'aide de divers récipients.
Dernière recommandation : il faut éviter d'utiliser l'eau provenant d'un adoucisseur domestique, les sels de calcaire étant remplacés par d'autres sels. L'eau osmosée (voir p. 17) est une solution attirante, mais l'achat de l'appareil représente un certain investissement.

• *Augmentation du TH*
On peut couper l'eau concernée avec une eau naturelle plus dure, en général plus facile à trouver qu'une eau douce, ou bien placer des roches calcaires dans l'aquarium, en mesurant régulièrement l'augmentation du TH, ou encore filtrer l'eau sur des coquilles d'huître brisées en petits fragments.
La modification de la dureté d'une eau s'accompagne d'une modification du pH : en augmentant la dureté de l'eau, on élève le pH, et inversement.

Obtention d'une eau d'une dureté précise

On suppose que l'on dispose de deux types d'eaux, une dure et une douce, pour « fabriquer » une eau intermédiaire :
– eau n° 1, TH de 20 °fr. ;
– eau n° 2, TH de 5 °fr. ;
– eau souhaitée, TH de 10 °fr.
On calcule :
TH eau n° 1 – TH eau souhaitée = 20 – 10 = 10.
TH eau souhaitée – TH eau n° 2 = 10 – 5 = 5.
En utilisant 10 litres d'eau n° 2 et 5 litres d'eau n° 1, on obtient 15 litres d'eau à 10 °fr. Pour remplir un bac de 150 litres, il faudra 150 : 15 = 10 fois ce mélange, c'est-à-dire 50 litres d'eau n° 1 et 100 litres d'eau n° 2. Autre exemple avec les mêmes eaux : pour remplir le même bac avec une eau à 15 °fr., il faudra 100 litres d'eau n° 1 et 50 litres d'eau n° 2.

LA TURBIDITÉ

La turbidité d'une eau est due à la présence de matières en suspension, qu'il s'agisse d'organismes vivants, constituant le plancton (rare dans un aquarium), ou de matières inertes : ce sont des débris d'origine animale ou végétale, ou des particules de sédiments, notamment de la vase.

La taille des matières en suspension va de quelques millièmes de millimètres à quelques millimètres. Dans une eau calme, peu agitée, elles sédimentent d'autant plus rapidement qu'elles sont lourdes. Dans les eaux courantes ou agitées, une partie reste en permanence en suspension et provoque une turbidité plus ou moins prononcée.

Dans un aquarium, où l'eau est toujours en mouvement, des systèmes plus ou moins perfectionnés (voir La filtration) permettent de garder une eau claire. Cela ne présente que des avantages :
– l'aspect visuel et esthétique est favorisé ;
– la lumière nécessaire aux plantes pénètre plus facilement dans l'eau pour les atteindre ;
– les risques de maladies, notamment au niveau des branchies, sont limités ;
– il y a peu de sédimentation sur le sol de l'aquarium, ce qui limite son colmatage et la transformation des matières organiques.

LES PRODUITS AZOTÉS ET LE CYCLE DE L'AZOTE

L'azote (N) est un des composants de substances dissoutes dans l'eau qui proviennent principalement de l'excrétion des poissons. De structure plus ou moins complexe, elles sont rapidement transformées en ammoniaque (NH_3 ou NH_4^+), produit très toxique pour tous les animaux. C'est là qu'interviennent l'oxygène et des bactéries pour transformer l'ammoniaque en nitrites (NO_2^-), eux aussi très toxiques. D'autres bactéries, toujours en présence d'oxygène, les transforment à leur tour en nitrates (NO_3^-), peu toxiques pour les poissons et utilisables par les végétaux comme engrais. L'ensemble de ces transformations est appelé le cycle de l'azote. Dans la nature, des éléments terrestres peuvent intervenir (voir schéma). Les plantes étant à la base de la chaîne alimentaire, cette dernière s'inclut dans le cycle de l'azote. En aquarium, le problème est différent. Certains poissons se nourrissent partiellement de végétaux, mais la grande majorité est alimentée par l'aquariophile : il y a parfois surplus d'aliments. Le cycle de l'azote est donc modifié. Il est très important que l'équilibre de ce cycle soit respecté. Pour cela, il faut ne pas maintenir un trop grand nombre de poissons et ne pas les suralimenter. Il est bon également de planter l'aquarium, c'est-à-dire lui fournir un nombre suffisant de végétaux, et de favoriser la présence et le déroulement des bactéries en veillant à ce que l'eau soit bien oxygénée, donc brassée. Des changements d'eau partiels et réguliers permettent d'éliminer les surplus d'aliments, les matières organiques diverses et les nitrates inutilisés par les plantes. Un filtre biologique favorise le déroulement du cycle de l'azote.

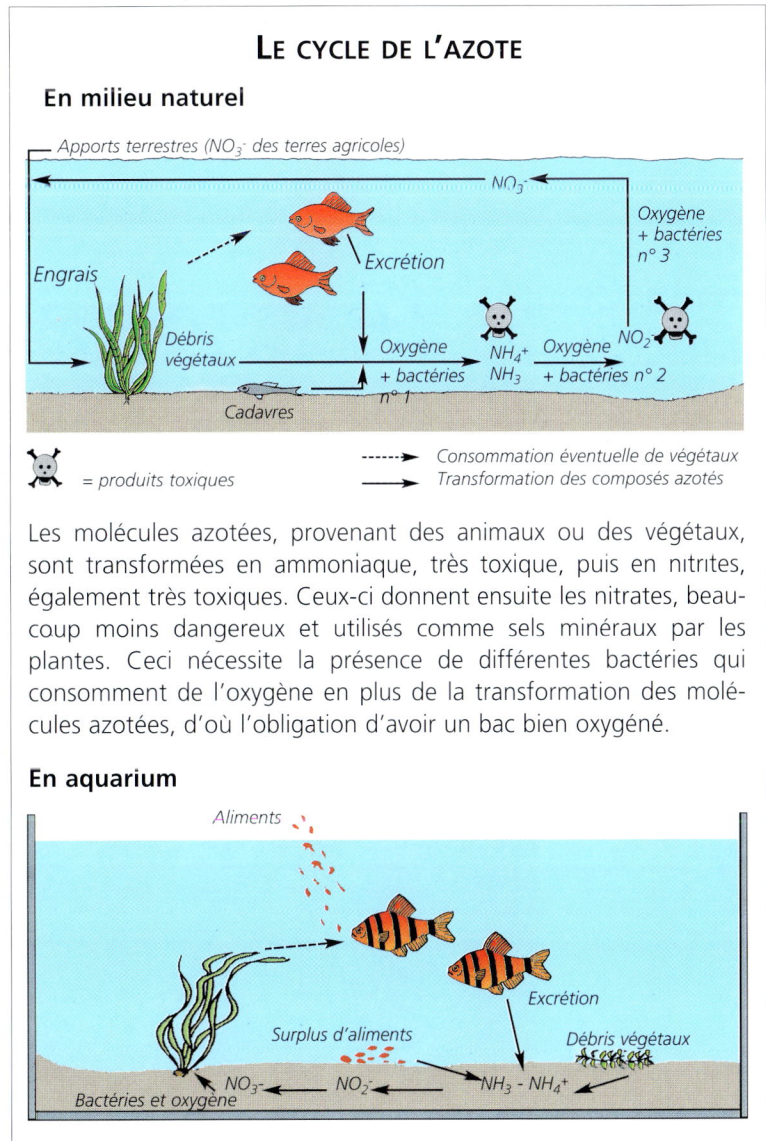

LE CYCLE DE L'AZOTE

En milieu naturel

Apports terrestres (NO_3^- des terres agricoles)

NO_3^-

Oxygène + bactéries n° 3

Engrais

Excrétion

Débris végétaux

Oxygène + bactéries n° 1

NH_4^+ NH_3

Oxygène + bactéries n° 2

NO_2^-

Cadavres

☠ = produits toxiques

- - - → Consommation éventuelle de végétaux
——→ Transformation des composés azotés

Les molécules azotées, provenant des animaux ou des végétaux, sont transformées en ammoniaque, très toxique, puis en nitrites, également très toxiques. Ceux-ci donnent ensuite les nitrates, beaucoup moins dangereux et utilisés comme sels minéraux par les plantes. Ceci nécessite la présence de différentes bactéries qui consomment de l'oxygène en plus de la transformation des molécules azotées, d'où l'obligation d'avoir un bac bien oxygéné.

En aquarium

Aliments

Excrétion

Surplus d'aliments

Débris végétaux

Bactéries et oxygène NO_3^- ← NO_2^- ← NH_3 - NH_4^+

LES COMPOSÉS AZOTÉS				
Composés azotés	**Symbole**	**Concentration en milieu naturel**	**Teneur limite en aquarium**	**Observations**
Ammoniaque	NH_3 , NH_4^+	0,005 à 0,05 mg/litre	0,4 mg/litre	1 mg/litre peut être supporté pendant quelques heures.
Nitrites	NO_2^-	0,001 à 0,05 mg/litre	0,1 mg/litre	1 mg/litre peut être supporté pendant 24 heures.
Nitrates	NO_3^-	0,01 mg/litre à quelques dizaines suivant les régions	100 mg/litre	Il est prudent de ne pas dépasser 50 mg/litre.

Les bactéries du cycle de l'azote

Rares en pleine eau (1 % du total environ), les bactéries colonisent le sol et le décor. Elles se développent grâce à l'oxygène, en transformant les matières azotées.

Dans le cas de la mise en service d'un aquarium, la colonisation du milieu par les bactéries s'effectue lentement ; il est donc préférable de n'introduire les poissons sélectionnés qu'au bout de 2 ou 3 semaines suivant les cas.

La toxicité des composés azotés

La concentration des composés azotés dans un aquarium est plus élevée qu'en milieu naturel équilibré, et il y a des limites à ne pas dépasser (voir tableau ci-dessus).

L'ammoniaque se rencontre sous deux formes différentes dans l'eau, c'est la somme des deux qui ne doit pas dépasser 0,4 mg/litre. L'ammoniac gazeux dissous NH_3 est le plus dangereux, il n'apparaît qu'au-delà de pH 7 et dépasse rarement 10 % de l'am-

Les nitrates, produits finals du cycle de l'azote, sont utilisés comme sels minéraux par les plantes. ▷

LE DOSAGE DES NITRITES (NO_2^-)

Dans un aquarium bien équilibré, aucune substance azotée ne doit dépasser le seuil limite. L'ammoniaque et les nitrates étant plus délicats à doser, ce sont les nitrites qu'il faut analyser régulièrement. Un indicateur coloré vendu dans le commerce donne une couleur plus ou moins prononcée en fonction de la quantité de nitrites. Si ces derniers sont trop abondants :

– soit on se trouve face à un déséquilibre général (trop de poissons, trop d'aliments) qui entraîne une forte production d'ammoniaque, donc de nitrites ;

– soit il y a un problème au niveau de la transformation des nitrites en nitrates, souvent un manque d'oxygène nécessaire aux bactéries.

Le taux de nitrites, tout comme le pH évoqué précédemment, est un bon indicateur de l'état d'équilibre d'un aquarium ; il importe de le mesurer régulièrement.

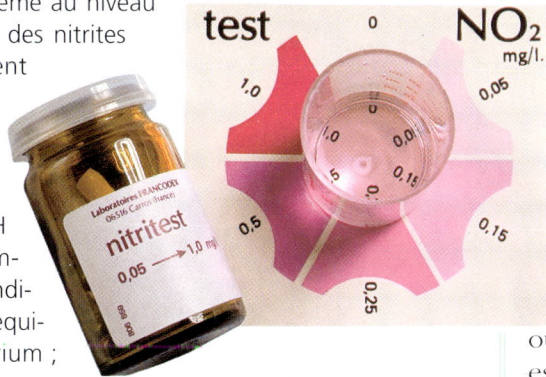

△ Plus la couleur rose est foncée, plus il y a de nitrites dans l'échantillon testé.

dépasse jamais quelques millièmes de mg/litre, certains deviennent toxiques au-delà (cas du cuivre, par exemple).

Origine et qualité des eaux douces utilisées en aquariophilie

Le moyen le plus simple et le moins cher pour obtenir de l'eau est d'ouvrir le robinet, mais il existe d'autres possibilités, notamment pour se procurer des eaux naturelles.

• *L'eau du robinet*

À partir du moment où elle est potable, ce qui est obligatoire, il n'y a pas de raisons pour qu'elle ne convienne pas à nos poissons.

Dans un certain nombre de régions françaises, elle est parfois un peu trop dure (TH supérieur à 20 °fr.) ; il faut donc envisager de la mélanger avec une eau plus douce.

L'eau du robinet ne doit jamais être introduite en grande quantité dans un aquarium où il y a déjà des poissons, il convient de la laisser reposer 24 heures pour éliminer les gaz en excès (dus à la pression). Dans le cas du remplissage d'un bac pour sa mise en service, ce n'est pas obligatoire, car elle ne recevra pas de poissons avant un certain temps.

• *Les eaux naturelles*

La plupart du temps, les eaux naturelles proches de votre domicile ont des caractéristiques voisines de celle du robinet, puisqu'elles approvisionnent en grande partie le réseau.

Cependant, plus ou moins localement, on peut rencontrer des eaux possédant des caractéristiques différentes.

• *Les eaux de source*

Ce sont les plus intéressantes car les plus pures : pas de matières en suspension, peu ou pas de matières organiques, bonne qualité bactériologique.

moniaque total. La forme ionisée NH_4^+ est un peu moins dangereuse et prédomine par rapport à l'autre forme.

LES AUTRES SUBSTANCES DISSOUTES

De nombreuses autres substances se retrouvent en solution dans l'eau ; leur teneur est en général faible et ne pose pas de problèmes, certaines sont même très bénéfiques, comme les oligoéléments. Sous ce nom sont regroupés des éléments divers, entre autres les vitamines et les métaux, en très petites quantités indispensables à la vie.

Le fer, par exemple, entre dans la composition de l'hémoglobine, pigment rouge du sang qui véhicule l'oxygène capté par les branchies. Il joue également un rôle dans la photosynthèse des plantes, qui ont tendance à jaunir si elles en manquent.

Le manganèse est également important ; il entre dans la composition de la chlorophylle, pigment vert des végétaux, qui leur permet d'absorber la lumière et de se développer. D'autres métaux sont naturellement présents dans les eaux ; leur concentration ne

CARACTÉRISTIQUES OPTIMALES D'EAUX DOUCES POUVANT CONVENIR EN AQUARIOPHILIE

Paramètres	Caractéristiques optimales	Observations
Couleur	Incolore	Les eaux colorées en jaune renferment des matières organiques.
Turbidité	Nulle	L'eau doit être limpide et cristalline.
Odeur	Nulle	Certaines eaux contenant des matières organiques possèdent une odeur caractéristique d'humus.
Température	Inf. à 25 °C	Il est préférable de recueillir des eaux dont la température est comprise entre 5 et 15 °C.
pH	6 à 9	Il vaut mieux qu'il soit compris entre 6,5 et 7,5.
Oxygène	Le maximum	C'est le cas des sources et des ruisseaux. Les eaux stagnantes et calmes ne conviennent pas.
Dureté	Inf. à 30 °fr.	Au-delà de 20 °fr., il faudra mélanger avec de l'eau douce (sauf dans de rares cas, pour certains poissons).
Ammoniaque	Inf. à 0,4 mg/litre	Cette valeur est rarement atteinte dans une eau équilibrée.
Nitrites	Inf. à 0,1 mg/litre	C'est la limite de potabilité.
Nitrates	Inf. à 50 mg/litre	C'est la limite de potabilité, parfois dépassée dans les régions agricoles.

LES EAUX UTILISABLES EN AQUARIUM

Type d'eau	Caractéristiques	Utilisation aquariophile
Eau du robinet	Variable suivant les régions, souvent un peu dure et alcaline dans les grandes agglomérations.	Brute, ou après mélange. Remplissage total ou partiel d'un aquarium.
Eau de dégivrage du réfrigérateur	Dureté nulle ou très faible, pH voisin de la neutralité.	Coupage d'une eau dure et basique.
Eau distillée ou déminéralisée	Neutre, douce.	Coupage d'une eau dure et basique.
Eaux en bouteille	Variables. Volvic est une des plus douces.	Coupage d'une eau dure et basique. Localement, il existe un certain nombre d'eaux en bouteille assez douces pour cette utilisation.
Eaux naturelles		
Eau de pluie	Douce et acide (ou neutre), elle contient parfois des substances polluantes.	Coupage d'une eau dure. Utilisation à éviter en zone urbaine ou industrialisée.
Eau de fonte des neiges	Peu minéralisée et proche de la neutralité.	Coupage d'une eau dure. À ne recueillir que si elle est très propre.
Eau de source ou de ruisseau	Variables suivant la région, en général peu turbides.	Remplissage partiel ou total d'un aquarium, mélange avec d'autre eaux.
Eau de forage	Variable suivant les terrains traversés, peu turbide.	Remplissage partiel ou total d'un aquarium, mélange avec d'autres eaux.
Mares, étangs, partie aval des rivières	Variables, mais souvent turbides.	À ne pas utiliser, risque microbiologique.

• *Les eaux de forage*

Elles sont également de bonne qualité, mais contiennent parfois des gaz en excès. Dans certains cas, elles sont légèrement ferrugineuses, ce qui peut être intéressant pour la croissance des plantes.

• *Les eaux de pluie*

Douces et acides, elles sont utiles pour couper une eau trop dure. On les récupère dans des récipients en plastique ; s'ils sont placés sous une gouttière, il faut veiller à ne pas recueillir la première eau, qui a nettoyé le toit. Dans les zones urbaines et industrielles, l'eau de pluie est susceptible de contenir des substances polluantes, il est donc préférable de ne pas l'utiliser.

• *Les eaux stagnantes* (*mares, étangs*) *et calmes* (*partie aval des cours d'eau*)

Elles sont souvent turbides et peuvent présenter un risque bactériologique, il est donc préférable de ne pas les utiliser.

L'eau déminéralisée ou distillée

Leur pH est neutre ou très légèrement acide, leur dureté nulle ou très faible. En raison de leur coût, elles ne sont utilisées que pour être mélangées à une eau dure, ou pour remplir un petit aquarium de reproduction. Rappelons ici qu'il ne faut pas se servir d'eau adoucie.

Les eaux en bouteille

Elles sont appelées à tort eaux minérales, puisque certaines ne contiennent que peu de minéraux et sont assez douces. Il n'est pas question de remplir un bac volumineux bouteille par bouteille ; ces eaux seront utilisées comme l'eau distillée.

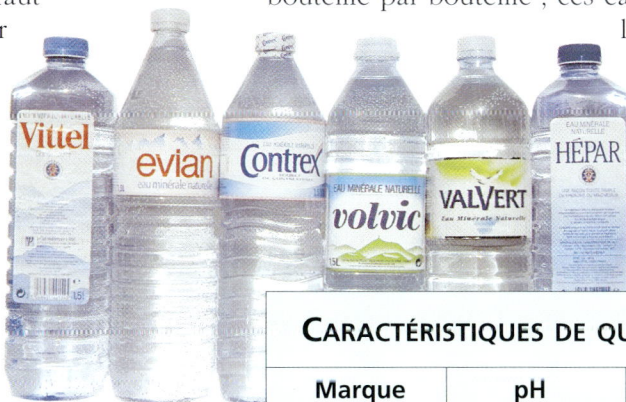

◁ *Certaines eaux, dites minérales, peuvent être utilisées en aquariophilie.*

CARACTÉRISTIQUES DE QUELQUES EAUX EN BOUTEILLE

Marque	pH	TH (°fr.)	TAC (°fr.)
Volvic	7	5	5
Valvert	7,2 - 7,4	15 - 17	14 - 16
Évian	7,2 - 7,4	29 - 30	29 - 30

Volvic est très connue des aquariophiles qui ont besoin d'une eau douce pour reproduire certaines espèces de poissons. Valvert représente le type même d'une eau moyennement dure, et Évian peut servir à vérifier un test de dureté (voir p. 16).

L'EAU DE MER

La principale différence entre les eaux douces et l'eau de mer provient du fait que cette dernière contient de nombreux sels lui donnant certaines caractéristiques particulières, qu'il est impératif de connaître.

△ *Une très bonne qualité d'eau de mer est nécessaire en aquariophilie marine, surtout pour maintenir des invertébrés, en particulier les anémones et les coraux.*

LA TEMPÉRATURE

La température des eaux marines tropicales varie peu dans la journée et sur une année. Les poissons marins sont d'ailleurs généralement plus sensibles aux brusques variations que les poissons d'eau douce. En aquarium, la température doit donc être assez stable, aux alentours de 25 à 26 °C.

LA SALINITÉ

L'eau de mer contient des sels dont le plus important est le chlorure de sodium (NaCl), notre sel de cuisine, mais il en existe bien d'autres.

La salinité de l'eau, c'est-à-dire la quantité de sels présente dans l'eau, s'exprime en ‰ ou en g/litre. La moyenne de la salinité des océans de la planète est de 35 ‰ environ, soit 35 g/litre de sels environ.

Quelle que soit la valeur de la salinité, l'eau de mer présente une propriété remarquable : la quantité de chaque élément est constante.

Une eau dessalée ne contient donc pas un ou plusieurs sels en moins, mais c'est l'ensemble des sels qui se trouve en proportion inférieure.

L'eau de mer est plus ou moins salée selon les zones géographiques. La salinité est maximale en pleine mer, sous les tropiques ; elle est plus faible près des côtes ou après de fortes pluies, et très faible près des pôles (influence de la fonte des glaces).

LA DENSITÉ

En aquariophilie marine, on ne mesure pas la salinité de l'eau mais sa densité, donnée par la formule suivante :

$$\text{densité} = \frac{\text{poids de 1 litre d'eau de mer}}{\text{poids de 1 litre d'eau pure}} \times 1\,000$$

Il n'y a pas d'unité.

Plus une eau est salée, plus sa densité est élevée. Cette dernière varie également selon la température (elle diminue si la température s'élève). Des tables donnent la correspondance entre salinité et densité en fonction de la température, qui est relativement constante (25-26 °C) en aquarium. La densité est une donnée facilement utilisable et suffit pour estimer la salinité ; elle doit varier entre 1 022 et 1 024.

LE TAC

Contrairement au titre hydrotimétrique, qui ne s'utilise qu'en eau douce, le titre alcalimétrique complet

Le densimètre, indispensable en aquariophilie marine. ▷

MESURE DE LA DENSITÉ

La densité se mesure avec un densimètre, qui flotte d'autant plus que l'eau est salée. On lit avec précaution la valeur de la densité au niveau de l'eau. Dans le commerce, la plupart des densimètres comprennent également un thermomètre. Il est préférable d'utiliser le densimètre en dehors de l'aquarium, l'agitation des eaux ne permettant pas une lecture aisée. On utilise donc une éprouvette ou un récipient transparent (bouteille PVC par exemple) dans lequel on fait flotter le densimètre. Lorsqu'il devient immobile, on lit la valeur correspondante au niveau de l'eau (1023, en fonction du schéma ci-dessous, et non 1022). Pour vérifier si votre densimètre fonctionne correctement, il suffit de mesurer la densité d'une eau distillée ou très douce, elle doit être égale à 1000.

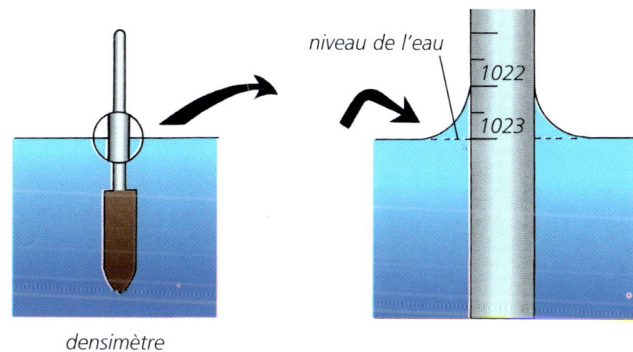

niveau de l'eau — 1022 — 1023

densimètre

QUELQUES EXEMPLES DE SALINITÉ ET DE DENSITÉ D'EAUX MARINES

Zones géographiques	Côtes atlantiques françaises	Côtes méditerranéennes françaises	Océan Atlantique	Zones récifales tropicales	Mer Rouge
Salinité en ‰	25-35	33-37	34-35	32-35	35-38
Densité	1 015-1 025	1 022-1 027	1 022-1 023	1 021-1 024	1 023-1 026

est employé en eau de mer, où il sert à mesurer la quantité de carbonates et de bicarbonates de calcium et de magnésium. C'est une notion importante pour le maintien du pH et pour la croissance des coraux, dont le squelette est composé de carbonate de calcium.

LES PRINCIPAUX COMPOSANTS DE L'EAU DE MER

L'eau de mer contient plus de soixante éléments. Le chlore est le premier, il représente plus de 54 % de la masse totale des sels, le sodium arrive en deuxième position avec 30 % environ.

La réunion des deux forme le chlorure de sodium, principal sel de l'eau de mer qui constitue 85 % du total environ ; les autres sels ne représentent donc que 15 %, mais ils sont tout aussi importants. Magnésium, soufre, calcium, potassium et brome sont les éléments les plus abondants après le sodium.

LE pH

L'eau de mer étant salée, son pH est supérieur à celui d'une eau douce. Une eau purement marine, en plein océan, possède un pH de 8,3. Près des côtes, il diminue pour atteindre 8 ou un peu moins, en raison de l'apport d'eau douce qui dessale l'eau de mer. En aquarium, le pH d'une eau de mer doit varier entre 8 et 8,5 ; au-delà de ces valeurs, les animaux risquent de rencontrer des problèmes physiologiques.

Les variations de pH en aquarium marin

L'eau de mer contient beaucoup de carbonate et de bicarbonate de calcium, et les variations du pH en milieu naturel sont faibles.

Il en va autrement en aquarium, milieu clos fonctionnant en circuit fermé. Le pH ne doit pas y descendre en dessous de 8, mais on constate souvent une baisse lente et régulière de ce paramètre. Pourquoi ? L'eau d'un aquarium peut parfois présenter un excès de gaz carbonique qui a tendance à faire descendre le pH.

Que faire ? Il faut d'abord mesurer le TAC :
– s'il est inférieur à 13 °fr., il faut ajouter du calcium ou renouveler une partie de l'eau. Cela reste toutefois assez rare dans un aquarium sans coraux, peuplé uniquement de poissons ;
– s'il est supérieur à 13 °fr., il y a excès de gaz carbonique. Il faut alors augmenter le brassage de l'eau avec des diffuseurs ou avec une pompe.

LE CYCLE DE L'AZOTE

Il se réalise de la même manière en eau de mer et en eau douce. Dans un aquarium marin, la végétation est souvent moins abondante qu'en eau douce ; les nitrates, produits terminaux du cycle de l'azote, auront donc tendance à s'accumuler.

À forte dose, ils sont peu dangereux pour les poissons mais toxiques pour les invertébrés, plus particulièrement pour les coraux. Il est donc important de les éliminer en

---

T °C	Densité							
	1 012	1 019	1 020	1 021	1 022	1 023	1 024	1 025
22	26,7	28,1	29,4	30,7	32,0	33,4	34,7	36,0
23	27,1	28,4	29,8	31,1	32,4	33,7	35,1	36,4
24	27,5	28,8	30,1	31,5	32,8	34,1	35,4	36,8
25	27,9	29,2	30,5	31,9	33,2	34,5	35,8	37,2
26	28,3	29,6	30,9	32,3	33,6	34,9	36,2	37,6
27	28,7	30,0	31,3	32,7	34,0	35,3	36,7	37,8
28	29,1	30,9	31,8	33,1	34,4	35,8	37,1	38,4

SALINITÉ (EN ‰) EN FONCTION DE LA TEMPÉRATURE ET DE LA DENSITÉ

En aquariophilie, pour une température de 25-26 °C, la densité doit varier entre 1 022 et 1 024.

OÙ S'ADRESSER POUR CONNAÎTRE LES CARACTÉRISTIQUES DES EAUX NATURELLES ?

La qualité de l'eau du robinet est suivie dans les stations d'épuration, dans des laboratoires municipaux agréés par l'État, et par la DDASS (Direction départementale des affaires sanitaires et sociales).

Les eaux douces naturelles sont étudiées pour chaque réseau hydrographique (un fleuve et l'ensemble de ses affluents) par une agence de bassin : Adour-Garonne, Artois-Picardie, Loire-Bretagne, Rhin-Meuse, Rhône-Méditerranée, Seine-Normandie.

Pour les eaux de mer, on peut s'adresser à l'IFREMER (Institut français de recherche pour l'exploitation de la mer), qui possède plusieurs stations côtières. On peut également contacter divers centres de recherches en biologie et écologie marin, dispersés sur notre littoral.

effectuant partiellement, mais régulièrement, des changements d'eau.

Lors de la mise en route d'un bac marin, le cycle de l'azote est plus lent à se mettre en place qu'en eau douce : 3 à 4 semaines environ (ce n'est qu'une généralité, chaque aquarium étant un cas particulier).

Il ne faut donc pas introduire de poissons ou d'autres animaux pendant cette période, qui peut cependant être réduite par différents moyens (voir La mise en service de l'aquarium) basés sur le principe de l'introduction de bactéries. Dans tous les cas, la mesure du taux de nitrites est un excellent indicateur de l'évolution du cycle.

Lors de la mise en eau, il faut effectuer cette mesure régulièrement ; lorsque la quantité de nitrites diminue pour avoisiner zéro, les nitrates apparaissent, et il suffit d'attendre quelques jours avant d'introduire les poissons. Bien entendu, la mesure des nitrites reste vivement recommandée, à intervalles réguliers, lorsque l'aquarium est en service.

LES AUTRES SUBSTANCES DISSOUTES

L'eau de mer contient plus de soixante éléments, certains en très faible quantité : il y a par exemple 1 g/m^3 d'or dans les eaux de mer !

Toutes les substances dissoutes dans l'eau de mer ont leur utilité, c'est pourquoi il est important que les sels utilisés pour reconstituer l'eau soient d'excellente qualité.

Certaines substances peuvent s'accumuler dans l'eau de mer et devenir préoccupantes à forte concentration, c'est notamment le cas des matières organiques, mais il est possible de les éliminer en changeant partiellement l'eau ou en utilisant certaines techniques, par exemple, l'écumeur (p. 250).

ÉVOLUTION DU CYCLE DE L'AZOTE LORS DE LA MISE EN ROUTE D'UN AQUARIUM MARIN

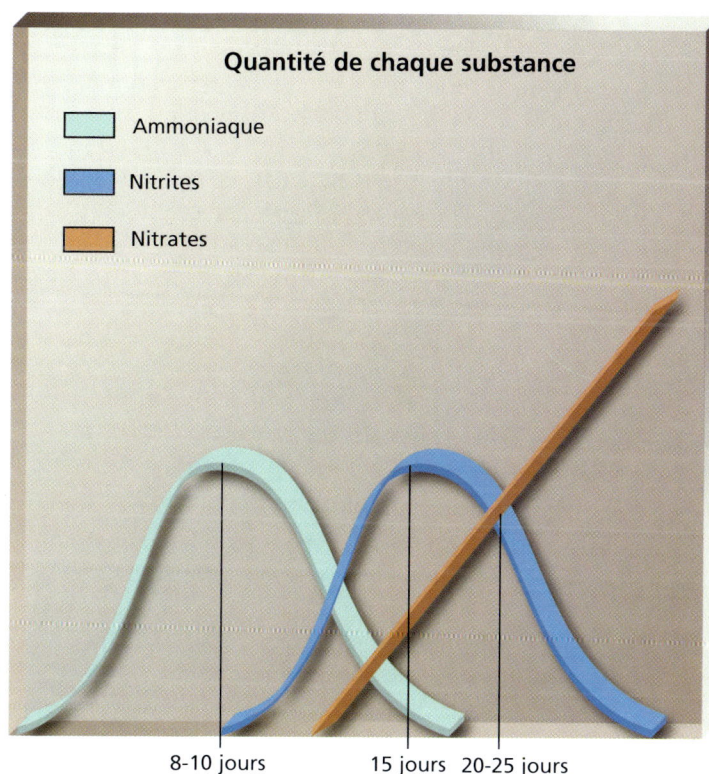

Quantité de chaque substance

- Ammoniaque
- Nitrites
- Nitrates

8-10 jours   15 jours   20-25 jours

Dès la mise en eau, la teneur en ammoniaque augmente pour atteindre un maximum vers 8 ou 10 jours sur ce schéma.

En même temps, les bactéries qui vont transformer cet ammoniaque se développent, il se forme des nitrites qui atteignent leur maximum vers le 15e jour. D'autres bactéries se développent également, elles transforment les nitrites en nitrates. Les premières disparaissent entre le 20e et le 25e jour ; les nitrates doivent être éliminés par changements partiels de l'eau.

La mise en place de ce cycle demande au minimum 3 à 4 semaines. Pendant cette période, l'ammoniaque et les nitrites atteignent des concentrations parfois dix fois supérieures aux doses toxiques (identiques à celle de l'eau douce, voir p. 20) ; la mesure du taux de ce dernier paramètre permet de suivre l'évolution du cycle.

LA TURBIDITÉ

Plus que pour les eaux douces, la clarté des eaux marines est importante. En effet, les milieux tropicaux contiennent très peu de matières en suspension, ce sont les eaux les plus transparentes du globe. Un aquarium marin doit donc être filtré de manière plus importante et efficace qu'un bac d'eau douce (voir La filtration).

ORIGINE DES EAUX SALÉES EN AQUARIOPHILIE MARINE

La première idée qui vient à l'esprit est de récolter une eau de mer naturelle. Cela se révèle délicat si l'on habite loin des côtes et lorsque l'on a besoin de grands volumes ; de plus, l'eau de mer présente des avantages mais aussi des inconvénients. Certains aquariophiles l'utilisent après l'avoir filtrée, pour remplir partiellement ou totalement leurs bacs. Cependant, la majorité d'entre eux utilisent de l'eau de mer reconstituée. Théoriquement, la recette est simple : dissoudre des sels dans de l'eau.

Dans la pratique, il ne faut pas utiliser n'importe quelle eau ni n'importe quels sels : il est hors de question d'utiliser du sel de cuisine ou du sel de marais salants. De plus, on ne pourra pas reconstituer une bonne eau de mer avec une mauvaise eau douce.

Où et quand récolter une eau de mer naturelle ?

L'idéal serait d'aller au large, là où elle est susceptible d'être peu polluée et d'avoir des caractéristiques assez constantes. Près des côtes, il faut éviter : les zones urbanisées, industrialisées et portuaires, susceptibles d'être polluées ; la proximité d'embouchures, d'estuaires ou de baies, où l'eau est dessalée ; les zones stagnantes (flaques à marée basse), les marais salants. Les zones littorales dunaires (Landes, Vendée, Languedoc-Roussillon) sont des sites a priori favorables, mais l'eau peut être chargée en matières en suspension. Les côtes rocheuses (Bretagne) sont également des régions où l'eau peut être récoltée.

Les meilleures périodes de récolte sont l'automne et l'hiver, car pendant le printemps le plancton se développe, et en été la pollution risque d'augmenter en raison du tourisme. Pour éviter les matières en suspension, un temps calme est préférable, mais un « coup de mer » réoxygène les eaux : on peut alors en récolter 1 à 3 jours après, le temps que les matières en suspension sédimentent. Dans tous les cas, l'eau doit être filtrée d'abord grossièrement, puis plus finement.

Il faut éviter de récolter l'eau de mer en zone côtière, particulièrement là où se déversent des rejets urbains ou industriels. ▷

◁ *Le sel récolté dans les marais salants ne convient pas pour reconstituer une eau de mer destinée à l'aquariophilie.*

AVANTAGES ET INCONVÉNIENTS DE L'EAU DE MER NATURELLE ET DE L'EAU DE MER RECONSTITUÉE

	Eau de mer naturelle	Eau de mer reconstituée
Avantages	• De faible coût, elle contient tous les éléments indispensables à la vie et de « bonnes » bactéries.	• Elle ne contient pas de matières en suspension, de matières organiques, de bactéries pathogènes, de substances polluantes. • Elle se fabrique à la salinité voulue et peut être stockée sous forme concentrée (3 à 4 fois la salinité voulue).
Inconvénients	• Il faut aller la récolter (déplacement et récipients). • Elle contient (suivant l'endroit de récolte) des matières en suspension, des matières organiques, des substances polluantes, des bactéries pathogènes. • La salinité varie suivant le lieu et l'époque des récoltes. • Elle peut contenir du plancton, qui risque de se développer en aquarium, ce qui n'est pas forcément souhaitable.	• Plus coûteuse que l'eau de mer naturelle, elle manque parfois de certains oligoéléments. • Elle ne contient pas de « bonnes » bactéries. • Elle ne peut pas recevoir d'animaux avant quelques semaines, le temps que le cycle de l'azote s'établisse.

En général, les avantages de l'une correspondent aux inconvénients de l'autre, c'est pourquoi certains aquariophiles mélangent les deux types d'eau.

La reconstitution
d'une eau de mer artificielle

La qualité de l'eau douce à utiliser est importante : elle doit être le plus pure possible. Il convient d'utiliser une eau d'une dureté inférieure à 15 °fr. Au-delà, c'est encore possible, à condition que le TAC soit au moins égal à 75-80 % de la valeur de la dureté. Il faut éviter l'eau contenant des nitrates (cas fréquent dans les régions agricoles), auxquels les invertébrés sont très sensibles, ainsi que la présence de métaux, toxiques au-delà de certains seuils pour les animaux marins.

Fabrication
d'une eau de mer
dans un aquarium,
avant sa mise en service

Remplissez d'abord l'aquarium avec l'eau douce ; aérez pendant 24 heures. Calculez et pesez la quantité de sels à dissoudre, puis introduisez ces sels dans l'aquarium. Il vous reste à aérer pendant 24 à 48 heures, à vérifier la densité et à l'ajuster, si nécessaire.

LES SELS ARTIFICIELS

Il existe des sels spéciaux dans le commerce aquariophile ; plusieurs marques se partagent le marché. Leur qualité est satisfaisante et susceptible de s'améliorer à l'avenir. Certains sels sont destinés à des bacs marins de poissons, d'autres à des bacs d'invertébrés : enrichis en calcium, en oligoéléments et en vitamines, ils sont évidemment plus coûteux. On peut même trouver de l'eau de mer concentrée, à diluer avant emploi. À l'heure actuelle, aucun inconvénient ne peut être imputé à ces sels : si des accidents surviennent, ils sont dus, la plupart du temps, à un mauvais dosage de l'aquariophile.

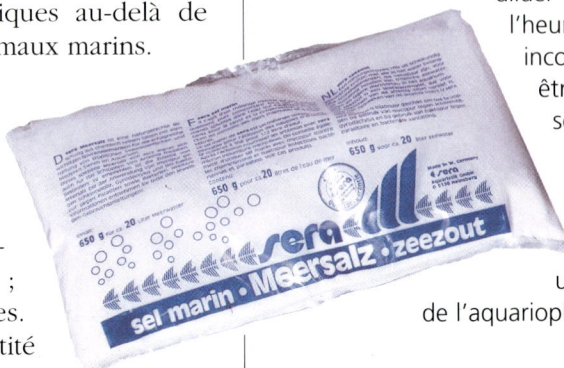

△ *L'eau de mer artificielle peut être reconstituée à l'aide de sels spéciaux disponibles dans le commerce aquariophile.*

Fabrication d'une eau de mer pour stockage et réserve

La méthode est la même, mais on travaille dans des récipients ou dans des cuves en plastique alimentaire.

On peut multiplier la quantité de sel par trois ou quatre, pour fabriquer de l'eau de mer concentrée, moins volumineuse à stocker.

Ajustement de la densité

• La densité est trop élevée

On siphonne une partie de l'eau (qui pourra être stockée) et on ajoute de l'eau douce, la plus douce possible, en prenant soin de mesurer la densité. Lorsque le niveau d'un aquarium marin baisse par évaporation, ce n'est pas de l'eau de mer qui s'évapore, mais

---

TRANSPORT ET STOCKAGE DES EAUX NATURELLES

Les eaux recueillies en milieu naturel se transportent dans des récipients en plastique alimentaire, par exemple des jerricans. Ces derniers étant en général de faible volume (inférieur à 30 litres), il en faut un certain nombre pour remplir un aquarium de plusieurs centaines de litres. L'eau peut y être stockée, à l'abri de la chaleur et de la lumière (cave, garage, cellier, grenier).

Certains aquariophiles possédant plusieurs aquariums stockent leur eau dans des cuves couvertes en polyéthylène, disponibles dans le commerce.

---

de l'eau douce. C'est donc elle qu'il faut ajouter pour compléter le niveau. L'addition de l'eau de mer entraîne une augmentation de la densité.

• La densité est trop faible

Il faut ajouter des sels. On les dissout au préalable dans un récipient que l'on vide progressivement dans l'aquarium en vérifiant la densité. Ces deux opérations doivent être réalisées avec précaution si l'aquarium est en service et contient des animaux pour ne pas provoquer de changement trop brutal.

L'eau de mer artificielle, reconstituée avec des sels du commerce, convient parfaitement aux poissons. ▽

LES DIFFÉRENTS TYPES D'AQUARIUMS

*Un aquarium n'est pas un ensemble hétéroclite de plantes et de poissons.
Un certain nombre d'aquariophiles s'attachent à reconstituer le biotope d'une zone
géographique précise (Amérique centrale, Amazonie, Asie, Afrique), d'autres s'intéressent
à un seul groupe de poissons (vivipares, Cichlidés, poissons marins, par exemple).
Dans tous les cas, l'aquarium sera esthétique et bien équilibré pour des pensionnaires
en pleine forme, ce qui suppose quelques notions sur les milieux et leurs hôtes.*

△ *Bac communautaire.*

Un aquarium est un ensemble d'éléments – poissons, plantes, sol, roches, eau – compatibles entre eux. Cependant, il existe plusieurs types d'aquariums, avec certaines caractéristiques communes quant au principe et sur le plan technique, mais qui diffèrent par le milieu présenté. On les divise en deux grands groupes :
– les aquariums d'eau tempérée, souvent appelés à tort aquariums d'eau froide, dont la température peut varier globalement entre 5 et 25 °C ;
– les aquariums tropicaux d'eau douce et marine. Ce dernier groupe concerne les zones du globe approximativement situées entre le tropique du Cancer, au nord de

l'équateur, et le tropique du Capricorne, au sud, où la température de l'eau ne varie guère que de quelques degrés dans l'année.

LES AQUARIUMS D'EAU TEMPÉRÉE

Ils ne sont pas chauffés, et la température de l'eau devrait varier dans les mêmes proportions que dans la nature (de 5 à 25 °C environ). Cela semble difficile, compte tenu de la température des locaux où on les rencontre, qui ne descend guère en dessous de 15 °C et qui est souvent supérieure à 18 °C. Cette différence mise à part, le principe demeure le même que pour tous les autres aquariums, c'est-à-dire recréer un milieu. Cela demande donc autant de soins et d'entretien que pour des aquariums tropicaux. Répétons-le, il faut proscrire les boules à poissons rouges !

Les aquariums d'eau tempérée sont peuplés d'espèces robustes, parmi lesquelles on peut rencontrer des poissons de nos rivières et de nos étangs, qui sortent du cadre de cet ouvrage. En revanche, nous traiterons des poissons rouges *(Carassius auratus)*, trop souvent délaissés au profit d'espèces tropicales, mais dont les nombreuses variétés peuvent satisfaire certains amateurs.

Dans la même gamme de températures, on peut citer les bassins de jardin, entièrement soumis aux conditions climatiques, dans lesquels on élève et fait se reproduire des poissons rouges et des carpes koï (variétés colorées de notre carpe commune). Bien élaborés, ils peuvent recréer un biotope naturel, avec plantes aquatiques et terrestres, invertébrés et amphibiens. Ils peuvent parfois accueillir des poissons tropicaux pour un court séjour estival, si la température le permet. Après tout, les poissons peuvent aussi prendre des vacances, surtout si elles correspondent aux vôtres ! C'est pratique, au cas où personne ne puisse s'occuper de l'aquarium lors d'une longue absence. À votre retour, vous serez parfois surpris par un gain de poids ou une reproduction spontanée.

En revanche, il ne faudra pas vous étonner de la disparition de quelques poissons qui n'auraient pas résisté au changement de milieu, ou qui auraient subi la prédation du chat du quartier.

LES AQUARIUMS TROPICAUX

L'aquarium d'ensemble, ou aquarium communautaire

On y fait se côtoyer des poissons et des plantes qui ne sont pas originaires de la même région, créant un milieu qui n'existe pas dans la nature. Le résultat est plus ou moins heureux, voire hétéroclite, et ce type d'aquarium est parfois décrié par les puristes.

C'est souvent le premier aquarium que l'on conçoit (que l'on « monte », en langage aquariophile), bien que ce ne soit pas une règle générale.

△ *Bassin de jardin.*

L'aquarium spécifique

Dans ce cas, l'amateur s'attache plus particulièrement à une espèce, un genre, une famille ou un groupe de poissons ayant des caractéristiques communes. Le choix de ce type d'aquarium peut être dicté par plusieurs raisons : l'intérêt de la reproduction, l'obtention de variétés inconnues dans la nature (certaines faisant l'objet de concours), ou tout simplement une attirance, souvent difficile à expliquer. Comme dans le cas précédent, poissons et plantes ne sont pas forcément originaires de la même région, ces dernières n'étant parfois qu'un élément secondaire.

L'aquarium hollandais

Les plantes constituent l'élément principal de ce type d'aquarium ; les poissons ne servent que de faire-valoir, mais participent à l'équilibre de l'ensemble, pas forcément

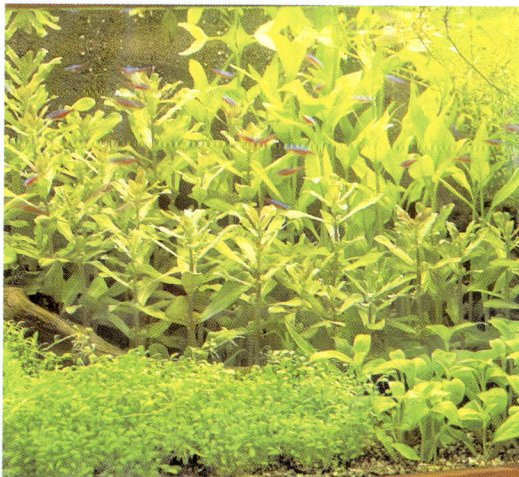

◁ *Bac hollandais.*

facile à maintenir. Plantes et poissons peuvent provenir de zones géographiques différentes. Le résultat peut être somptueux ; on est souvent en présence d'un véritable jardin aquatique, et l'aquariophile se transforme en horticulteur pour en assurer l'entretien.

Comme son nom l'indique, ce type d'aquarium est prisé en Hollande et également en Allemagne, mais assez peu (trop peu ?) répandu en France.

Les aquariums régionaux

Il s'agit de reconstituer le plus fidèlement possible un biotope naturel où tout concorde : eau, sol, roches, plantes et poissons. La densité des êtres vivants est toutefois supérieure à celle du milieu naturel. La réalisation d'un aquarium de ce type nécessite certaines connaissances des zones géographiques concernées pour bien assurer la compatibilité entre les différents éléments.

• *Les aquariums d'Amérique centrale*
Deux solutions sont possibles. La première consiste à recréer un milieu favorable au maintien des poissons vivipares de la famille des Poéciliidés : eau dure dont la température est égale ou supérieure à 26 °C, plantation assez importante. La deuxième est de concevoir un bac pour Cichlidés : décor rocheux, plantes robustes et peu nombreuses, eau assez douce, bien filtrée et oxygénée.

Vue d'ensemble d'un bac sud-américain. ▷

L'AMAZONIE

Deuxième fleuve du monde par sa longueur (6 280 km), l'Amazone véhicule 15 % de toutes les eaux courantes de la planète, avec un débit qui peut atteindre 190 000 m³/s. Les surfaces qu'elle et ses affluents drainent (zone que l'on appelle le bassin versant) couvrent 7 millions de kilomètres carrés (soit presque 13 fois la France). À titre comparatif, la Loire et le Rhône ont un bassin versant respectivement 60 et 70 fois plus petit ; leur débit est de 950 m³/s pour le premier, et de 2 170 m³/s pour le second.

En Amazonie, la température des eaux est toujours supérieure à 20 °C, et le climat se caractérise par l'alternance d'une saison sèche et d'une saison humide. Pendant cette dernière, les pluies apportent des matières en suspension et font monter le niveau des eaux de plusieurs mètres (jusqu'à 10 m pour l'Amazone elle-même !). L'eau s'étend alors sur de vastes étendues qu'elle inonde ; après son retrait, il subsiste souvent des marécages et des mares. Cette région est la plus riche du monde en poissons.

L'AMÉRIQUE CENTRALE

L'influence conjointe du soleil et de la température entraîne une végétation abondante. Les eaux proches de la mer sont dures ou très dures (parfois très légèrement salées) et chaudes (plus de 26 °C). Les ruisseaux à l'intérieur des terres possèdent des eaux claires et bien oxygénées.

• Les aquariums d'Amérique du Sud

Ils sont principalement consacrés à l'Amazonie. On peut globalement les scinder en deux catégories. Les bacs à eau limpide et incolore, neutre ou peu acide, sont peuplés de petits Characidés peu difficiles à élever par les amateurs. Les aquariums à eau brune, mais toujours transparente, recréent une rivière de type amazonien sous abri forestier, ce qui explique son acidité et sa couleur (on parle d'ailleurs parfois d'eau noire), dues aux acides humiques. On y maintiendra des espèces de Characidés différents des précédents, ou des Cichlidés, notamment les célèbres scalaires et discus. Dans les deux cas, l'eau sera très douce.

• Les aquariums africains

Un biotope de rivière de l'Ouest africain peut être reconstitué en aquarium.
L'eau, bien filtrée, sera neutre et assez douce. Les poissons seront représentés par le tétra du Congo, un des rares Characidés à vivre sur ce continent, et par certains Cichlidés ; les plantes typiques de ce milieu sont des *Anubias*.

Les aquariums de type Tanganyika se caractérisent par une eau calcaire et nettement basique. Peu de plantes, souvent malmenées par les poissons, mais un décor rocheux avec des cachettes et des zones de nage satisferont un certain nombre d'espèces de Cichlidés.

Les aquariums pour M'Bunas du lac Malawi présentent des caractéristiques somme toute assez semblables.

◁ *Lac Tanganyika.*

• Les aquariums asiatiques

Les Cyprinidés d'eau courante peuvent être maintenus dans un bac d'eau claire, bien filtrée, légèrement acide et douce, dont la température sera de 25 à 26 °C. Les barbus et les danios sont les hôtes habituels de ce type d'aquarium, certaines espèces étant particulièrement recommandées pour les débutants.

Les marais seront reconstitués par des aquariums (ou des aquaterrariums) bien plantés ; il est recommandé d'utiliser des plantes réellement aquatiques. L'eau sera légèrement acide et peu minéralisée pour accueillir des

△ *Lac Malawi.*

L'Afrique

△ *Aquarium regroupant plusieurs espèces du lac Malawi.*

L'ouest de ce continent est parcouru de ruisseaux et de rivières à pH acide, dont la température peut atteindre 26 à 27 °C. Les zones marécageuses disparaissant à la saison sèche, les poissons qui les fréquentent contournent cette difficulté par différentes adaptations : certaines espèces, les killies, pondent des œufs résistants à la sécheresse.

L'est de l'Afrique se caractérise par la présence de grands lacs, véritables petites mers intérieures d'eau non salée. Les plus importants sont, du nord au sud, le lac Victoria, le lac Tanganyika, le lac Malawi. Ils sont principalement peuplés de poissons de la famille des Cichlidés, dont les trois quarts n'existent que dans cette région.

Le lac Victoria, qui s'étend sur près de 7 000 km² pour une profondeur maximale de 80 m, contient des eaux très dures, dont la température atteint 26 °C. Les poissons y constituent une ressource alimentaire locale non négligeable, mais en régression depuis l'introduction volontaire d'un carnassier prédateur, la perche du Nil. Le lac le plus connu des aquariophiles, le Tanganyika, est un des plus grands (31 900 km², deuxième lac du monde) et le plus profond (maximum de 1 400 m !). Seuls les 100 ou 200 premiers mètres d'eau sont peuplés de poissons, qui sont habitués à ses eaux très dures dont le pH varie entre 7,5 et 9,2, la température atteignant 27 °C. Les eaux de surface, claires et bien oxygénées, contiennent peu de végétaux : il y a principalement des tapis d'algues qui recouvrent les zones rocheuses. Les espèces qui les fréquentent forment parfois des populations distinctes, bien que peu éloignées ; elles diffèrent notamment par la couleur. Sur les rivages sableux, certains poissons s'abritent dans des coquilles vides de gastéropodes. Ce lac est exploité pour une alimentation locale, mais ses Cichlidés sont activement élevés et exportés dans le monde entier.

C'est également le cas pour le lac Malawi, presque aussi étendu que le précédent (26 000 km²), mais moins profond (700 m au maximum). Ses eaux sont un peu moins calcaires, leur température varie entre 24 et 26 °C. Certaines espèces de Cichlidés que l'on y rencontre sont couramment désignées sous le nom de M'Bunas.

LE SUD-EST ASIATIQUE

L'eau des ruisseaux et des rivières est acide, parfois colorée, et dépasse souvent 25 °C. Les zones de marais et de marécages, peu profondes, subissent donc fortement l'influence solaire ; leurs eaux peuvent dépasser 28 °C. Les sites naturels recueillent les eaux de pluie ou celles provenant de crues ; les sites artificiels sont représentés par les rizières. Les végétaux, abondants, sont franchement aquatiques (totalement immergés) ou palustres (en milieu très humide, le pied des plantes est souvent immergé).

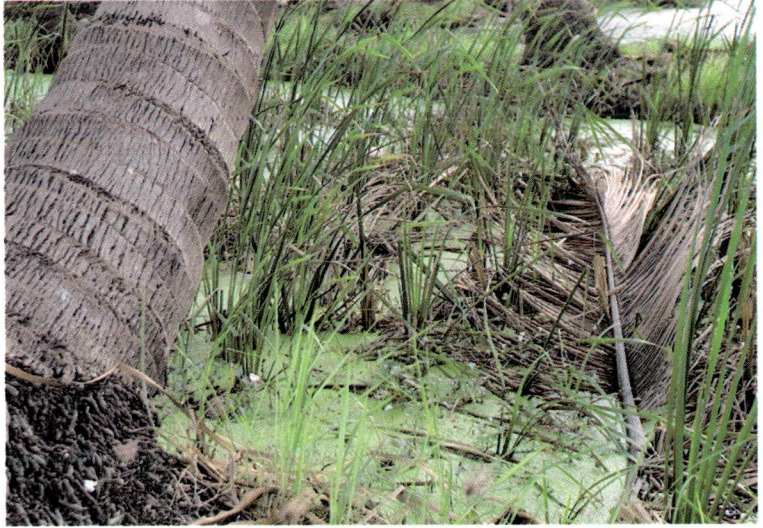

Zone aquatique en Asie, colonisée par des lentilles d'eau. ▷

△ *Bac asiatique.*

LA MANGROVE

À la frontière de la mer et de la terre se rencontrent des zones marécageuses et vaseuses (souvent des estuaires) où certains arbres, les palétuviers, plongent leurs racines dans l'eau. Ces régions tropicales d'Afrique, d'Asie et d'Australie sont regroupées sous le nom de mangroves. L'eau atteint des températures très élevées, égales ou supérieures à 30 °C, et subit une forte influence de l'eau de mer. La salinité y est donc variable et entraîne la présence d'une faune spécifique à ces zones. L'hôte le plus connu des mangroves est le périophthalme, poisson amphibie qui peut évoluer hors de l'eau grâce à la forme de ses nageoires pectorales.

barbus, des labéos ou des poissons de la famille des Anabantidés, en évitant toutefois de mélanger espèces actives et espèces calmes.

L'aquarium d'eau saumâtre

Il se caractérise par une eau moins salée qu'en mer, avec des valeurs de pH comprises entre 7,5 et 8. La température sera assez chaude, 26 à 27 °C, le décor constitué de branches et de racines, mais en aucun cas de roches. Peu de plantes supportent ce type d'eau ; seules quelques espèces de poissons peuvent y résister (voir hors-texte, Les poissons d'eau saumâtre, pp. 124-125).

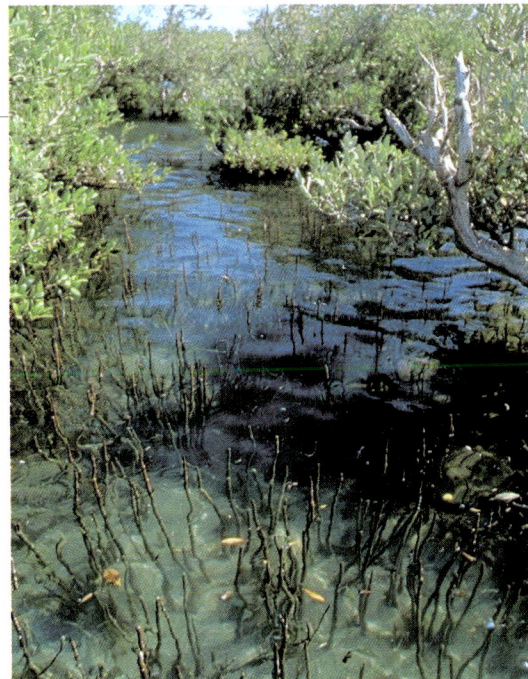

◁ *L'enchevêtrement des racines immergées offre des abris aux poissons.*

Les aquariums marins tropicaux

L'eau doit être d'une très bonne qualité, claire, donc bien filtrée, et oxygénée. Elle peut être d'origine naturelle, reconstituée ou composée d'un mélange des deux. Les plantes marines ne sont pas courantes, mais des algues apparaissent spontanément et recouvrent le décor rocheux ou composé de coraux morts ; bien qu'imperceptibles à l'œil, elles se développent assez rapidement. Elles sont introduites dans l'aquarium de différentes manières. Le sol possède une granulométrie grossière, due à un sable coquillier ou corallien.

Sous une lumière importante, un aquarium marin constitue souvent un milieu haut en couleur où les poissons évoluent parmi un décor, inerte ou vivant. Ils peuvent côtoyer des invertébrés, comme certaines crevettes. On recommande souvent aux débutants de ne pas se lancer dans l'aquariophilie marine sans être passés par l'aquariophilie d'eau douce, plus simple à aborder. Pourtant, les mêmes règles écologiques régissent les deux types de milieux, la différence principale étant évidemment la salinité de l'eau. Disons qu'il est plus raisonnable de débuter avec de l'eau non salée, car les plantes et les poissons sont robustes et souvent de prix abordable. En effet, avoir des problèmes en eau de mer, avec perte accidentelle de poissons coûteux, découragerait beaucoup de nouveaux amateurs. Pour être réaliste, excepté le prix des poissons marins (encore qu'il existe des espèces de valeur raisonnable), signalons que l'aquariophilie marine n'est pas beaucoup plus coûteuse.

L'aquaterrarium d'eau douce tropicale

On ne prend plus seulement l'eau en considération, mais on intègre son environnement terrestre proche. De conception plus délicate, le résultat est souvent spectaculaire. La partie aquatique s'apparente à l'aquariophilie traditionnelle, la partie terrestre à la culture des plantes d'appartement en milieu très humide. Les hôtes habituels seront les poissons pour la partie aquatique, mais l'aquaterrarium pourra accueillir des amphibiens, et même des reptiles comme les tortues aquatiques.

Cet aquaterrarium de belle taille peut accueillir des tortues aquatiques en complément de plusieurs espèces de poissons. ▷

LES AQUARIUMS PARTICULIERS

Dans cette catégorie, nous regroupons :
– les aquariums de reproduction, souvent une simple cuve en verre collé sans sol, pour une utilisation temporaire ;
– l'aquarium-hôpital ;
– les grands aquariums. Ils sont grands par leur longueur, car profondeur et largeur ne peuvent pas dépasser certaines dimensions pour des raisons techniques et pratiques (à l'exception des bacs des aquariums publics). Ils posent parfois des problèmes d'installation : charge au sol, matériaux particuliers pour leur construction.

Ils sont souvent destinés à de grandes espèces dont la taille nécessite un volume vital important. Ils sont également utilisés pour les cas précédents, car on considère en général que plus le volume d'un aquarium est important, plus l'équilibre est facile à réaliser. Contrairement à ce que l'on pense souvent, l'entretien n'est pas plus contraignant si l'équilibre existe réellement.

LES MILIEUX MARINS TROPICAUX

Les eaux marines tropicales sont réputées pour leur clarté. Grâce à leur transparence, la lumière pénètre assez profondément pour éclairer d'abord les zones récifales peu profondes (jusqu'à 10 m), puis les tombants (jusqu'à 40 m). Les poissons de ces régions, très réputés pour leur coloration, aiment ces eaux fortement brassées et bien oxygénées. Ils y côtoient de nombreux invertébrés, dont les célèbres coraux (ce nom générique regroupant les vrais coraux et les espèces apparentées), et des anémones ; les tentacules de certaines d'entre elles contiennent des microalgues (les zooxanthelles) qui ont besoin de lumière, comme toutes les algues, ce qui explique la présence de ces anémones dans les eaux bien éclairées.

LES AQUARIUMS PUBLICS

AVEC LES AQUARIUMS PUBLICS, l'aquariophilie entre dans une nouvelle dimension. La tendance générale est de présenter au public des bacs de grands volumes, dans lesquels le comportement des animaux est le plus proche possible de ce qui se passe sous l'eau, milieu qui n'est pas forcément accessible à tous. Le second rôle de ces « musées vivants » est l'étude et la présentation des animaux aquatiques, car certains phénomènes biologiques nous sont encore inconnus (par exemple, la reproduction des poissons marins). Cette nouvelle génération « grandeur nature » compte dans ses rangs, entre autres, le centre Océanopolis de Brest, le Centre national de la mer à Boulogne-sur-Mer, l'aquarium de La Rochelle, sans oublier les précurseurs, l'aquarium de Monaco et l'aquarium du musée de Zoologie de Nancy.

Il existe environ une cinquantaine d'aquariums publics en France, certains d'entre eux ne se consacrant qu'à la faune de nos eaux : l'aquarium du Périgord noir et l'aquarium de Touraine, le plus grand d'Europe, récemment ouvert au public.

La place nous manque pour les citer tous, mais les lecteurs pourront se procurer des informations sur ces aquariums publics auprès de la FAF (Fédération aquariophile de France) et de l'UCA (Union des conservateurs d'aquarium).

Aquarium tropical de Tours,
salle d'eau douce. ▷

Le bac « lagon »
de l'aquarium de La Rochelle. ▽

Les poissons

Il existe plus de 30 000 espèces de poissons, à peu près autant en eau douce qu'en eau de mer, dont 1 500 environ intéresseront l'aquariophile. La classe des poissons présente une grande variété anatomique et biologique, variété et richesse que l'on retrouvera chez les poissons d'aquarium.

ANATOMIE ET BIOLOGIE

*Dans tout élevage aquariophile, un minimum de connaissances
sur l'anatomie et la biologie des espèces élevées est obligatoire.
Les quelques données qui vont suivre, accessibles à tous, vous permettront de maintenir
vos poissons en bonne santé dans les meilleures conditions possibles, de les nourrir
convenablement afin d'assurer leur croissance, de faciliter leur reproduction,
bref de mieux les comprendre pour mieux vous en occuper.*

ANATOMIE EXTERNE

La forme du corps

Hippocampus kuda. ▽

On a coutume de représenter un poisson en dessinant un fuseau allongé : c'est effectivement la forme la plus courante, celle qui facilite la nage en pleine eau. Cet hydrodynamisme permet d'opérer des démarrages rapides et d'atteindre des vitesses non négligeables (parfois 10 à 20 km/h) dans un milieu qui offre une certaine résistance.
Mais il existe d'autres formes, toutes liées au mode de vie du poisson : ceux qui vivent sur le fond possèdent un ventre plat, ceux qui fréquentent les eaux encombrées de végétaux et de branches ont un corps trapu et mince qui leur permet de glisser parmi les obstacles. C'est également le cas de nombreux poissons des récifs coralliens, qui se faufilent entre les blocs de corail. Enfin, un certain nombre de poissons sont inclassables, tant ils affectent les formes les plus variées et les plus bizarres, qui correspondent toujours à un mode de vie particulier.

△ Pterois volitans.

Les nageoires

Les poissons possèdent plusieurs types de nageoires, chacune ayant un rôle précis. Leur forme et leur nombre servent parfois à les classer dans différentes familles.
On distingue les nageoires impaires, représentées en un exemplaire unique, notamment la dorsale et l'anale. Elles servent à la stabilisation du poisson à l'arrêt ou à petite vitesse ; elles sont repliées pour une nage plus rapide. La nageoire caudale (improprement appelée queue) joue, avec la partie postérieure du corps, un rôle de propulsion. Chez quelques espèces, notamment les familles des Characidés et les poissons-chats, il existe une petite nageoire supplémentaire entre la dorsale et la caudale qui porte le nom de nageoire adipeuse et n'a pas d'utilité réelle.

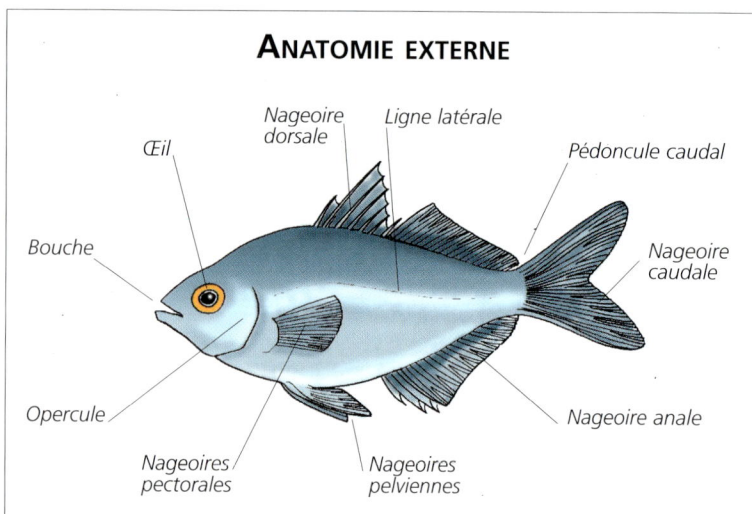

ANATOMIE EXTERNE

Œil
Bouche
Opercule
Nageoires pectorales
Nageoire dorsale
Ligne latérale
Pédoncule caudal
Nageoire caudale
Nageoire anale
Nageoires pelviennes

Les nageoires paires, attachées symétriquement de chaque côté du corps, sont dénommées nageoires pectorales et pelviennes. Elles servent à la stabilisation, à l'arrêt, au freinage, aux changements de direction : verticalement, de la surface au fond, et vice versa, latéralement, de gauche à droite, de droite à gauche...

Toutes les nageoires, composées d'une membrane tendue sur des rayons, peuvent se replier le long du corps, à l'exception de la caudale. La nageoire adipeuse n'est qu'un petit repli de peau, sans rayons. Lorsque ces derniers dépassent de la nageoire, ils sont dits épineux et peuvent parfois représenter un danger pour l'aquariophile, chez les rascasses par exemple.

Le mucus, la peau et les écailles

Le corps des poissons est recouvert d'un mucus qui joue un double rôle : renforcer l'hydrodynamisme, en « lissant » la peau, et offrir une protection contre la pénétration de parasites ou d'éléments pathogènes. Ce dernier point est très important, c'est pourquoi il ne faut pas manipuler un poisson avec la main : on risque alors d'endommager le mucus et de faciliter le développement de certaines maladies.

Contrairement à une idée répandue, les écailles ne dépassent pas du corps, elles sont partie intégrante de la peau, et on les aperçoit à travers une fine couche d'épiderme translucide. Lorsqu'une écaille est soulevée, abîmée ou arrachée, la peau est donc également touchée et vulnérable à l'action d'agents pathogènes.

La coloration

Chaque poisson possède une coloration de base qui peut se modifier. L'aspect brillant et métallisé, obtenu par des cristaux inclus dans des cellules de la peau, varie suivant

◁ *Mâle de combattant (Betta splendens).*

DES NAGEOIRES QUI N'EXISTENT PAS DANS LA NATURE

Certains poissons d'aquarium ont des nageoires de forme et de taille très différentes de ce que l'on peut rencontrer dans la nature. Elles ont été obtenues après de patientes sélections, effectuées depuis de nombreuses années par les aquariophiles. L'effet esthétique est garanti, mais cela peut parfois modifier le comportement du poisson, notamment sa vitesse de déplacement. Les poissons aux grandes nageoires en forme de voiles n'ont plus qu'un rapport lointain avec leurs cousins sauvages, qui sont tombés en désuétude et ne se rencontrent plus dans nos bacs. On peut s'interroger parfois sur la finalité de ces sélections : on obtient, bien sûr, de fort jolis poissons, mais n'existe-t-il pas aussi de très beaux spécimens naturels ?

Xipho (Xiphophorus helleri), *forme d'élevage aux nageoires surdéveloppées.* ▷

l'inclinaison de la lumière qui frappe le poisson. Les couleurs sont dues à différents pigments situés dans l'épiderme. Elles peuvent varier lentement, sous contrôle hormonal, pour la reproduction et le camouflage, ou plus rapidement, sous contrôle nerveux,

◁ *Certaines espèces de poissons sont protégées par des plaques osseuses recouvrant le corps et la tête.*

◁ Euxiphipops navarchus.

LA COLORATION : SE PROTÉGER, AVERTIR ET SÉDUIRE

Les bandes noires du scalaire lui permettent de se dissimuler.

La coloration d'un poisson varie selon son âge et son humeur. Certains poissons vivant dans les récifs de coraux rejettent les individus de leur propre espèce ou d'une espèce voisine qui ont une coloration proche de la leur (Pomacanthidés – également nommés poissons-anges – par exemple) : ils sont considérés comme des ennemis désirant s'approprier le territoire et ses ressources alimentaires. C'est pourquoi leur propre progéniture présente une coloration très différente de celle des adultes, pour ne pas être considérée comme intruse. Dans le but de se protéger, quelques poissons adoptent une tenue de camouflage pour se confondre avec leur environnement, ou, au contraire, diminuent l'intensité de leur couleur pour passer inaperçus. Ainsi, les bandes verticales sombres du scalaire lui permettent de se cacher parmi les branches et les plantes immergées (dessin ci-dessus).

Chez un certain nombre d'espèces, le mâle et la femelle arborent des colorations très différentes, ce qui leur permet de se reconnaître. C'est le cas chez un grand nombre de Cichlidés des lacs africains. Du reste, l'aquariophile profite de cette facilité que la nature lui offre ! Au moment de la reproduction, un mâle peut se parer de couleurs vives pour séduire une femelle pendant la parade nuptiale mais aussi pour impressionner ses concurrents et les écarter. C'est le cas pour le meeki, Cichlidé d'Amérique centrale, dont le dessous de la tête devient rouge vif au moment de la reproduction.

La coloration des poissons n'a pas pour seul but de satisfaire les yeux, elle a également un important rôle social. ▷

△ *Certains poissons, par exemple cette murène, possèdent des dents très pointues, ce qui prouve que ce sont des prédateurs.*

pour la fuite ou l'agressivité. La coloration d'un poisson peut également se modifier pendant une maladie.

La tête

Quelle que soit sa forme, conique, plus allongée ou plus massive, elle présente des organes importants :
– ce sont d'abord *les yeux*, sans paupières et très mobiles. Cette mobilité des yeux, outre leur position latérale, permet au poisson de couvrir un large champ de vision, puisqu'il est de 270° environ. En revanche, la qualité de la vision d'un poisson est moyenne : au-delà d'une certaine distance, il distingue des masses et des formes plutôt que des détails. Le poisson, très

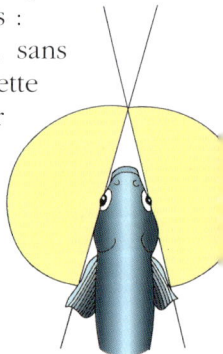

△ *La vision des poisso est particulièreme étendue grâce à large champ de visio*

sensible aux variations de lumière, détecte de faibles intensités lumineuses, par exemple celle de la Lune, et il peut reconnaître les couleurs ;
– vient ensuite *la bouche,* dont la forme et la taille sont liées au régime alimentaire. Les poissons carnivores possèdent en général une grande bouche qui peut s'ouvrir largement. Elle est garnie de nombreuses dents pointues, parfois recourbées vers l'arrière pour maintenir les proies. Les poissons omnivores et herbivores ont une bouche

LA PRÉMONITION DU DANGER CHEZ LES POISSONS

Il est des moments où l'on se demande si les poissons ne possèdent pas un sixième sens, surtout lorsque l'on introduit une épuisette dans l'aquarium ! En fait, ils ont analysé la situation avec leur ligne latérale, leur odorat, pour conclure que la situation n'était pas habituelle, et en déduire qu'il y avait donc une possibilité de danger. Cette prémonition d'un danger ou d'un événement particulier semble plus importante chez les poissons qui sont habituellement les plus familiers. Nous parlerons donc plutôt d'hypersensibilité.

△ La bouche de ce poisson marin (Forcipiger flavissimus, le chelmon à long bec) lui permet d'attraper ses proies dans les anfractuosités du corail.

plus petite, dont les dents aplaties sont parfaitement adaptées au broyage des aliments.

La position de la bouche peut également donner des renseignements sur le comportement alimentaire :

• une bouche en position supérieure indique que le poisson capture ses proies à la surface de l'eau ;

• une bouche en position terminale trahit le poisson qui chasse en pleine eau ;

• une bouche en position inférieure désigne un poisson qui mange sur le fond.

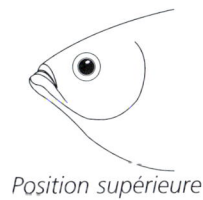

Position supérieure

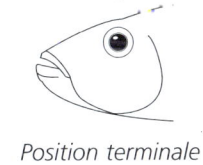

Position terminale

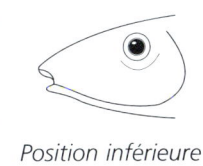

Position inférieure

Les narines

Au nombre de deux ou de quatre, elles sont situées en avant des yeux. Elles n'ont aucun rôle respiratoire. Mais, prolongées à l'intérieur de la tête par un sac olfactif, elles perçoivent et analysent les odeurs.

L'opercule

Il protège les branchies et assure la circulation de l'eau par des mouvements réguliers de valve, afin que celles-ci soient toujours en contact avec l'élément liquide dont elles extraient l'oxygène. Le terme « ouïes », parfois utilisé de

Le silure de verre détecte ses aliments en partie grâce à ses barbillons. ▽

La respiration

L'eau est aspirée par la bouche du poisson, passe par les branchies et est expulsée grâce aux mouvements de l'opercule, qui les recouvre. Il y a toujours de l'eau qui baigne les branchies.

Les besoins en oxygène sont inversement proportionnels à la taille des poissons, les petites espèces sont plus grosses consommatrices : dix poissons de 1 g consomment plus qu'un poisson de 10 g.

Les barbillons

Les poissons qui vivent sur le fond ou dans des milieux sombres (couleur ou turbidité de l'eau) possèdent des barbillons autour de la bouche *(Corydoras, Botia)*.

Ces appendices ont un rôle tactile et sensitif. Ils permettent, en complément ou en remplacement des yeux, de détecter ce qui est susceptible de servir d'aliment.

△ *Le tétra aveugle (Anoptichthys jordani) ne possède pas d'yeux, il détecte proies et ennemis grâce à sa ligne latérale.*

manière abusive, désigne l'ouverture due aux mouvements de l'opercule, par laquelle sort l'eau qui a irrigué les branchies.

La ligne latérale

Symétrique de chaque côté du corps, la ligne latérale est plus ou moins visible selon les espèces. Elle est constituée d'une succession de pores rapprochés qui communiquent avec un canal situé sous la peau. Cet organe important n'existe pas chez les autres vertébrés.

Tandis que le goût et l'odorat, très développés chez le poisson, lui permettent de reconnaître un plus grand nombre d'odeurs que l'être humain, à plus faible concentration, la ligne latérale, grâce à ses cellules spéciales, détecte et analyse les vibrations de l'eau et transmet ces informations au cerveau : le poisson peut être averti par ce moyen de la proximité d'un ennemi, d'une proie... ou de l'approche de l'aquariophile (voir encadré p. 47).

L'importance de la ligne latérale est manifeste chez le tétra aveugle (*Anoptichthys jordani*), qui ne se heurte jamais à un obstacle bien qu'il ne possède pas d'yeux.

ANATOMIE INTERNE

L'ensemble des organes internes représente 50 à 60 % environ du poids du corps chez un poisson de forme classique.

Le cerveau

Il est assez simple chez les poissons en comparaison d'autres animaux plus évolués. Les parties correspondant à la vue et à l'olfaction, particulièrement développées, démontre l'importance de ces deux sens.

Le squelette

Évidemment, il soutient le corps du poisson, mais il est moins robuste que celui d'un animal terrestre, car un poisson, en partie libéré de la pesanteur, est « porté » par l'eau. Il n'en demeure pas moins que la relative fragilité de ce squelette est un inconvénient, et il n'est pas rare de voir des poissons « tordus » dans une portée.

Le système respiratoire et circulatoire

Ce système est très particulier. Le sang chargé de gaz carbonique est propulsé par le cœur jusqu'aux branchies, où il s'oxygène.

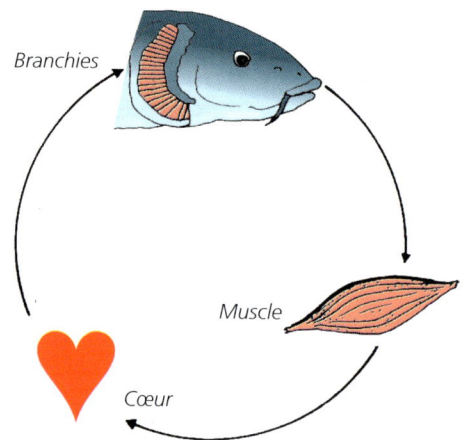

La nature a doté les poissons de huit branchies (quatre de chaque côté) formées chacune de deux feuillets. La surface totale de ces organes essentiels, étalés, serait à peu près égale à celle du corps du poisson. La couleur rouge vif des branchies est due à leur abondante irrigation sanguine. Une couleur plus sombre est le symptôme d'un problème respiratoire. Les branchies sont des organes fragiles, susceptibles d'être abîmés par des matières en suspension ou par des parasites, et le poisson captera moins d'oxygène, avec les conséquences néfastes

ANATOMIE INTERNE

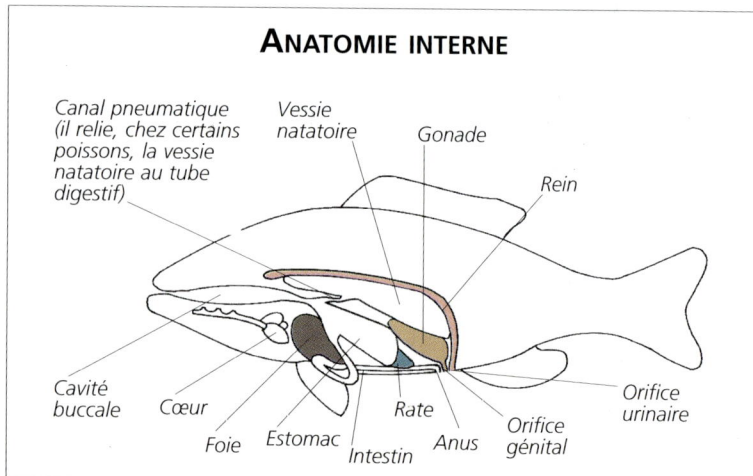

Canal pneumatique (il relie, chez certains poissons, la vessie natatoire au tube digestif) — Vessie natatoire — Gonade — Rein — Cavité buccale — Cœur — Foie — Estomac — Intestin — Rate — Anus — Orifice génital — Orifice urinaire

que l'on imagine. Après un passage dans les branchies, le sang rouge vif, riche en oxygène, irrigue le corps, l'oxygène va brûler les aliments dans les organes.

Les poissons de la famille des Béloutiidés, qui vivent dans des eaux où l'oxygène se raréfie à certains moments, possèdent un organe spécial pour capter l'oxygène atmosphérique.

Le système digestif

Il n'a pas de caractéristique particulière, si ce n'est que l'estomac est extensible et peut contenir de grandes proies, surtout chez les poissons carnivores. La digestion y débute et se poursuit dans l'intestin. Pour une grosse proie, elle peut durer quelques jours ; en aquarium, cela ne dépasse pas quelques heures avec les aliments artificiels.

Le système excréteur

Il permet aux matières non digérées d'être évacuées par l'anus sous forme d'excréments, ou fèces. L'urine se forme dans les reins, situés sous la colonne vertébrale, et elle est évacuée par le pore urinaire. Il est à noter que les poissons excrètent également des substances azotées par les branchies. Toutes les substances excrétées contiennent de l'azote et sont toxiques pour les animaux. Dans un aquarium bien équilibré, elles sont finalement transformées en nitrates.

La vessie natatoire

Les poissons possèdent une vessie natatoire, ou vessie gazeuse. C'est un organe relié au système digestif, qui se remplit plus ou moins de gaz et favorise la régulation de leur flottaison entre deux eaux. Ils la vident pour plonger, la remplissent pour flotter. Les poissons de fond ont en général une vessie natatoire réduite ou absente, puisqu'ils nagent rarement en pleine eau.

Les organes reproducteurs

Les mâles possèdent deux testicules reliés à des canaux déférents ; chez les femelles, ce sont deux ovaires prolongés par des oviductes. Dans les deux cas, les produits sexuels, spermatozoïdes et ovules, sont évacués par l'orifice génital. La fécondation des œufs étant externe, c'est-à-dire ayant lieu en pleine eau, il n'existe pas d'organe d'accouplement et de fécondation, sauf chez les poissons vivipares.

△ *Chez les Poéciliidés (poissons vivipares), la nageoire anale du mâle (en bas) est transformée en organe d'accouplement.*

LES POISSONS RECONNAISSENT-ILS « LEUR » AQUARIOPHILE ?

De nombreux aquariophiles se sont rendu compte que certains de leurs poissons réagissaient plus vivement en leur présence que devant des personnes étrangères. S'ils « reconnaissent » celui qui les soigne, par quel moyen le font-ils ? Ils sont capables de distinguer les particularités des vibrations provoquées par les pas de telle ou telle personne, lesquelles sont transmises à l'eau de l'aquarium. En outre, leur vision, même imparfaite, les aide dans ce travail de « reconnaissance ».

Qui des deux reconnaît l'autre le premier ? ▷

LES POISSONS DORMENT-ILS ?

Lorsque l'on allume brusquement un aquarium le matin, on s'aperçoit que les pensionnaires ne manifestent pas immédiatement une activité normale. Certains sont posés sur le fond, d'autres dans la végétation, et quelques-uns restent stabilisés en pleine eau, presque immobiles. Il est difficile de parler de sommeil au sens propre, mais il est assuré que les poissons observent des périodes de repos plus ou moins profond. On peut le vérifier en pleine nuit, à l'aide d'une lampe de poche : les poissons sont pratiquement immobiles (sauf les espèces nocturnes), mais leurs yeux ne sont pas fermés, car ils ne possèdent pas de paupières.

RESSENTENT-ILS LA DOULEUR PHYSIQUE ?

La sensation de douleur est véhiculée jusqu'au cerveau par des nerfs sensitifs. Comme les poissons en possèdent, on peut supposer qu'ils ressentent de la douleur s'ils sont frappés, blessés, et peut-être même lorsqu'ils sont malades.

BIOLOGIE

La nage

C'est essentiellement la partie postérieure du corps, notamment la nageoire caudale, qui sert à propulser l'animal, les autres nageoires jouant un rôle stabilisateur et directionnel.

Bien entendu, plus un poisson a une forme hydrodynamique, plus il est capable de démarrer brusquement et de nager rapidement, ce qui est un atout incontestable pour capturer une proie ou échapper à un ennemi.

Il est parfois déconseillé de faire cohabiter des poissons vifs et rapides (barbus) avec des espèces plus calmes et lentes (goura-

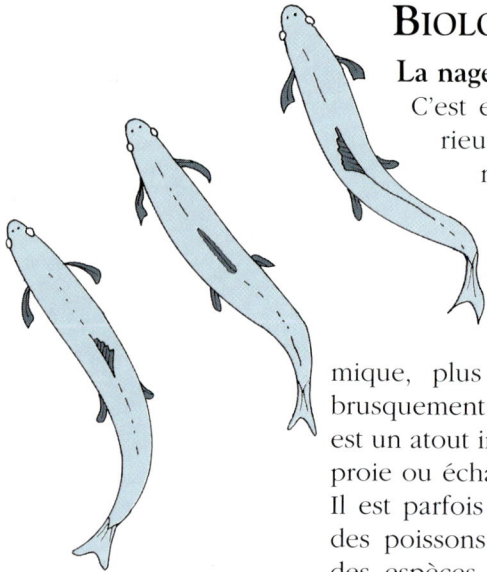

△ Les poissons de forme classique avancent en se propulsant grâce à la partie postérieure de leur corps.

Certains poissons vivent en groupe, ce qui facilite leur défense mais aussi leur reproduction. ▷

mis), ces dernières pouvant être frustrées de la prise des aliments distribués par l'aquariophile.

Le comportement

Le comportement des poissons en aquarium est le reflet de leur mode de vie en milieu naturel, modifié par le fait qu'ils vivent dans un milieu plus exigu : ils sont, en effet, plus rapidement et plus facilement en contact avec d'autres espèces. Une même espèce peut adopter des comportements différents d'un aquarium à l'autre, en fonction du volume et des autres habitants.

• *Comportement territorial*

Lorsqu'il existe dans le biotope d'origine, le comportement territorial se reproduit en captivité, étant parfois même exacerbé. Un territoire est un lieu de vie permanent ou temporaire (couvrant, par exemple, la période de reproduction) dont l'étendue est proportionnelle à la taille du poisson. Celui qui l'habite écarte les individus de sa propre espèce, d'une espèce proche ou même totalement différente. La superficie doit être suffisante pour que le poisson y trouve des refuges, des aliments et des poissons du sexe opposé pour se reproduire. En aquarium, il est important de prévoir pour certains poissons un territoire avec des abris et des cachettes, notamment pour les espèces marines.

• *Comportement en groupe*

L'union fait la force, et vivre en groupe permet de mieux se défendre contre un ennemi. En effet, de loin un groupe ou un banc de poissons apparaît comme une

masse qui peut surprendre et intimider l'ennemi. La vie en groupe favorise également la reproduction, car un individu a plus de chances de rencontrer un poisson de sexe opposé. L'unité et l'organisation d'un groupe sont réglées par un ensemble de signaux invisibles pour l'œil humain : l'utilisation de la ligne latérale permet, par exemple, d'éviter aux poissons de se heurter.

• *Comportement de dominance*

Les plus grands individus dominent les plus petits de la même espèce. Lorsque ces derniers grandissent, ils sont écartés du territoire. Le comportement de dominance a un aspect pratique et social : le dominant aura la priorité pour la nourriture ou pour le choix de l'individu de l'autre sexe. Le poisson le plus dominé, au bas de l'échelle sociale, est inquiété et agressé en permanence ; il doit se cacher la plupart du temps, et sa croissance en est contrariée. C'est le cas chez un certain nombre d'espèces de Cichlidés africains.

• *Relations proies-prédateurs*

Certains poissons se nourrissent d'autres individus de petite taille en milieu naturel ; il y a alors incompatibilité entre les deux en aquarium. On veillera, par exemple, à ne pas faire cohabiter des Cichlidés sud-américains avec des Characidés.

• *Agressivité*

On assiste parfois en aquarium à un phénomène d'agressivité entre poissons de la même espèce, ou d'espèces différentes. Cette agressivité est toujours justifiée, car elle concerne la défense du territoire ou des alevins. C'est un problème d'espace. Ces phénomènes se produisent rarement dans de grands aquariums. Toutefois, un nouveau poisson introduit dans un bac sera souvent considéré comme un intrus, ou une proie, et sera inquiété.

La croissance et la longévité

Contrairement aux êtres humains, les poissons ont une croissance continue tout au long de leur vie. D'abord rapide, elle ralentit avec l'âge.

En aquarium, la taille des poissons est, la plupart du temps, inférieure à celle que des animaux de la même espèce peuvent atteindre dans la nature, l'exiguïté de l'espace dont ils disposent en étant certainement la cause. On peut en faire aisément l'expérience : un individu dont la taille semble stabilisée se remet à grandir si on le place dans un bac plus volumineux.

Quant à la longévité, elle varie suivant les espèces : un an plus ou moins pour les petites espèces, de deux à cinq ans pour la majorité des poissons. On a vu des patriarches atteindre l'âge respectable de dix ans et plus : il s'agissait de poissons de grande taille, notamment d'espèces marines. Il est très difficile d'indiquer une longévité optimale, pour une espèce donnée, car les conditions environnementales introduisent trop de variantes.

△ *Dans la nature, les plus gros poissons se nourrissent souvent des plus petits, ce qui est bien évidemment à éviter en aquarium.*

QUE FAIRE POUR LIMITER LES AGRESSIONS EN AQUARIUM ?

Il ne faut faire cohabiter que des poissons dont la compatibilité est reconnue, surtout s'il s'agit de poissons marins, et leur accorder le plus grand volume possible. Il faut aménager un certain nombre de caches ou d'abris, proportionnés à la taille des pensionnaires. On peut également mélanger des espèces dont le mode de vie diffère, par exemple des poissons de pleine eau (barbus et danios) et des poissons de fond (botias), qui ne se feront pas concurrence.

L'ALIMENTATION

*L'alimentation doit fournir aux poissons des éléments nécessaires à la « fabrication »
de leur corps (les protéines) et de l'énergie indispensable au bon fonctionnement
de l'organisme (c'est le rôle des protéines, des glucides et des lipides).
Nourrir un poisson, c'est lui assurer une bonne croissance, faciliter sa reproduction
et l'aider à lutter contre les maladies.
Qualité et quantité des aliments sont deux notions importantes ; l'aquariophile
doit apprendre à éviter la suralimentaion et à diversifier la nourriture.*

LES RÉGIMES ALIMENTAIRES ET LES BESOINS ALIMENTAIRES

En matière de comportement alimentaire, on distingue trois principaux groupes de poissons :
– les poissons carnivores, qui se nourrissent de vers, de crustacés, d'insectes ou d'autres poissons ;

LA RATION ALIMENTAIRE

On a tendance à suralimenter ses pensionnaires, et à produire des poissons légèrement adipeux. De plus, on augmente le risque de pollution dans un milieu confiné : plus un poisson mange, plus il excrète de substances azotées, sans compter la part perdue des aliments qui se dégrade rapidement dans l'eau.
Un poisson adulte ne mange que de 1 à 2 % du poids de son corps par jour, le double lorsqu'il est juvénile. Les paillettes ou les flocons, très légers, présentent peu de risque de surdosage, ce qui n'est pas le cas des autres aliments, avec lesquels on a parfois la main lourde. Il est préférable que la ration soit fractionnée dans la journée : en deux fois pour les adultes, plus pour les alevins, lorsque cela est possible.
Les poissons supportent facilement un jeûne de courte durée ; du reste, il est d'ailleurs fort probable qu'ils ne s'alimentent pas tous les jours en milieu naturel. Certains aquariophiles imposent d'ailleurs à leurs poissons un jeûne volontaire d'un jour par semaine, ce qui compense une éventuelle suralimentation pendant les autres jours. Cependant, le jeûne est très souvent mal accepté par les alevins, chez qui il peut entraîner un retard de croissance.

Diverses formes et diverses tailles d'aliments artificiels pour les poissons sont proposées dans le commerce aquariophile. ▷

– les poissons herbivores, dont l'alimentation est principalement composée de végétaux (plantes, algues) qu'ils broutent ou râpent ;
– les poissons omnivores, qui ont un régime très varié puisqu'ils consomment aussi bien des proies animales que des végétaux.
En fait, le régime alimentaire n'est pas toujours aussi aisé à définir. En milieu naturel, les poissons mangent ce qu'ils trouvent. Ainsi, les herbivores ne dédaignent pas, à l'occasion, les proies animales de petite taille s'abritant dans les végétaux qu'ils consomment.
Les poissons carnivores ont principalement besoin de protéines et de lipides ; les herbivores réclament surtout des glucides, et les omnivores un mélange de protéines, de glucides et de lipides.
On retrouve ces trois régimes alimentaires, avec les limites de la définition, chez les poissons d'aquarium, puisqu'il existe en effet quelques exceptions.
On ne doit pas oublier les vitamines et les sels minéraux qu'une alimentation variée et équilibrée (notamment par l'apport d'aliments frais ou de proies vivantes) devra fournir impérativement. Une nourriture diversifiée favorise la croissance, la reproduction ainsi que la résistance aux maladies, et constitue donc la meilleure des préventions.

LES ALIMENTS ARTIFICIELS

Il s'agit des aliments secs commercialisés dans les magasins spécialisés en aquariophilie. Durant ces vingt dernières années, ils se

△ *Paillettes à composante végétale.*

sont considérablement diversifiés. La gamme est aujourd'hui étendue et adaptée aux besoins des différents groupes de poissons : alevins et adultes, poissons d'eau douce et poissons d'eau de mer, etc. Ces aliments sont caractérisés par un taux de protéines élevé (40 à 50 % en général) et se présentent sous différentes formes : paillettes (le cas le plus courant), granulés ou comprimés.

Les paillettes, ou flocons, flottent un certain temps avant de couler, ce qui facilite leur prise par les poissons de surface et de pleine eau. Les granulés coulent assez rapidement et sont plutôt destinés aux poissons de pleine eau et de fond. Il existe, bien entendu, différents calibres d'aliments adaptés à la taille de la bouche des poissons. Les aliments artificiels sont fragiles, ils se dégradent s'ils sont conservés dans de mauvaises conditions. Il faut donc les stocker au sec et à l'abri de la lumière. Leur composition est garantie pour une certaine durée, il est donc préférable d'acheter une boîte de taille modeste lorsque l'on possède un seul aquarium et peu de poissons.

Certains aquariophiles n'hésitent pas à donner à leurs pensionnaires des aliments pour truites qu'ils se procurent dans des établissements de pisciculture. Ces aliments, très riches en protéines et en lipides, favorisent une croissance rapide chez les truites destinées à la

△ *Paillettes pour guppys.*

◁ *Paillettes pour adultes à régime herbivore.*

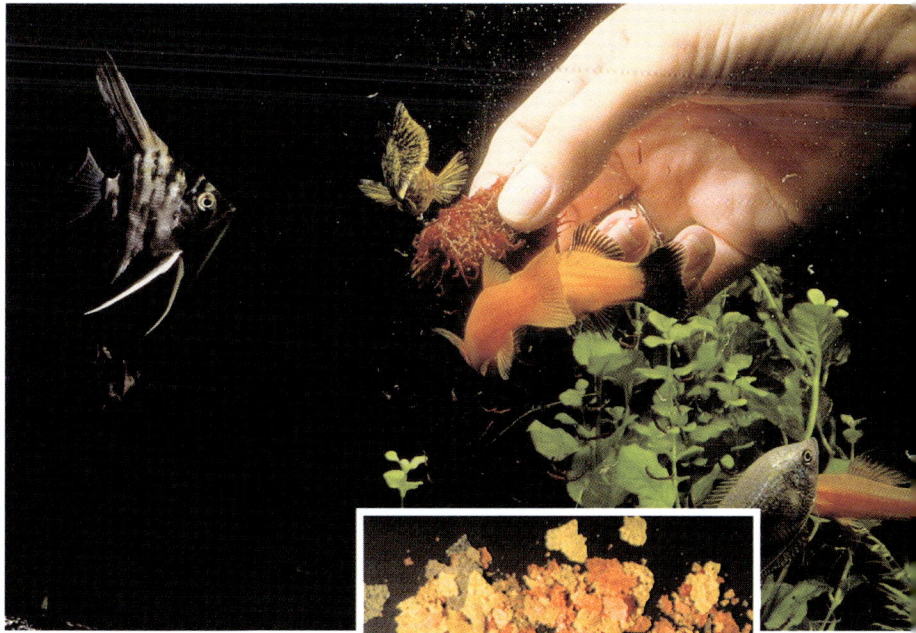

△ *La nourriture artificielle doit être complétée par des proies vivantes ou des aliments frais.*

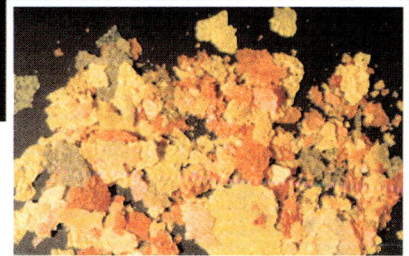

◁ △ *Aliments artificiels courants pour adultes.*

consommation, ce qui n'est pas le but essentiel en aquariophilie. Bien que ces aliments contiennent des pigments destinés à colorer la chair des salmonidés, les aquariophiles qui les utilisent affirment ne pas avoir remarqué de modification de la couleur externe de leurs poissons. En tout état de cause, ces nourritures peuvent se révéler économiques pour des élevages à grande échelle ou pour des bassins de jardin.

Il arrive que les poissons marins refusent les aliments artificiels, soit durant une certaine période suivant leur introduction dans l'aquarium, soit en permanence. Une astuce consistera à incorporer progressivement

LES DIFFÉRENTS TYPES D'ALIMENTS POUR POISSONS D'AQUARIUM

Les aliments artificiels que l'on trouve actuellement dans le commerce sont très performants pour nos poissons d'aquarium. Pour couvrir le plus parfaitement possible leurs besoins, on peut aussi leur offrir des petites proies vivantes, disponibles également dans le commerce, qui apportent notamment des vitamines et des sels minéraux. D'autres solutions sont possibles : viande blanche et moules par exemple.

◁ *Aliments artificiels sous forme de comprimés.*

Moules lyophilisées. △

◁ *Cœur de bœuf, également lyophilisé.*

tion ne modifie pas leur composition. Ils se conservent bien entendu au congélateur et ne doivent pas être recongelés après décongélation, pour limiter un risque de contamination microbienne. Leur coût est plus élevé que celui des aliments lyophilisés.

des quantités croissantes d'aliments du commerce à des aliments frais ou à des proies vivantes. Les poissons s'habitueront ainsi à leur odeur et à leur goût, pour finalement les accepter seuls. Mais il restera toujours d'irréductibles réfractaires.

LES ALIMENTS D'ORIGINE NATURELLE

Les aliments lyophilisés

Il existe des aliments lyophilisés qui sont constitués de petits animaux, crevettes, vers, plancton, dont la teneur en eau a été fortement réduite afin de favoriser leur conservation. Ce traitement en augmente bien sûr le prix. À poids égal, ils sont au moins aussi nourrissants que les flocons et très appréciés des poissons. Ils doivent être conservés à l'abri de l'humidité.

△ *Crevettes lyophilisées.*

Les aliments domestiques

Dernière catégorie, des aliments domestiques peuvent être distribués frais ou après congélation et décongélation. Il convient d'éviter les viandes rouges, trop grasses. Le cœur de bœuf, riche en sang mais aussi en lipides, ne pourra être utilisé que pour de grands poissons. Les viandes blanches sont préférables : poulet, dinde, jambon. Parmi les produits marins, on peut utiliser du poisson blanc – à manier avec précaution, car il a tendance à se disperser dans l'eau –, des moules, des coques, des crevettes, que l'on peut acheter sous forme

△ *Aliments congelés divers : crabe, phytoplancton.*

Les aliments congelés

On utilise également des crevettes, des poissons, des vers et du plancton sous forme de produits congelés, après qu'ils ont été triés et rincés. Leur valeur alimentaire est très importante, car la congéla-

◁ *Cubes de tubifex lyophilisés.*

LES VITAMINES

Comme pour les êtres humains, les vitamines sont importantes dans l'alimentation des poissons. Elles jouent un rôle dans la formation du squelette, favorisent la croissance et renforcent la résistance aux maladies. Un poisson qui souffre d'une carence en vitamines s'affaiblit, sans que cela soit visible au premier abord.

Les vitamines se conservent mal, elles se dégradent sous l'action de la chaleur, de l'oxygène et de la lumière. C'est pourquoi l'apport se fera principalement sous la forme d'aliments frais, de proies vivantes ou d'aliments congelés.

de conserve au naturel. Des aliments végétaux sont parfois nécessaires pour les poissons à tendance herbivore : on utilisera de la salade ou des épinards entiers blanchis, c'est-à-dire passés quelques minutes dans l'eau bouillante.

▷ *Éperlans congelés.*

LES DAPHNIES SÉCHÉES

Elles étaient autrefois très utilisées : combien d'aquariophiles ont débuté avec elles ! Aujourd'hui, elles tombent en désuétude. En effet, ce n'est pas l'aliment idéal pour les poissons, et il est préférable de ne pas les utiliser. Même pour les poissons rouges, il existe à l'heure actuelle des aliments plus complets et mieux adaptés, notamment sous la forme de paillettes.

LES PROIES VIVANTES

Ce sont les aliments idéaux : ils gardent toute leur valeur nutritive et sont mobiles, ce qui attire les poissons. Le problème est leur conservation, qui ne dépasse pas quelques jours, mais l'aquariophile peut les congeler ; elles pourront cependant perdre un peu de leur attrait.

PROIES VIVANTES ET PRÉPARATIONS MAISON

Les aliments artificiels du commerce sont actuellement très performants pour nos poissons d'aquarium. Pour diversifier et équilibrer leurs besoins, on peut également leur offrir des petites proies vivantes disponibles dans le commerce, qui apportent notamment des vitamines et des sels minéraux, ou encore des aliments frais ou des mixtures à faire soi-même.

Un aliment frais parmi les plus intéressants : les moules

Ce coquillage apprécié pour la consommation humaine l'est également par nos poissons, surtout par les espèces marines qui refusent les aliments artificiels. Courantes dans le commerce, peu onéreuses, faciles à stocker par congélation, les moules constituent un aliment de choix : elles sont riches en protéines et en glucides et pauvres en lipides. De plus, elles contiennent de nombreux minéraux (dont le calcium, le phosphore, le magnésium, le fer) et même de la vitamine C, qui joue un rôle important dans la lutte contre les maladies. Avant utilisation, les moules doivent être bien cuites, débarrassées de la coquille et des filaments qui lui servent à se fixer dans son milieu naturel. On les coupe en morceaux avant de les distribuer ou de les congeler.

L'aliment maison

Un aquariophile peut facilement fabriquer ses aliments personnels, les possibilités sont assez grandes. Voici à titre d'exemple, une recette parmi d'autres. On utilise de la viande blanche cuite (poulet, dinde, jambon) et des produits marins (moules, coques) également cuits que l'on hache avec un peu d'eau pour obtenir une pâte homogène. Lors de cette opération, on peut ajouter un complément vitaminique disponible dans le commerce aquariophile. L'ensemble peut être mélangé à de la gélatine (par exemple celle qui est vendue sous forme de poudre en sachet) pour que cette pâte ne se disperse pas dans l'eau (ce qui pourrait constituer un risque de pollution). Une partie peut être distribuée immédiatement, le reste se congèle facilement dans des bacs à glaçons uniquement réservés à cet effet ; ceux qui sont destinés à des glaçons de petite taille sont particulièrement recommandés pour fabriquer de nombreuses petites doses de volume réduit.

△ *Les moules cuites, congelées ou non, sont des aliments à la fois pratiques et nourrissants.*

Les vers de vase

En fait, ce ne sont pas des vers, mais des larves aquatiques de différentes espèces de moustiques qui ne piquent pas. Ils sont également bien connus comme appâts de pêche. Contrairement à ce que leur nom laisse supposer, ils ne vivent pas dans la vase, mais dans l'eau de zones riches en matières organiques. Inutile de les récolter soi-même, on les trouve dans le commerce aquariophile. Ils se conservent dans du papier journal humide, pendant quelques jours, au réfrigérateur. Ce sont de bons aliments, riches en protéines.

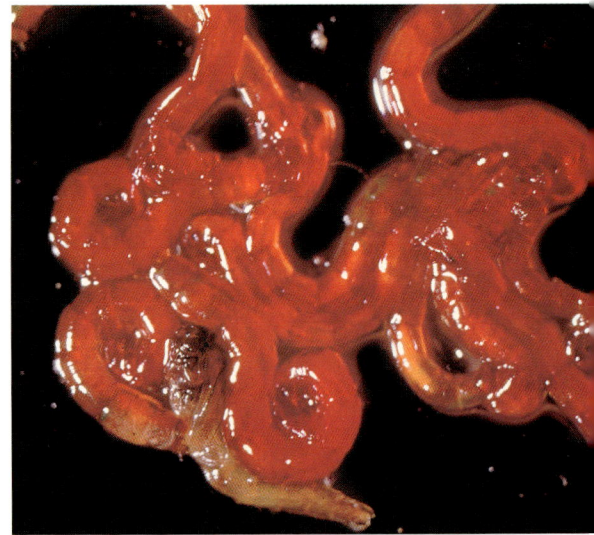

Les tubifex

Ce sont des vers récoltés dans la vase des milieux très riches en matières organiques.

Certaines personnes pensent qu'ils peuvent constituer un risque lors de leur introduction en aquarium, car ils apporteraient alors des bactéries indésirables.

Ce risque demeure toutefois très limité, on ne signale pas d'incidents graves. Ceux que l'on trouve dans le commerce se conservent dans de l'eau du robinet pendant quelques jours au réfrigérateur, mais il est impératif

Riches en protéines, les vers de vase sont des proies appréciées des poissons carnivores.

Tubifex en milieu naturel. ▷

Les tubifex peuvent être distribués aux poissons à l'aide d'un accessoire spécial. ▽

de changer cette eau chaque jour.

Les crevettes

Dans les eaux douces vives et bien oxygénées, on trouve des petites crevettes de 1 à 2 cm qui nagent sur le côté : les gammares. Elles sont rarement commercialisées vivantes, mais elles existent sous forme lyophilisée. On peut également les récolter soi-même pour les distribuer aux poissons qui les apprécient.

Les petites crevettes marines de nos côtes sont également très prisées par nos pensionnaires, surtout par les poissons marins.

Elles sont parfois vendues dans les magasins d'articles de pêche, sur le littoral. Si on a la chance d'habiter ces régions, on peut les récolter et les conserver dans un aquarium d'eau de mer oxygénée. Ces deux types de crevettes peuvent être congelés après cuisson et rinçage à l'eau du robinet ; on peut également les

mixer et en faire un aliment maison (voir encadré, p. 53).

Les petits poissons

Pour nourrir les poissons marins réticents face aux aliments artificiels, ou les grands poissons d'eau douce, on peut utiliser, soit des petits poissons, soit des alevins. Dans ce but, certains aquariophiles élèvent des espèces prolifiques, dont la reproduction peut être facilement obtenue (Poéciliidés, par exemple).

Les autres proies vivantes (supérieures à 1 cm)

L'élevage et le maintien de vers ou de larves d'insectes est également une possibilité, mais elle se révèle parfois contraignante. L'éventail des proies vivantes précédemment citées est suffisant pour couvrir de façon satisfaisante les besoins des poissons.

Les aliments planctoniques

Les planctons d'eau douce ou marins renferment de nombreux organismes peu visibles à l'œil nu (de 0,1 à 1 cm) mais intéressants pour l'alimentation de nos poissons, surtout les alevins. Leur récolte en milieu naturel est fastidieuse, et l'on risque

d'introduire dans l'aquarium des hôtes microscopiques susceptibles de provoquer des maladies. Certains d'entre eux sont vendus congelés dans le commerce.

Les artémias

C'est l'aliment « magique » que tout aquariophile devrait élever. Ce petit crustacé primitif atteint 1 cm à l'âge adulte et se nomme *Artemia salina*.

Il vit dans les zones sursalées des marais

Artemia salina adulte (à gauche). Nauplies d'artémia (ci-dessous) : elles sont indispensables pour nourrir les alevins de la plupart des espèces de poissons. ◁ ▽

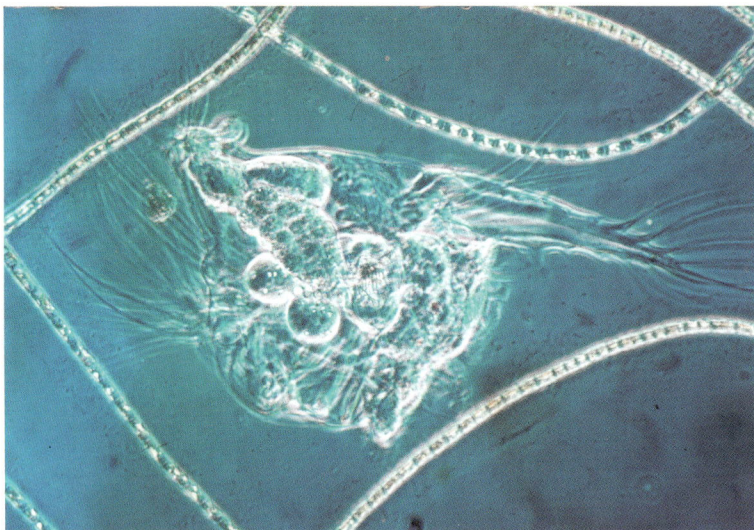

△ Certains clubs pratiquent l'élevage des rotifères, aliments indispensables aux alevins de poissons marins, notamment les poissons-clowns.

Parmi le plancton naturel marin, les copépodes constituent la base de l'alimentation de certains poissons. ▽

algues planctoniques que l'on doit cultiver. Il est donc préférable de vous les procurer auprès d'un laboratoire spécialisé en océanographie ou en biologie marine, qui pourra vous conseiller sur les soins nécessaires pour les entretenir quelques jours, c'est-à-dire le temps que les poissons auxquels ils sont destinés soient assez grands pour passer au régime de nauplies d'artémia.

LA DISTRIBUTION DES ALIMENTS

Lorsqu'ils sont en bonne santé et bien adaptés à la captivité, les poissons mangent à heure régulière et s'habituent à l'endroit où l'on distribue l'aliment. Il est préférable de répartir la ration alimentaire dans la journée, par exemple le matin et le soir. La fin de journée – 1 à 2 heures avant l'extinction de l'aquarium – est généralement le moment le plus pratique pour l'aquariophile. Dans tous les cas, la distribution des aliments est un moment privilégié pour observer le comportement de nos pensionnaires et vérifier leur état de santé. Il est, certes, très plaisant de laisser les poissons venir manger dans votre main, mais attention, certains grands spécimens ont de bonnes dents !

Si l'eau est trop brassée, les aliments artificiels ou naturels peuvent se disperser trop rapidement, et échouer dans un coin de l'aquarium où les poissons ne pourront pas les récupérer, ce qui constitue un facteur de pollution. Il faut donc arrêter le brassage de l'eau durant la distribution et la consommation des aliments.

salants, se nourrissant de microalgues qu'il récolte à l'aide de ses pattes filtrantes. Sa caractéristique la plus intéressante pour l'aquariophile est de produire des œufs qui peuvent se conserver à sec, car leur développement est interrompu. Replacés dans l'eau salée, ils éclosent rapidement et donnent une larve appelée nauplie, qui ne mesure qu'environ 0,3 mm et convient particulièrement bien aux alevins.

L'alimentation des nauplies est facile pour un amateur (voir encadré). Ces proies sont toutefois trop grandes pour certains alevins de poissons, notamment pour les espèces marines. On peut, dans ce cas, utiliser les rotifères, animaux intermédiaires entre les vers et les crustacés, qui possèdent une carapace comme ces derniers et ne dépassent pas 0,2 mm.

Les rotifères

Leur élevage est plus délicat que celui des artémias, puisqu'il faut les nourrir de micro-

L'alimentation des alevins

À leur naissance, les alevins des poissons ovipares s'alimentent à partir des réserves de leur vésicule vitelline, leur bouche ne s'ouvrant que quelques jours plus tard. Ils acceptent alors souvent les fines poudres du commerce.

L'ÉLEVAGE DES ARTÉMIAS

Les œufs secs (appelés cystes) sont disponibles dans les magasins d'aquariophilie. Ils se conservent à l'abri de la lumière et de l'humidité. Pour les faire éclore, on prépare de l'eau salée aux caractéristiques suivantes : température 25 °C ; salinité 35 ‰, soit une densité de 1023.

L'eau salée peut être naturelle, reconstituée avec des sels spéciaux pour aquariophilie, mais également avec du gros sel blanc de cuisine (ce qui est plus simple pour ceux qui ne pratiquent pas l'aquariophilie marine). L'eau peut être plus froide et moins salée (jusqu'à 20 °C et 20 ‰, soit une densité de 1014), le taux d'éclosion est alors plus faible (50 à 60 %, contre 80 à 90 %). On peut utiliser n'importe quel récipient de verre ou de PVC (bouteilles par exemple) de faible volume ; il existe cependant du matériel spécialisé dans le commerce. Les œufs sont placés dans l'eau calme pendant un quart d'heure, le temps délai permettant leur réhydratation. Sachant que 250 000 œufs pèsent environ 1 g, une faible quantité (la pointe d'un couteau par exemple) suffit à produire suffisamment d'artémias pour une portée d'alevins. On agite l'eau par un léger bullage, ce qui répartit les œufs. Un bullage trop fort en projette une partie sur les parois du récipient ; ils n'écloront pas. L'éclosion se produit au bout de 24 à 36 heures à 25 °C, jusqu'à 48 heures à 20 °C. On arrête alors le bullage : les coquilles vides flottent à la surface, les œufs non éclos tombent au fond, les nauplies d'artémia nagent entre deux eaux. Il est alors facile de les siphonner (avec un tuyau d'aération par exemple) et de les tamiser sur un petit filtre (vendu dans le commerce), ou éventuellement à travers les mailles fines d'un morceau de vieux rideau (certains aquariophiles utilisent même des fragments de collants féminins à très petites mailles !). Pour faciliter l'opération, on peut concentrer les nauplies avec une lampe de poche, car la lumière les attire. Les nauplies peuvent être alors distribuées aux alevins. Leur survie en eau non salée n'excède pas quelques minutes. Elles ne se nourrissent pas le premier jour après leur éclosion. Si l'on veut poursuivre l'élevage plusieurs jours pour obtenir des larves plus avancées et de plus grande taille, des aliments spécifiques sont disponibles dans le commerce. Il est ainsi possible d'élever des artémias jusqu'à l'âge adulte.

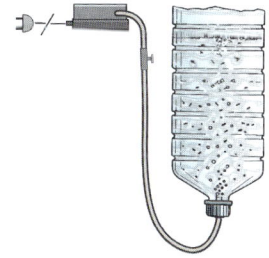

△ *Éclosion des œufs d'artémias dans une eau légèrement agitée.*

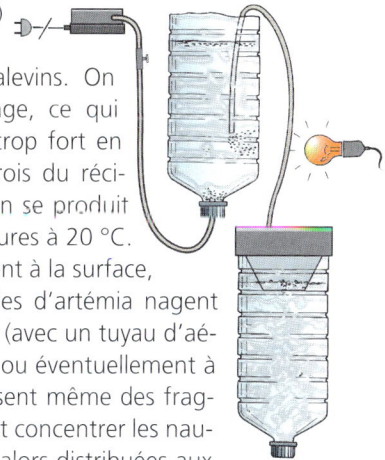

△ *Matériel disponible dans le commerce aquariophile pour l'éclosion des artémias.*

△ *Récolte des nauplies d'artémia par siphonnage.*

LES ARTÉMIAS ADULTES

Les artémias adultes sont vendues vivantes dans de petits sachets hermétiques contenant de l'eau salée et de l'air. On les filtre sur une passoire avant de les donner aux poissons, qui les apprécient et les chassent avec plaisir. Elles résistent quelques minutes dans de l'eau non salée. On les trouve également sous forme congelée.

◁ *Lors de la distribution des aliments, il faut éviter le surdosage, que ce soit avec de la nourriture artificielle ou, par exemple (comme sur cette photo), avec des artémias adultes.*

Si ce n'est pas le cas, il faut leur distribuer des nauplies d'artémia pendant quelques jours : les deux premiers jours, des nauplies juste écloses conviendront. Ensuite, des nauplies âgées de 48 heures pourront être proposées.

◁ ▽ *Distributeur automatique d'aliments artificiels. Chaque case correspond à une dose journalière.*

Il faut donc prévoir une production quotidienne pour une durée de quelques jours.

On peut également envisager la production d'infusoires si l'on ne dispose pas d'artémias. Les poissons vivipares (famille des Poéciliidés) acceptent les aliments artificiels dès leur naissance ; ils apprécient également les nauplies d'artémia. Pour les alevins de poissons marins, il faut utiliser, comme nous l'avons déjà indiqué, les rotifères, bien adaptés à la petite taille de leur bouche.

Les infusoires

Ce sont des animaux unicellulaires microscopiques, faciles à produire en eau douce. Dans un aquarium, ils existent en petite quantité.

Le riccia, plante de surface, leur permet de se développer, car ils trouvent de la nourriture (matière organique) sur ses feuilles. On peut également en produire en laissant tremper quelques jours dans un récipient

△ *En captivité, les alevins peuvent être nourris avec des nauplies d'artémia, puis avec de fines poudres du commerce.*

qui contient de l'eau de l'aquarium un morceau de pomme de terre, une feuille de salade ou du riz paddy (riz non décortiqué, disponible dans les graineteries).

Que faire si un poisson ne mange pas ?

Il arrive parfois qu'un poisson refuse de s'alimenter ou soit dans l'incapacité de le faire. Il faut en rechercher la cause et la supprimer.

Un poisson nouvellement introduit s'alimente rarement le premier jour ; c'est normal, car il se sent perdu dans son nouvel

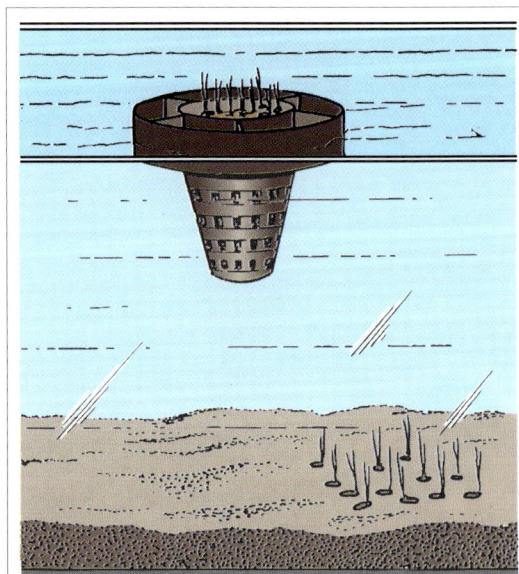

△ *Le riz paddy permet la production d'infusoires, il est soit « semé » sur le sol, soit déposé dans une « mangeoire » à tubifex.*

LES RÈGLES D'OR DE L'ALIMENTATION

– Fournir aux poissons une alimentation variée ;

– donner peu, mais souvent. Deux distributions par jour, c'est le mieux. Pour les alevins, la fréquence de distribution peut être augmentée ;

– ne pas attendre que les poissons soient repus et cessent de manger, interrompre la distribution lorsque la ration est atteinte ;

– siphonner le surplus d'aliments, s'il y a lieu, le plus rapidement possible, les déchets étant polluants.

environnement. Les petites espèces et les poissons peu vifs sont souvent dominés par les plus grands et les plus rapides lors de la distribution des aliments.

Dans tous les cas, il faut envisager de les nourrir à part, de préférence avec des proies vivantes mobiles, après avoir détourné l'attention des autres pensionnaires par d'autres aliments.

Un poisson peut également refuser de se nourrir s'il est malade, ce qui se remarque à son comportement, à sa couleur et à d'éventuels symptômes apparents sur le corps : il faut, dans ce cas, l'isoler dans un autre

△ *Préparation d'aliments décongelés avant distribution à des poissons de grande taille.*

UN ALIMENT MIRACLE POUR LES ALEVINS

Il s'agit du jaune d'œuf, dur, que l'on délaie dans un verre. Cela forme des microparticules que l'on filtre dans une passoire pour en retenir les plus grosses.

On distribue ensuite cette soupe aux alevins en prenant garde de ne pas trop en répandre dans le bac, toujours dans le souci de limiter la pollution. Le jaune d'œuf, riche en protéines et en lipides, peut compléter ou remplacer les autres aliments.

aquarium, le soigner et lui fournir une nourriture riche, des proies vivantes ou des aliments frais.

Il peut également arriver que des poissons refusent systématiquement les aliments artificiels, c'est un cas rare en eau douce, moins rare en aquariophilie marine. Il est inutile alors de s'entêter : passez à une alimentation variée à base de proies vivantes et d'aliments domestiques.

▽ *Les huîtres sont parfois utilisées par les aquariophiles pour nourrir les poissons, qui semblent les apprécier.*

LA REPRODUCTION

*Dans notre pays, et généralement dans les zones tempérées du globe,
la reproduction des poissons est fonction de la saison, c'est-à-dire déterminée
par la température. Il n'y a qu'une saison de ponte, pendant laquelle une espèce
se reproduit en général une seule fois.
En milieu tropical, où les variations de température sont moins importantes,
la reproduction s'effectue en fonction d'autres facteurs, notamment les pluies. Les poissons
peuvent pondre plusieurs fois par an, à des intervalles parfois inférieurs à 1 mois.*

△ *Couple
d'Hemichromis
bimaculatus
(cichlidé joyau)
entouré de sa
progéniture.*

LES CLÉS D'UNE BONNE REPRODUCTION

– Disposer de géniteurs bien nourris et en bonne santé ;
– leur offrir le meilleur environnement possible :
  • un aquarium de reproduction ;
  • une eau de bonne qualité, aux caractéristiques les plus proches possible de celles de leur milieu d'origine ;
– prévoir l'alimentation des alevins.

LES PRINCIPES GÉNÉRAUX

La plupart des poissons d'aquarium sont ovipares, mais il y a les exceptions qui constituent le groupe des poissons vivipares.
Grâce à une alimentation variée et de bonne qualité, le poisson accumule des réserves de protéines et de lipides qui aident à la formation des œufs et des spermatozoïdes. C'est l'étape de la maturation.
Lorsque l'ovaire de la femelle est gonflé, elle est prête à pondre. Il suffit pour ce faire d'un stimulus déclencheur : ce peut être, en milieu naturel, la pluie, la lumière solaire ou

celle de la Lune (des recherches sur l'influence de cet astre sont actuellement en cours). En aquarium, la ponte est parfois déclenchée par la lumière solaire matinale, qui frappe plus ou moins intensément le bac, ou par un changement partiel d'eau.

La ponte peut donner lieu à une parade nuptiale pendant laquelle le mâle séduit la femelle ou, dans quelques rares cas, la malmène, et parfois écarte violemment ses concurrents. La femelle émet alors ses œufs, qui sont aussitôt fécondés par le mâle.

Bien évidemment, c'est un schéma général, mais il laisse la place à une assez grande diversité parmi les poissons d'aquarium, notamment en ce qui concerne le devenir des œufs : ils peuvent être, soit abandonnés, et même quelquefois dévorés par leurs parents, soit surveillés et défendus, ainsi que les alevins, pendant les premiers jours de leur vie.

Durant l'incubation des œufs, qui dure plusieurs jours, l'embryon se développe. Lorsqu'il est complètement formé, il s'agite jusqu'à rompre la membrane de l'œuf : c'est l'éclosion. On a alors une larve qui diffère de l'adulte par sa forme, sa taille et la proportion de certains organes. L'œil est ainsi très développé, ce qui aide la larve à repérer ses proies. Celle-ci possède une vésicule vitelline, qui lui sert de réserve de nourriture pendant les permiers jours (sauf chez les poissons vivipares de la famille des Poéciliidés).

La larve va progressivement évoluer, en quelques jours ou en quelques semaines, et modifier son anatomie et son comportement, pour ressembler de plus en plus à l'adulte. Elle devient un alevin.

LA SEXUALITÉ DES POISSONS

En théorie, les choses sont simples : il y a des mâles et des femelles. En réalité, la situation est parfois moins claire, surtout chez les poissons marins. En effet, certaines espèces peuvent changer de sexe : c'est ce qu'on appelle l'hermaphrodisme successif. On trouve dans ce cas les mérous, les *Anthias,* les girelles et certains Labridés, qui sont d'abord femelles puis mâles. Les poissons-clowns présentent, lorsqu'ils sont jeunes, les caractéristiques des mâles, mais ils ne peuvent se reproduire à ce stade. En mûrissant, ils deviennent, soit un mâle fécond, soit une femelle. S'agissant d'espèces dont les individus vivent en solitaire, les changements de sexe augmentent les probabilités de constitution d'un couple. Ce phénomène a une justification également dans le cas des espèces qui adoptent le système du harem, c'est-à-dire un mâle vivant avec plusieurs femelles : si ce dernier vient à mourir, une des femelles peut devenir mâle pour assurer la reproduction dans le groupe.

◁ *Certains poissons déposent leurs œufs sur un support horizontal. Puis, ils les ventilent et les protègent de la gourmandise d'autres espèces.*

Le sac vitellin de ces larves âgées de 15 jours a pratiquemment été entièrement utilisé. ▽

1 - œuf

2 - larve

Les diverses étapes du développement d'un poisson.

3 - alevin

4 - juvénile

LE SAC VITELLIN

Le sac vitellin, ou vésicule vitelline, constitue les réserves alimentaires de la larve de poisson pour ses premiers jours de vie. Il provient du vitellus de l'œuf, équivalent du jaune d'œuf des volailles, accumulé au cours de la maturation par la femelle. Il est parcouru de vaisseaux sanguins qui distribuent ces réserves dans le corps du poisson. Cela lui permet de survivre jusqu'à ce qu'il soit capable d'attraper lui-même ses proies, c'est-à-dire pendant quelques jours.

L'AQUARIUM DE REPRODUCTION

Comme il est destiné à isoler un couple de reproducteurs et leur future progéniture, son volume est généralement modeste. On peut se passer de sol, sauf pour quelques espèces (les cichlasomas par exemple). L'aquarium de reproduction sera chauffé mais filtré avec modération. Évitez les systèmes qui peuvent « avaler » les œufs et les alevins. L'aération n'est pas obligatoire. Le bac sera rempli avec de l'eau issue de l'aquarium des géniteurs, et l'on pourra éventuellement la modifier progressivement pour obtenir des caractéristiques précises (le pH et la dureté), adaptées aux poissons reproducteurs. On fournit un support de ponte, soit naturel (plantes, roches), soit artificiel (PVC). On trouvera plus loin pour chaque famille de plus amples informations sur le sujet.

Cette femelle de Cichlidé qui incube ses œufs dans sa bouche est plus au calme dans un bac de reproduction. ▷

LES STRATÉGIES DE REPRODUCTION

Se reproduire, c'est assurer la survie de l'espèce, et la nature a prévu plusieurs stratégies. Ainsi, les petits œufs produits en grand nombre sont souvent transparents, pour tenter d'échapper à la vue des prédateurs.

Les gros œufs, s'ils sont moins nombreux, sont surveillés la plupart du temps par les parents.

Dans les deux cas, le but est de limiter autant que possible les pertes. En aquarium, l'intervention de l'aquariophile augmente considérablement les chances de réussite, et la survie, voire la prolifération, d'une espèce est normalement assurée.

Techniques de reproduction en aquariophilie

Elles varient suivant les différentes familles de poissons, et nous les traiterons donc plus en détail dans le « Catalogue des poissons ». D'ores et déjà, on peut dégager ici quelques idées générales.

Choix du site de reproduction

La reproduction peut avoir lieu spontanément dans un bac d'ensemble, ou dans un aquarium spécifique ou « régional ». Cela se produit souvent lorsque l'aquariophile est un débutant, peu habitué à distinguer l'approche de la ponte chez une femelle. L'avenir des alevins est, dans ce cas, aléatoire. Un certain nombre d'entre eux serviront de proies aux autres habitants du bac, et les survivants rencontreront de toute façon des difficultés pour se nourrir.

Pour ces raisons, nous recommandons d'utiliser un bac spécialement destiné à la reproduction.

Choix des reproducteurs

S'il nous est parfois difficile, en temps normal, de distinguer mâles et femelles, nous remarquerons aisément le ventre gonflé de la femelle et les attentions que lui portent un ou plusieurs mâles, signes de l'approche de l'époque de la reproduction.

Il est temps, alors, de transférer les animaux concernés dans le bac de reproduction, préparé à cet usage.

Il arrive parfois que des reproductions se produisent en bac d'ensemble à l'insu de l'aquariophile. ▽

△ *Le choix et l'alimentation des géniteurs sont des points importants pour réussir une bonne reproduction. Ici, un couple de* Colisa lalia, *le mâle à droite.*

LES SOINS AUX GÉNITEURS

Le succès d'une bonne reproduction passe par le bon état des reproducteurs. Ces derniers doivent se trouver au calme, donc isolés, dans un bac de reproduction. Leur alimentation est particulièrement importante, puisque la qualité des œufs, et surtout celle du vitellus, en dépendent. Il faut fournir des aliments frais, notamment des proies vivantes, en respectant une grande variété. Ponctuellement utilisés comme solution de remplacement, les aliments artificiels ne doivent en aucun cas constituer l'alimentation de base.

LA PONTE

La ponte est favorisée par la lumière, soit celle du soleil matinal, soit celle de l'éclairage artificiel de l'aquarium. Si vous pensez que vos poissons tardent à pondre, vous pouvez changer 10 % du volume d'eau environ. Cela peut constituer un stimulus déterminant.

Les poissons à œufs libres ou non adhésifs

Lorsque les œufs tombent sur le fond, il faut les soustraire à la voracité des autres poissons, ce qui ne peut se faire que dans un bac de reproduction. Il existe pour ce faire plusieurs astuces :
– séparer l'aquarium en deux dans le plan horizontal par un grillage qui ne laisse passer que les œufs.
– placer des billes de verre sur le fond de l'aquarium, entre lesquelles les œufs se

A

B

◁ ▽ *Il existe plusieurs astuces pour soustraire les œufs à la voracité de leurs parents : le système du grillage (A) et les billes de verre (B).*

glisseront et pourront facilement être récupérés par siphonnage.
La majeure partie des poissons produisant des œufs libres ne s'en occupe pas ; les géniteurs doivent donc être retirés du bac. Il existe quelques espèces au sein d'une famille particulière, les Cyprinodontidés, dont les œufs peuvent survivre hors de l'eau, en milieu humide.

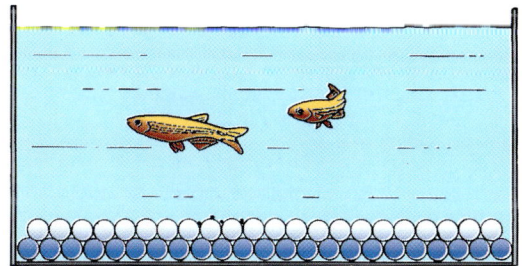

LA REPRODUCTION SEMI-NATURELLE

Pour les poissons qui vivent habituellement en groupes, par exemple les Characidés, et qui ne forment pas de couples fidèles, on peut pratiquer la reproduction semi-naturelle. Dans un bac de reproduction adapté aux exigences des poissons, on introduit un groupe d'une dizaine d'individus, qu'on laisse se reproduire. Il y a ensuite deux possibilités :

– on retire les poissons adultes et on s'occupe de l'élevage des alevins ;
– on laisse ensemble adultes et alevins, et il faut alors prévoir des cachettes pour la progéniture – plantes de surface, roches... On n'enlève les alevins que lorsqu'ils mesurent de 5 à 10 mm, pour les placer dans un autre bac, où ils accompliront leur croissance. Les adultes pourront se reproduire à nouveau dès que la maturation sera effectuée. L'avantage de cette méthode est sa relative facilité : on laisse un ou plusieurs couples se former et se reproduire quand ils le veulent. En les laissant avec les œufs et les alevins, il peut s'opérer une sorte de sélection naturelle qui ne laissera survivre que les alevins les plus robustes et les plus habiles à éviter la prédation des parents.

◁ *On peut utiliser la méthode de reproduction semi-naturelle pour les néons* (Paracheirodon innesi).

Les poissons à œufs adhésifs

Les poissons qui ne s'occupent pas de leur progéniture, les Characidés par exemple, les déposent dans des plantes à feuillage fin *(Myriophyllum, Cabomba)*, qu'il faut planter dans l'aquarium. On peut également utiliser un écheveau de laine de Perlon, matériau utilisé pour la filtration et qui est donc disponible dans le commerce. Il constitue un très bon support artificiel. Les parents doivent être retirés après la ponte.

Un certain nombre d'espèces s'occupent de leurs œufs, et parfois de leurs alevins. Certains, comme les scalaires, pondent sur une plante à feuilles dures ; d'autres, comme certains Cichlidés américains, pondent sur une roche horizontale ou verticale. On peut également leur fournir un support de ponte artificiel, un tube ou une plaque de PVC par exemple.

D'autres Cichlidés africains du lac Tanganyika ou américains, telles les espèces du genre *Apistogramma*, déposent leurs œufs dans une cavité ou une petite grotte, parfois au plafond.

Dans tous les cas de ponte sur support rigide, ce dernier est généralement nettoyé par un parent avant que la femelle ne dépose les œufs que le mâle fécondera.

Ce dernier défendra ensuite le site de ponte contre d'éventuels ennemis, de son espèce ou d'une autre, tandis que la femelle ventilera les œufs avec ses nageoires. Il arrive que les parents inversent les rôles, et même que l'un des deux parents enlève les œufs morts, reconnaissables à leur couleur blanc opaque.

△ La femelle dépose ses œufs sur un support préalablement nettoyé. Ils seront immédiatement fécondés par le mâle. ▽

△ Chez les Cichlidés à incubation buccale, les alevins peuvent retourner s'abriter dans la bouche de la femelle (ici Geophagus steindachneri).

Par la suite, les alevins sont encadrés par leurs parents, jusqu'à ce qu'ils soient autonomes.

L'incubation buccale

Cette technique de reproduction, utilisée notamment par les Cichlidés africains du lac Malawi, assure une survie importante des œufs et des alevins, que ce soit dans la nature ou en aquarium.

Les mâles, généralement de couleur plus vive que les femelles, possèdent de petites taches brillantes sur la nageoire anale. La femelle pond ses œufs sur le fond et les ramasse immédiatement dans sa bouche. À côté, le mâle étale sa nageoire anale et se dandine sur place. La femelle tente alors de ramasser les taches claimoment le mâle émet son sperme, que la femelle aspire. La fécondation a donc lieu à l'intérieur de sa cavité buccale.

Le développement embryonnaire dure de 1 à 3 semaines, pendant lesquelles la femelle ne s'alimente pas.

Sa « gorge » gonflée par les œufs est nettement visible. Pour faciliter l'éclosion, elle met les œufs en mouvement dans sa bouche.

Les alevins sortent progressivement de la bouche de la mère, mais ils s'y réfugieront au moindre danger, et la mère continuera de s'occuper d'eux jusqu'à ce qu'ils

△ *Les alevins peuvent retourner s'abriter dans la cavité buccale de la femelle. C'est peu fréquent si celle-ci est isolée dans un aquarium de reproduction.*

puissent se débrouiller par eux-mêmes. Cette technique permet à ces poissons de se reproduire dans un bac d'ensemble. On peut cependant récupérer délicatement la femelle et lui faire « cracher » tout aussi délicatement ses alevins pour les élever à part.

Le nid de bulles

Les poissons de la famille des Bélontiidés construisent un nid de bulles sous la surface de l'eau. C'est une adaptation au milieu faiblement oxygéné dans lequel ils vivent, la concentration en oxygène étant plus importante à cet endroit. De plus, ce refuge offre une certaine protection aux alevins.

Le mâle fabrique le nid : il va prendre de l'air à la surface et forme des bulles agglutinées par sa salive ; puis il va séduire une femelle. Il l'enlace près du nid et féconde les œufs qu'elle pond, avant de les placer dans le nid avec sa bouche. L'opération se répète plusieurs fois. Le mâle écarte ensuite la femelle, parfois assez violemment – il faut alors la retirer de l'aquarium pour la sous-

◁ *Nid de bulles produit par un mâle de Colisa lalia (Bélontiidés) à la surface de l'eau.*

traire à ses brutalités –, et il surveille le nid. Après l'éclosion, les alevins y restent quelques jours, puis se dispersent. On doit enlever le mâle, qui pourrait les manger

Les poissons vivipares

Ils ne pondent pas d'œufs ; ceux-ci se développent et éclosent dans le ventre de la femelle. Les alevins naissent donc vivants et complètement formés, et ils se mettent aussitôt à chercher activement leur nourriture. Ce type de reproduction ne concerne que quelques familles de poissons, dont les Poéciliidés.

Les poissons marins

Peu d'espèces marines se reproduisent régulièrement en aquarium. En dehors des poissons-clowns et d'espèces voisines, les réussites sont exceptionnelles. En ce domaine, la recherche scientifique a encore de beaux jours devant elle. L'utilisation d'hormones, répandue en aquaculture, est une piste prometteuse, hélas, hors de portée des amateurs.

Les différentes phases de la reproduction chez les Belontiidés : fabrication du nid de bulles par le mâle (la femelle est dans un compartiment séparé), ponte, enlèvement de la femelle. ▽

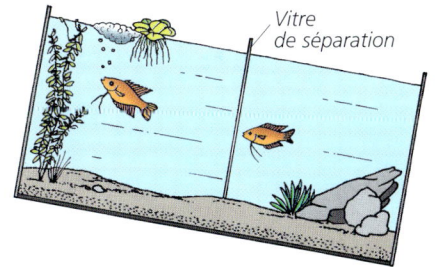

Vitre de séparation

LA SANTÉ

*L'aquariophile doit apprendre à détecter les signes de mauvaise santé, et surtout prendre
de bonnes habitudes d'entretien et d'hygiène alimentaire, afin de prévenir toute maladie.
Un poisson peut être malade, mais aussi porteur d'une affection sans être
lui-même malade, ce que l'on appelle un porteur sain. La maladie se déclarera
sous certaines conditions ou sera transmise à ses congénères.*

L'ORIGINE DES MALADIES

L'origine de la maladie peut être externe à l'aquarium

– Introduction d'un poisson stressé par le voyage qu'il a subi au cours de son importation ou par le stockage chez le détaillant : il peut devenir malade et contaminer d'autres poissons ;
– introduction d'un poisson porteur sain ou malade ;
– introduction d'eau polluée d'origine naturelle ;
– introduction accidentelle de différentes substances nocives, fumée de tabac ou aérosols par exemple.

Évidemment, toutes les précautions doivent être prises pour éviter de tels accidents.

L'origine de la maladie peut être interne à l'aquarium

Il s'agit généralement d'un dérèglement de l'équilibre général, qui entraîne le développement de maladies présentes sur un porteur sain.
– Diminution de la température ou chocs thermiques, c'est-à-dire des variations brusques, dans un sens ou dans l'autre, provoquées par un dérèglement du système de chauffage ;
– baisse du taux d'oxygène ;
– excès de matières azotées, dû à un mau-

L'AQUARIUM-HÔPITAL

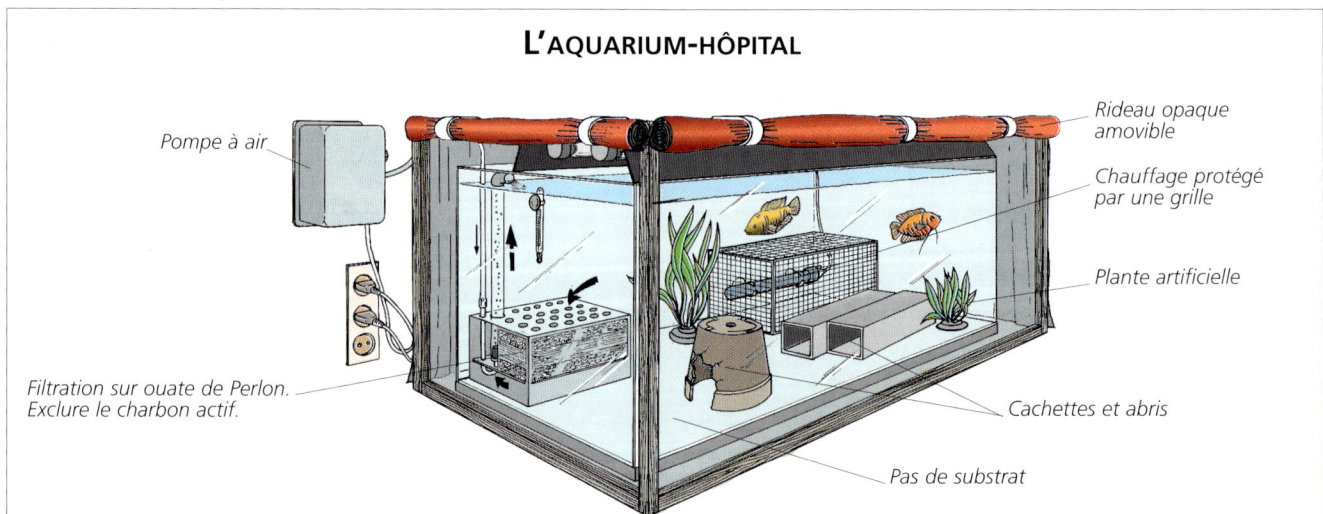

Pompe à air

Rideau opaque amovible

Chauffage protégé par une grille

Plante artificielle

Filtration sur ouate de Perlon. Exclure le charbon actif.

Cachettes et abris

Pas de substrat

On utilise une petite cuve en verre collé, où l'on dispose uniquement le matériel nécessaire aux soins. Il n'y a donc pas de plantes, de sol, ni de décor, sauf si l'on a affaire à des poissons naturellement timides : dans ce cas, on leur offre un abri en matériau artificiel, du PVC par exemple. Une filtration normale n'est pas nécessaire, on peut tout au plus utiliser un petit filtre intérieur contenant uniquement de la mousse. En revanche, l'aération doit être importante, certains produits ayant, en effet, une influence sur le taux d'oxygène. La température sera augmentée jusqu'à 27-28 °C.
Il est préférable que l'aquarium-hôpital soit situé dans un endroit calme et peu lumineux, afin de favoriser la guérison du poisson. On peut aussi occulter les vitres.
Après utilisation, l'aquarium ainsi que le matériel qu'il a contenu devront être désinfectés : on emploiera 4 ml d'eau de Javel en berlingot pour 100 litres d'eau, on procédera à un brassage pendant 24 heures, puis à plusieurs rinçages successifs.

△ Scatophagus argus, *sujet en mauvais état, avec les nageoires abîmées.*

vais fonctionnement du filtre ou à une surcharge en poissons ;
– qualité générale de l'eau ;
– blessure reçue au cours d'un combat ou d'une parade nuptiale un peu agitée, de chocs ou de frottements contre le décor ;
– sous-alimentation ou alimentation mal équilibrée.

LA PRÉVENTION

Mieux vaut prévenir que guérir : ce bon vieux proverbe est parfaitement valable en aquariophilie. La prévention implique une observation quotidienne des poissons et du milieu, ce qui ne peut se faire que si l'on possède certaines connaissances. La meilleure prévention reste, en effet, le bon équilibre de l'aquarium.

Les maladies et leurs traitements

On peut globalement distinguer deux types de maladies : les maladies infectieuses, et les maladies non infectieuses. Les premières sont provoquées par des micro-organismes, tels que bactéries, champignons ou virus portés par le poisson. Les facteurs déclencheurs sont bien connus : stress, mauvaise alimentation, diminution de la température. Certains organismes pathogènes ont un cycle de vie mixte : une partie sur le poisson, une partie dans l'eau.
Les maladies non infectieuses ne sont pas provoquées par des organismes pathogènes, mais par l'environnement (mauvaise qualité de l'eau, sous-alimentation).
On évitera les cocktails de médicaments et les surdosages, inutiles ou nuisibles. De même, on respectera la durée du traitement, même si en apparence les symptômes disparaissent rapidement.

À QUOI RECONNAÎT-ON UN POISSON MALADE ?

Une maladie n'est pas forcément facile à détecter, surtout si elle ne présente pas de symptômes externes. Plusieurs indices peuvent laisser penser qu'un poisson est malade. Il peut s'agir de phénomènes isolés ou simultanés.
– Le comportement général : le poisson se cache, s'effraie facilement, il est stressé.
– La nage : elle est désordonnée, le poisson peut se frotter sur le décor ou sur le sol.
– L'alimentation : amaigrissement, refus des aliments.
– La respiration : le poisson vient « piper » de l'air à la surface.
– Les symptômes extérieurs : points blancs, marques blanchâtres, gonflement d'un œil ou des deux yeux ou bien du corps, écailles hérissées, plaies diverses…

△ *L'attitude de ce poisson* (Macropodus opercularis) *et ses écailles légèrement soulevées laissent supposer un mauvais état de santé.*

… ET UN POISSON EN BONNE SANTÉ ?

Il y a deux choses à prendre en considération : l'aspect du poisson, et son comportement. On doit donc bien connaître son anatomie, sa biologie, son écologie. Un poisson en bonne santé présente des couleurs brillantes et un œil vif. Son corps n'est pas gonflé, les écailles et les opercules ne sont pas écartés. Il vient se nourrir normalement, tant pour la prise de nourriture proprement dite que pour la quantité ingérée. Il ne se dissimule pas sans raison valable.

▽ *Des couleurs vives et des nageoires bien déployées sont signes de bonne santé.*

Pendant les soins, il est préférable de nourrir les poissons modérément, mais avec des aliments naturels. Après la guérison, il est souhaitable de fournir une alimentation variée et bien équilibrée pour parfaire celle-ci.

Les principales maladies et leurs traitements figurent dans le tableau des pages 70-71.

Les différentes étapes d'un traitement

1. Placer le poisson dans un aquarium-hôpital.

2. Augmenter la température jusqu'à 27-28 °C.

3. Couper la filtration et éventuellement l'écumeur en eau de mer, tout en augmentant l'aération.

4. Diluer le médicament si c'est nécessaire.

5. Verser progressivement le médicament dans l'aquarium ; il convient d'étaler l'opération sur 1 heure au minimum, voire une journée pour le sulfate de cuivre.

6. Laisser agir pendant la durée préconisée.

7. Vider la moitié de l'aquarium, puis ramener au niveau par l'apport d'une eau identique à celle d'origine.

8. Changer 1/10e du volume chaque jour pendant 5 jours, en utilisant toujours une eau identique.

9. Renouveler le traitement si c'est nécessaire, comme précédemment.

10. Remettre en route le filtre et, éventuellement, l'écumeur.

11. Ramener progressivement la tempéra-

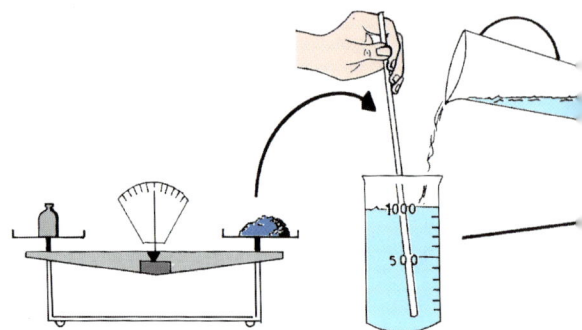

△ Les poudres telles que le sulfate de cuivre et le bleu de méthylène sont pesées puis diluées dans l'eau pour constituer une solution mère.

ture à son niveau d'origine – l'opération doit s'étaler sur 3 jours.

12. Rétablir l'aération à son niveau d'origine. Dans un aquarium d'ensemble, on débute bien évidemment au point 2.

Les médicaments

Il existe un certain nombre de médicaments, vendus dans le commerce, spécifiques à une ou plusieurs maladies. Les progrès dans ce domaine sont constants, de nouveaux médicaments pour poissons marins sont d'ailleurs apparus ces dernières années. Il est important de bien respecter la dose et la durée du traitement.

Les maladies bactériennes peuvent être combattues par des antibiotiques. Cependant, nous déconseillons l'utilisation de ces substances difficiles à se procurer, et qui peuvent éventuellement entraîner la création de souches résistantes.

On peut utiliser divers produits chimiques en traitement, à condition de bien respecter les dosages.

En premier lieu, utilisable uniquement pour l'eau douce, il y a *le sel de cuisine*, efficace dans certains cas. Il faut l'ajouter progressivement à l'eau jusqu'à atteindre 5 à 10 g/litre, mais il ne faut pas dépasser cette dose. Après la guérison, on revient progressivement à l'eau initiale, non salée, par changements successifs de 25 % du volume du bac par jour.

Le bleu de méthylène est efficace contre les champignons. On dissout 1 g de poudre, que l'on peut encore obtenir dans certaines pharmacies, dans 1 litre d'eau. On traite les poissons avec 0,5 à 1 ml/litre de cette solution, et les œufs avec 1 ml/litre.

LES RÈGLES D'OR DE LA PRÉVENTION

– Connaître son aquarium ; analyser régulièrement certains paramètres – nitrites, pH ; avoir une bonne qualité d'eau ;

– connaître ses pensionnaires et leurs habitudes – comportement, alimentation ;

– éviter la surpopulation ;

– éviter les excès alimentaires et, à l'inverse, la sous-alimentation ;

– éviter les stress permanents, occasionnés notamment par le mélange de poissons incompatibles par la taille ou le comportement, ou par l'absence d'abris et de cachettes ;

– ne pas introduire directement un poisson dans l'aquarium.

Bien connaître ses poissons (couleur et comportement) constitue une des règles majeures de la prévention en aquarium. ▷

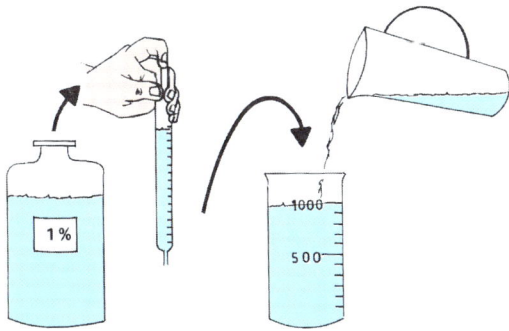

△ *C'est à partir de celle-ci, qui peut se conserver, que l'on prélève la quantité nécessaire aux soins.*

On change ensuite progressivement 25 % du volume d'eau pour éliminer le produit. Le bleu de méthylène ne s'emploie pas en eau de mer.

Le vert de malachite est particulièrement efficace contre les champignons, mais aussi contre l'ichtyophtiriose. Une solution de 1,5 g pour 10 litres se prépare juste au moment de l'emploi, la durée du traitement ne doit pas dépasser 2 heures.

Le formol est actif contre les parasites externes. On utilisera une solution de formaldéhyde à 40 %, disponible dans le commerce, que l'on diluera, à raison de 20 ml/100 litres d'eau. De 15 à 20 minutes de traitement suffisent en général, en aucun cas on ne doit dépasser 30 minutes. Le traitement peut être renouvelé deux fois, à 48 heures d'intervalle.

Le sulfate de cuivre est un produit souvent utilisé en eau de mer, mais il est toxique pour les invertébrés et pour certains végétaux. Les poissons doivent donc être traités dans un aquarium-hôpital s'ils ne sont pas les seuls occupants du bac marin. On dissout 16 g de cristaux dans 1 litre d'eau, la dose de traitement est de 10 ml/100 litres d'eau à partir de cette dilution. Par précaution, on peut étaler l'introduction du produit sur une journée.

Les dilutions du bleu de méthylène, du vert de malachite et du sulfate de cuivre doivent se faire dans de l'eau distillée. Tous les produits, sauf le sel, doivent être conservés au frais et dans l'obscurité, l'idéal étant le réfrigérateur.

Dans ce cas, il faut faire attention aux éventuels dangers, surtout pour les enfants, qui peuvent être intéressés par les liquides colorés que constituent le sulfate de cuivre et le bleu de méthylène.

LES MALADIES LES PLUS COURANTES

Rares sont les aquariophiles qui n'ont jamais été confrontés à la maladie des points blancs ou aux champignons.

L'ichtyophtiriose

Dans ce premier cas, le responsable de l'infection est un protozoaire (animal unicellulaire) parasite qui vit alternativement sur le poisson et dans l'eau ; il est très contagieux.

Cette maladie se développe notamment lors d'une baisse de température, ou après l'introduction d'un nouveau poisson. Elle se traite avec des produits du commerce ou avec du formol.

Cela peut également être le cas pour les « mousses » dues aux champignons, les saprolégniases. Leur développement est favorisé par des blessures cutanées. Le traitement s'effectue avec des produits du commerce, ou avec du bleu de méthylène ou du vert de malachite.

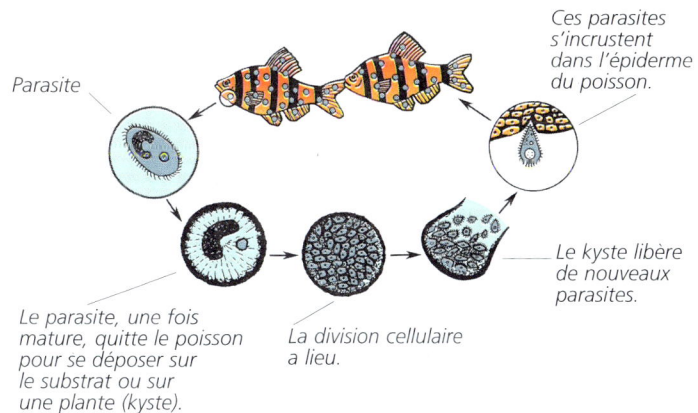

Parasite

Ces parasites s'incrustent dans l'épiderme du poisson.

Le parasite, une fois mature, quitte le poisson pour se déposer sur le substrat ou sur une plante (kyste).

La division cellulaire a lieu.

Le kyste libère de nouveaux parasites.

L'oodiniose

Elle est provoquée par un parasite unicellulaire qui porte un flagelle, grâce auquel il se déplace. Il vit alternativement dans l'eau et sur le poisson. Cette maladie très contagieuse se déclare lorsque le poisson est affaibli, alors qu'il était auparavant porteur sain. Elle se soigne avec du sulfate de cuivre, ou grâce aux médicaments du commerce.

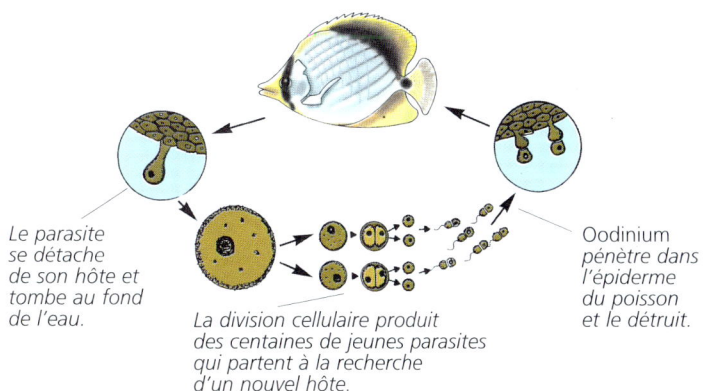

Le parasite se détache de son hôte et tombe au fond de l'eau.

La division cellulaire produit des centaines de jeunes parasites qui partent à la recherche d'un nouvel hôte.

Oodinium pénètre dans l'épiderme du poisson et le détruit.

Symptômes	Nom de la maladie ou du problème	Cause	Type d'eau
Points blancs sur le corps et les nageoires (de la taille d'une tête d'épingle, 1 mm au maximum).	ICHTYOPHTIRIOSE.	Protozoaire parasite, *Ichthyophthirius*.	Eau douce.
Points blancs plus petits que les précédents, formant jusqu'à un léger voile, nageoires parfois collées, frottements sur le décor.	OODINIOSE.	Parasite unicellulaire, *Oodinium*, muni d'un fla-gelle pour se déplacer.	Eau douce, mais surtout en eau de mer.
Identique au précédent, mais points plus gros.	CRYPTOCARIOSE.	Protozoaire parasite, *Cryptocarion*.	Eau de mer.
Touffes blanches à aspect cotonneux, mousse.	MOUSSE, SAPROLÉGNIASE.	Champignons, dont *Saprolegnia*.	Eau douce, rare en eau de mer.
1 ou 2 yeux anormalement gonflés.	EXOPHTHALMIE.	Bactéries, virus, champignons, parfois ensemble.	Eau douce et eau de mer.
Abdomen gonflé, nageoires hérissées.	HYDROPISIE.	Principalement des bactéries.	Eau douce et eau de mer.
Opercules écartés, nage tremblotante, minuscules vers sur les branchies.	GYRODACTYLOSE.	Ver parasite, *Gyrodactylus*.	Eau douce.
Pipage d'air à la surface.	Manque d'oxygène.	Aération défectueuse, équilibre général de l'aquarium perturbé.	Eau douce et eau de mer.
Amaigrissement, mauvaise croissance.	Problèmes alimentaires.	Sous-alimentation, ou manque de vitamines.	Eau douce et eau de mer.
Agitation, nage désordonnée, comportement inhabituel.	Mauvaises conditions d'élevage.	Problèmes d'oxygène, mauvaise qualité de l'eau (surtout substances azotées).	Eau douce et eau de mer.
Déformation du squelette des alevins.	Problème héréditaire.	Origine génétique (les parents).	Eau douce et eau de mer.

Neolamprologus multifasciatus atteint de mousse sur des blessures. ▷

EN AQUARIUM

Traitements	Observations
Augmentation de température, formol, vert de malachite, médicaments du commerce.	Contagieuse, se déclare si la température baisse de manière importante.
Sulfate de cuivre, médicaments du commerce.	Parfois difficile à détecter à son début, courante en eau de mer, contagieuse.
Sulfate de cuivre, médicaments du commerce.	S'accompagne parfois de petites taches sanguinolentes ; les poissons peuvent éprouver des difficultés respiratoires.
Sel, vert de malachite ou bleu de méthylène (sauf en eau de mer : sulfate de cuivre, médicaments du commerce).	Le développement de la maladie est favorisé par des blessures.
Médicaments du commerce, sulfate de cuivre.	Parfois difficile à soigner.
Sulfate de cuivre, médicaments du commerce.	Contagieux, parfois difficile à soigner.
Sel, sulfate de cuivre.	Pas très facile à détecter.
Augmenter l'aération, vérifier et ajuster les paramètres de l'eau.	Le pipage d'air est parfois également le symptôme d'une maladie infectieuse.
Aliments frais et nourriture vivante en alternance.	Possibilité d'y incorporer des solutions vitaminées du commerce.
Augmenter la quantité d'oxygène, changer un tiers de l'eau, vérifier sa qualité (nitrites, pH).	Les symptômes peuvent également s'appliquer à une maladie infectieuse.
Si beaucoup d'alevins sont touchés, c'est qu'il y a un problème génétique chez les parents ; il faut donc les séparer.	Ce n'est pas rare lorsqu'un ou quelques alevins sont touchés dans une portée.

△ Poisson atteint de la maladie des points blancs (ichtyophtiriose). Facile à détecter – le corps est couvert de points blancs – cette maladie est très contagieuse.

À FAIRE IMPÉRATIVEMENT EN CAS DE MALADIE

– Agir immédiatement ;
– employer le traitement approprié ;
– soigner le poisson dans un aquarium de quarantaine.
Les soins sont prodigués dès l'apparition de la maladie, c'est-à-dire dès l'observation des premiers symptômes, et il faut agir rapidement.
Il n'est pas sans risque de traiter un poisson malade dans l'aquarium d'ensemble : certaines substances peuvent avoir des effets indésirables sur d'autres espèces ou sur les végétaux. Il est donc préférable d'utiliser un aquarium-hôpital, ou un aquarium de quarantaine.

△ L'abdomen gonflé d'un poisson est souvent le signe d'une hydropisie, maladie bactérienne.

NOMENCLATURE ET ORIGINE DES POISSONS DE NOS BACS

Les hôtes de nos aquariums – poissons, plantes ou petits invertébrés – portent chacun un nom. Là débute une série de problèmes qui ne sont pas tous résolus. En effet, une même espèce peut être désignée différemment ! Essayons d'y voir plus clair.

LA BONNE DÉNOMINATION

Nom scientifique et nom commun

• Le nom scientifique

Le nom scientifique est seul reconnu au niveau international, c'est la langue universelle de l'aquariophilie. En latin, selon une tradition qui date du XVIIIᵉ siècle, il se compose de deux parties :

– *le nom de genre,* dont la première lettre est en majuscules ;

– *le nom d'espèce,* tout en minuscules.

Il a été établi par celui qui a découvert le poisson, mais de nouvelles avancées scientifiques peuvent faire changer une dénomination. L'ancienne appellation, devenue secondaire, fait alors office de synonyme. Ces changements affectent le plus souvent le nom de genre. Lorsqu'on ne connaît pas l'espèce avec exactitude, on utilise l'abréviation *sp.,* qui provient du latin *species.*

• Le nom commun

Le nom commun a des origines parfois obscures. Il peut être traduit du latin, ou d'une autre langue, emprunter le

Xiphophorus helleri porte deux noms communs : xipho ou porte-épée. ▷

nom d'un scientifique ou être inventé au gré des circonstances, parfois les plus hasardeuses. Une telle absence de rigueur est source de confusions ; ainsi certains poissons sont désignés par diverses appellations communes, tandis que certaines espèces n'en possèdent pas. C'est le cas de *Xiphophorus belleri,* dont les noms communs sont porte-épée ou, plus simplement, xipho.

Les problèmes de nom

Les problèmes de nom, qui portent principalement sur les plantes et les poissons, moins fréquemment sur les invertébrés, entraînent des confusions entre espèces. Quelquefois, l'ancien nom latin continue

---

PRINCIPE DE LA CLASSIFICATION DES ÊTRES VIVANTS

Un genre peut comprendre plusieurs espèces qui sont regroupées en raison de certaines caractéristiques communes. Plusieurs genres, voisins sur les plans anatomique et biologique, sont regroupés par familles. Les familles apparentées forment un ordre. Cela nous donne le schéma général suivant.

Ordre	Familles	Genres	Espèces
Cypriniformes	Cyprinidés	*Barbus*	*oligolepis*
			schwanenfeldi
		Capoeta	*schuberti*
			titteya
	Cobitidés	*Botia*	*macracantha*
		Acanthophthalmus	*kuhli*

▷ *Barbus oligolepis.*

d'être utilisé dans la littérature aquariophile, le commerce, les contacts entre aquariophiles, jusqu'à ce que le nouveau nom scientifique s'impose. Certaines espèces nouvellement reconnues sont d'abord désignées par un numéro de code, ou un nom provisoire. D'autres fois, à l'inverse, des espèces récemment découvertes sont, en fait, des poissons déjà connus : une même espèce portera donc deux noms. Ici, c'est la confusion des espèces qui entraîne la confusion des noms. La multiplication de races, de variétés et d'hybrides n'arrange pas les choses : les scientifiques eux-mêmes ont quelquefois du mal à s'y reconnaître, comment les aquariophiles le pourraient-ils ?

Dans cet ouvrage, nous avons mentionné les noms scientifiques actuels les plus utilisés et volontairement omis ceux qui sont trop récents et pas encore généralisés. Figurent également les synonymes latins, les noms communs, les noms des races et des variétés.

RACES, SOUCHES ET VARIÉTÉS

Dans le milieu naturel, il existe des races ou des souches locales, qui diffèrent souvent par la couleur. De plus, les éleveurs recherchent, par des croisements, à obtenir de nouvelles couleurs, de nouvelles formes. Dans les deux cas, ces variétés sont caractérisées par l'adjonction au nom scientifique ou au nom commun d'un adjectif ou d'un autre nom commun : scalaire marbré, scalaire fumé, scalaire-voile, ou xipho-voile, xipho-lyre, xipho berlinois.

CROISEMENTS ET HYBRIDES

Des espèces différentes qui appartiennent souvent au même genre, mais pas forcé-ment, peuvent se croiser. Ce phénomène s'observe rarement dans la nature. En aquariophilie, il est plus courant. Le croisement effectué, si l'œuf se développe, donne un hybride qui conjugue les caractéristiques de ses parents. Cet hybride ne recevra pas de nom particulier, on le désignera par les noms combinés de ses deux parents, séparés par le signe « x », qui signifie croisement. On aura donc un hybride : *Poisson 1* x *Poisson 2*. Si cet hybride ne se révèle pas stérile, il peut se croiser à son tour, soit avec un autre hybride, soit avec un poisson de race pure. Après plusieurs générations, on ne sait plus exactement à quelle espèce on a affaire ! C'est le cas de certaines espèces de poissons et de plantes que l'on trouve dans le commerce : elles portent un nom latin peu fiable, car elles sont bien éloignées des espèces originelles reconnues.

D'OÙ VIENNENT NOS POISSONS D'AQUARIUM ?

Poissons sauvages, poissons d'élevage

Seules 300 à 500 des 1 500 espèces de poissons d'aquariophilie sont courantes. Ces poissons étaient autrefois appelés tropicaux, car ils étaient capturés en milieu naturel dans des régions globalement situées entre les tropiques (voir carte page suivante). Actuellement, 80 à 85 % des espèces d'eau douce sont élevées, et pas forcément dans leur région d'origine.

La production du Sud-Est asiatique, partagée entre Hong Kong, les Philippines et Singapour, domine, avec plus des trois quarts des espèces. Le néon, par exemple, qui est originaire d'Amérique du Sud, est produit au rythme de plusieurs centaines de milliers d'exemplaires par mois. D'autres régions du globe produisent certaines espèces, comme la Floride, aux États-Unis, qui fournit des vivipares, ou l'Amazonie. D'Afrique de l'Est nous parviennent les Cichlidés, originaires des lacs et élevés sur place. Francfort, en Allemagne, peut être considéré comme la plaque tournante des importations

◁ *Cichlidé perroquet, croisement entre* Cichlasoma labiatum *et* Heros severum.

73

PRINCIPALES ZONES D'ORIGINE DES POISSONS TROPICAUX

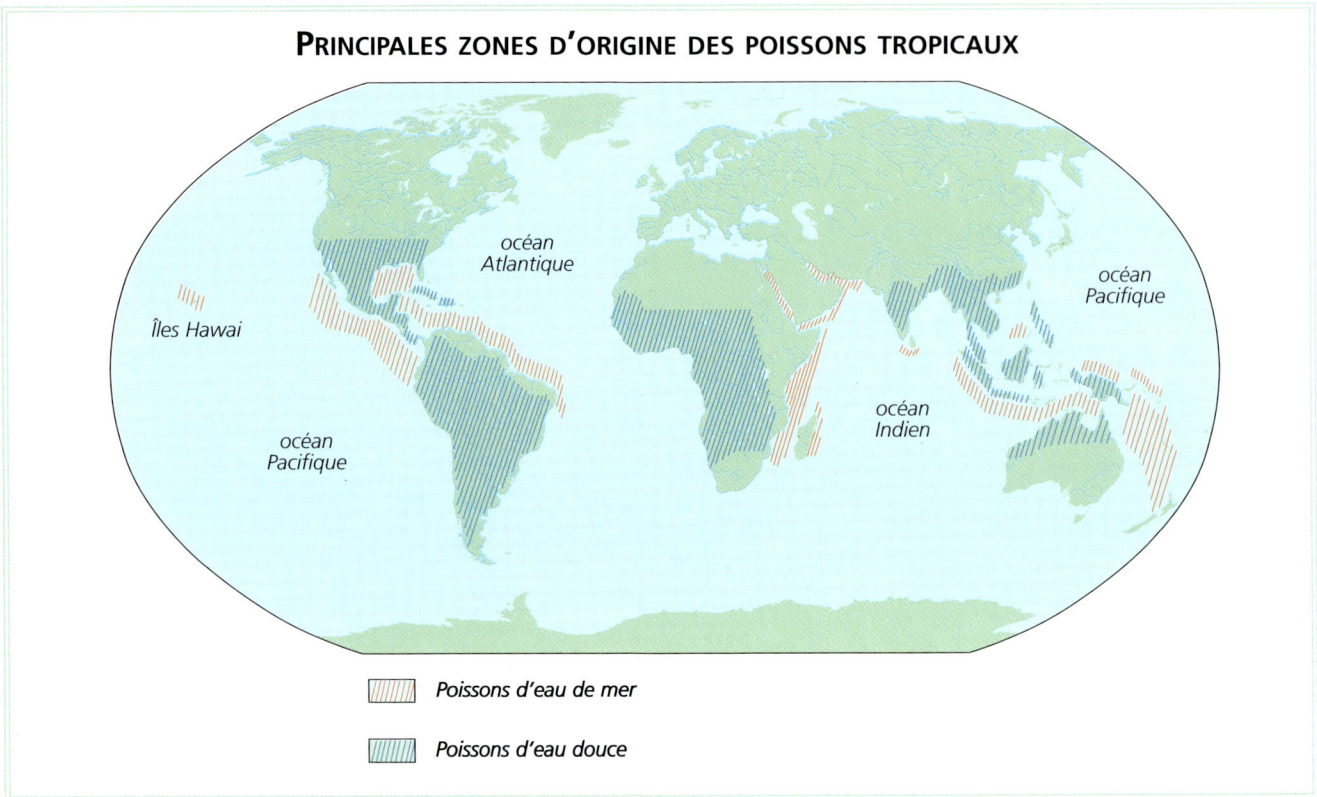

océan
Atlantique

océan
Pacifique

Îles Hawai

océan
Indien

océan
Pacifique

Poissons d'eau de mer

Poissons d'eau douce

pour l'Europe, tandis que l'ex-Tchécoslovaquie développe rapidement sa propre production. En France, quelques firmes élèvent des poissons, soit à partir de juvéniles importés, soit à partir de leur propre production. Les prélèvements d'espèces en milieu naturel sont donc limités afin de préserver la faune sauvage. Cependant, certaines espèces ne sont plus aussi abondantes que par le passé, en Amazonie par exemple, et la protection de certaines zones est envisagée.

En ce qui concerne les poissons marins, la quasi-totalité des espèces est capturée en milieu naturel. L'aquariophilie a souvent été accusée de participer au pillage des récifs coralliens, car on estimait que pour un poisson marin arrivé dans nos aquariums neuf étaient morts lors de la récolte, au cours du transport et chez les intermé-

diaires. Faute d'études précises, il est très difficile de connaître la portée réelle de l'aquariophilie sur le milieu naturel.

La récolte des poissons marins tropicaux

Il fut un temps où tous les moyens étaient bons pour récolter des poissons – l'emploi d'explosifs ou de cyanure pour les étourdir, par exemple – et cela causait beaucoup de dégâts dans les populations piscicoles. À l'heure actuelle, des méthodes plus douces et moins meurtrières sont utilisées par des sociétés sérieuses. Une équipe de plusieurs plongeurs travaille autour d'un bloc de récif isolé par un filet.

Les poissons sont sélectionnés suivant différents critères (notamment la taille) et capturés avec des épuisettes. Ils sont ramenés à la surface avec précaution et conduits dans les bacs de stabulation avant d'être exportés.

La protection des espèces

Aucune espèce protégée ne se rencontre en aquarium ; l'aquariophilie ne peut donc être rendue responsable de leur raréfaction, ou de leur disparition. La plupart des espèces qui peuplent nos bacs sont courantes en milieu naturel, quelques-unes constituent même une ressource alimentaire pour les populations locales.

*Capture
de poissons marins
tropicaux avec
un filet.* ▷

LES POISSONS D'EAU DOUCE

Ils occupent divers biotopes dans les zones tropicales et équatoriales. On peut très sommairement les classer en deux groupes : ceux qui vivent dans des eaux douces et acides. Parmi eux, quelques-uns demandent une eau de dureté très faible, au pH souvent voisin de 6 ; ceux qui préfèrent les eaux dures et alcalines. Certaines espèces ont besoin d'une dureté très élevée, le pH pouvant atteindre 8. D'autres supportent des eaux légèrement saumâtres. Un certain nombre de poissons ne sont pas exigeants sur la qualité de l'eau, ce qui se révèle pratique pour l'aquariophile débutant qui peut (a priori) utiliser l'eau de conduite distribuée au robinet. S'il existe plus de 10 000 poissons d'eau continentale, seules quelques centaines d'espèces concernent l'aquariophilie.

CHARACIDÉS

LA PLUPART DES CHARACIDÉS (plus de 1 000 espèces) vivent en Amérique du Sud, notamment en Amazonie, mais tous ne sont pas connus en aquariophilie. C'est la présence d'une petite nageoire adipeuse située entre la dorsale et la caudale qui les caractérise (parfois absente, cette nageoire se retrouve également chez quelques poissons-chats). Leur solide dentition est le témoin d'un régime carnivore, composé, entre autres, d'insectes et de leurs larves. Les Characidés vivent en groupe ou en banc, dans des cours d'eau et des mares ombragés et bien plantés, facteurs garantissant la protection des œufs. Sociables et paisibles, ils peuvent être maintenus en bac communautaire, dont la taille peut être modeste du moment qu'il leur offre une eau douce et acide, particulièrement pour les espèces d'eau noire du bassin amazonien (néon, cardinalis, néon rose, tétra noir). La végétation du bac doit être assez abondante pour diffuser la lumière. Les Characidés acceptent les aliments du commerce, mais ils raffolent surtout de petites proies vivantes. La reproduction, autrefois considérée comme délicate, est à la portée d'un amateur un peu expérimenté et soigneux ; la majeure partie des espèces se reproduit selon le même principe. Dans un aquarium de faible volume (50 litres ou moins), on dispose des billes de verre, de la tourbe ou des plantes à feuilles fines afin d'assurer la protection des œufs. L'eau doit être douce et acide, la luminosité très faible (l'aquarium peut même être placé dans une obscurité totale). Les reproducteurs (un couple, ou deux mâles pour une femelle) seront retirés après la ponte car ils sont assez friands de leurs œufs. Les alevins – dont la croissance est rapide – acceptent de petites proies vivantes quelques jours après l'éclosion, et le bac peut alors recevoir de la lumière.

◁ Anoptichthys jordani

À la suite de phénomènes géologiques, le **tétra aveugle** s'est retrouvé prisonnier de certaines rivières souterraines du Mexique. Au fil du temps, il a perdu l'usage de ses yeux, ce qui ne l'empêche pas de trouver sa nourriture sur le fond, grâce à son odorat. Sa ligne latérale lui évite les obstacles, même s'ils sont imprévus (par exemple, la main de l'aquariophile). Taille : de 8 à 10 cm.

Cheirodon axelrodi △

Le **cardinalis** a besoin d'une eau acide, filtrée sur tourbe, ce qui rehausse ses couleurs. La reproduction nécessite une eau de dureté presque nulle, le pH pouvant descendre jusqu'à 6. Le développement des œufs (300 à 500 environ) se fait dans l'obscurité. Taille : de 4 à 5 cm.

Gymnocorymbus ternetzi

Le **tétra noir (ou veuve)** se reproduit en lumière atténuée et peut pondre jusqu'à 1 000 œufs dans une eau douce et acide. Il existe une forme voile aux nageoires nettement plus grandes, sélectionnée en élevage. Taille : de 5 à 6 cm. ▽

Aphyocharax anisitsi

Le **nageoires rouges** est un bon nageur qui vit en banc et qui a besoin d'espace pour se déplacer. Il accepte les nourritures sèches, mais préfère les petites proies vivantes. Taille : de 4 à 5 cm. ▷

L'EXCEPTION

Comme son nom l'indique, *Phenacogrammus interruptus*, le **tétra du Congo** n'a pas la même origine que les autres Characidés. Il vit en groupe dans des eaux peu dures et légèrement acides, où il a besoin d'espace pour nager. Le mâle se reconnaît à l'excroissance médiane de sa nageoire caudale. Taille : de 10 à 13 cm.

△ *Hemigrammus blcheri*

Le **nez rouge** préfère les eaux brunes. Souvent confondu avec des espèces proches *(H. rhodostomus et Petitella georgiae)*, il s'en distingue par sa coloration rouge, qui s'étend jusqu'au début de la ligne latérale. Taille : 5 cm.

△ *Hemigrammus caudovittatus*

Même s'il est craintif après son introduction en aquarium, le **tétra de Buenos Aires** s'acclimate facilement, surtout en groupe d'une dizaine d'individus. La femelle peut pondre jusqu'à 1 000 œufs. Taille : de 8 à 10 cm.

▷ *Hemigrammus pulcher*

Le **tétra pulcher** apprécie bien les petites proies vivantes. Sa reproduction est considérée comme difficile : pH = 6,5, dureté 0-2 °fr., éclairage faible. Taille : de 4 à 5 cm.

Hemigrammus hyanuary

Également connu sous le nom **néon costello**, le **néon vert** reste assez peu courant dans le commerce. Il apprécie un renouvellement d'eau régulier ainsi qu'un éclairage modéré. Taille : de 4 à 5 cm. ▽

Hemigrammus erythrozonus

Le **néon rose** se reproduit en lumière atténuée, dans une eau acide (pH = 6,5) et très douce ; il faut prévoir une filtration sur tourbe. Un banc d'une dizaine de ces poissons très paisibles produit un bel effet dans un aquarium de type sud-américain. Taille : de 4 à 5 cm. ▽

Hasemania nana

Le **nez cuivré** se distingue des autres Characidés par l'absence de nageoire adipeuse. Il vit en groupe dans une eau acide et bien plantée. Taille : de 4 à 5 cm. ▽

77

△ **Hyphessobrycon callistus**

Cette espèce est souvent confondue avec *H. serpae* et *H. bentosi*. Ce poisson apprécie les eaux claires bien plantées. Il est prolifique et la reproduction se déroule sous éclairage modéré, dans une eau acide de dureté très faible. Taille : de 4 à 5 cm.

△ **Hyphessobrycon peruvianus**

Peu commercialisé, le **tétra du Pérou** est donc peu connu. Pour sa maintenance et sa reproduction, il préfère les eaux sombres, filtrées sur tourbe.
Taille : de 4 à 5 cm.

◁ **Hyphessobrycon bentosi**

Le **tétra orné** ne possède pas de tache noire derrière la tête, ce qui le distingue de *H. callistus*. La nageoire dorsale du mâle est plus haute que celle de la femelle. Lors de la reproduction, les œufs tombent sur le fond, et il faut dès lors les soustraire à l'appétit des parents. Taille : de 4 à 5 cm.

△ **Hyphessobrycon herbertaxelrodi**

Le **néon noir** aime les eaux acides mais claires et recherche parfois des zones sombres. La reproduction s'effectue à 26 °C, dans une eau très douce ; les œufs se développent en lumière très fortement atténuée. Taille : de 4 à 5 cm.

LES CHARACIDÉS DU DÉBUTANT

La reproduction des poissons de cette famille n'est pas forcément à la portée d'un débutant ; cependant, leur maintenance ne se révèle pas trop délicate. Deux espèces peuvent être recommandées au débutant.

▽ **Hemigrammus ocellifer**

Le **feux-de-position** est l'un des plus communs et aussi l'un des moins exigeants pour la qualité de l'eau lors de la reproduction. Les mâles possèdent en général une petite tache blanche allongée sur la nageoire anale. Taille : de 4 à 5 cm.

△ **Hyphessobrycon pulchiprinnis**

Le **tétra citron** vit en banc parmi la végétation. Sa reproduction, plutôt difficile, exige que les œufs soient déposés dans le fin feuillage de certaines plantes. Taille : de 4 à 5 cm.

Hyphessobrycon erythrostigma

La nageoire dorsale du mâle du **cœur-saignant** est plus allongée que celle de la femelle. La reproduction est délicate et nécessite une eau acide filtrée sur tourbe. Il faut prévoir des plantes à feuillage fin sur lesquelles les œufs seront disposés ; l'incubation doit se dérouler dans l'obscurité. Taille : de 4 à 5 cm. ▷

◁ **Nematobrycon palmeri**

Le **tétra empereur** nage en groupe. La végétation lui offre un certain refuge. Les mâles, plus vivement colorés que les femelles, ont des relations parfois houleuses entre eux. La reproduction de ce poisson peu prolifique est délicate. Taille : de 5 à 6 cm.

△ **Paracheirodon innesi**

La couleur de ce poisson, mise en valeur par une eau sombre, lui a valu le surnom de **néon**, ainsi qu'une grande popularité. Sa reproduction est conditionnée par une eau de bonne qualité, filtrée sur tourbe pour obtenir un pH proche de 6, avec une dureté presque nulle. Taille : de 4 à 5 cm.

△ **Prionobrama filigera**

Cette espèce se nourrit près de la surface et affectionne le courant de sortie du filtre, mais elle peut sauter hors de l'eau. Sa maintenance ne nécessite pas une eau aussi douce et aussi acide que pour les autres Characidés. Taille : de 5 à 6 cm.

Moenkhausia sanctaefilomenae △

Cette espèce préfère les eaux calmes où elle évolue en groupe parmi la végétation. Sa reproduction, peu aisée, se déroule dans une lumière diffuse, en eau très douce. Taille : 5 cm.

Megalamphodus megalopterus

Le **tétra fantôme** vit en groupe, en eaux acides et claires, et doit bénéficier d'une zone libre pour ses déplacements. Sa reproduction se révèle assez délicate : lumière tamisée, eau filtrée sur tourbe pour atteindre un pH de 6. Dans ces conditions, la femelle, qui se reconnaît à sa nageoire dorsale plus courte que celle du mâle, peut pondre jusqu'à 300 œufs. Taille de 4 à 5 cm. ▷

Thayeria boehlkei

Le **poisson-pingouin** nage obliquement, la tête dirigée vers le haut. Il préfère une eau sombre, avec une lumière tamisée. La reproduction est assez facile, la femelle pond environ 1 000 œufs. Taille : de 4 à 5 cm.▽

△ **Pristella maxillaris**

Le **chardonneret d'eau** est un poisson robuste, assez tolérant quant à la qualité de l'eau. Sa reproduction reste cependant assez délicate. Taille : 7 cm.

FAMILLES PROCHES DES CHARACIDÉS
Lébiasinidés - Gastéropélécidés - Serrasalmidés - Anostomidés

Quelques poissons présentant certaines ressemblances anatomiques avec les Characidés sont assez courants en aquariophilie. Ils se rencontrent également en Amérique du Sud, dans des eaux douces et acides.

Les **poissons-crayons (Lébiasinidés)** vivent près de la surface et peuvent sauter hors de l'eau. Leur bouche en position supérieure indique qu'ils capturent des petites proies près de la surface.

Les **poissons-hachettes (Gastéropélécidés)** doivent leur nom à la forme de leur corps. Leur dos rectiligne et leur bouche légèrement dirigée vers le haut indiquent qu'ils viennent juste sous la surface pour capturer des proies ; ils peuvent même sauter hors de l'eau. Ils vivent en eau calme et ombragée.

La **famille des Serrasalmidés** comprend les piranhas, dont le comportement et l'agressivité sont bien connus, mais parfois exagérés : ils ne sont dangereux qu'en présence de sang, dont l'odeur les excite. Ces carnivores voraces apprécient des aliments carnés.

Les **Metynnis** appartiennent à la même famille que les piranhas et leur ressemblent. Cependant, ils sont inoffensifs et leur régime alimentaire est à dominante végétale.

Quant aux **Anostomidés,** de nature plutôt agressive, leur corps fuselé parcouru de rayures verticales ou horizontales les aide à se camoufler parmi les branches et les racines présentes dans leur milieu naturel.

Leporinus striatus
(Anostomidés)

Cet omnivore a besoin d'un apport végétal. Son caractère agressif et sa taille nécessitent son maintien dans un grand aquarium qui doit être couvert, car le *Leporinus* est capable de sauter hors de l'eau. Taille : de 20 à 25 cm. ▷

◁ *Metynnis argenteus* (Serrasalmidés)

Le *Metynnis* ressemble beaucoup à un piranha, mais c'est un herbivore à qui il faut fournir des aliments végétaux. Faute de quoi, il pourrait « mordiller » la végétation. Taille : de 10 à 15 cm.

△ *Carnegiella strigata* (Gastéropélécidés)

Le **poisson-hachette** vit en groupe et se nourrit d'aliments présents à la surface de l'eau. Il manifeste une préférence pour les proies vivantes, mais accepte cependant les aliments du commerce. Taille : 5 cm.

Nannostomus trifasciatus (Lébiasinidés)

Le **poisson-crayon à trois bandes** apprécie les eaux ombragées par la végétation, mais il a besoin d'une zone de nage. Sa reproduction est considérée comme difficile, bien que ce soit une espèce prolifique (environ 1 000 œufs). Taille : de 5 à 6 cm. ▽

△ *Serrasalmus nattereri* (Serrasalmidés)

En captivité, les **piranhas** ne peuvent vivre qu'entre eux. Il leur faut un bac spacieux et bien planté. Leur alimentation préférée est à base de chair : viande, moule, petits poissons vivants. Leur reproduction est rare en captivité. Taille : de 20 à 30 cm.

Gasteropelecus sternicla (Gastéropélécidés)

Cette espèce est un peu plus grande et un peu plus craintive que *C. strigata*. Comme pour cette dernière, la reproduction est rare en aquarium. Taille : de 5 à 6 cm. ▷

◁ *Nannobrycon eques* (Lébiasinidés)

Il nage incliné à 45 °, la tête dirigée vers le haut. Ce poisson assez timide vit en groupe ; sa reproduction est un peu délicate. Taille : 5 cm.

81

CYPRINIDÉS

LARGEMENT RÉPANDUS SUR LE GLOBE, les Cyprinidés (barbus, danios, rasboras, labéos, carassins, et autres) forment une des plus grandes familles de poissons d'eau douce, qui recense plus de 2 000 espèces. Très connues, les plus petites espèces (quelques centimètres seulement) sont appréciées en aquariophilie. Les plus grandes (jusqu'à 1 m) constituent une ressource alimentaire importante : la production annuelle, par élevage, des différentes espèces de carpes (poissons les plus connus de cette famille) dépasse 6 millions de tonnes (l'aquaculture, eau douce et eau de mer réunie, toutes espèces confondues, avoisinant 17 millions de tonnes). Les Cyprinidés se caractérisent par un corps souvent assez trapu, des écailles plutôt grandes et l'absence de dents sur les mâchoires (elles sont reléguées au niveau du pharynx). Originaires de biotopes assez diversifiés, ces poissons s'acclimatent facilement en aquarium. Leur alimentation est omnivore ; un certain nombre d'espèces détectent les aliments grâce à leurs barbillons.

△ **Barbus oligolepis**
Le **barbus insulaire** est un poisson sociable dont la reproduction, assez facile, nécessite une eau légèrement acide et des plantes à feuillage fin. Ce poisson peut se croiser avec d'autres barbus. Taille : 5 cm.

Barbus schwanenfeldi
Le **barbus géant** peut dépasser 25 cm en aquarium. Assez paisible, il a cependant besoin d'espace et d'une nourriture abondante, avec un apport végétal. Taille : de 25 à 30 cm. ▷

Barbus

Les barbus vivent en Asie et en Afrique, dans des eaux peu profondes, assez agitées et bien plantées. Parmi la centaine d'espèces connues dans la nature, seule une douzaine est couramment proposée dans le commerce aquariophile (elles sont regroupées sous le terme commercial de barbus). Les différents genres se distinguent par le nombre de barbillons (de 0 à 4). Ce sont des poissons actifs, et certains, assez vifs, peuvent taquiner d'autres espèces possédant des nageoires assez développées. Ils vivent en groupe ou en petit banc. Il est préférable de les maintenir dans un aquarium bien planté, dont l'eau sera douce, légèrement acide, bien filtrée et oxygénée. Ils ont un régime omnivore (petits animaux et végétaux), et s'adaptent bien aux aliments artificiels en captivité. La reproduction, assez facile, s'effectue en eau douce et vieillie, à une température de 28 °C en général. À la naissance, les alevins mesurent 3 mm environ et doivent être nourris de nauplies d'artémias.

LE BARBUS DU DÉBUTANT

Le **barbus rosé** *(Puntius conchonius)* est très sociable. Il se reproduit facilement (le mâle prend alors une coloration rose) dans une eau douce et vieillie. Les œufs, parfois plus d'une centaine, adhèrent aux plantes et à différents autres supports ; il faut retirer les parents après la ponte. L'éclosion survient au bout de 36 heures ; dès qu'ils nagent, les alevins doivent être nourris avec des infusoires pendant les 2 premiers jours. Une forme voile de cette espèce a été sélectionnée en aquariophilie. Taille : 8 cm.

CROISEMENTS

Certaines espèces de barbus peuvent se croiser et donner des alevins viables. C'est le cas de *Puntius nigrofasciatus* et de *Capoeta tetrazona*, dont un hybride est représenté ici. Taille : de 5 à 6 cm.

Capoeta semifasciolatus

Le **barbus vert** est peut-être l'espèce qui a donné le barbus doré par mutation ou hybridation (voir ci-dessous). Le mâle est plus élancé et plus coloré que la femelle. Taille : de 8 à 10 cm. ▷

△ Capoeta titteya

Le **barbus-cerise**, un des plus petits représentants de la famille, doit bien évidemment son nom à sa couleur, qui s'accentue nettement chez le mâle au moment de la reproduction. Assez timide, il aime bien les zones ombragées. La femelle peut produire plusieurs centaines d'œufs. Taille : 5 cm.

△ Capoeta schuberti

Le **barbus doré** est une curiosité : inconnu en milieu naturel, il résulterait donc d'une mutation ou d'un hybride d'espèces proches. Sociable, il nage activement en groupe. La reproduction est assez aisée, les œufs éclosent en 36 heures dans une eau à 26 °C. Les alevins grandissent rapidement et sont matures entre 10 et 12 mois. Taille : de 5 à 6 cm

△ Capoeta tetrazona

Variété dorée.
Taille : de 5 à 6 cm

◁ Capoeta tetrazona

Le **barbus de Sumatra** est un des plus connus. Lors de la reproduction, les mâles deviennent nettement agressifs envers les femelles. Les rayures des alevins apparaissent en 2 semaines environ. Il existe plusieurs variétés de cette espèce : le sumatra vert, le sumatra albinos et le sumatra doré (seul le pigment noir est absent). Taille : de 5 à 6 cm.

▽ **Les barbus à rayures** Un certain nombre d'espèces présentent des bandes plus ou moins nombreuses, la plupart du temps verticales ; leur importance et leur nombre permettent de les différencier. Taille : de 5 à 7 cm.

Capoeta tetrazona
(barbus de Sumatra)

Barbodes pentazona
(barbus à cinq bandes)

Barbodes everetti
(barbus-clown)

Puntius lateristrigata
(barbus-clé)

Puntius nigrofasciatus
(barbus nigro)

Danios

Résistants, toujours en activité, faciles à reproduire, ils acceptent toutes les nourritures : la carte d'identité des danios en fait des poissons particulièrement destinés aux débutants. Comme les barbus, ils sont extrêmement grégaires.

▽ **Danio aequipinnatus**
Plus grand que ses cousins, le **danio géant** (ou **danio malabar**) est aussi résistant et facile à reproduire. Taille : 8 cm.

LA REPRODUCTION DU DANIO ZÉBRÉ

Elle peut s'effectuer dans un petit bac sans sédiment, avec de l'eau en grande partie neuve, mélangée avec une eau provenant de l'aquarium des reproducteurs. La dureté doit être faible, le pH neutre, une élévation de température à 26-27 °C est favorable. Les parents sont très friands de leurs œufs, qu'il faut donc mettre hors de leur portée. La hauteur d'eau doit être de 10 à 15 cm, pour que les œufs tombent vite. On peut ensuite, soit garnir le fond de billes de verre entre lesquelles ils se logeront, soit placer un grillage à mi-eau, laissant passer les œufs mais pas les parents.
Dans un aquarium ainsi équipé, on place deux mâles pour une femelle au ventre bien rebondi, signe de sa maturité. Après la ponte, qui semble favorisée par les premiers rayons du soleil, il faut retirer les parents. L'incubation des œufs (jusqu'à 200-300) dure 2 à 3 jours, les alevins nagent entre le 6e et le 7e jour ; il est impératif de leur donner de petites proies vivantes, infusoires ou rotifères, si l'on peut en disposer.

LE DANIO DU DÉBUTANT

Connu, élevé et reproduit en Europe depuis le début du siècle, le **danio zébré** (Brachydanio rerio) a permis à bon nombre d'amateurs d'éprouver leurs premiers frissons aquariophiles. Il y a une vingtaine d'années, une forme voile est apparue (il est d'ailleurs curieux que ce poisson n'ait pas donné lieu à d'autres sélections). Sa résistance et sa facilité de reproduction ont été utilisées par les scientifiques pour tester la toxicité de certaines substances. Depuis peu, on réussit à produire une lignée de clones, poissons génétiquement identiques qui ont donc les mêmes réactions en face d'un phénomène : cela supprime l'influence de la variabilité génétique dans une expérience. Taille : de 5 à 6 cm.

△ **Brachydanio frankei**
Cette espèce, aux allures de minuscule truite, ne semble pas exister dans la nature ; elle provient peut-être d'une souche isolée en laboratoire. Les poissons actuellement commercialisés sont originaires d'élevages localisés dans le Sud-Est asiatique. Le **danio-léopard** (son surnom) vit en banc près de la surface et s'acclimate facilement. Il existe une forme voile, aux nageoires nettement allongées. Taille : de 5 à 6 cm.

Brachydanio albolineatus
Le **danio perlé,** (ou **arc-en-ciel**, ou **rosé**), assez vorace, aime vivre en banc. Il peut résister à des températures inférieures à 20 °C. Taille : 6 cm. ▷

Rasboras

Ces petits poissons vifs vivent en groupe ou en banc, dans des eaux rapides et peu profondes ; leur nageoire fourchue atteste de leur qualité de nageur. Ces espèces robustes se maintiennent facilement dans une eau douce et légèrement acide, mais leur reproduction se révèle assez délicate.

Rasbora borapetensis

Le **rasbora à queue rouge** se reproduit dans un petit bac obscurci, parmi des plantes à feuilles fines. Les œufs (jusqu'à 500) donnent des larves qui doivent être nourries avec de petites proies vivantes pendant 2 semaines. Taille : 5 cm. ▽

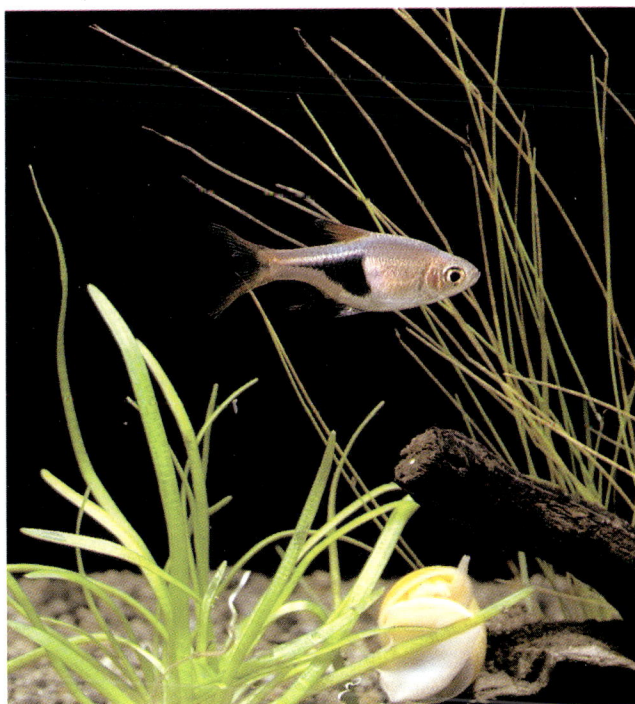

△ Rasbora heteromorpha

Le **rasbora-arlequin** est une des espèces les plus populaires du groupe. Il se reproduit dans une eau acide (pH = 6, filtration sur tourbe) ; les œufs adhésifs se déposent sur ou sous une feuille large. Il est préférable d'obscurcir le bac. Taille : 5 cm.

◁ Rasbora elegans

Le **rasbora élégant** vit en pleine eau, près de la surface ; il a besoin d'espace pour se déplacer. Un sol sombre fera ressortir ses couleurs, dans une eau acide et de dureté faible. Taille : 5 cm.

LE RASBORA DU DÉBUTANT

Le **rasbora-ciseau** *(Rasbora trilineata)* doit son nom aux mouvements de sa queue et demande un certain espace pour nager. Les œufs, peu adhésifs, sont déposés dans le feuillage fin de certaines plantes et incubent en 24 heures.

Il accepte autant les nourritures artificielles que les proies vivantes. Taille : 10 cm.

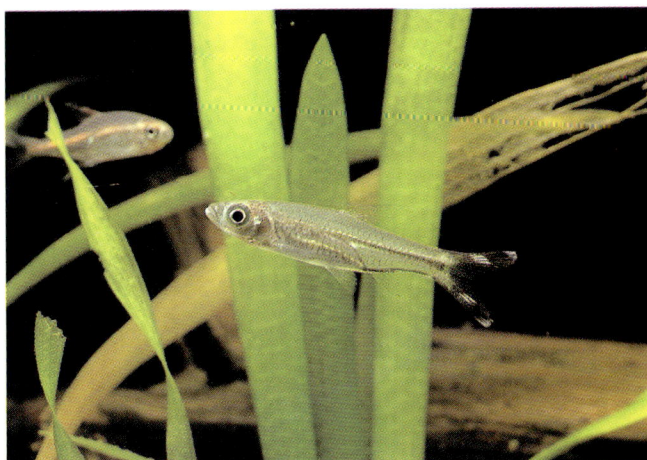

Labéos

Ils vivent sur le fond de cours d'eau rapide, comme l'atteste leur conformation : plutôt allongée pour résister au courant, ventre plat pour se poser sur le fond, barbillons pour chercher les proies sur ou dans le sol. Ces poissons s'activent principalement la nuit et peuvent être agressifs envers les individus de leur propre espèce, contre lesquels ils défendent leur territoire, bien qu'ils aient cependant un comportement paisible envers d'autres poissons.

Comme pour certaines espèces aquariophiles, la reproduction des labéos a été rendue possible grâce à l'utilisation de techniques empruntées à la pisciculture marine moderne, hors de portée des amateurs : l'utilisation d'hormones.

On prélève l'hypophyse (petite glande située à la base du cerveau) sur des carpes (ou des espèces voisines), que l'on broie dans une solution légèrement salée. On injecte au poisson une très faible quantité de cette solution, dans laquelle est diluée l'hormone. Si le poisson est mature, la ponte a lieu dans les 24 heures et donne plusieurs centaines d'œufs.

Labeo frenatus ▷
Variété albinos.
Taille : de 10 à 15 cm.

◁ **Labeo frenatus**
Le **labéo à nageoires rouges**
se distingue de son cousin par une coloration moins intense du corps et par la coloration rouge de toutes ses nageoires ; son mode de vie est similaire. On trouve parfois dans le commerce une variété albinos qui peut se croiser avec la forme normale ; les alevins posséderont alors la couleur d'un des deux parents.
Taille : de 10 à 15 cm.

△ **Labeo bicolor**
Le **labéo à queue rouge**, plutôt nocturne, fouille le fond à la recherche de nourriture ; en captivité, un apport végétal est nécessaire. De jour, il s'abrite dans différentes cachettes (roches, racines), qu'il faut donc prévoir dans l'aménagement de l'aquarium.
Taille : de 10 à 15 cm.

▽ **Différentes variétés de poissons rouges.**

Carassins et leurs variétés

Le poisson rouge est le plus vieux poisson « domestique ». Son histoire débute bien avant celle de l'aquariophilie. La forme sauvage, moins vivement colorée que les formes actuelles, peut atteindre 40 à 50 cm. Originaire d'Asie, elle est maintenant répandue dans toutes les eaux tempérées (5 à 25 °C) du globe. La variété rouge classique a été sélectionnée à partir de la souche sauvage, probablement avant le début de notre ère ; l'élevage s'est nettement développé depuis le Moyen Âge. Les premières importations en Europe datent du XVIIe siècle, par le biais de cadeaux à la famille royale de France. Il existe différentes variétés de carassins. Ces variétés ont été isolées, après de patientes sélections, à partir de la variété rouge courante.

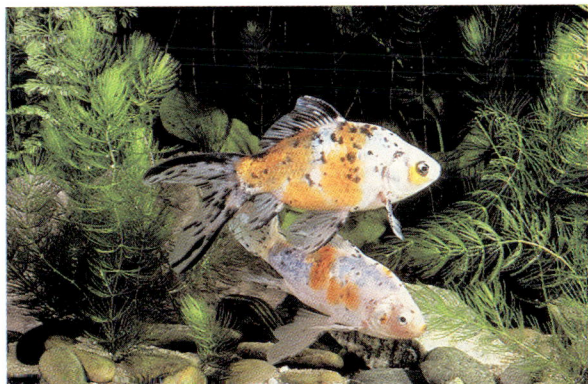

◁ **Carassin Shubukin**
Ses nageoires dorsale
et caudale sont
nettement allongées.
La coloration est variable,
mais panachée de
plusieurs couleurs.
Taille : de 10 à 15 cm.

LES KOÏ

Souvent confondues avec les poissons
rouges, ce sont en fait des variétés de
carpe sélectionnées à partir de la forme
sauvage depuis plus de 1 000 ans.
Leur longueur peut atteindre 1 m, et la
présence de barbillons les différencie
aisément du poisson rouge. Taille : de
20 à 50 cm.

Carassin queue-de-voile japonais
La nageoire caudale du **queue-de-voile
japonais** est formée de deux ou trois lobes.
Taille : 10 cm. ▷

◁ **Carassin télescope**
Les yeux du **télescope** sont globuleux
et saillants, la nageoire dorsale manque
parfois. Les exemplaires les plus
courants sont entièrement noirs.
L'uranoscope est une forme assez
proche. Taille : 10 cm.

LA MAINTENANCE
DES POISSONS ROUGES

On doit offrir au poisson rouge un habitat correspondant à son mode de vie :
un aquarium assez grand où il pourra
évoluer à son aise parmi la végétation,
le sédiment pouvant être d'un calibre
assez grossier. L'eau doit être filtrée,
mais pas chauffée : même si cette
espèce est considérée comme résistante, il est préférable de ne pas dépasser 20-22 °C et il vaut mieux éviter de
descendre en dessous de 5 °C (son activité étant alors assez ralentie). La dureté
et le pH n'ont pas une importance aussi
primordiale que pour d'autres espèces.

◁ **Carassin yeux-au-ciel**
Les **yeux-au-ciel (bubble-eyes)**
se caractérisent par une poche en forme
de bulle sous les yeux. La caudale peut être
normale, ou divisée en plusieurs lobes. Il existe
d'autres variétés ; de plus, les précédentes peuvent
se croiser entre elles. Dans tous les cas, il peut y avoir
uniformité de couleur ou panachage : rouge, jaune
doré, blanc, noir. Taille : 10 cm.

◁ **Carassin tête-de-lion**
Le **tête-de-lion** présente
des protubérances en forme
de boursouflures sur le dessus de la
tête. La nageoire dorsale est parfois
absente. Taille : 10 cm.

HÔTEL 4 ÉTOILES

Si l'on veut offrir les meilleures conditions de vie au poisson rouge, il vaut
mieux l'héberger dans un bassin de jardin, dans lequel il pourra atteindre une
plus grande taille et supporter les
rigueurs hivernales, même si l'eau gèle
quelque peu. Sa reproduction n'y est
pas rare, à une température égale ou
supérieure à 19-20 °C, mais les parents
sont friands de leur progéniture. Les
alevins n'acquièrent la coloration caractéristique de la variété qu'au bout de
plusieurs semaines.

LE POISSON ROUGE :
UNE ACTIVITÉ ÉCONOMIQUE IMPORTANTE

L'élevage de ce poisson, qui ne se démodera jamais, est une activité économique importante. En dehors de l'aquariophilie, il est utilisé comme vif pour la pêche aux carnassiers
(sous certaines conditions légales strictes). Les variétés courantes sont élevées en Italie,
les formes les plus sophistiquées (souvent appelées chinoises) sont produites en Asie.

Autres Cyprinidés : *Balantiocheilus - Epalzeorhynchus - Tanichthys*

En plus des groupes précédemment cités et couramment commercialisés, quelques autres espèces présentent chacune un intérêt en aquariophilie.

Epalzeorhynchus kallopterus

Plutôt paisible, voire timide, sauf avec ses congénères, il passe une partie de son temps à chercher sa nourriture sur le fond.
La reproduction en aquarium n'a pas encore été réussie. Une espèce proche, *E. siamensis*, est réputée pour être efficace dans la lutte contre les algues vertes, qui prolifèrent parfois dans un aquarium.
Elle se distingue de la précédente par sa bande noire médiane, qui ne déborde pas sur la nageoire caudale. Taille : de 10 à 15 cm. ▽

△ **Tanichthys albonubes**
Surnommé **faux-néon**, ou **néon-du-pauvre**, ce petit poisson peut satisfaire les débutants par sa robustesse : il supporte des températures pouvant descendre jusqu'à 18 °C. Sa reproduction est d'autant plus facile que les parents ne mangent pas les œufs. Taille : 5 cm.

Balantiocheilus melanopterus
Ce poisson, qui aime nager vite, a besoin d'un assez grand bac ; il peut sauter hors de l'eau. Sa reproduction en aquarium n'est pas attestée. Taille : de 20 à 30 cm. ▷

COBITIDÉS

A SSEZ PROCHES DES CYPRINIDÉS, les Cobitidés sont présents en Europe et en Asie. Ils possèdent quelques barbillons qui leur servent à détecter la nourriture : en effet, ils fouillent le sol pour chercher leurs proies (il vaut donc mieux utiliser du sable assez fin composé de grains aux angles arrondis). Ils se caractérisent par la présence d'une épine sous l'œil, dont le rôle est défensif, et qui risque de s'accrocher dans les mailles d'une épuisette. Les loches, comme on les surnomme, vivent sur le fond, principalement la nuit, et restent cachées le jour : il faut donc leur fournir des abris. Elles acceptent de la nourriture artificielle et ne se reproduisent pas en aquarium.

Acanthophthalmus kuhli

Sous le nom de **kuhli** sont commercialisées plusieurs espèces qui ne diffèrent que par le patron de leur coloration. Timides et pacifiques, ces poissons peuvent s'échapper de l'aquarium par une mince ouverture. Leur reproduction a été obtenue à l'aide d'hormones, comme pour les labéos ; elle reste très rare sans ces substances. Taille : 12 cm. ▷

Botia macracantha

La **loche-clown** est l'espèce du genre *Botia* la plus connue et la plus commercialisée. Ce sont tous des poissons fouilleurs de fond à la recherche d'aliments, et qui ne se reproduisent pas en captivité. Plutôt nocturnes, ils ont besoin de cachettes le jour. La loche-clown peut être agressive quand elle manque de place ou pour défendre son territoire. Taille : 15 cm. ▽

△ **Botia lohachata**

Cette espèce, moins nocturne que les autres, se montre facilement lorsque l'aquarium est éclairé. Taille : 10 cm.

Botia modesta

La **loche verte** possède des nageoires à la couleur rouge orangé plus ou moins prononcée. Elle est moins courante que les autres *Botia*. Taille : 15 cm. ▷

▷ **Botia horae**

La coloration de cette loche varie en fonction de son humeur : en effet, des bandes pâles peuvent apparaître. Elle nage un peu plus que les autres espèces. Taille : de 10 à 12 cm.

Acanthopsis choirorhynchus

Cette espèce, qui s'active à partir de la tombée de la nuit, s'enterre dans le sable en ne laissant dépasser que sa tête. Taille : 15 cm. ▽

Botia striata

La **loche rayée**, avec son corps parcouru de fines bandes verticales, est une des plus jolies. Taille : 10 cm. ▽

▽ **Les quatre principales espèces d'*Acanthophthalmus***

A. kuhli kuhli

A. kuhli sumatranus

A. myersi

A. semincintus

POISSONS-CHATS

CE NOM DÉSIGNE un certain nombre de poissons appartenant à différentes familles, mais regroupés dans l'ordre des siluriformes. Ils portent des barbillons, vivent sur le fond en solitaire et sont principalement actifs la nuit. Peu exigeants sur la qualité de l'eau, ils jouent un rôle non négligeable dans l'équilibre de l'aquarium, car ils se nourrissent d'algues ou de particules tombées sur le fond.

Deux familles sont particulièrement importantes : les Callichthyidés et les Loricariidés.

Les **Callichthyidés** sont représentés par les corydoras, poissons sans écailles mais pourvus de plaques osseuses qui se chevauchent. Ils se caractérisent également par des barbillons autour de la bouche et des épines sur les nageoires dorsale et pectorales. Leur ventre plat indique qu'ils vivent sur le fond, où ils recherchent leur nourriture : petites proies vivantes et aliments artificiels. Ils font surtout preuve d'activité le soir et la nuit. Originaires d'Amérique du Sud, les corydoras sont tout à fait indiqués pour un aquarium régional, en compagnie de Characidés, de scalaires ou de discus. Une dizaine d'espèces sont couramment commercialisées, d'autres apparaissent plus ou moins régulièrement sur le marché.

Les **Loricariidés** vivent sur le fond dans des eaux courantes en Amérique du Sud. Leur bouche a la forme d'une ventouse suceuse, leur corps est cuirassé et ils portent souvent des épines sur les nageoires. Leur régime alimentaire est partiellement ou totalement végétal. Quelques rares cas de reproduction en aquarium ont été signalés.

Corydoras arcuatus (Callichthyidés)

Le **corydoras arqué** doit son nom à la large bande noire qui va de l'œil au pédoncule caudal, en longeant le dos. C'est un poisson parfois considéré comme délicat à maintenir en aquarium et sa reproduction est difficile. Taille : 5 cm. ▷

Corydoras melanistus (Callichthyidés)

Le **corydoras tacheté** se reconnaît à la marque noire au niveau de la nageoire dorsale. La femelle pond 100 à 200 œufs qui éclosent en 1 semaine environ. Taille : 5 cm. ▽

Corydoras trinileatus (Callichthyidés)

Selon son origine, la disposition des taches diffère. Ce poisson apprécie les zones où la lumière est tamisée. Sa reproduction se révèle plus délicate que celle du corydoras-poivre. Taille : 5 cm. ▷

Corydoras punctatus (Callichthyidés)

Sa coloration est assez proche de celle du corydoras tacheté, avec lequel il est souvent confondu, mais il ne possède pas de tache dorsale. Taille : 5 cm. ▷

C. schwartzi

C. schwartzi variété du Surinam

C. melanistus

C. melanistus autre variété

LES CORYDORAS DU DÉBUTANT

Deux espèces robustes et résistantes sont particulièrement recommandées aux débutants.

Le **fouilleur** (*Corydoras aeneus*) n'a pas la coloration la plus attirante ; il existe une forme albinos sélectionnée en élevage. Comme chez beaucoup de corydoras, les nageoires dorsale et pectorales du mâle sont plus pointues que celles de la femelle.

Le **corydoras-poivre** (*C. paleatus*) est connu depuis très longtemps en aquariophilie ; il est élevé dans le Sud-Est asiatique. La femelle libère 50 œufs par jour, qu'elle colle sur un support (parfois les vitres de l'aquarium) ; la ponte peut s'étaler sur quelques semaines. Taille : 5 cm.

◁ ***Corydoras aeneus***

◁ ***Corydoras paleatus***

Corydoras aeneus
Variété albinos. ▷

△ ***Corydoras julii*** **(Callichthyidés)**

Le **corydoras-léopard** est un des plus attractifs, en particulier grâce à son patron de coloration. Plutôt craintif. Sa reproduction se révèle délicate. On peut le confondre avec d'autres espèces également tachetées. Taille : 5 cm.

▽ ***Corydoras schwartzi*** **(Callichthyidés)**

La coloration de cette espèce varie beaucoup en fonction de son origine géographique, ce qui donne lieu à des confusions. Sachant qu'il existe plus de 150 corydoras dans la nature, on comprend aisément que deux espèces différentes soient confondues, ou que deux poissons que l'on croyait différents appartiennent en fait à la même espèce. Taille : 5 cm.

Corydoras metae (Callichthyidés)

La femelle du **corydoras à dos mou** nettoie soigneusement vitres et plantes pour y déposer ses œufs. Taille : 5 cm. ▽

LA REPRODUCTION DES CORYDORAS

Autrefois considérée comme très difficile, elle est aujourd'hui à la portée d'un amateur confirmé et soigneux. La parade nuptiale est très active, et le mâle peut poursuivre la femelle pendant plusieurs jours. La ponte peut être déclenchée par une variation de pression atmosphérique, un apport d'eau neuve ou une élévation de température. Le mâle se place près de la femelle, parfois perpendiculairement, pour que le sperme puisse bien féconder les ovules. La femelle transporte les œufs entre ses nageoires ventrales et les dépose ensuite sur un support préalablement nettoyé. Ces opérations peuvent se renouveler plusieurs fois, voire durant plusieurs jours pour quelques espèces. L'éclosion a lieu quelques jours plus tard. Les alevins sont sensibles aux modifications de leur milieu.

Hypostomus plecostomus (Loricariidés)

Le **pleco** (ou **suceur**) râpe les algues pour se nourrir. Il vit la nuit sur le fond. À partir d'une certaine taille, il peut devenir envahissant, en dérangeant le décor ; il faut donc lui offrir un espace suffisant. Taille : 20 cm. ▽

▷ *Ancistrus sp.* (Loricariidés)

Plusieurs espèces sont commercialisées, avec parfois des confusions sur les noms. Les mâles matures se reconnaissent à la présence de longs barbillons sur la tête. Les *Ancistrus* broutent les surfaces recouvertes d'algues. Leur reproduction est rare, mais possible ; les œufs sont alors fixés sur un support. Taille : 13 cm.

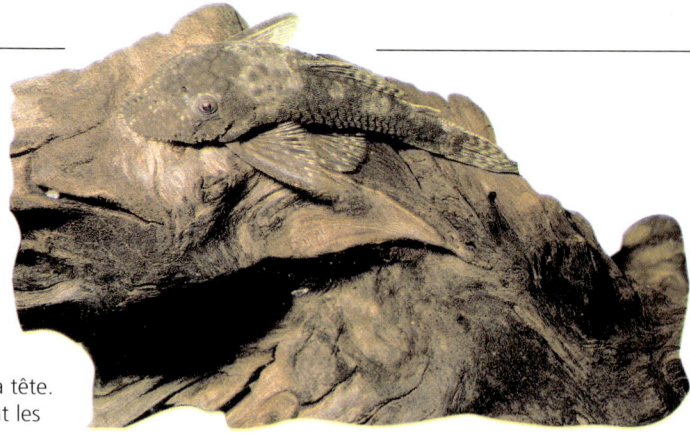

◁ *Farlowella sp.* (Loricariidés)

Sa bouche est située sous la tête, très en arrière. La reproduction de ce poisson nocturne, vivant sur le fond, reste inconnue. Taille : 15 cm.

△ *Acanthodoras spinossimus* (Doradidés)

Le **silure épineux** possède des épines sur les nageoires pectorales. Il aime l'obscurité et préfère une eau douce et acide. Ce poisson omnivore est assez craintif. Taille : 12 cm.

UN PETIT NETTOYEUR POUR DÉBUTANT, *OTOCLINCLUS VITTATUS* (LORICARIIDÉS)

C'est un paisible poisson, de petite taille, dont le régime alimentaire se compose d'algues. Sa reproduction demeure très rare en captivité. Taille : 5 cm.

Gyrinocheilus aymonieri (Gyrinochéilidés)

Le **suceur** broute les algues avec sa bouche en forme de ventouse. En grandissant, il peut devenir agressif. Il se fixe sur les roches, les branches ou les vitres. Taille : de 15 à 20 cm. △

Sorubim lima (Pimélodidés)

Paisible, le **poisson-spatule** peut atteindre 60 cm ; il faut donc prévoir un grand aquarium, où il s'activera la nuit. Vorace, il accepte des proies vivantes ou de la nourriture fraîche. Il possède une épine dentée sur chaque nageoire pectorale. ▷

◁ *Synodontis nigriventris* (**Mochocidés**)

L'adulte du **poisson-chat du Congo** a la particularité de vivre le ventre en l'air, alors que les jeunes nagent normalement. Nocturne et pacifique, il accepte toutes sortes d'aliments, y compris un léger apport végétal. La reproduction demeure très rare. Taille : 10 cm.

△ *Kryptopterus bicirrhis* (**Siluridés**)

Le **silure de verre**, un des rares poissons d'aquarium dont le corps soit transparent, possède deux longs barbillons à rôle tactile. Il vit en pleine eau, en groupe, et ne doit pas être importuné par des espèces remuantes. Sa reproduction, qui a lieu en banc, ne s'effectue pas en aquarium. Taille : de 10 à 12 cm.

△ *Synodontis petricola* (**Mochocidés**)

Comme *S. nigriventis*, il est originaire d'Afrique. Il nage en position normale et reste souvent dissimulé le jour. Quelques autres espèces de *Synodontis* sont commercialisées. Taille : 10 cm.

△ *Pimelodus pictus* (**Pimélodidés**)

Ce poisson nocturne, plutôt solitaire, vit sur le fond et a besoin de place. Sa reproduction est encore inconnue. Taille : 15 cm.

△ *Eutropiellus debauwi* (**Schilbéidés**)

Bon nageur, ce poisson vit en banc et reste fréquemment en position oblique ; souvent il meurt s'il reste longtemps seul. Omnivore, il préfère une eau douce et acide. Sa reproduction en captivité reste très rare. Taille : 8 cm.

◁ *Pangasius sutchi* (**Pangasiidés**)

Ce **poisson-chat** omnivore aime vivre en groupe et se déplace continuellement, il faut donc lui fournir un bac assez grand pour qu'il puisse nager. Sa reproduction en aquarium n'est pas attestée. Taille : de 20 à 30 cm.

ATHÉRINIDÉS

LES ATHÉRINIDÉS sont caractérisés par un corps allongé, typique des bons nageurs. La plupart des espèces sont marines, celles d'eau continentale demeurent peu nombreuses.

▽ *Telmatherina ladigesi*

Certains auteurs considèrent ce poisson comme appartenant à une autre famille, les Telmathérinidés. Il vit en groupe, préférant une eau dure et de l'espace pour nager. Les rayons de la nageoire dorsale se développent plus chez le mâle.
Taille : de 6 à 8 cm.

△ *Bedotia geayi*

Le **bedotia** passe son temps à nager dans l'aquarium ; il semble assez indifférent à la qualité de l'eau. La reproduction est plutôt facile, et les parents ne s'intéressent pas à leur progéniture. Les œufs tombent au fond et éclosent en 5 jours. Les alevins ont besoin de proies vivantes avant d'accepter les fines nourritures du commerce. Taille : 10 cm.

MÉLANOTAÉNIIDÉS

SURNOMMÉS POISSONS-ARC-EN-CIEL, ils proviennent des rivières et des marécages d'Australie et de Nouvelle-Guinée. Ils aiment vivre en eau dure, avec un pH nettement supérieur à 7. La coloration varie en fonction de différents facteurs : excitation, reproduction, domination. Ils sont peu exigeants quant à la nourriture.

◁ *Melanotaenia maccullochi*

Plusieurs espèces proches sont commercialisées sous ce nom. Toutes robustes, elles demandent un grand bac, qui offrira un espace dégagé pour qu'elles puissent évoluer tranquillement, mais aussi une partie bien plantée. Les œufs, assez gros, sont fixés aux plantes par de fins filaments et incubent en 7 à 10 jours (cas assez rare chez les poissons d'aquarium). Les alevins restent collés à un support (vitre, plante) avant de nager ; leur croissance est assez lente au début. Taille : de 10 à 12 cm.

Melanotaenia boesemani

C'est une des espèces les plus colorées du genre, qui aime également les eaux dures. La reproduction est assez facile, mais les alevins n'acceptent que de très petites proies. Une autre espèce d'une belle couleur, *M. herbertaxelrodi*, est parfois commercialisée. Taille : de 10 à 12 cm. ▷

CYPRINODONTIDÉS

LES CYPRINODONTIDÉS se répartissent dans presque toutes les eaux continentales tropicales du globe, à l'exception de l'Australie ; il en existe plus de 500 espèces. Ils possèdent des dents, et leur bouche est orientée vers le haut afin de saisir les proies qui se présentent à la surface ; certaines espèces peuvent même sauter hors de l'eau. Ils vivent dans des eaux calmes, stagnantes, peu profondes (parfois de simples flaques) qui peuvent s'assécher. Dans ce cas, les adultes meurent, mais leurs œufs survivent (voir « Reproduction »). De petite taille, rarement supérieure à 8 cm, très colorés (surtout les mâles), ils sont prisés par certains amateurs pour leur reproduction particulière.

La confusion entre espèces n'est pas rare, d'autant plus que la coloration varie entre différentes populations géographiquement éloignées. Seules quelques-unes se rencontrent habituellement dans le commerce, les autres sont échangées entre amateurs. Ces derniers sont appelés killiphiles, du nom populaire de ces poissons, killies.

La reproduction des killies

Les killies vivant dans des milieux qui ne s'assèchent jamais pondent des œufs adhésifs, dont la durée d'incubation atteint quelques semaines. Ceux qui vivent dans des milieux périodiquement asséchés ont développé une méthode de reproduction pour assurer la survie de l'espèce. Les œufs pondus sur le sol interrompent leur développement (on parle de diapause) lorsque le milieu est sec. Aux premières pluies, le développement reprend et les œufs éclosent. Leur incubation peut donc durer de 3 à 6 mois, et ils ne sont pas adhésifs. L'éclosion est proche lorsqu'on aperçoit les yeux de l'embryon à travers l'œuf.

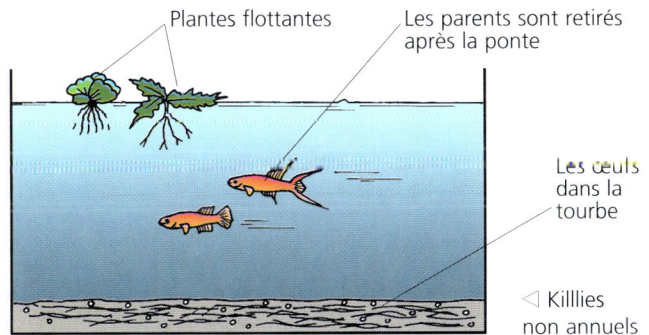

Maintenance des killies en aquarium

L'idéal est de prévoir un petit bac spécifique (10 à 15 litres) pour chaque espèce. On peut également envisager un aquarium où l'on regroupera des mâles de différentes espèces ; le spectacle sera alors haut en couleur (il ne faut pas rassembler les femelles, dont certaines se ressemblent et sont difficilement reconnaissables).

L'eau doit être très douce et acide ; il faut donc prévoir une filtration sur tourbe (dans certains cas, cette dernière, déposée au fond de l'aquarium, peut servir de support de ponte), la température ne doit pas dépasser 24 °C. Les killies aiment bien les petites proies vivantes, mais acceptent également les aliments artificiels.

Plantes flottantes — Les parents sont retirés après la ponte

Les œufs dans la tourbe

◁ Killlies non annuels

◁ Killlies annuels

Les œufs dans la tourbe égouttée

Conservation et transports des œufs

Les aquariophiles éloignés les uns des autres peuvent s'échanger les œufs des killies par voie postale. La durée d'incubation des œufs permet leur transport en milieu humide, à température peu élevée. Les espèces annuelles supportent un milieu plus sec que les autres, les températures basses augmentent la durée de la diapause.

Les récipients de transport, boîtes ou sacs en plastique, doivent être totalement hermétiques.

L'éclosion est provoquée en rajoutant de l'eau.

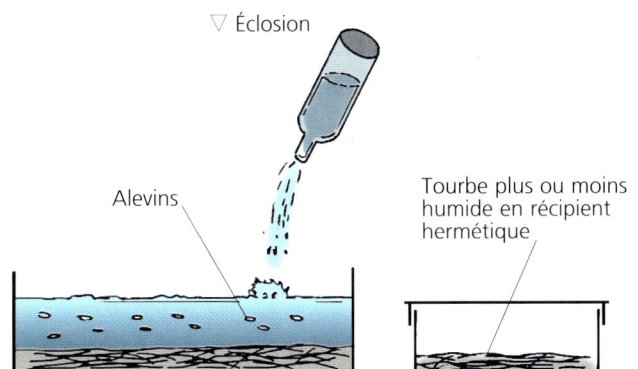

▽ Éclosion

Alevins

Tourbe plus ou moins humide en récipient hermétique

Aphyosémions

On les rencontre dans les zones d'Afrique situées globalement à l'est du Bénin (ex-Dahomey), plus particulièrement du Niger au Congo. Les espèces annuelles sont moins courantes que celles qui vivent dans des milieux qui ne s'assèchent jamais ; quelques-unes possèdent une biologie intermédiaire.

△ Aphyosemion bivittatum

Cette espèce atteint 6 cm, mais sa croissance est lente. Les œufs, adhésifs, incubent en moins de 15 jours (ce n'est pas un poisson annuel). Taille : 6 cm.

◁ Aphyosemion walkeri

L'espèce est annuelle. Placés dans de la tourbe à 18-20 °C, toujours humide, les œufs se développent pendant 6 à 8 semaines. Taille : 6 cm.

Aphyosemion sjoestedti

Les œufs de ce **killie** annuel incubent en 5 semaines à 22 °C. Taille : 12 cm. ▷

Aphyosemion marmoratum

Cet *Aphyosemion* peut être qualifié d'intermédiaire quant à la reproduction. Si on laisse les œufs dans l'aquarium, l'incubation dure de 15 à 20 jours et les éclosions sont étendues d'autant. L'incubation des œufs placés dans de la tourbe est plus longue, mais les éclosions sont synchrones. Taille : 6 cm. ▽

△ Aphyosemion gardneri

Sa coloration varie suivant son origine géographique. Non annuelle, la femelle produit des œufs qui éclosent en 2 à 3 semaines. Taille : 6 cm.

Aphyosemion australe ▷

Courant dans le commerce, le **cap-lopez** est l'aphyo le plus recommandé à ceux qui désirent se familiariser avec ces poissons particuliers. Résistant, il n'est pas annuel et se reproduit assez facilement. Dans un petit bac dont le fond sera constitué de tourbe, on place des plantes fines et on veille à ce que la température de l'eau ne dépasse pas 23 °C. Le pH doit être compris entre 6 et 7, et la dureté quasi nulle. La femelle pond de 50 à 100 œufs, de 1 mm environ, qui incubent en 15 jours. Il faut retirer les œufs morts (translucides au lieu d'être transparents), et l'éclosion peut être déclenchée par une augmentation du taux de gaz carbonique (ce qui est également valable pour d'autres espèces). On peut donc envisager de souffler délicatement dans un tube pour envoyer un peu de CO_2 dans l'eau de l'aquarium. Taille : 6 cm.

Autres Cyprinodontidés : *Roloffia* - *Epiplatys* - *Aplocheilus* - *Fundulus* - *Rivulus* - *Notobranchius* - *Cynolebias*

En dehors des *Aphyosemion*, plusieurs autres genres ont la faveur des amateurs. Ces poissons ne sont généralement pas courants dans le commerce, mais on peut se les procurer dans des clubs et des associations aquariophiles.

Les **Roloffia** sont présents dans les pays africains côtiers, à l'ouest du Bénin, ce qui les différencie des *Aphyosemion*, dont ils sont proches. Ils préfèrent les eaux fraîches (23-24 °C au maximum) et sans trop de lumière.

Les **Epiplatys** sont des killies qui se rencontrent du Sénégal au Tchad, et même jusqu'au Congo, dans les cours d'eau des forêts tropicales. Les espèces ne sont pas annuelles ; les œufs, adhésifs, sont en général déposés sur des plantes.

Les **Aplocheilus** vivent en Asie et ne comptent que peu d'espèces. Leur reproduction s'apparente à celle des *Aphyosemion*.

Originaires des États-Unis (et même du Canada pour certaines espèces) et d'Amérique centrale, les **Fundulus** sont peu courants en aquariophilie. Leurs œufs adhèrent aux plantes et éclosent en 2 semaines environ.

Les **Rivulus** se rencontrent en Amérique centrale et au nord de l'Amérique du Sud. Ils préfèrent une eau calme, pas trop chaude (24 °C), et sont capables de sauter hors de l'aquarium. Ce sont des poissons non annuels qui pondent dans les plantes ou sur le fond.

Les **Notobranchius** habitent les eaux de l'Afrique de l'Est et du Sud-Est, dans des zones soumises alternativement aux pluies et à la sécheresse. Ils se caractérisent par un corps moins fin que les espèces précédentes, mais aussi coloré.

Les **Cynolebias** sont des killies annuels d'Amérique du Sud. Certains d'entre eux n'hésitent pas à s'enfouir dans la tourbe pour pondre. Il existe quelques espèces de *Cynolebia* assez proches des deux présentées ici.

Cynolebias nigripinnis

C'est un poisson annuel dont il faut maintenir les œufs dans la tourbe pendant 4 mois. Taille : 5 cm. ▽

Cynolebias bellottii

Les mâles de la **perle d'Argentine** sont parfois agressifs entre eux ou envers les femelles.
La reproduction de ce poisson annuel n'est pas facile : les œufs doivent être conservés entre 3 et 6 mois dans de la tourbe humide. Ensuite, replacés dans l'eau, ils éclosent en l'espace de 1 semaine. Taille : de 5 à 6 cm. ▽

△ Rivulus cylindraceus

La femelle, plus grande, se reconnaît à la tache noire bordée de blanc sur la nageoire caudale. Elle pond des œufs de 3 mm qui incubent en 15 jours environ. Cette espèce est peu exigeante sur la qualité de l'eau. Taille : de 7 à 8 cm.

◁ **Aplocheilus lineatus**

Ce poisson exige un grand bac pourvu de végétation car il peut atteindre 10 cm. Les œufs sont déposés dans les plantes ; les alevins sont de très petite taille, et il faut leur fournir des proies vivantes adaptées à la dimension de leur bouche.
Taille : de 8 à 10 cm.

Epiplatys annulatus

De petite taille (3 à 4 cm), ce poisson vit près de la surface. La ponte se fait dans des plantes à feuillage fin, les œufs éclosent au bout de 8 à 10 jours. ▽

▷ **Notobranchius guentheri**

Annuel et assez délicat à reproduire, ce très joli poisson est de petite taille. Conservés dans la tourbe durant 6 à 12 semaines, les œufs sont ensuite replacés dans l'eau. L'éclosion s'étend sur 2 semaines. Taille : de 3 à 4 cm.

LE CYPRINODONTIDÉ FAMILIER DES CICHLIDÉS : *LAMPRICHTHYS TANGANICANUS*

Cette espèce va intéresser ceux qui se demandent quels poissons maintenir avec des Cichlidés (voir à cette famille), originaires du même milieu que lui, le lac Tanganyika. Sa taille, qui peut atteindre 12 cm, et sa vivacité (il nage en banc) en font une espèce accompagnatrice idéale pour les Cichlidés, au caractère particulier. Il est, hélas, peu courant en aquariophilie.

△ **Roloffia occidentalis**

C'est une espèce annuelle qui se reproduit dans une eau douce et acide. La diapause peut durer de 4 à 5 mois, parfois plus. Le mâle est très coloré, et la femelle plus terne. Taille : de 8 à 9 cm.

Roloffia geryi △

Cette espèce non annuelle peut se reproduire tous les 15 jours. Les œufs mesurent environ 1 mm et éclosent en 10 à 12 jours environ. Les alevins grandissent rapidement et sont capables de se reproduire à l'âge de 3 mois. Taille : 6 cm.

POÉCILIIDÉS

L ES Poéciliidés vivent dans une large zone au centre du continent américain, dans des eaux dures et basiques, parfois légèrement saumâtres, bien plantées et en général calmes. Ce sont des poissons actifs, nageurs, recommandés au débutant. Ils acceptent toute sorte de nourriture, ne dédaignant pas les petites proies vivantes et appréciant un apport végétal.

Les mâles sont généralement plus petits que les femelles, mais souvent plus colorés. Leur nageoire anale, transformée en gonopode (voir dessin), a la forme d'une gouttière à la suite d'une modification des troisième, quatrième et cinquième rayons. Cela lui permet de déposer le sperme dans l'orifice génital de la femelle lors d'un pseudo-accouplement assez bref. La femelle peut produire plusieurs portées successives, séparées par quelques semaines, sans intervention d'autres mâles (ce qui n'est pas le cas des Goodéidés). Une tache ventrale sombre, près du pore génital, signale, lorsqu'elle s'agrandit, que le moment de la ponte approche. Les œufs éclosent dans son ventre, et les alevins sont immédiatement expulsés, parfois encore recourbés. D'assez grande taille par rapport aux poissons ovipares, ces derniers nagent et mangent immédiatement les fines particules artificielles vendues dans le commerce. La formation des œufs et la ponte sont favorisées par une élévation de température de quelques degrés ; une femelle peut alors pondre toutes les 3 à 4 semaines.

Poecilia latipinna

Ce poisson porte les mêmes noms communs que *P. Sphenops* **(molly, black-molly)** et ses exigences sont identiques. Sa nageoire dorsale est plus haute et plus longue que celle de *P. sphenops*. La variété **black-lyre** est probablement un hybride des deux espèces, plutôt qu'une variété propre à chacune.
Taille : 8 cm. ▷

△ Gambusia affinis

Originaire du sud des États-Unis, le **gambusie** a été largement introduit dans des zones tropicales et tempérées du globe. En France, il se rencontre dans le sud du pays, le long des côtes méditerranéennes, et même jusqu'à Bordeaux ! Ces introductions, volontaires, étaient destinées à lutter contre la prolifération de moustiques, le gambusie étant friand de leurs larves aquatiques. Ce n'est donc pas un « vrai » poisson pour aquariophiles, mais il est très résistant et prolifique : on peut l'élever pour servir de proie à des espèces voraces (les Cichlidés par exemple) ou susceptibles de refuser une alimentation artificielle tels certains poissons marins (le gambusie résiste quelques minutes à un brusque passage en eau de mer). Taille : 5 cm.

▽ ▷ Poecilia sphenops (molly)

La variété courante a le corps gris argenté, plus ou moins moucheté de noir. La variété noire **(black-molly)** est parfois plus appréciée. Ce poisson préfère une eau dure, à laquelle on peut ajouter 1 % d'eau de mer (ou 1 cuillerée à café de sel de cuisine pour 10 litres d'eau) ; un apport alimentaire végétal est préférable. Taille : 8 cm.

◁ ▷ *Poecilia velifera*

Le **molly-voile** possède une nageoire dorsale plus développée. Il existe une variété noire, moins courante que la variété gold, mal nommée : le poisson est, en effet, pratiquement albinos, ce qui se voit à son œil rouge. Aisée, la reproduction des trois mollies est facilitée par une élévation de température de quelques degrés ; les femelles peuvent pondre jusqu'à une centaine d'alevins.
Taille : 15 cm.

VRAIS OU FAUX VIVIPARES ?

Le terme vivipare concerne les poissons des familles des Poéciliidés, des Hémirhamphidés et des Goodéidés. Leurs alevins naissent vivants (hors de l'œuf), ce qui est rare chez les poissons. En fait, pour les deux premières familles, le terme est scientifiquement inexact : il n'y a pas de relation anatomique entre l'œuf et la mère (comme chez certains requins et chez les mammifères). Seuls les Goodéidés peuvent être qualifiés de vrais vivipares, mais le langage aquariophile courant englobe les trois familles sous ce terme.

Poecilia reticulata
Half black rouge.
Taille : 5 cm. ▷

◁ *Poecilia reticulata*

Même ceux qui n'ont jamais eu d'aquarium connaissent le **guppy** ! Découvert au milieu du siècle dernier, c'est un des poissons les plus populaires grâce à sa facilité de reproduction et aux différentes variétés disponibles (déterminées par la couleur d'ensemble et la forme de la nageoire caudale). Il préfère une eau dure et alcaline, mais il est très tolérant. Une femelle peut pondre jusqu'à 100 alevins toutes les 4 semaines, si l'on élève la température jusqu'à 27-28 °C. Peu coloré, le guppy sauvage possède parfois une ou deux taches noires et ses nageoires ont une taille normale. Taille : 5 cm.

**Poecilia
reticulata**
Taille : 5 cm. ▷

**Guppy
sauvage**
Taille : 5 cm. ▷

▽ **Les variétés de guppy en fonction de la nageoire caudale**

variété de base

allongée

carrée

lyre

épée haute

UN VIVIPARE POUR DÉBUTANT : LE PLATY
(*XIPHOPHORUS MACULATUS*)

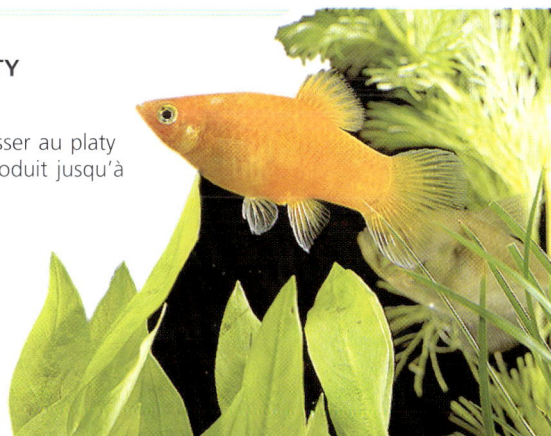

En plus du guppy, on peut conseiller à un débutant de s'intéresser au platy (*X. maculatus*). Ce poisson est commercialisé sous différentes variétés, il produit jusqu'à 50 alevins ; on peut le croiser avec le porte-épée et avec le platy varié.
Les différentes variétés de platy sont les suivantes :
- **platy rouge :** une des plus communes ;
- **platy citron :** corps jaune crème ;
- **platy wagtail :** rouge ou jaune-orange, avec des nageoires noires ;
- **platy tuxedo :** rouge et noir ;
- **platy noir :** reflets métalliques bleu-noir ou vert-noir ;
- **platy simpson :** nageoire dorsale très développée.

△ *Xiphophorus helleri*
Variété dorée. Taille : 15 cm.

△ *Xiphophorus helleri*
Variété wagtail. Taille : 15 cm.

◁ *Xiphophorus helleri*
La photo ci-contre illustre bien son nom français de **porte-épée** (seul le mâle porte une épée). Assez vif, ce poisson peut sauter hors de l'aquarium, et les mâles sont parfois querelleurs.
Les femelles peuvent produire jusqu'à 200 alevins et présentent une particularité assez rare chez les poissons (et les autres animaux) : après une ou plusieurs portées, elles peuvent changer de sexe, donc devenir mâles, et être capables de fonctionner comme tels !
Taille : 15 cm.

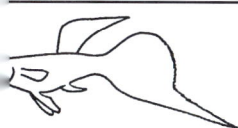
épée basse

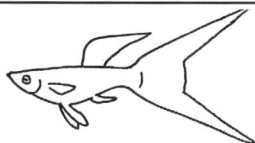
épée double

drapeau

triangle

éventail

▽ *Xiphophorus variatus*

Le **platy varié** n'offre pas autant de variétés que le *X. maculatus*, avec lequel il peut se croiser. Une femelle peut pondre jusqu'à 100 alevins. Taille : 5 cm.

△ *Xiphophorus montezumae*

Les autres **porte-épée** (comme cette espèce présentée ici sous sa forme sauvage) ont souvent des épées plus courtes que *X. helleri* ; ils sont assez rares dans le commerce aquariophile. Taille : 5 cm.

LES VARIÉTÉS DE XIPHOS

La couleur et la forme des nageoires, ou les deux, diffèrent selon les variétés :
- **xipho vert :** vert plus ou moins clair, avec une ligne brisée rouge sur chaque flanc. Probablement peu éloigné de la forme sauvage ;
- **xipho rouge :** corps entièrement rouge, variété la plus courante ;
- **xipho tuxedo :** fond rouge, grande tache noire de l'arrière de la tête au pédoncule caudal ;
- **xipho berlinois :** rouge, tacheté de noir ;
- **xipho wagtail :** corps rouge, nageoires noires ;
- **xipho noir :** en réalité bleu ou vert, à reflets métalliques et sombres ;
- **xipho simpson :** nageoire dorsale démesurée ;
- **xipho voile :** toutes les nageoires d'une taille supérieure à la normale ;
- **xipho-lyre :** nageoire caudale prolongée par des filaments dans ses parties supérieure et inférieure.

△ *Xipho helleri*
Variété voile rouge.
Taille : 15 cm.

Xipho helleri
Variété voile.
Taille : 15 cm. ▷

Xipho helleri
Variété simpson.
Taille : 15 cm. ▽

Xipho helleri
Variété verte.
Taille : 15 cm. ▽

LE POINT SUR LES CROISEMENTS ET VARIÉTÉS CHEZ LES POÉCILIIDÉS

Très rares sont les aquariophiles qui ont vu, ou possédé, les souches sauvages à l'origine de ces variétés. Ces dernières sont inconnues dans la nature, mais courantes dans le commerce. Les plus beaux spécimens peuvent faire l'objet de concours, où l'on juge la couleur, la forme et le développement des nageoires.

Combien y a-t-il de variétés ? En considérant qu'il en existe cinq courantes pour la couleur du porte-épée, trois tout aussi courantes pour la forme des nageoires, que ces données peuvent pratiquement s'appliquer au platy et que toutes les espèces du genre *Xiphophorus* (porte-épée, autres xyphos, platy, platy varié) peuvent se croiser entre elles, on obtient un grand nombre de possibilités, avec la certitude d'en avoir oublié ! On entend parfois dire que les variétés actuelles, patiemment sélectionnées, sont plus fragiles que par le passé (la réalité est plus délicate à déterminer), ce qui pourrait provoquer des déceptions chez les aquariophiles débutants, à qui l'on conseille ces poissons, notamment pour leur facilité de reproduction.

HÉMIRHAMPHIDÉS – GOODÉIDÉS

L ES HÉMIRHAMPHIDÉS, faux vivipares, vivent en Asie, dans des eaux dures, parfois saumâtres. Ils se caractérisent par une mâchoire inférieure nettement plus longue que la supérieure.

Les Goodéidés, originaires du Mexique, sont de vrais vivipares. Les femelles ne sont fécondées par les mâles que pour une portée (contrairement aux Poéciliidés). Leur forme générale est assez trapue.

△ **Xenotoca eiseni** (Goodéidés)
La partie postérieure des mâles est généralement de couleur orangée ; ils semblent parfois légèrement agressifs. La gestation dure jusqu'à 2 mois ; les jeunes (40 à 60) grandissent rapidement. Taille : 7 cm.

▷ **Dermogenys pusillus** (Hémirhamphidés)
Plusieurs espèces semblables sont commercialisées sous ce nom. Elles vivent toutes juste sous la surface, où elles captent les aliments. Le nombre d'alevins par portée est moins important que pour les Poéciliidés ; les jeunes n'acquièrent le « bec » caractéristique qu'au bout de plusieurs semaines. Taille : 7 cm.

△ **Ameca splendens** (Goodéidés)
Le mâle est plus coloré que la femelle, et sa nageoire anale moins fortement modifiée que celle d'un Poéciliidé. La reproduction demande une eau dure, avec addition de sel (1 cuillerée à café/10 litres) et donne 30 à 40 alevins. Taille : de 8 à 10 cm.

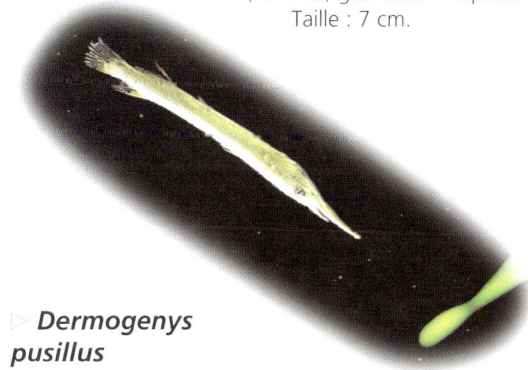

CICHLIDÉS

ILS ONT UNE RÉPUTATION PEU FLATTEUSE de poissons hargneux qui passent leur temps à agresser d'autres espèces (ou leurs propres congénères) ou à saccager le décor : cette réputation est souvent exagérée. Plus de 1 500 espèces, proches de nos perches, peuplent les eaux douces d'Amérique, d'Afrique, et dans une moindre mesure d'Asie. Souvent d'assez bonne taille et d'aspect robuste, ces carnivores aux mâchoires pourvues de dents ont bon appétit ; ils possèdent une unique nageoire dorsale, allongée. Certaines espèces possèdent une forte personnalité et ont du caractère : vifs et turbulents, ils sont agressifs – ou le deviennent – dans certains cas (reproduction, défense de leur territoire).

Il existe divers modes de reproduction dans cette famille. La plus particulière est l'incubation buccale : la femelle protège les œufs puis les alevins dans sa bouche, ce qui augmente le taux de réussite.

LES CICHLIDÉS : VRAI OU FAUX ?

	VRAI	FAUX
Les Cichlidés sont des poissons de grande taille.	Qu'ils soient originaires d'Afrique ou d'Amérique, quelques-uns atteignent 20 à 30 cm en aquarium.	Un certain nombre d'espèces ne dépassent pas une dizaine de centimètres, notamment celle d'Amérique du Sud.
Ce sont des déménageurs, voire des bulldozers, qui déterrent les plantes.	Quelques Cichlidés creusent et déplacent les roches et déracinent les plantes, notamment au moment de la reproduction. D'autres sont simplement vifs et « bousculent » le décor, souvent involontairement.	Les petits Cichlidés, et quelques autres de plus grande taille, respectent leur environnement, même au moment de la reproduction, et ne s'intéressent pas aux plantes.
Ils ont mauvais caractère et ne supportent pas les autres poissons. Voir aussi tableau : « Le caractère des Cichlidés ».	Un petit nombre d'entre eux sont belliqueux et agressifs en permanence ; d'autres ne le sont que pour défendre leur territoire, ou lors de la reproduction.	Quelques espèces, pas forcément les plus petites, sont sociables, voire timides ou craintives, sauf parfois pendant la reproduction.
Il faut les isoler dans un aquarium spécifique de grande taille.	C'est préférable pour les grands Cichlidés les moins sociables (volume minimal : 300 litres). Ils supportent d'autres espèces de leur taille ; les petits poissons peuvent être considérés comme des proies.	Les plus calmes peuvent s'intégrer dans un aquarium régional, en compagnie de poissons peu vifs, si les dimensions du bac sont en relation avec leur taille (100 à 200 litres au minimum).
Ils sont souvent introuvables dans le commerce.	Les Cichlidés les moins connus, les variétés rares, les espèces récemment découvertes (qui n'ont parfois pas encore de nom scientifique, mais seulement un numéro de code) peuvent être obtenus dans les clubs aquariophiles (surtout ceux spécialisés dans cette famille) qui les élèvent et les reproduisent.	Les plus courants (élevés dans leur région d'origine ou en Asie, tandis que les autres ont parfois été pêchés dans leur milieu naturel) sont disponibles dans le commerce ; certains magasins (notamment ceux des plus grandes villes) se sont spécialisés dans ce groupe de poissons.

LES DIFFÉRENTS MODES DE REPRODUCTION CHEZ LES CICHLIDÉS		
	Support vertical ou horizontal naturel (pierre, feuille d'une plante), **ou artificiel** (tube de PVC scié dans le sens de la longueur par exemple).	**Support abrité naturel** (cavité, anfractuosité, grotte), **ou artificiel** (pot de fleurs, noix de coco, gros tube de PVC).	**Incubation buccale** (en général après ponte sur un support).
Continent américain	*Aequidens, Papiliochromis ramirezi, Geophagus brasiliensis,* les *Cichlasoma, Uaru amphiacanthoides, Pterophyllum, Symphysodon.*	*Nannacara anomala, Apistogramma.*	*Geophagus steindachneri.*
Continent africain	*Hemichromis bimaculatus, Tilapia buttikoferi,* ▽ *T. mariae.*	*Pelvicachromis pulcher, Julidochromis, Neolamprologus, Telmatochromis.*	*Astatotilapia burtoni, Haplochromis, Oreochromis, Aulonocara nyassae, Labeotropheus, Melanochromis, Pseudotropheus, Cyphotilapia frontosa, Tropheus.*
Continent asiatique	*Etroplus* ▷		

LE CARACTÈRE DES CICHLIDÉS		
	Espèces calmes (parfois timides), à ne pas maintenir avec des poissons vifs ou de grande taille.	**Espèces temporairement agressives** vis-à-vis de leurs propres congénères (reproduction, défense du territoire), mais en général calmes avec d'autres poissons.	**Espèces turbulentes**, ayant « mauvais caractère », agressives, voire hargneuses, quasiment en permanence.
Continent américain	*Aequidens maroni, Cichlasoma bimaculatum, C. crassa, Geophagus steindachneri, Nannacara anomala, Pterophyllum, Symphysodon.*	*Apistogramma, Papiliochromis, Aequidens curviceps, A. pulcher, Thorichthys meeki, Heros severum, Geophagus brasiliensis, Uaru amphiacanthoides.*	Les autres *Cichlasoma, Astronotus ocellatus.* ▽
Continent africain	*Pelvicachromis pulcher,* ▽ Les « *Haplochromis* » *ahli, annectens, boadzulu, moori.*	*Steatocranus, Astatotilapia,* « *Haplochromis* » *compressiceps, electra, linni, Aulonocara nyassae,* ▽ *Labeotropheus trewavasae, Julidochromis, Neolamprologus leleupi, N. sexfasciatus, Cyphotilapia frontosa.*	*Hemichromis, Tilapia, Oreochromis,* Les autres « *Haplochromis* », *Melanochromis,* ▽ *Labeotropheus fuelleborni, Pseudotropheus, Neolamprologus tetracanthus, N. tretocephalus, Tropheus.*
Continent asiatique	*Etroplus.*		

CICHLIDÉS AMÉRICAINS

Ils préfèrent en général une eau légèrement acide et douce, et semblent parfois sensibles aux modifications de sa qualité. L'aquarium (300 à 400 litres au minimum pour les plus grandes espèces) doit être pourvu d'une bonne filtration et de cachettes. L'alimentation ne pose pas de problème : les proies vivantes et la nourriture fraîche sont particulièrement appréciées. Ces poissons pondent sur un support (découvert pour la plupart). L'incubation buccale est une exception.

Cichlasomas

Les cichlasomas sont originaires d'Amérique centrale et d'Amérique du Sud. Ils sont considérés comme potentiellement agressifs, notamment au moment de la reproduction ; mais certaines espèces sont toutefois assez calmes. Pour cette raison, et compte tenu de leur taille, il faut les garder dans des bacs volumineux : 200 litres pour les petites espèces, au moins 400 litres pour les plus grandes. Le décor sera constitué de roches et de plantes robustes. Leur régime alimentaire est omnivore. Il n'y a pas de problème en captivité, mais il ne faut pas oublier qu'ils sont assez voraces.

La femelle, en général plus petite que le mâle, dépose ses œufs sur un support rigide qu'elle a auparavant nettoyé ; le mâle les féconde. Après environ 2 jours d'incubation, les œufs sont transportés (ce qui facilite leur éclosion) dans des cuvettes creusées dans le sable. Les larves y restent quelques jours ; la femelle s'occupe d'eux tandis que le mâle défend le territoire.

Cichlasoma (ou Parapetenia) salvini △

Les adultes sont agressifs, mais prennent bien soin de leurs alevins (plusieurs centaines), qui nagent librement 5 à 6 jours après l'éclosion. Un bac d'un volume minimal de 250 litres, avec une eau dure et basique, leur convient parfaitement ; on peut l'agrémenter de plantes résistantes. Taille : 15 cm.

△ **Cichlasoma citrinellum**

Le **cichlasoma doré** est assez agressif ; il nécessite donc un grand bac d'un volume minimal de 500 litres. La couleur jaune doré est plus rare dans la nature, où ces poissons sont plutôt gris. Taille : de 30 à 35 cm.

Cichlasoma maculicauda

Il est également agressif, notamment à l'égard de ses propres congénères. La femelle peut pondre jusqu'à 1 000 œufs. Les parents s'occupent des alevins pendant 3 semaines. Il préfère une eau basique et moyennement dure, comme celle de son milieu d'origine, l'Amérique centrale. Taille : de 15 à 20 cm. ▽

Cichlasoma crassa

Assez craintif et calme, malgré une taille qui peut atteindre 30 cm, *C. crassa* se reconnaît à son front bombé. Originaire d'Amazonie, il doit être élevé en eau douce et acide, dans un bac volumineux. ▷

◁ **Mesonauta festivum** (anciennement *Cichlasoma*)

Contrairement aux autres cichlasomas, il pond sur un support vertical et les larves sont ensuite fixées sur un autre substrat par les parents. Il ne doit pas cohabiter avec des poissons de petite taille, en raison de son caractère peu facile. Taille : 20 cm.

△ **Cichlasoma labiatum**

Se distinguant aisément des espèces proches, il a reçu le nom de **cichlasoma à grosses lèvres** pour des raisons évidentes. Il est agressif et tient à son territoire. Il est préférable de séparer les parents des alevins lors de la ponte. Les jeunes, qui peuvent être confondus avec ceux du cichlasoma doré, ont une croissance rapide. Taille : de 20 à 25 cm.

△ **Cichlasoma octofasciatum**

Longtemps commercialisé sous le nom de *C. biocellatum*, le **Jack Dempsey** (c'est son surnom) s'appelle en réalité *C. octofasciatum*. Il a très mauvais caractère et bouscule le décor. En contrepartie, il est très prolifique – de 500 à 800 œufs. Ce poisson est intéressant pour un aquariophile averti, désirant se familiariser avec les Cichlidés. Taille : de 20 à 25 cm.

△ **Cichlasoma nicaraguense**

Les mâles atteignent 25 cm, mais les femelles sont nettement plus petites et plus colorées en période de reproduction. Les œufs, qui ne sont pas adhésifs (cas rare chez les Cichlasomas), sont déposés au fond d'une cuvette creusée dans le sol de l'aquarium.

◁ **Cichlasoma cyanoguttatum**

Le **cichlidé du Texas** présente un patron de coloration variable selon son origine. Compte tenu de sa taille et de son comportement (il défend son territoire), il doit être maintenu dans un grand bac, où l'eau sera basique et assez dure. La femelle pond jusqu'à 600 œufs. Taille : 30 cm.

△ **Thorichthys meeki** (anciennement *Cichlasoma*)

Pour intimider d'autres poissons, il écarte ses opercules et déploie la membrane de sa gorge, ce qui lui a valu le surnom de **gorge-de-feu**. Il est, en effet, assez agressif malgré sa petite taille. Les nageoires dorsale et anale du mâle sont effilées. La femelle pond jusqu'à 1 000 œufs, qui éclosent en 48 heures ; les larves nagent 4 jours plus tard. Taille : de 10 à 15 cm.

LE CICHLASOMA DU DÉBUTANT

Par son comportement assez calme, *Cichlasoma bimaculatum* est recommandé aux aquariophiles qui veulent faire connaissance avec les Cichlidés. Sa taille relativement modeste (15 cm au maximum) permet de le garder dans un bac de 200 litres avec des poissons un peu plus petits que lui (certains Characidés), l'eau devant être acide et douce. La femelle pond jusqu'à 200 œufs. La croissance des alevins est assez rapide.

Cichlasoma nigrofasciatum

Le **nigro** est un poisson territorial et batailleur, il joue souvent au bulldozer dans l'aquarium. Il vaut donc mieux éviter les plantes et les roches en équilibre. Il est originaire d'Amérique centrale. Des sélections successives ont entraîné la création d'une variété xanthochromique, tout aussi agressive. Les deux variétés peuvent s'hybrider avec le tête-de-feu, mais les hybrides héritent du caractère du nigro. Taille : de 15 à 20 cm. ▷

△ **Cichlasoma nigrofasciatum**
Variété xanthochromique.

◁ **Cichlasoma synspilum**
Malgré sa grande taille, le **tête-de-feu** possède un comportement relativement correct avec d'autres espèces, si son territoire est respecté. Bien entendu, il demande de vastes espaces, dans lesquels il se reproduira assez facilement, les pontes pouvant produire 800 œufs. Taille : 30 cm.

△ **Heros severum**
Originaire d'Amazonie, le **cichlasoma rayé** préfère une eau acide et douce. Relativement calme, sauf au moment de la reproduction, c'est l'un des moins prolifiques du groupe, la femelle ne pondant qu'une centaine d'œufs. Taille : 20 cm.

Scalaires

Ils figurent parmi les Cichlidés les plus connus et les plus populaires. Originaires des cours d'eau acide et douce d'Amazonie, ils ont besoin d'un aquarium assez vaste et assez haut, avec de l'espace pour évoluer à l'aise, mais aussi de la végétation pour s'y réfugier. Ces poissons paisibles (sauf au moment de la reproduction) peuvent être maintenus avec des Characidés et des Corydoras dans un bac régional sud-américain (évitez cependant la cohabitation avec les plus petites espèces, pouvant être considérées comme des proies). Pour l'alimentation, les petites proies vivantes sont très appréciées et recommandées, et les aliments du commerce acceptés.

Le couple s'occupe de la ponte : la femelle pond des œufs adhésifs sur des plantes à feuilles larges (genre *Echinodorus*) ou sur des tubes de PVC introduits dans l'aquarium (d'autres endroits inattendus peuvent être utilisés : les vitres de l'aquarium, ou même le matériel de chauffage !). Les œufs sont surveillés et ventilés par le couple et éclosent en 1 ou 2 jours. Si les parents ne jouent pas leur rôle et se désintéressent de leur ponte (cela arrive parfois lors de leur première reproduction), il faut les éloigner et provoquer un mouvement de l'eau pour aérer les œufs (avec un diffuseur par exemple, placé à proximité).

Les alevins, qui n'ont pas la forme caractéristique des adultes, se nourrissent de nauplies d'artémia quelques jours après leur naissance.

Que la reproduction réussisse ou échoue, le couple parental peut récidiver peu de temps après.

◁ **Pterophyllum scalare**
Couramment élevé en Asie et en Europe (donc loin de son pays d'origine), le **scalaire commun** existe sous un grand nombre de variétés déterminées en fonction de l'importance et de l'intensité de la couleur noire. De plus, il existe des formes voiles, aux nageoires nettement allongées par rapport à la normale, dans pratiquement toutes ces variétés. Taille : de 10 à 15 cm.

Pterophyllum altum
Capturé en milieu naturel, donc plus rare et plus coûteux, il se distingue de son cousin par la cassure de son front. Sa maintenance est un peu plus délicate (l'eau doit être de bonne qualité). Taille : 15 cm. ▷

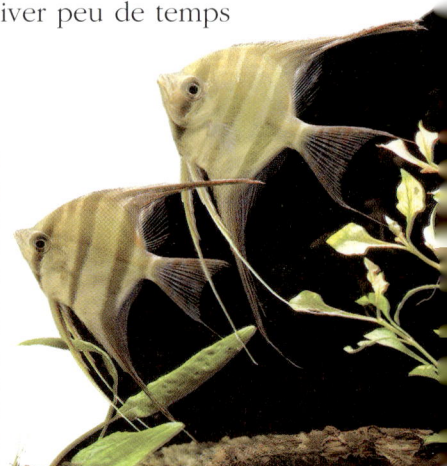

Discus

Originaires d'Amazonie et d'Orénoque, ils sont souvent considérés comme les plus beaux et les plus majestueux poissons d'eau douce. Ils habitent les eaux très peu agitées, claires, douces et acides. Calmes et paisibles, ils se déplacent lentement et ne supportent pas les poissons rapides, qui les stressent ; ils préfèrent cohabiter avec des Characidés, des corydoras, des apistogrammas et des scalaires. Il leur faut un bac assez vaste (100 litres par adulte) avec un décor composé de bois mort, de racines (préalablement traités) et de végétaux. La température ne doit pas être inférieure à 26 °C, et des changements partiels et réguliers d'eau sont nécessaires. L'alimentation, principalement composée de proies vivantes et d'aliments frais, doit être variée. La reproduction, considérée comme très délicate,

dépend en grande partie de la qualité de l'eau. Cette dernière doit être acide (pH 6, et même un peu moins) et très douce, avec une filtration sur tourbe ; la température sera maintenue à 28 °C. Les couples se forment spontanément, mais le mâle et la femelle sont difficiles à discerner. La ponte, déposée sur un support vertical (tube de PVC, pot de fleurs, vitre de l'aquarium), peut comprendre jusqu'à 200 œufs, qui éclosent en 3 jours, et les alevins restent fixés au support par la tête ; ils ne nagent que 2 ou 3 jours plus tard, sous la surveillance des parents. La particularité extraordinaire de ces alevins vient de ce qu'ils se nourrissent d'un mucus sécrété par les parents (cas extrêmement rare chez les poissons). Sans cette phase délicate, leur survie n'est pas possible. Ultérieurement, ils acceptent des nauplies d'artémia.

Symphysodon discus

Le **discus de Haeckel** ne présente que trois bandes verticales sombres. Contrairement à son cousin *S. aequifasciata*, dont une grande partie est reproduite en élevage, il se récolte principalement en milieu naturel. Quelques dizaines de milliers de poissons des deux espèces sont exportés annuellement ; il existe peu de données concernant l'influence de ces récoltes sur les populations naturelles, mais ces Cichlidés ne semblent pas en danger. Pour l'anecdote, signalons qu'ils constituent (très localement) une modeste ressource alimentaire pour les populations indigènes. Taille : de 10 à 15 cm. ▽

Symphysodon aequifasciata △
Variété brune. Taille : de 10 à 15 cm.

Symphysodon aequifasciata △
Couple. Taille : de 10 à 15 cm.

▷ **Symphysodon aequifasciata**
Les bandes noires sont plus ou moins visibles en fonction de son comportement. Taille : de 10 à 15 cm.

◁ △ **Symphysodon aequifasciata**
Il en existe plusieurs variétés naturelles (les scientifiques parlent de sous-espèces) :
– le **discus brun**, comme sa couleur de fond, avec des bandes bleues sur la tête ;
– le **discus vert**, au corps plus clair et au ventre bleu-vert, la tête et le début du dos étant parcourus de lignes ondulées bleues ;
– le **discus bleu**, dont presque tout le corps (y compris les nageoires) est couvert de lignes bleues.
Trois autres variétés ont été sélectionnées en élevage :
– le **discus rouge**, avec le dos et le ventre rouges et les nageoires pelviennes noires (rouges chez les autres variétés) ;
– le **discus bleu royal**, au corps bleu, parcouru de lignes brun-rouge ;
– le **discus azur**, apparu récemment sur le marché, qui semble très difficile à reproduire.
Taille : de 10 à 15 cm.

Symphysodon discus
(trois bandes, dont celle du milieu toujours visible)

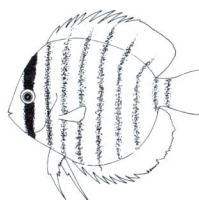

Symphysodon aequifasciata
(neuf bandes plus ou moins visibles)

Les autres Cichlidés américains

En dehors de ces groupes, il existe d'autres Cichlidés américains. Certaines espèces de petite taille sont très appréciées pour leur couleur et leur comportement, d'autres sont des géants pour lesquels il faudra prévoir un bac de grand volume.

▷ *Aequidens maroni*

L'**acara maroni** est paisible, voire craintif ; il aime un aquarium bien planté avec des cachettes. Sa reproduction est proche de celle d'*A. curviceps*, mais le nombre d'œufs est moins important. Taille : 12 cm.

Aequidens curviceps

Ce petit poisson amazonien est assez calme, sauf au moment de la reproduction. La femelle dispose sur un support jusqu'à 1 000 œufs surveillés ensuite par les parents. Les larves se collent au substrat grâce à une substance sécrétée par des glandes situées sur la tête ; les alevins nagent ensuite librement. Il faut alors les nourrir avec des nauplies d'artémia. Taille : 8 cm. △

Aequidens pulcher

L'**acara bleu** est un poisson territorial, qui peut être agressif. La femelle pond de 200 à 500 œufs sur une pierre plate. Taille : 15 cm. ▽

Papiliochromis ramirezi

Le **ramirezi** est sensible à la qualité de l'eau ; il faut donc la renouveler partiellement et régulièrement ; il aime les aquariums bien plantés avec des cachettes. La femelle pond entre 300 et 400 œufs sur une pierre plate. Il existe une forme dorée (ou xanthochromique) de cette espèce, sélectionnée en élevage. Taille : 6 cm. ▷

Astronotus ocellatus

L'**oscar** atteint 30 cm et a la réputation d'être un démolisseur. Disons plutôt qu'il a un certain caractère et qu'il se déplace sans trop se soucier des plantes. Pour y remédier, il faut prévoir un grand bac de plusieurs centaines de litres, avec des végétaux robustes et bien enracinés. Des variétés bronze ou dorées ont été sélectionnées en élevage. ▽

Apistogramma agassizii

Calme et paisible, ce petit Cichlidé aime bien les changements d'eau réguliers. La femelle nettoie un support solide avant d'y déposer jusqu'à 300 œufs. Taille : 7 cm. ▽

△ *Apistogramma cacatuoides*

Les mâles de cette espèce ne se supportent pas entre eux. La ponte a lieu au plafond d'une cavité naturelle ou artificielle (pot de fleurs, tube de PVC), la femelle la surveille et éloigne tout autre poisson. Les alevins nagent 5 à 7 jours après l'éclosion. Taille : 7 cm.

◁ **Nannacara anomala**

Ce Cichlidé
de taille modeste
aime une eau
douce et acide.
La femelle dépose
ses œufs sur
une pierre dans un
endroit tranquille
et les défend,
même contre le
mâle. Taille : 8 cm.

Uaru amphiacanthoides

Plutôt lent et craintif pour
sa taille, l'**uaru** est plus actif
en période de reproduction,
pendant laquelle 300 œufs sont
gardés et ventilés par les parents.
La maintenance de cette espèce
demande un bac de 400 à
500 litres au minimum, avec
une eau acide et douce.
Taille : de 25 à 30 cm. ▷

△ **Geophagus brasiliensis**

Le **géophagus perlé**
peut dépasser 20 cm et possède un caractère assez
belliqueux : il faut donc le garder dans un grand bac
en compagnie d'espèces de sa taille. Il supporte
une eau de dureté et de pH moyens, mais avec
des changements réguliers.

◁ **Geophagus steindachneri**

De caractère paisible,
ce poisson aime bien
fouiller le sable.
Après la ponte,
la femelle récupère
les œufs dans sa bouche,
les alevins en sortent 2
à 3 semaines plus tard,
mais n'hésitent pas
à y retourner
pour s'abriter.
Taille : 20 cm.

CICHLIDÉS AFRICAINS

Compte tenu de leur taille et de leur comportement, la plupart des espèces demandent un bac assez vaste, avec une eau puissamment filtrée et peu de plantes (d'ailleurs assez rares dans leur milieu naturel). L'eau doit être nettement basique (pH entre 7,5 et 8, parfois plus) et dure ; le décor sera composé de roches imitant des éboulis et offrant de nombreuses cachettes, et il faudra dégager une zone de nage (pour la majorité des espèces, quelques-unes préférant les zones sableuses). Les mâles se distinguent souvent des femelles par la coloration. Un grand nombre d'espèces pratiquent l'incubation buccale (les autres se reproduisent dans une cavité ou sur un support).

De nombreux Cichlidés des lacs est-africains sont endémiques, c'est-à-dire qu'on ne les rencontre nulle part ailleurs. L'existence de populations locales fournit parfois plusieurs variétés d'une même espèce qui se distinguent par leur coloration.

Cichlidés du lac Tanganyika

Environ 80 à 90 % des Cichlidés de ce lac sont endémiques. Certaines espèces pratiquent l'incubation buccale, les autres pondent sur un substrat. Quelques espèces de petite taille s'abritent dans les coquilles vides d'un gastéropode aquatique.

◁ **Cyphotilapia frontosa**

Cette grande espèce a besoin d'un aquarium de 400 à 500 litres au minimum, avec un décor rocheux. Elle se nourrit de proies assez grosses (moules, crevettes). Les mâles adultes se reconnaissent à leur bosse ; les femelles pratiquent l'incubation buccale. Taille : 30 cm.

111

△ **Julidochromis dickfeldi**
Il se reconnaît à une coloration de fond parfois plus sombre et au liseré bleu sur ses nageoires. Taille : 8 cm.

◁ **Julidochromis transcriptus**
Les trois bandes de cette espèce sont reliées par des taches noires. Comme les autres « julidos », elle n'est pas très courante dans le commerce. Taille : 8 cm.

Julidochromis regani
C'est un des plus grands « julidos », qui atteint 15 cm, contre 7 à 9 cm pour les quatre autres. Il possède quatre bandes longitudinales. ▷

LE CICHLIDÉ AFRICAIN
DU DÉBUTANT

Le comportement de *Neolamprologus brichardi* (princesse du Burundi) en fait un Cichlidé recommandé au débutant. Vivant en groupe, il est sociable, sauf au moment de la reproduction, pendant laquelle il devient territorial. La ponte a lieu sur la partie supérieure d'une cavité, parfois dégagée sous une roche par les parents. La femelle s'occupe des œufs pendant que le mâle garde le nid ; les alevins nagent 8 jours environ après leur naissance.

La femelle peut pondre de nouveau après 1 mois ; on peut alors assister à la cohabitation de plusieurs générations de frères, sœurs, cousins et cousines. Le mâle s'occupe des plus âgés et la femelle des plus jeunes. Lorsqu'ils mesurent quelques centimètres, les alevins participent aussi à la défense du territoire.

Planctonophage dans la nature, ce poisson se nourrit de petites proies vivantes en aquarium. Taille : 10 cm.

△ **Julidochromis marlieri**
Il mérite bien son surnom de **julido à damier**. Taille : de 10 à 12 cm.

Julidochromis ornatus
Les *Julidochromis* vivent en couples stables et sédentaires, même en dehors des périodes de reproduction. Ils affectionnent les zones rocheuses, qui leur procurent abris et cachettes, où a lieu la reproduction. Les œufs (quelques centaines) sont fixés au plafond du site de ponte ; ils sont surveillés par la femelle, tandis que le mâle garde le territoire. Les jeunes nagent au bout de 8 à 10 jours, sous la protection des parents. *J. ornatus* présente trois bandes horizontales sur un fond clair. Taille : 8 cm. ▷

◁ **Neolamprologus sexfasciatus**

Peu belliqueux, il ne doit cependant pas être mêlé à des espèces plus petites. La ponte se déroule dans un abri, les œufs sont déposés sur la voûte. Les alevins ne sortent qu'au bout de 1 semaine environ. Taille : de 8 à 10 cm.

▽ **Neolamprologus tetracanthus**

Ce Cichlidé est assez vif avec des espèces plus petites. Il aime les zones sableuses garnies de plantes (par exemple du genre *Vallisneria)*. Il se reproduit à la base d'une roche, après avoir dégagé le sable ; les œufs (100 à 150) sont fixés à la voûte de la cavité ainsi formée. Taille : de 15 à 18 cm.

▽ **Neolamprologus leleupi**

Plutôt agressif, il vit habituellement en solitaire. La ponte s'effectue sous une roche, dans une anfractuosité dégagée. Environ 200 œufs donneront des alevins, qui éclosent en 3 jours et nagent 1 semaine plus tard. Taille : de 8 à 10 cm.

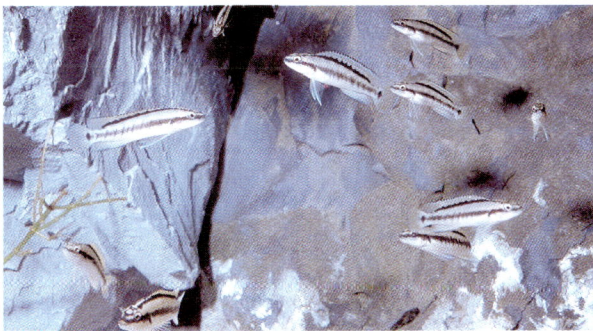

UN « SQUAT » DANS UNE COQUILLE

Neolamprologus brevis est un poisson timide, voire craintif. Il se reproduit dans une coquille vide de gastéropode (espèce naturellement présente dans son milieu d'origine) ; les alevins occupent leur propre coquille lorsqu'ils mesurent environ 2 cm. En aquarium, il faut prévoir un décor de sable fin, garni de coquilles de diverses tailles (escargots de Bourgogne, ou gastéropodes marins), l'ouverture étant orientée vers le haut. On se procure difficilement cette espèce. Taille : 5 cm.

△ **Neolamprologus tretocephalus**

Agressif et territorial, il aime les zones rocheuses et les changements d'eau réguliers (comme les autres espèces de *Lamprologus)*. La ponte (de 200 à 300 œufs) a lieu dans une cavité. Taille : 10 cm.

△ **Telmatochromis bifrenatus**

Il se distingue de *T. brichardi* par la présence d'une bande horizontale supplémentaire. Le mode de vie de ce **telmato à deux bandes** est proche de celui de son cousin ; la femelle pond également dans une étroite anfractuosité. Taille : 8 cm.

Telmatochromis brichardi

Cette petite espèce sociable aime les milieux rocheux. La ponte a lieu dans une très petite cavité, surveillée par le mâle, et d'où les alevins n'émergent qu'au bout de quelques jours. Le **telmato à une bande** apprécie les petites proies vivantes. Taille : 8 cm. ▷

◁ ▷ *Tropheus moorii*

Ce Cichlidé aime les zones rocheuses, l'eau claire et les algues. Il faut donc lui fournir un apport alimentaire végétal en aquarium. Les mâles sont agressifs entre eux. Les femelles pratiquent l'incubation buccale. Les œufs sont plus gros que ceux d'autres espèces, la bouche ne peut donc en contenir qu'un petit nombre (une vingtaine au maximum). La coloration des jeunes diffère de celle des adultes ; il existe plusieurs formes et plusieurs couleurs pour ces derniers, en fonction de leur origine géographique. Taille : 12 cm.

Tropheus duboisi

Les jeunes présentent une coloration noire, parsemée de points blancs qui disparaissent chez les adultes ; reste une barre blanche verticale au milieu du corps. La biologie de ce poisson est identique à celle de *T. moorii*. Taille : 12 cm. ◁ ▷

Cichlidés du lac Malawi

On dénombre dans ce lac plus de 200 espèces, la quasi-totalité étant endémique. Ces Cichlidés vivent dans des zones rocheuses avec des caches et des abris, baignées par des eaux claires, peu profondes et bien éclairées. Ils se nourrissent des algues qui tapissent les roches ; les autres plantes aquatiques sont rares. Il faut leur offrir un bac assez vaste (200 à 300 litres au minimum pour les plus petites espèces, 400 à 500 litres pour les plus grandes) muni d'une bonne filtration. Le décor sera principalement constitué de roches bien stabilisées, pour éviter tout éboulement pouvant être provoqué par les poissons les plus remuants. L'eau doit être nettement basique (pH minimum : 7,5 ; il peut atteindre et dépasser 8) et assez dure (minimum : 10-15 °fr.). Les proies vivantes et fraîches sont appréciées par ces Cichlidés, qui acceptent néanmoins des nourritures artificielles sous forme de granulés. La majorité des espèces pratique l'incubation buccale. Jusqu'à ces dernières années, un certain nombre de poissons étaient regroupés sous le genre *Haplochromis*. Actuellement, ils ont été reclassés dans plusieurs genres différents. Le terme haplochromis reste toutefois employé pour désigner l'ensemble de ces Cichlidés endémiques pratiquant l'incubation buccale.

Aulonocara nyassae △

Ce Cichlidé n'est agressif qu'envers ses propres congénères, jusqu'à ce qu'une hiérarchie s'établisse entre mâles. Un bac avec du sable et des roches doit permettre à ce poisson d'évoluer à l'aise. Après la ponte effectuée sur une pierre, la femelle incube les œufs dans sa bouche ; lorsqu'ils nageront, les alevins pourront s'y réfugier quelques temps. Il existe plusieurs variétés de ce Cichlidé, dont certaines pourraient être en réalité des espèces différentes. Taille : 12 cm.

Copadichromis boadzulu

Lorsqu'il atteint une taille de 1 ou 2 cm, il vit en groupes conduits parfois par un mâle dominant. La femelle incube 30 à 50 œufs dans sa bouche, pendant environ 3 semaines. Taille : 12 cm. ▷

▷ **Cyrtocara moorii**

Les adultes présentent une bosse frontale, plus importante chez le male. Plutôt timide, il aime les fonds sableux et les roches pour délimiter son territoire. La femelle incube les œufs dans sa bouche pendant 3 semaines. Taille : 20 cm.

Sciaenochromis ahli △

Cet haplochromis est plutôt timide et parfois craintif. Le mâle est bleu, la femelle grisée avec des barres verticales sombres. Taille : de 12 à 15 cm.

△ **Copadichromis jacksoni** (femelle)

Parfois confondu avec *Sciaenochromis ahli*, il s'en distingue par la taille. Les jeunes portent deux taches foncées qui disparaissent en général chez les adultes. Taille . de 18 à 20 cm.

△ **Dimidiochromis compressiceps**

Sa tête longue et plate, son corps allongé et mince lui ont valu le surnom d'**haplo-couteau**. Il nage incliné, la tête dirigée vers le bas, pour capturer ses proies. Son environnement peut présenter une zone sableuse, plantée de *Vallisneria*. Taille : de 15 à 20 cm.

△ **Nimbochromis livingstonii**

Plutôt agressif, ce Cichlidé chasse les petits poissons. Le mâle dominant prend une couleur bleu métallique, et les femelles possèdent des taches brunes sur un fond clair. Elles incubent les œufs pendant 3 semaines. Taille : 20 cm.

▷ **Nimbochromis linni**

Ce « léopard » pacifique peut être confondu avec une espèce proche, *N. polystigma* ; il s'en distingue par sa bouche, dirigée vers le bas. La femelle incube jusqu'à 300 œufs pendant 3 semaines ; les alevins nagent librement lorsqu'ils mesurent 1 cm. Taille : 20 cm.

Nimbochromis venustus

Les *Nimbochromis* sont surnommés **haplos-léopards** à cause des taches sombres présentes sur leur corps. Le mâle dominant de *N. venustus* a le corps jaune et la tête bleue.Cette espèce aime les zones sableuses garnies de plantes du genre *Vallisneria*. Taille : 20 cm. ▷

Protomelas annectens

Ce poisson est timide et craintif. Le mâle creuse le sable et la femelle dépose ses œufs qui sont alors fécondés, puis les prend en bouche pendant 2 à 3 semaines. Les alevins quitteront cet abri lorsqu'ils mesureront 7 à 8 mm.
Taille : 15 cm. ▽

◁ Protomelas similis

La barre sombre qui s'étend horizontalement de l'opercule à la queue peut le faire confondre avec *P. annectens*.
Taille : de 15 à 20 cm.

Placidochromis electra

Il se nourrit de petites particules triées dans le sédiment qu'il filtre avec sa bouche. La ponte s'effectue dans une cavité creusée dans le sable ; la femelle incube les œufs dans sa bouche pendant 8 jours. Les alevins quittent cet abri après 2 semaines.
Taille : de 15 à 20 cm. ▷

Sous le nom de **M'Bunas**, on regroupe les genres *Pseudotropheus*, *Labeotropheus* et *Melanochromis*, qui présentent certaines affinités de comportement. Ce sont des poissons actifs, vifs et batailleurs, notamment au moment de la reproduction, ou pour défendre leur territoire (dans la langue de leur zone géographique d'origine, *M'Buna* signifie « frappeur de pierres »). Dans la plupart des cas, il vaut mieux les maintenir entre eux, en respectant une égalité de taille. Ils sont résistants, mais sensibles à une baisse du taux d'oxygène. La reproduction peut avoir lieu dans le bac d'ensemble. Polygames, les mâles se distinguent des femelles par leur coloration. Ces dernières incubent les œufs dans leur bouche pendant 3 semaines environ. Des confusions se produisent parfois à cause des variations de coloration des populations locales, et également à cause des nouvelles importations, assez régulières.

Labeotropheus fuelleborni

Il se reconnaît à son curieux museau. Ce poisson a besoin d'un apport végétal dans son alimentation. Il existe plusieurs races d'origines géographiques différentes.
Taille : de 10 à 15 cm.▽

△ Labeotropheus trewavasae

Variété Yellow Sick. Ce poisson au corps plus fin que *L. fuelleborni* peut défendre activement son territoire. Il se nourrit essentiellement de végétaux, mais acceptera également de petits crustacés.
Taille : de 8 à 10 cm.

△ Melanochromis auratus

Parmi les M'Bunas, cette espèce est la plus agressive, surtout le mâle dominant. La ponte s'effectue dans un site caché, défendu par le mâle. Ce dernier présente un fond clair, parcouru de deux lignes horizontales sombres ; c'est le contraire pour la femelle. Taille : 8 cm.

Melanochromis johannii ▷

Agressif – même
les femelles se battent entre
elles –, il apprécie un
apport végétal dans
son alimentation.
Les mâles
sont sombres
avec des bandes
horizontales claires,
et les femelles jaune doré.
Taille : de 8 à 10 cm.

▽ Pseudotropheus zebra

Le **zébra** est un des plus anciens M'Bunas connu
en aquariophilie. Son régime alimentaire
se compose majoritairement de végétaux.
Il existe plusieurs formes qui diffèrent
par la coloration (par exemple le **zébra
bleu** et le **zébra orange**) ; certaines
pourraient être des espèces proches.
Taille : de 12 à 15 cm.

△ Melanochromis crabo

C'est une espèce territoriale fortement hiérarchisée.
La ponte a lieu sur une pierre plate, puis la femelle
se retire dans un endroit calme pour incuber les œufs.
Taille : de 8 à 10 cm.

▽ Pseudotropheus elongatus

Il possède un corps plus élancé que les autres
Pseudotropheus. La coloration est bleue, mais peut
varier notablement ; le mâle possède des ocelles sur
la nageoire anale. Taille : 12 cm.

Pseudotropheus tropheops

C'est l'un des plus grands
M'Bunas : il peut mesurer
jusqu'à 18 cm. Le mâle est
brun violacé, la femelle
jaune sombre. Un apport
végétal dans l'alimentation
est souhaitable. ▷

◁ ▽ Pseudotropheus lombardoi

Le mâle est jaune doré, la femelle bleue, avec des bandes verticales noires,
contrairement aux autres M'Bunas ; l'acquisition de ces couleurs se fait lorsque
les jeunes atteignent 3 à 4 cm. La femelle se retire dans un endroit calme
du bac pour incuber ses œufs. Taille : de 13 à 15 cm.

Pseudotropheus socolofi ▷

Contrairement aux
autres poissons de
ce groupe, la femelle
est peu différente
du mâle. Ce M'Buna
est agressif et défend
ardemment son
territoire. Il apprécie
un complément
végétal dans
son alimentation.
Taille : 13 cm.

Autres Cichlidés africains

En dehors des lacs précédemment cités, quelques Cichlidés intéressants se rencontrent dans d'autres lacs moins connus, et dans certains cours d'eau de l'Afrique de l'Est ou de l'Ouest.

Pelvicachromis pulcher

Ce poisson originaire du Niger aime les eaux dures et même saumâtres, garnies de végétation. La femelle pond 200 à 300 œufs dans une cavité, dont elle s'occupe pendant que le mâle défend le site (mais il est moins agressif que d'autres Cichlidés). Les alevins nagent librement environ 1 semaine après leur éclosion. Taille : 10 cm. ▷

Astatotilapia burtoni

Ce Cichlidé se rencontre dans le Nil et dans des lacs est-africains. Assez calme, il devient agressif lors de la reproduction. La ponte a lieu dans une cuvette creusée dans le substrat, puis la femelle incube les œufs dans sa bouche pendant 2 semaines, dans un endroit retiré du bac. Taille : de 10 à 15 cm. ▷

Hemichromis bimaculatus

Plusieurs espèces voisines sont vendues sous ce nom, celles d'origine sauvage ayant une coloration rouge plus marquée. Le **cichlidé-joyau** (ou **acara rouge**) est agressif et défend son territoire. La femelle pond jusqu'à 500 œufs sur un support, les alevins nagent en 1 semaine. Taille : 10 cm. ▷

OREOCHROMIS NILOTICA

Planctonophage en liberté, ce tilapia devient omnivore en captivité.

Sa croissance est assez rapide. Très résistant, il supporte une eau de 13 à 33 °C et peut vivre en eau de mer (après une adaptation progressive à la salinité).

Originaire du Nil, du Tchad et du Sénégal, il a été introduit dans pratiquement toute l'Afrique tropicale, y compris le lac Victoria. Il y constitue une ressource alimentaire locale (exploitée par la pêche), mais les plus grands individus (souvent destinés au fumage) deviennent rares depuis l'introduction d'un prédateur vorace, la perche du Nil (Lates niloticus). Ce poisson, qui peut dépasser 1 m et peser plus de 100 kg, représente un bon exemple de ce qu'il ne faut pas faire : introduire sans précaution une espèce là où elle n'existe pas. Les populations de petits Cichlidés du lac Victoria ne semblent cependant pas affectées par cette introduction.

Oreochromis nilotica a également été introduit dans de nombreuses zones tropicales du globe, où il est élevé à grande échelle dans un but alimentaire. Il est peu courant en aquariophilie. Taille : de 30 à 50 cm.

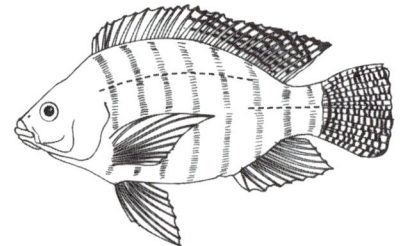

◁ **Oreochromis mossambicus**

Ce tilapia a été introduit dans plusieurs zones tropicales du globe. Une grande femelle peut incuber plusieurs centaines d'œufs dans sa bouche, pendant 3 à 4 semaines. Les adultes s'acclimatent en eau de mer ; quant aux alevins, ils peuvent s'habituer à une augmentation progressive de salinité en 4 à 6 semaines, à partir d'une taille de 1 cm. Cela fait des alevins de ce tilapia une espèce intéressante à proposer comme proie vivante, aux poissons marins par exemple. Taille : 50 cm.

▽ *Tilapia mariae*

Ce tilapia est très agressif lorsqu'il défend son territoire. La femelle pond jusqu'à 400 œufs sur un support et les surveille. L'éclosion a lieu en 2 jours. Taille : 20 cm.

Pseudocrenilabrus multicolor

Ce petit Cichlidé vit dans le Nil et le lac Victoria. Il défend son territoire contre des espèces plus grandes. Après la ponte, effectuée dans une cuvette creusée dans le sable, la femelle incube jusqu'à 100 œufs dans sa bouche, pendant une dizaine de jours. Taille : 8 cm. ▷

△ *Tilapia buttikoferi*

La femelle dépose 200 à 400 œufs sur une pierre. Les œufs et les alevins sont défendus par les parents, qui sont alors agressifs. Une alimentation partiellement végétale est souhaitée pour ce poisson. Taille : 30 cm.

Steatocranus casuarius

Ce Cichlidé agressif vit dans des eaux agitées. Il se caractérise par une bosse frontale, plus développée chez le mâle. La femelle pond 100 à 200 œufs dans une cavité gardée par les deux parents. Taille : 10 cm. ▽

CICHLIDÉS ASIATIQUES

Ils sont très peu nombreux ; en effet, deux espèces seulement se rencontrent en aquariophilie.

Etroplus suratensis △

Compte tenu de sa taille, il faut prévoir un bac de bonne dimension. Il aime les eaux dures et saumâtres. Taille : de 20 à 30 cm.

◁ *Etroplus maculatus*

L'**étroplus vert** aime également les eaux dures et saumâtres, bien plantées. C'est un poisson pacifique et assez prolifique : la femelle pond 300 œufs sur un support. Les larves sont ensuite transportées dans une cuvette creusée dans le sable. Il existe une forme dorée de cette espèce. Taille : de 8 à 10 cm.

BELONTIIDÉS

CES POISSONS SE CARACTÉRISENT par un organe situé sur le dessus de la tête, le labyrinthe (d'où l'ancien nom de Labyrinthidés employé auparavant comme celui d'Anabantidés), qui leur permet de capter l'oxygène atmosphérique. Cela complète la respiration branchiale et constitue une adaptation au milieu que les jeunes développent durant les premières semaines de leur vie. Les Belontiidés vivent, en effet, en Asie, dans des milieux pauvres en oxygène : eaux calmes et stagnantes, parfois boueuses, mares, rizières. Les nageoires pectorales d'un certain nombre d'espèces sont pourvues de filaments, qui ont un rôle tactile et les aident à s'orienter. Robustes, paisibles (sauf exception), ils sont faciles à maintenir et acceptent une alimentation diversifiée. La reproduction se fait après que le poisson a construit un nid de bulles.

Betta splendens

Le **combattant** ne mérite que partiellement son nom commun : les mâles sont agressifs entre eux et vis-à-vis de la femelle après la ponte, mais paisibles avec les autres espèces ; les femelles se supportent parfaitement. Un joli mâle (rouge, bleu, vert) peut donc faire partie d'un aquarium régional ou communautaire. Sitôt la ponte terminée (plusieurs centaines d'œufs), il faut retirer la femelle, qui risque d'être molestée ou tuée par son conjoint. L'incubation dure 2 jours ; on retire le mâle après l'éclosion. Les alevins croissent rapidement. Taille : de 6 à 8 cm.

◁ **Betta splendens** △
Mâles.

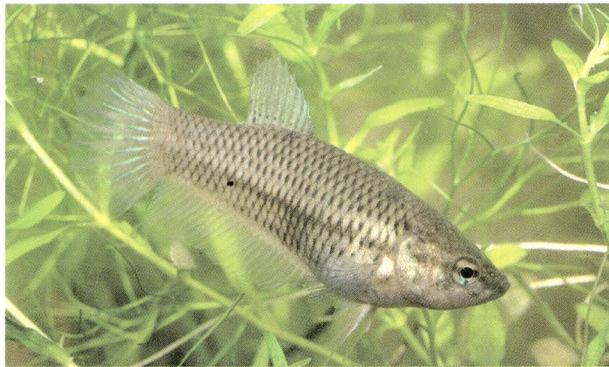

◁ **Betta splendens**
Femelle en gestation.

Colisa fasciata

Les mâles se battent entre eux. Les femelles pondent plus d'une centaine d'œufs dans une eau douce et acide. Cette espèce se croise avec le gourami à grosses lèvres, les hybrides sont commercialisés sous l'un ou l'autre nom. Taille : 10 cm. ▷

◁ **Colisa sota (Colisa chuna)**
Le **gourami miel** ne construit pas forcément un nid lors de la reproduction ; le mâle déplace les larves jusqu'à ce qu'elles nagent librement. C'est un poisson sociable et craintif. Taille : 5 cm.

△ **Colisa labiosa**
Craintif, il se cache dans la végétation s'il est inquiet. La femelle pond quelques centaines d'œufs dans une eau douce et acide. Taille : de 10 à 12 cm.

⊲ *Trichogaster leeri*

Le **gourami perlé** est un poisson paisible. Le mâle se reconnaît à sa nageoire dorsale plus pointue. La femelle peut pondre jusqu'à 1 000 œufs. La croissance des alevins est lente. Taille : 13 cm.

⊲ ***Macropodus opercularis***

Le **macropode (**ou **poisson-paradis)** est connu en France depuis environ 150 ans. C'est le « teigneux » de la famille, mais il présente un avantage : il résiste aux basses températures (jusqu'à 15 °C, parfois moins pour une brève durée). La femelle pond plusieurs centaines d'œufs, qui éclosent en 2 jours environ. Taille : de 10 à 15 cm.

▽ △ ***Trichogaster trichopterus***

Calme, le **gourami bleu** préfère se reproduire loin des autres poissons. La forme courante présente deux taches noires sur le corps, qui sont absentes dans la variété cosby. Il existe aussi une forme dorée, qui n'est pas albinos. Taille : 10 cm.

Helostoma temmincki

Proche parent des Belontiidés (il appartient à la famille des Hélostomatidés), il possède également un labyrinthe et se reproduit grâce à un nid de bulles. Les **gouramis embrasseurs (**ou **kissing gourami)** s'embrassent bouche à bouche. La signification de cet acte, probablement sociale, n'est pas forcément liée à la reproduction, bien qu'elle se produise également lors de la parade nuptiale. Taille : de 10 à 15 cm.▽

LE GOURAMI DU DÉBUTANT

Le combattant est une espèce traditionnellement recommandée au débutant, pour la beauté du mâle dans un aquarium.

Pour se familiariser avec la reproduction, il vaut mieux s'intéresser au **gourami bleu** ou au **gourami nain**. Ce dernier *(Colisa lalia)*, paisible et timide, s'abrite dans la végétation lorsqu'il est inquiet. La femelle, plus terne que le mâle, est très prolifique. Les œufs éclosent en 2 jours. Les alevins se nourrissent de petites proies vivantes. Il existe une variété orangée de cette espèce, le **sunset** (lever-de-soleil) ; la femelle est également plus terne. Taille : 5 cm.

POISSONS CURIEUX

CERTAINS POISSONS représentent à eux seuls une famille en aquariophilie, et même parfois dans la nature. Ils ont une forme et une biologie particulières, et pour toutes ces raisons, nous les avons regroupés dans cette double page.

Notopterus chitala (Notoptéridés)

Ce **poisson-couteau** vit en Asie, dans des eaux légèrement basiques. Il peut nager en avant comme en arrière, et il est plutôt actif dans l'obscurité. Plusieurs espèces peuvent être commercialisées ; l'une d'entre elles, *Notopterus notopterus,* dont la reproduction en aquarium a été récemment obtenue, constitue une ressource alimentaire locale. Taille : de 20 à 30 cm. ▷

△ *Gnathonemus petersii* (Mormyridés)

Avec sa trompe le **poisson-éléphant** cherche sa nourriture sur le sol, de préférence dans l'obscurité, car il est assez craintif. Il peut émettre de faibles décharges électriques, sans aucune gravité. Taille : de 15 à 20 cm.

Xenomystus nigri (Notoptéridés)

Se distinguant du précédent par l'absence de nageoire dorsale, il est également plutôt nocturne. Il peut parfois émettre des grognements, produits par le canal pneumatique (qui relie la vessie gazeuse au tube digestif). Taille : de 10 à 20 cm. ▷

Pantodon buccholzi ▷ (Pantodontidés)

Il vit sous la surface, où il capture ses proies grâce à sa bouche largement fendue ; il préfère des nourritures vivantes. Parfois agressif, il peut sauter hors de l'eau. Son attitude, nageoires pectorales étalées, lui a valu son nom commun, **poisson-papillon**. Taille : 12 cm.

Eigenmannia virescens (Rhamphichthyidés)

Le **poisson-couteau vert**, originaire des eaux calmes d'Amérique du Sud, préfère donc une eau acide et douce. Plutôt nocturne, il apprécie les proies vivantes. Sa reproduction ne semble pas avoir eu lieu en aquarium. Taille : de 20 à 30 cm. ▷

△ *Chanda ranga* (Centropomidés)

La **perche de verre** vit dans les eaux dures et saumâtres
d'Asie. La reproduction de ce poisson calme est très délicate.
La femelle dépose une centaine d'œufs dans le feuillage
fin de certaines plantes.
Les alevins, de très petite taille, doivent être nourris
avec des infusoires adaptés à leur taille. Taille : de 5 à 6 cm.

Une pratique honteuse

Les perches de verre *(Chanda ranga)* colorées au niveau du dos
et du ventre ne se rencontrent pas dans la nature. Une pratique
plus que douteuse, qui a cours dans le Sud-Est asiatique,
consiste à injecter des colorants. Inutile de préciser que ce pro-
cédé est honteux et ne doit pas se répandre. Nous déconseillons très vivement l'achat de ces poissons, dont la couleur
ne tient d'ailleurs pas à long terme.

◁ *Polycentrus abbreviata* (Nandidés)

Son allure de feuille l'aide à se camoufler et à tromper
ses ennemis. Sa bouche extensible lui permet d'ingurgiter
des proies mesurant jusqu'à la moitié de sa taille. Il existe
plusieurs espèces de **poissons-feuilles** ; l'une d'elles,
appartenant au genre *Monocirrhus,* nage en oblique,
la tête dirigée vers le bas, et possède un petit
barbillon à la mâchoire inférieure.
Taille : de 6 à 8 cm

Mastacembelus sp. (Mastacembélidés)

Plusieurs espèces qui diffèrent par leur coloration sont commercialisées
sous le nom de *Mastacembelus.* Leur museau allongé joue un
rôle tactile ; seule la tête dépasse lorsque
le poisson s'enfouit dans
le sable pour se
protéger. Il est
préférable de ne
garder qu'un seul sujet
(ils ne se supportent
pas entre eux), en
veillant à ce qu'il ne
s'échappe pas du bac
grâce à son agilité.
La reproduction n'est
actuellement possible
que grâce à une
injection d'hormones.
Taille : 20 cm. ▷

LES POISSONS D'EAU SAUMÂTRE

CERTAINES ESPÈCES vivent dans des eaux à salinité variable, dont elles supportent les écarts importants. Pour d'autres, les jeunes vivent en eau douce, descendent les estuaires où ils poursuivent leur croissance ; une fois devenus adultes, ils vivent en mer. Ces poissons requièrent un aquarium spécifique, avec une salinité bien adaptée à leur biologie. Plusieurs espèces sont disponibles sur le marché, quelques-unes possèdent des particularités remarquables et sont considérées comme des curiosités par les aquariophiles. Pourtant, peu d'entre eux se tournent vers les aquariums d'eau saumâtre, milieu tout aussi passionnant que l'eau douce ou l'eau de mer, où certaines des espèces décrites ci-dessous peuvent cohabiter.

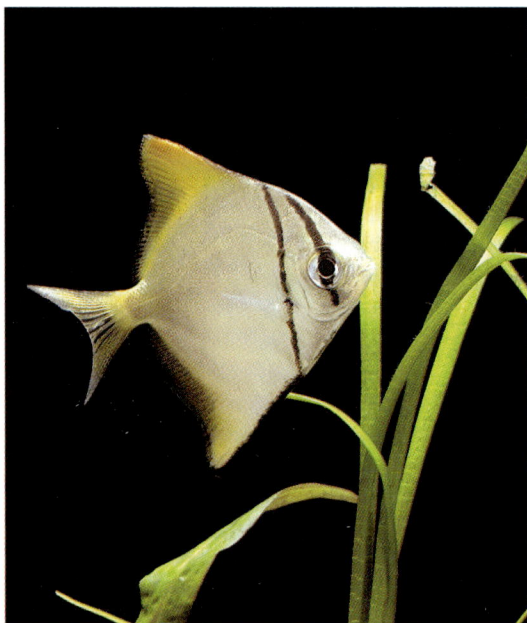

◁ *Monodactylus argenteus* (Monodactylidés)

Les jeunes peuvent vivre en eau douce et grandissent en eau saumâtre ; les adultes, eux, vivent en mer. Il leur faut un grand bac avec un vaste espace pour nager en groupe. Ces poissons timides aiment les proies vivantes et les nourritures fraîches. Une espèce proche, *M. sebae*, a un régime alimentaire partiellement végétal. En mauvaise santé, ou lorsque la qualité de l'eau ne leur convient pas, ces deux espèces voient leur coloration s'assombrir. En temps normal, la couleur de fond argentée domine. Taille : de 15 à 18 cm.

Brachygobius xanthozona (Gobiidés)

Le **gobie-abeille** vit dans les régions côtières du Sud-Est asiatique. Ses nageoires pelviennes, transformées en disque adhésif, lui permettent de se fixer à un support pour résister aux courants. Il se nourrit de petites proies vivantes. Sa reproduction est rare en aquarium. Taille : 5 cm. ▷

◁ *Periophthalmus sp.* (Gobiidés)

Les **périophthalmes** sont des poissons très curieux, qui peuvent sortir de l'eau et se déplacer grâce à leurs nageoires pectorales. Répandus dans toutes les régions tropicales du globe, excepté en Amérique, ils vivent dans les zones sableuses des embouchures, au rythme des marées. Leur maintenance en captivité nécessite un aquaterrarium plutôt qu'un aquarium, avec une berge de sable en pente douce pour qu'ils puissent facilement émerger, la hauteur d'eau ne dépassant pas une quinzaine de centimètres. La reproduction en captivité reste très rare. Deux espèces sont principalement commercialisées, *P. barbatus* et *P. papilio*. Taille : de 10 à 12 cm.

Toxotes jaculator (Toxocidés)

Le **poisson-archer** vit juste sous la surface de l'eau car c'est de là qu'il « chasse ». Pour capturer les petits insectes dont il se nourrit, il projette un puissant jet d'eau qui fait tomber les proies, vite happées. La précision du « tir » est rendue possible grâce à une bonne vision à la fois aquatique et aérienne : le jet d'eau peut toucher une cible jusqu'à 1 m de distance. Ce poisson territorial, parfois agressif, préfère une eau dure et saumâtre. Sa reproduction en aquarium est inconnue, son alimentation doit être principalement composée de proies vivantes (si possible d'insectes, à défaut de vers de vases ou d'alevins de Poeciliidés). Taille : 15 cm. ▷

◁ Scatophagus argus (Scatophagidés)

Les adultes de cette espèce peuvent vivre en eau douce, mais ils sont moins actifs qu'en eau salée. Ce poisson sociable réclame un apport végétal dans son alimentation. La reproduction est inconnue. L'espèce *S. rubifrons* ne serait qu'une variété de *S. argus*. Chez ces poissons, les risques pathologiques sont plus importants en eau douce qu'en eau salée ou saumâtre dans lesquelles il est préférable de les élever. Leur reproduction semble inconnue chez les amateurs. Elle n'a lieu qu'en eau saumâtre. Taille : de 20 à 25 cm.

Tetraodon fluviatilis (Tétraodontidés)

Quelques espèces de cette famille, en grande partie marine, vivent en eau saumâtre. Le **tétraodon vert**, le plus connu, peut devenir agressif lorsqu'il est adulte. Il apprécie particulièrement les petits escargots, mais également les proies vivantes. Sa reproduction semble possible en eau saumâtre, à une température supérieure à 26 °C. Taille : de 7 à 10 cm. ▽

△ Tetraodon palembangensis (Tétraodontidés)

Plusieurs espèces de cette famille sont commercialisées. Tous peuvent gonfler leur corps d'air et d'eau en cas de danger, pour impressionner leur ennemi. Leurs dents leur permettent de se nourrir de mollusques ou de crustacés. Le **tétraodon réticulé,** agressif, fréquente des eaux nettement salées. Il accepte des proies vivantes ou des aliments carnés. Sa reproduction est inconnue en captivité. Taille : de 8 à 10 cm.

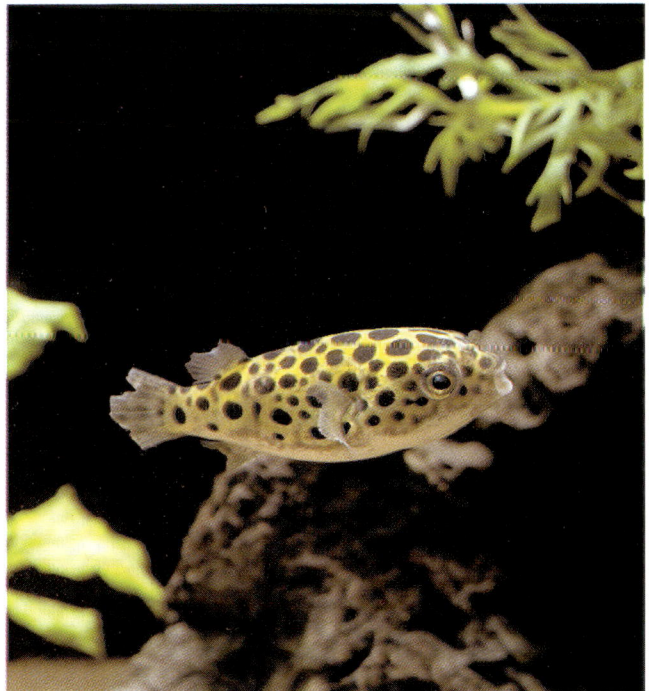

LES POISSONS D'EAU DE MER

Il existe près de 20 000 espèces de poissons marins dans le monde, mais seule une faible partie est intéressante pour l'aquariophile. Dans ce cas, ils proviennent majoritairement des océans Pacifique et Indien, mais aussi d'Australie et de l'océan Atlantique tropical.

Principalement capturés dans le milieu naturel, ils se reproduisent rarement en captivité. Ils s'acclimatent plus difficilement que les poissons d'eau douce, notamment en raison de leur alimentation et certains refusent les nourritures artificielles, quelques espèces ayant même un régime alimentaire très particulier.

Les plus petits d'entre eux ont besoin d'un volume minimal de 150 à 200 litres. Les espèces de taille moyenne (20 cm environ) doivent être maintenues dans des bacs de 300, voire 400 litres au moins si elles sont actives. Il est conseillé de se procurer des individus juvéniles (ou subadultes), en général plus faciles à acclimater et à nourrir.

LA COHABITATION ENTRE POISSONS MARINS

Compte tenu de leur comportement (agressivité, besoin d'un territoire, vie en groupe), tous les poissons marins ne peuvent pas cohabiter dans un même aquarium, et certaines erreurs peuvent devenir tragiques pour nos pensionnaires.

Le tableau ci-dessous donne donc, en complément des renseignements caractéristiques à chaque espèce, des indications pour peupler un bac marin

Poissons à maintenir en un exemplaire unique en raison de leur agressivité (en général liée à la défense du territoire)	Acanthuridés (sauf *Paracanthurus hepatus*), Balistidés, Canthigastéridés, Chaétodontidés (sauf quelques exceptions), demoiselles (Pomacentridés), Diodontidés, Labridés, Lutjanidés, Monacanthidés, Ostraciontidés, Plésiopidés, Pomacanthidés, Pseudochromidés, Scorpénidés, Serranidés (sauf *Anthias*), Siganidés, Tétraodontidés, Zanclidés ◁ ***Lutjanus sanguineus* (Lutjanidés)**
Poissons prédateurs, à ne pas maintenir avec des petites espèces susceptibles de devenir une proie	Balistidés, Diodontidés, Lutjanidés, Murénidés, Scorpénidés, Serranidés, Zanclidés ◁ ***Cromileptes altivelis* (Serranidés)**
Poissons pouvant cohabiter en petits groupes ***Amphiprion ocellaris* (Pomacentridés)** ▷	*Paracanthurus hepatus* (Acanthuridés), *Anthias* (Serranidés), Blenniidés, hippocampe (Syngnathidés), poissons-clowns (Pomacentridés), *Synchiropus* (Callionymidés), poissons-limes (Monacanthidés)

LES POISSONS MARINS DU DÉBUTANT

Le terme débutant regroupe d'une part les novices en aquariophilie, dont le premier bac sera marin, d'autre part les aquariophiles déjà expérimentés en eau douce. Pour les premiers, on peut conseiller quelques espèces de poissons-clowns (*A. clarkii et A. sebae)* et les demoiselles bleues, tous deux appartenant à la famille des Pomacentridés. On recommande également les plus petits Labridés et les blennies (famille des Blenniidés). Pour les seconds, en plus de ces espèces, ils peuvent se tourner vers les autres poissons-clowns et les autres demoiselles ainsi que quelques espèces plus majestueuses : poisson-ange royal (ou rayé, *Pomacanthus semicirculatus* Pomacanthidés), les poissons-papillons cocher et rayé (*Chaetodon auriga* et *C. lunula*, Chaétodontidés), les chirurgiens rayé et bleu (*Acanthurus lineatus* et *Paracanthurus hepatus*, Acanthuridés).

LES POISSONS MARINS DE L'AMATEUR CONFIRMÉ

Après s'être familiarisé avec les problèmes de l'aquariophilie marine et avoir acquis de l'expérience, on peut s'intéresser à d'autres espèces un peu plus délicates : le poisson ange à anneau *(Pomacanthus annularis)*, quelques poissons-anges nains dont *Centropyge acanthiops* (poisson-ange nain africain), tous de la famille des Pomacanthidés, les genres *Naso* et *Zebrasoma* (Acanthuridés), le poisson-coffre jaune (*Ostracion cubicus*, Ostraciontidés), le poisson à tête de renard (*Lo vulpinus*, Siganidés).

En revanche, certaines espèces ne sont conseillées qu'à des amateurs très expérimentés : le poisson-papillon à collier *(Chaetodon collare)*, le chelmon à bec médiocre *(Chelmon rostratus)*, le chelmon à long bec *(Forcipiger flavissimus)*, tous de la famille des Chaetodontidés.

Sont également considérés comme délicats les Acanthuridés, Balistidés et Pomacanthidés non cités précédemment, et les Zanclidés.

HOLOCENTRIDÉS

ILS ONT UNE ACTIVITÉ plutôt nocturne, leurs grands yeux leur permettant une bonne vision pour détecter des proies animales. De jour, ils restent cachés ; il faut donc leur offrir des abris dans un bac de 300 litres au moins.

△ *Myripristis murjdan*

Sociable et robuste, le **poisson-soldat rouge** chasse de petites proies vivantes, principalement de nuit. Il est nécessaire de lui aménager quelques cachettes. Taille : 18 cm.

Myripristis jacobus

Espèce proche de *M. murjdan*. Taille : 18 cm. ▽

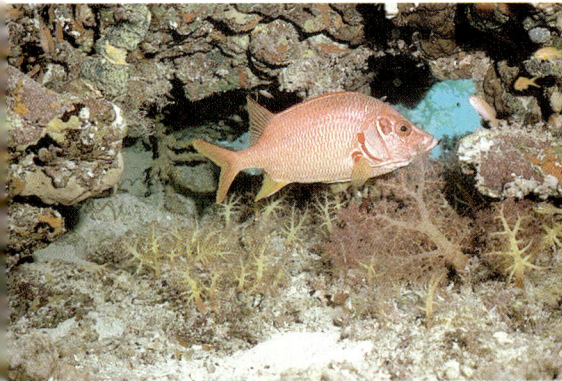

Adioryx cornutus

Le **poisson-écureuil** est une espèce calme qui vit en solitaire. Son maintien est facile, il faut lui offrir des proies vivantes, par exemple des petits poissons. Taille : 14 cm. ▷

◁ *Adioryx spinifer*

Sa coloration rouge assez vif le distingue d'*Adioryx cornutus*. Mais son mode de vie en est très proche. Taille : 20 cm.

LUTJANIDÉS

LES LUTJANIDÉS fréquentent les eaux côtières, mais pas obligatoirement les récifs. Ce sont des poissons voraces, munis de bonnes dents pointues, qui ont besoin d'un grand bac et d'un espace libre où ils pourront nager en petit groupe. Les Lutjanidés apprécie les proies vivantes mais pourront également être nourris avec des morceaux de poissons, ou des moules et des crevettes.

△ *Lutjanus sebae*

Le **lutjan rouge** fréquente la proximité des coraux ; les adultes, souvent solitaires, ne supportent pas toujours leurs propres congénères. Il faut fournir à cette espèce un grand bac avec des cachettes. Taille : de 20 à 30 cm.

◁ **Lutjanus sanguineus**
Le **lutjan rouge sang** a bon
appétit et apprécie les petits poissons.
Les juvéniles présentent une bande sombre de l'œil
au début de la dorsale qui n'est pas forcément
présente chez l'adulte. Taille : de 30 à 35 cm.

△ **Ocyurus chrysurus**
Le **happeur à queue jaune** est originaire
de l'Atlantique tropical. Ce bon nageur
apprécie poissons et petits crustacés. Rare
en aquariophilie (ce qui est regrettable, car
c'est une espèce magnifique), il demande
un bac de grand volume compte tenu de
sa taille ; il doit être gardé en solitaire.
Taille : de 30 à 40 cm.

◁ **Lutjanus kasmira**
Les juvéniles du **lutjan à huit raies** ont une coloration
moins vive que les adultes et une tache noire sur
le corps. Leur alimentation se compose de petits
poissons et de crustacés. Taille : 35 cm.

PLECTORHYNCHIDÉS

L ES JEUNES VIVENT EN GROUPE ; leur coloration
diffère de celle des adultes, qui sont plus solitaires. Ils se nourrissent sur le fond, parfois en
tamisant le sable pour capturer
des petites proies vivantes. En
aquarium, on peut progressivement
les adapter aux aliments artificiels ;
il leur faut un bac de grande taille
avec des abris.

Plectorhynchus chaetodontoides
Le **gaterin à grosses lèvres** vit en solitaire (ou en très petit
groupe) dans les récifs coralliens. Les taches blanches des juvéniles
disparaissent chez l'adulte. Peu actif de jour, il a besoin d'un grand
bac pour pouvoir évoluer à son aise. Taille : 20 cm. ▽

△ **Plectorhynchus gaterinus**
Les jeunes présentent des bandes horizontales tandis que
les adultes sont jaune vif avec des points sombres. Le **gaterin**
est un poisson paisible ; carnassier, il se nourrit d'artémias adultes
ou d'autres aliments carnés. Taille : 20 cm.

Plectorhynchus orientalis
Le **gaterin-zèbre** s'acclimate facilement lorsqu'il est jeune. Assez
vorace, il aime les crevettes, les morceaux de poisson ou d'autres
aliments carnés. Il existe plusieurs espèces proches, à bandes
horizontales. Taille : 20 cm. ▽

SERRANIDÉS

I L Y A PLUS DE 400 ESPÈCES de Serranidés dans le monde (dont les mérous de nos côtes) et quelques-unes sont faciles à maintenir dans un grand aquarium (400 litres au minimum). Robustes, les Serranidés vivent en solitaire lorsqu'ils sont adultes. La bouche de ces carnassiers voraces leur permet de gober de petits poissons ou de gros morceaux d'aliments frais.

▷ *Cephalopholis argus*
Le **mérou noir** peut s'apprivoiser et manger à la main. Il se reconnaît à sa coloration brune parsemée de points clairs. Taille : de 20 à 30 cm.

Cephalopholis miniatus
Solitaire, le **mérou rouge** vit plutôt caché dans les coraux. En aquarium, il peut vivre au-delà de 5 ans. La coloration devient sombre chez les adultes. Taille : de 20 à 30 cm. ▷

△ *Cephalopholis urodelus*
Le **mérou à lignes blanches** se reconnaît aux deux barres blanches et obliques présentes sur la nageoire caudale. Il a un comportement plutôt calme et aime bien les cachettes. Taille : de 20 à 25 cm.

Cromileptes altivelis △
Les taches des jeunes deviennent moins marquées chez l'adulte. Le **mérou Grace Kelly** peut mesurer jusqu'à 65 cm dans la nature. En aquarium, il chasse à l'affût en se jetant brusquement sur de petites proies vivantes et atteint 30 à 40 cm . Il est peu sensible aux maladies parasitaires courantes. Plusieurs spécimens peuvent cohabiter dans un vaste bassin.

△ ▷ *Pseudanthias squamipinnis*
Le **barbier rouge** vit en groupe ou en banc, où quelques mâles dominent. Cet agréable petit poisson peut vivre dans un bac de dimension modeste (200 litres au minimum), pourvu de cachettes. Planctonophage dans la nature, il préfère des aliments de petite taille, notamment des proies vivantes. Ce poisson est parfois classé dans la famille des Anthiidés. Taille : 12 cm.

Hamlets

Dans la famille des Serranidés, il existe des espèces du genre *Hypoplectrus,* originaires de l'Atlantique tropical, dont la petite taille peut satisfaire les aquariophiles ne disposant que d'un bac de 200 litres. Ces poissons vivent en solitaire et se dissimulent dans les anfractuosités du décor. Ils se nourrissent de crustacés, de vers et de petits poissons.

Hypoplectrus gemma

Comme les autres espèces du genre, le **hamlet bleu** est agressif et ne doit être maintenu qu'en l'absence d'un autre poisson de son espèce. Taille : de 10 à 11 cm. ▷

◁ ### *Hypoplectrus guttavarius*

La coloration du **hamlet timide** varie selon les individus. Taille : 12 cm.

▷ ### *Hypoplectrus gummigutta*

Le **hamlet doré** se caractérise par une tache triangulaire noire devant l'œil. Tous les hamlets sont hermaphrodites, c'est-à-dire qu'ils possèdent à la fois des ovules et des spermatozoïdes, mais un seul des deux sexes fonctionne. Bien entendu, ils ne peuvent pas se féconder eux-mêmes. Taille : de 13 à 14 cm.

Hypoplectrus indigo

Le **hamlet indigo,** plus grand que le hamlet bleu, s'en distingue par la présence de bandes verticales plus claires que sa couleur de fond. Taille : 15 cm. ▷

CHAÉTODONTIDÉS (POISSONS-PAPILLONS)

GRÂCE À LEURS COULEURS, ils figurent parmi les plus beaux poissons d'aquarium marin. Très répandus dans les mers tropicales, ils fréquentent les récifs de coraux, en solitaire ou en couple. Les juvéniles ont souvent une coloration différente de celle des adultes, ce qui peut entraîner des confusions entre espèces. Ils sont en général plus côtiers. Les poissons-papillons ont un régime alimentaire plus ou moins spécialisé selon les espèces : certaines broutent les algues, d'autres mangent les tentacules des anémones ou les polypes de corail, quelques-unes préfèrent d'autres invertébrés. Cela entraîne parfois des difficultés d'acclimatation, puisqu'on ne peut pas leur offrir un régime normal. Il faut donc les adapter à d'autres proies : artémias adultes, vers, fragments de moules, petites crevettes. S'ils refusent ces aliments, ils meurent assez rapidement. Les chaétodons sont considérés comme les poissons les plus exigeants quant aux conditions de vie. Ainsi, l'eau doit être d'excellente qualité : parfaitement brassée, filtrée et oxygénée ; des changements réguliers en petite proportion sont favorables. La température sera de 26 °C au minimum, la densité de 1 022-1 023.

En aquarium, on ne maintient en général qu'un seul chaétodon par bac : territoriaux, ils ne se supportent pas vraiment entre eux, mais acceptent cependant la présence d'individus d'autres espèces. Bien entendu, les invertébrés en tant que cohabitants, sont à proscrire. Le décor sera composé de blocs de corail, parmi lesquels les chaétodons pourront évoluer à l'aise, grâce à la forme de leur corps ; mais il faut garder un assez grand espace libre pour la nage et la prise de nourriture.

▽ *Chaetodon auriga*

Un des plus connus, le **poisson-papillon cocher** doit son nom au prolongement filamenteux de la nageoire dorsale chez l'adulte. Actif et peu craintif, il est facile à acclimater. On le nourrit de proies vivantes ou congelées, avec un apport végétal s'il n'y a pas d'algues à brouter dans le décor. Taille : 14 cm.

Chaetodon chrysurus

Le **poisson-papillon à damier** ou **à queue rouge** semble supporter d'autres espèces du même genre. Actif, il broute les algues du décor et se nourrit de morceaux de vers et de moules. Il arrive cependant qu'il refuse toute alimentation pendant les premiers jours en aquarium. Taille : 16 cm. ▽

◁ *Chaetodon capistratus*

L'acclimatation du **poisson-papillon à quatre yeux** peut être délicate – car il se nourrit habituellement de tentacules d'anémones et de coraux –, mais il est ensuite assez facile à conserver. C'est une des rares espèces originaires de l'Atlantique tropical, où elle est commune. Taille : 10 cm.

▽ *Chaetodon miliaris*

En milieu naturel, le **poisson-papillon citron** se nourrit des parties molles des coraux. En captivité, il faut l'habituer aux petites proies vivantes, puis congelées (artémias, tubifex). Taille : 13 cm.

△ *Chaetodon collare*

Le **poisson-papillon à collier** peut supporter des poissons de sa propre espèce. Peu exigeant quant à l'alimentation, il accepte de la nourriture vivante ou congelée et les algues du décor. C'est une espèce réputée facile. Taille : 17 cm.

▽ *Chaetodon melanotus*

Il y a peu de différences entre les juvéniles et les adultes du **poisson-papillon à dos noir**, espèce assez craintive. Il apprécie artémias, vers, petits morceaux de moule, ainsi que les petites anémones du genre *Aiptasia* qui apparaissent parfois « spontanément » dans les aquariums marins. Taille : de 15 à 17 cm.

△ *Chaetodon lunula*

Facile à acclimater, le **poisson-papillon rayé** accepte des aliments d'origine animale avec un apport végétal. Les taches noires des jeunes (parties dorsale et postérieure) s'élargissent chez les adultes lorsqu'ils atteignent une taille de 7 à 8 cm. Taille : 20 cm.

▷ *Chaetodon meyeri*

Espèce rare dans le commerce, le **poisson-papillon de Meyer** semble très difficile à acclimater car il se nourrit de corail. Même si ce poisson accepte des proies de substitution, il n'est pas rare qu'il meure en captivité. Taille : 15 cm.

Chaetodon fasciatus

Le **poisson-papillon de Bantayan** est réputé très délicat à acclimater. En effet, il se nourrit de tentacules d'anémone et des parties molles du corail. Cette espèce peut être confondue avec *C. lunula*. Taille : de 15 à 17 cm. ▷

Chaetodon punctatofasciatus

Calme et peu agressif mais nageur actif, le **poisson-papillon à points et à lignes** peut accepter des aliments artificiels, après avoir été adapté aux petites proies animales. Il est réputé difficile à conserver. Taille : 10 cm. ▽

Chelmon rostratus

L'allongement du « bec » du **chelmon à bec médiocre** (plus important que pour les espèces du genre *Chaetodon*) provient d'une adaptation à la prise de nourriture dans les petites excavations coralliennes. Cette espèce robuste se déplace lentement, sauf si elle est inquiétée. Elle se nourrit de petites proies vivantes, notamment des crustacés. Taille : 17 cm. ◁

Chaetodon semilarvatus

Très actif, le **poisson-papillon à masque** recherche de petites proies près du substrat ou dans les algues, mais il nage également en pleine eau. Sa maintenance peut poser des problèmes, car il est parfois considéré comme délicat. Taille : 20 cm.◁

Chaetodon quadrimaculatus

En milieu naturel, le **poisson-papillon à quatre taches** se nourrit de coraux ou de petites anémones. Il accepte artémias et proies congelées en captivité, ce qui facilite son maintien. Taille : 15 cm. ▷

△ Chaetodon ocellatus

Paisible, ce **poisson-papillon à nageoire tachetée** se nourrit de petites proies vivantes et congelées. Il semble qu'il puisse accepter la présence d'individus de son espèce. Taille : de 11 à 12 cm.

LA COLORATION DES POISSONS-PAPILLONS

La coloration des adultes diffère souvent légèrement de celle des jeunes (taille inférieure à 5 cm). La tache noire de la partie postérieure de la nageoire dorsale disparaît parfois chez les adultes. Son rôle semble être celui d'un faux œil (le vrai étant englobé – et dissimulé – dans une bande ou une tache noire) pour tromper un ennemi. Ce dernier serait alors surpris par la fuite « à l'envers » du chaétodon, mais ce n'est toutefois pas une certitude. Toujours chez les adultes, les bandes juvéniles peuvent s'estomper ou disparaître ; au contraire, certaines taches sombres peuvent s'agrandir.

△ Chaetodon striatus

Ce **poisson-papillon rayé**, comme C. capistratus et
le C. ocellatus, est originaire de l'Atlantique tropical, alors que
les autres proviennent de la zone indo-pacifique. Il ne pose pas
de problèmes une fois qu'il est habitué aux aliments de petite
taille (crustacés et anémones du genre Aiptasia). Taille : 15 cm.

Chaetodon vagabundus

La couleur des jeunes du **poisson-papillon vagabond** diffère
de celle des adultes. C'est une espèce peu timide, facile à nourrir :
proies vivantes et complément végétal. Son adaptation est
relativement aisée. Taille : 15 cm. ▽

Forcipiger flavissimus

C'est une espèce facile à acclimater si elle n'a
pas trop souffert de son voyage d'importation.
Peu agressif (sauf vis-à-vis de son espèce),
le **chelmon à long bec** préfère bénéficier
de quelques cachettes. Son alimentation
se compose de moules, de tubifex ou de chair
de poissons. Taille : 15 cm. ▷

◁ Heniochus diphreutes

Les premiers rayons de la nageoire des Heniochus
(poissons-cochers) sont plus ou moins allongés selon
les espèces. Le **poisson-cocher pointu** est paisible et
facile à maintenir dans un bac assez vaste. Il préfère
les petites proies vivantes. Taille : de 20 à 25 cm.

Heniochus intermedius

La coloration de fond peut varier du blanc au jaune chez ce
poisson-cocher de la mer Rouge, sauf sur la partie supérieure
du corps. La nuit, pendant laquelle il peut nager aussi activement
que le jour, il s'assombrit. Taille : 15 cm. ▽

△ Heniochus varius

Il se distingue des autres cochers par une protubérance entre l'œil
et le début de la nageoire dorsale, et par des petits tentacules
au-dessus des yeux, qui sont plus développés chez le mâle adulte.
Taille : 20 cm.

POMACANTHIDÉS

LES POMACANTHIDÉS SONT DES POISSONS RÉCIFAUX, mais on peut également les rencontrer dans les zones rocheuses côtières où se développent des algues. Leur alimentation en captivité peut parfois poser des problèmes, mais les jeunes s'adaptent plus facilement aux aliments proposés par les aquariophiles.
Les Pomacanthidés regroupent les poissons-anges et les poissons-anges nains.

Poissons-anges

Les poissons-anges se distinguent des poissons-papillons par leur bouche protractile et par la présence d'une épine à la base de l'opercule.

Bons nageurs, ils vivent en petits groupes ou en solitaire, à proximité d'abris : grottes et surplombs coralliens. Très territoriaux, ils ont un mauvais comportement envers les individus de leur propre espèce.

La coloration des juvéniles se modifie progressivement quand ils atteignent 8 à 10 cm (mais ce n'est pas une règle générale) pour devenir celle de l'adulte.

En aquarium, on ne maintient qu'un seul poisson-ange dans un volume de 500 litres ; les juvéniles s'adaptent plus facilement à la captivité.

Leur alimentation doit se composer d'artémias, de crevettes, de moules, ainsi que de végétaux cuits et hachés.

Chaetodonplus mesoleucus
Le **poisson-ange vermiculé** ressemble à un chaétodon ; les jeunes diffèrent peu des adultes. Il est relativement facile à acclimater quand on le nourrit d'abord de proies vivantes ; il pourra ensuite accepter des aliments artificiels.
Taille : 17 cm. ▷

△ Chaetodonplus melanosoma
Le **poisson-ange fantôme** ou **domino** respecte les autres espèces mais chasse ses congénères de son territoire. Timide, c'est un bon nageur considéré comme résistant. Il ingurgite de grosses proies (néréis) mais aussi des tubifex ou des artémias et broute les algues. Il est très sensible aux parasites cutanés. Taille : 18 cm.

Euxiphipops xanthometopon
Les jeunes du **poisson-ange à face jaune** s'acclimatent plus facilement et peuvent adopter un comportement « nettoyeur » envers d'autres poissons. Les adultes, territoriaux et craintifs, préfèrent les aliments de petite taille, avec un apport végétal. Taille : 30 à 40 cm. ▷

Holacanthus ciliaris

Même les juvéniles du **poisson-ange royal** sont territoriaux, ce qui peut poser des problèmes de cohabitation. Ils sont faciles à acclimater, mais exigeants sur la qualité de l'eau. Leur alimentation peut se composer d'artémias, d'éponges, d'algues et de moules. Taille : 20 cm.

Pomacanthus annularis

Adulte, le **poisson-ange à anneau** peut atteindre 30 cm. Son acclimatation est plus ou moins facile ; les jeunes, d'une taille inférieure à 7 ou 8 cm, s'adaptent mieux à la captivité. Ce poisson broute les algues du décor mais apprécie une nourriture carnée ; les aliments plus ou moins rouges semblent l'attirer, on peut donc tenter de fabriquer une « pâtée » se rapprochant de cette couleur. ▽

Holacanthus tricolor

La tache noire des juvéniles du **poisson-ange tricolore,** beauté des rochers, s'agrandit durant leur croissance pour recouvrir presque tout le corps une fois adulte. Réputé pour son acclimatation difficile, il se nourrit d'algues, d'artémias, de petits morceaux de poisson. Taille : 15 cm. ▷

Pomacanthus chrysurus

Le **poisson-ange à queue jaune** est assez rare en aquariophilie. Il nécessite un apport végétal dans son alimentation. Sa queue jaune orangé le distingue, lorsqu'il est jeune, du poisson-ange royal. Taille : 20 cm.

LA COLORATION DES JUVÉNILES DE POISSON-ANGE :
NE PAS ÊTRE PERÇUS COMME DES INTRUS

La coloration des juvéniles de poisson-ange (en général constituée de lignes) diffère notablement de celle des adultes. Cela leur permet de ne pas être considérés comme des intrus sur leur domaine. En effet, les adultes repoussent les poissons de leur propre espèce, ou d'espèces proches à coloration assez similaire, ils défendent ainsi leur territoire et ses ressources : alimentation, abris. Que ce soit pour l'adulte ou pour le juvénile, le but est le même : survivre et perpétuer l'espèce.

Poisson-ange royal
Juvénile.

Poisson-ange royal
Adulte. ▷

△ Euxiphipops navarchus

Plutôt timide, le **poisson-ange amiral** ou **éventail du Japon** apprécie les cachettes. Cela ne l'empêche pas d'être actif pour brouter les algues du décor, mais il accepte des proies de petite taille. Taille : 20 cm.

Pomacanthus imperator

C'est l'un des plus beaux poissons-anges. Territorial, le **poisson-ange empereur** peut être agressif envers d'autres occupants du bac. Les juvéniles présentent plusieurs cercles blancs sur fond bleu. Il consomme des moules crues ou cuites, des néréis, des tubifex, de la chair de poissons, des crevettes, de la salade et beaucoup d'algues filamenteuses. Taille : 20 cm.▽

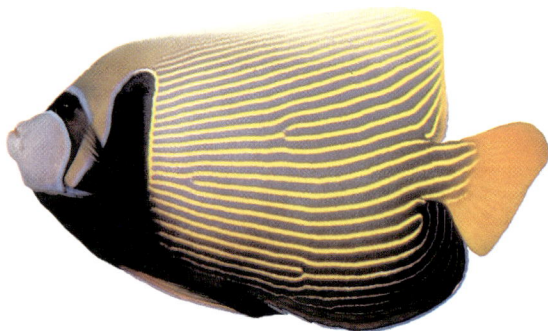

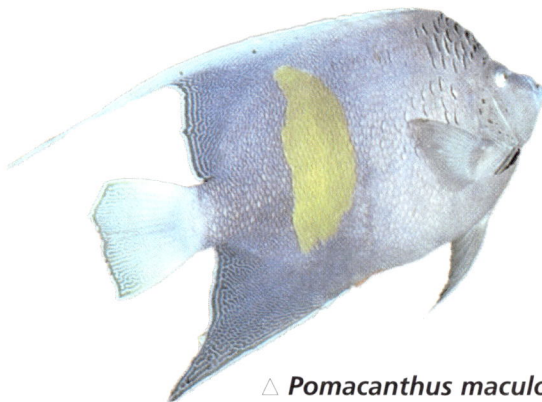

△ **Pomacanthus maculosus**

Dans son milieu naturel, le **poisson-ange à croissant** se nourrit d'éponges et de coraux, il faut donc éviter d'en disposer dans l'aquarium. On l'adapte à la captivité avec de petites proies vivantes et il peut accepter ensuite la nourriture du commerce. Taille : 30 cm.

◁ **Pomacanthus paru**
Subadulte.

Pomacanthus paru
Jeune. ▽

▽ △ **Pomacanthus semicirculatus**

Les jeunes ont le corps bleu sombre parcouru de fines lignes blanches incurvées vers l'arrière. Territorial, le **poisson-ange royal** ou **rayé** sort de son abri pour manger des néréis, des moules crues ou ébouillantées, des crevettes, des morceaux de poissons, des tubifex, mais aussi des algues, de la salade et du riccia. Taille : 40 cm.

Pomacanthus paru

Actif de jour comme de nuit, le **poisson-ange français** ou **indien** accepte artémias et moules et peut parfois s'apprivoiser. L'adulte ressemble à celui de *Pomacanthus arcuatus* (poisson-ange gris), mais l'extrémité des écailles brille d'un point jaune lumineux. Les jeunes des 2 espèces peuvent également se confondre ; ils diffèrent notablement des adultes : coloration de fond noire, parcourue de bandes jaunes incurvées. Taille : 25 cm. ▷

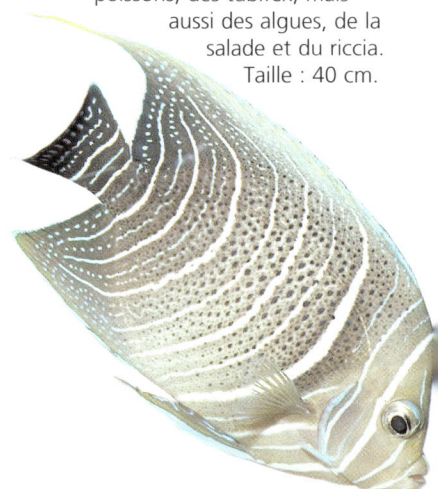

Genicanthus caudovittatus

Le **poisson-ange à tache caudale** se distingue de *G. lamarck* par ses bandes verticales. Timide, mais souvent en mouvement, il se nourrit comme *G. lamarck* de petites proies adaptées à la taille de sa bouche. Taille : 20 cm. ▽

◁ Genicanthus lamarck

Le mâle possède une tache jaune sur la nuque, et ses nageoires pelviennes sont noires. Malgré sa timidité, le **poisson-ange de Lamarck** est sociable, vit en petit groupe et supporte les autres poissons-anges. Taille : 20 cm.

▷ Apolemichthys trimaculatus

L'épine caractéristique de la famille est bleue, comme la bouche, et tranche sur la coloration de fond, qui est jaune. La tache noire sur la caudale des juvéniles disparaît chez l'adulte. Le **poisson-ange à trois taches** apprécie un apport végétal dans son alimentation. C'est un nageur actif qui nécessite un vaste bassin. Taille : 25 cm.

Apolemichthys xanthurus

Espèce facile à maintenir, le **poisson-ange des Indes** grignote les algues, mais accepte moules, crevettes et artémias. Taille : de 10 à 13 cm. ▽

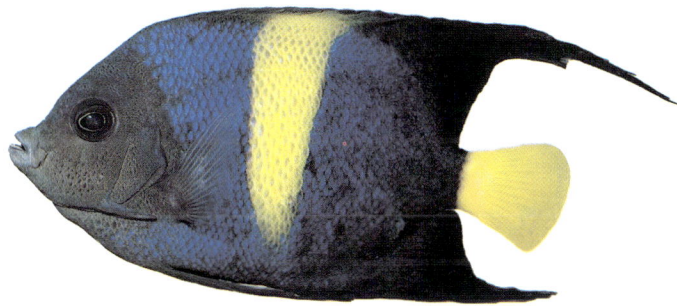

△ Arusetta asfur

Ce **poisson-ange demi-bec** est actif lorsqu'il nage, mais il aime bien se cacher parmi les roches. Il se nourrit de moules, de salade et d'aliments carnés. Parfois confondu avec *Pomacanthus maculosus*, il s'en distingue par sa nageoire caudale jaune ; la tache sur les flancs, jaune également, est en position plus antérieure. Sa croissance est très lente en aquarium. Taille : 20 cm.

Pygoplites diacanthus

Plutôt discret, le **poisson-ange duc** aime bien s'abriter dans des cachettes. Dans la nature, il se nourrit d'éponges ; en aquarium, il faut lui fournir de petites proies : artémias, moules et crevettes hachées. Taille : 25 cm. ▷

Poissons-anges nains ou centropyges

Ils appartiennent également à la famille des Pomacanthidés et en possèdent d'ailleurs l'épine caractéristique de la famille. Principalement originaires de la zone indo-pacifique, ils y fréquentent les récifs coralliens, où ils s'abritent dans des grottes ou sous des surplombs. Territoriaux, ils peuvent être agressifs avec les membres de leur espèce, ou avec des centropyges à coloration voisine. Ils sont sociables avec les autres poissons et respectent les invertébrés. Ils dépassent rarement 12 cm et demandent un aquarium de 200 litres au minimum, pourvu de cachettes. Leur alimentation naturelle se compose en grande partie d'algues ; en captivité, un régime végétal (épinards, salade) sera complété par de petites proies vivantes, notamment des crustacés.

Centropyge ferrugatus

D'une taille moyenne, l'**holacanthe brun-rouge** peut se confondre avec d'autres espèces ; on le reconnaît cependant aux fines bandes bleues sur les nageoires anale et dorsale ; la caudale n'est pas convexe. Taille : 10 cm. ▷

◁ Centropyge bicolor

Dans la nature, l'**holacanthe bicolore** vit en groupe ; ce n'est pas possible en captivité, sauf dans les très grands aquariums. Paisible, il est parfois difficile à élever en aquarium et a la réputation d'être délicat pour l'alimentation. Il se nourrit essentiellement d'artémias, de tubifex et de moules hachées. Taille : 10 cm.

◁ Centropyge acanthops

C'est une petite espèce assez facile à conserver, mais rare dans le commerce. Le **poisson-ange africain** aime les cachettes et se nourrit d'algues et de petits invertébrés. Chez certains individus, l'œil est parfois entouré d'un cercle bleu. Taille : 7 cm.

Centropyge eibli

L'**holacanthe d'Eibl**, agressif envers toutes les autres espèces du genre, est facile à maintenir en captivité. Son régime alimentaire végétal peut être complété par de petits invertébrés. Taille : 12 cm. ▽

◁ *Centropyge loriculus*

C'est un des plus beaux poissons-anges nains. L'**holacanthe** ou **poisson-ange flamboyant** apprécie les cachettes que peut lui offrir l'aquarium ; il se nourrit d'algues, d'artémias et peut accepter les aliments du commerce. Taille : 7 cm.

▽ *Centropyge heraldi*

L'**holacanthe doré** ressemble à l'holacanthe citron mais ne possède pas de marques bleues à l'œil, à l'opercule et aux nageoires. Cette espèce délicate est rarement importée. Taille : 10 cm.

△ *Centropyge potteri*

L'**holacanthe** ou **ange de mer roux** est calme et accepte un large éventail d'aliments. Malgré cela, il est parfois considéré comme délicat à garder en aquarium. Taille : 10 cm.

△ *Centropyge flavissimus*

Le pourtour de l'œil de l'**holacanthe citron** est cerclé de bleu ; le juvénile possède un ocelle au milieu de chaque flanc. Il accepte des aliments de petite taille, mais il est délicat à maintenir en captivité. Cette espèce est fragile et rarement importée. Taille : 11 cm.

Centropyge vroliki

C'est un des plus grands du genre ; l'**holacanthe à écailles perlées** s'acclimate et se garde bien en captivité, acceptant des proies vivantes et mortes. Il est surtout agressif avec les autres poissons-anges nains quand il ne dispose pas d'une place suffisante. Taille : 13 cm. ▷

POMACENTRIDÉS

C E SONT CERTAINEMENT LES PLUS CONNUS et les plus populaires des poissons marins d'aquarium. De taille modeste, bien colorés, ils sont actifs et faciles à conserver. La plupart des espèces pondent sans trop de difficulté. Ces poissons sont recommandés aux débutants, qui peuvent les maintenir dans un aquarium de 200 litres au minimum. Ils se nourrissent de petites proies vivantes ou inertes, d'origine animale.

Poissons-clowns ou amphiprions

Ils doivent leur nom à leur coloration. Plusieurs espèces sont couramment commercialisées, parfois avec leur anémone associée : en effet, leur vie est généralement liée à cet invertébré, qui leur assure une protection. En échange, les anémones peuvent profiter des restes du repas des clowns, mais ce n'est pas toujours le cas ; elles peuvent d'ailleurs vivre sans être accompagnées de leur hôte. Les amphiprions ne subissent pas l'action de leur venin, ils s'en protègent en s'y frottant progressivement, ce qui leur confère une sorte d'immunité. Séparé de son anémone pendant un certain temps, un poisson-clown doit s'y réhabituer progressivement. Les anémones jouent également un rôle dans la reproduction de ces Pomacentridés car, sans elles, ils se reproduisent moins souvent. À proximité des anémones, ils délimitent un territoire (environ 0,25 m²), y déposent leurs œufs sur un support et défendent le site de ponte. Fidèles (les mâles sont en général monogames), les géniteurs peuvent se reproduire toutes les 2 à 4 semaines. Les poissons-clowns, d'abord mâles, deviennent ensuite femelles ; leur taille est alors supérieure. Leur alimentation en captivité ne pose pas de problèmes : ils apprécient de petites proies vivantes et congelées, des moules ou des crevettes hachées, parfois des aliments artificiels.

△ **Amphiprion akallopisos**
Facile à maintenir en captivité, le **poisson-clown à bande dorsale** peut vivre en petit groupe : il est parfois dominé par d'autres espèces. La ponte a lieu à proximité d'une anémone. Taille : 10 cm.

Amphiprion bicinctus
Le **poisson-clown de la mer Rouge** ou **à deux bandes** figure parmi les plus grands. C'est une espèce robuste, mais parfois agressive envers d'autres amphiprions. Taille : 15 cm. ▽

△ **Amphiprion ephippium**
Territorial et parfois agressif, le **poisson-clown à selle** vit en solitaire ou en couple. Il pond facilement et peut vivre sans anémone. Taille : 15 cm.

Premnas biaculeatus

Se distinguant du genre *Amphiprion* par la présence d'une épine sur l'opercule, le **poisson-clown épineux** est assez agressif, que ce soit envers sa propre espèce ou envers les autres amphiprions. Taille : de 13 à 15 cm. ▽

Amphiprion frenatus

La petite barre blanche du juvénile, au milieu des flancs, disparaît chez l'adulte. Très territorial, le **poisson-clown rouge** vit en couple ; la ponte s'obtient facilement. Taille : 15 cm. ▽

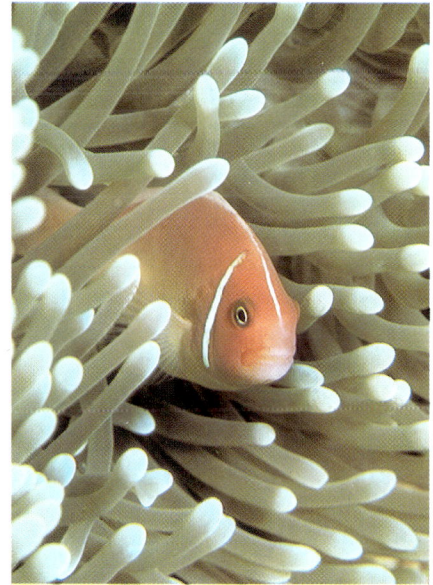

△ *Amphiprion perideraion*

Il est préférable de ne maintenir qu'un couple de cette petite espèce sans autre poisson-clown. Les nageoires dorsale et anale du mâle du **poisson-clown à collier** présentent une fine bande orangée ; elles sont blanches ou translucides chez la femelle. Taille : 9 cm.

Amphiprion ocellaris

Plusieurs couples peuvent vivre dans la même anémone, si elle est assez vaste. Facile à maintenir, le **poisson-clown ocellé** est cependant fragile pendant la durée de son acclimatation (de 1 à 3 mois) ; ensuite, il est l'un des plus résistants. Il pond facilement et peut accepter des aliments artificiels. On peut le confondre parfois avec le poisson-clown à queue noire (ou à trois bandes, *A. percula*), mais ses bandes blanches sont bordées de noir. Taille : de 8 à 11 cm. ◁

△ *Amphiprion sebae*

Le **poisson-clown de Seba,** facile à maintenir en aquarium, est une des plus grandes espèces, puisque la femelle atteint 12 cm. Une anémone héberge un seul couple, parfois avec les alevins.

◁ *Amphiprion clarkii*

Le **poisson-clown à queue jaune** vit en couple et accepte plusieurs anémones différentes, dont il peut s'éloigner. C'est un des plus faciles à acclimater. Le mâle se distingue par sa nageoire caudale jaune, blanche chez la femelle. Taille : 15 cm.

LES ANÉMONES ASSOCIÉES AUX POISSONS-CLOWNS

Même si quelques espèces de poissons-clowns peuvent vivre sans anémone, il est préférable de leur en procurer une en captivité, mais pas n'importe laquelle. En effet, les associations concernent des espèces précises ; des confusions peuvent exister, le nom scientifique des anémones ayant changé il y a une dizaine d'années. Certaines peuvent accueillir plusieurs espèces de clowns, d'autres sont plus exclusives.

ANÉMONES		POISSONS-CLOWNS ASSOCIÉS
Noms actuels	Noms anciens	Noms actuels
Cryptodendrum adhesivum	–	Amphiprion clarkii
Entacmaea quadricolor	Physobrachia douglasi, Radianthus gelam	A. bicinctus, A. clarkii, A. ephippium, A. frenatus, Premnas biaculeatus
Heteractis aurora	Radianthus simplex	A. akallopisos (1), A. bicinctus (1), A. clarkii
Heteractis crispa	Radianthus malu	A. akallopisos (1), A. bicinctus (1), A. ephippium, Premnas biaculeatus (1)
Heteractis magnifica	Radianthus ritteri, R. paumotensis	A. akallopisos, A. ocellaris, A. percula, A. perideraion
Stichodactyla gigantea	Stoichactus kenti	A. bicinctus (1), A. clarkii, A. ephippium, A. ocellaris, A. percula, A. perideraion (1), A. sebae
Stichodactyla haddoni	Stoichactus sp.	A. clarkii, A. ephippium, A. ocellaris, A. sebae
Stichodactyla mertensii	Stoichactus giganteum	A. clarkii, A. ephippium, A. ocellaris
Actinia equina (2)	–	A. clarkii
Condylactis gigantea (2)	–	A. clarkii

(1) Association éventuelle, si l'on ne dispose pas des autres anémones.
(2) Anémones méditerranéennes, à utiliser à défaut des autres.

Amphiprion percula dans une anémone de genre Stichodactyla. ▽

Demoiselles

Certaines demoiselles, poissons agréables et faciles à élever, vivent associées avec des anémones. Elles s'adaptent bien à la captivité et acceptent souvent des aliments artificiels (les proies vivantes, les moules et les crevettes broyées sont évidemment appréciées) ; la ponte est assez aisée. Compte tenu de ces données, et parce que leur prix est modique, les demoiselles sont recommandées aux aquariophiles qui débutent en eau de mer.

△ **Pomacentrus coelestis**
La **demoiselle bleue à queue et à ventre jaune** peut vivre en groupe dans un bac vaste. Pour de plus petits volumes, il est prudent de la laisser seule. Taille : 8 cm.

△ **Glyphidodontops cyaneus**
Comme les autres espèces dénommées demoiselles, c'est une des moins chères parmi les poissons marins d'aquarium. La **demoiselle bleue** (syn. *Chrysiptera cyanea*) est territoriale, parfois agressive dit-on. Elle accepte les aliments du commerce. Taille : 8 cm.

Abudefduf saxatilis

C'est un poisson plus agressif que les autres demoiselles ; le **sergent-major** peut vivre en captivité au delà de 5 ans. Il préfère les artémias, les moules et les crevettes hachées. Taille : de 15 à 17 cm. ◁

LES DEMOISELLES DU DÉBUTANT

Elles appartiennent au groupe des « demoiselles bleues ». *Chromis caerulea* (la demoiselle bleu-vert) est active et vit en groupe, où parfois des mâles peuvent dominer. Elle accepte les aliments artificiels. *Chrysiptera parasema* (demoiselle azur, syn. *Glyphidodontops hemicyaneus*) est une espèce robuste, qui pond en captivité. La femelle peut pondre parfois plus de 200 œufs, puis est écartée du nid par le mâle, qui en assure la garde. L'éclosion se produit au bout de 1 semaine. Ce poisson accepte les aliments du commerce.

▽ **Chromis caerulea**

◁ **Chrysiptera parasema**

145

CONFUSIONS

La coloration parfois variable et les changements de nom peuvent entraîner des confusions dans ce groupe, notamment pour les espèces à dominante bleue.

Parmi ces dernières, il y a une demoiselle bleu-vert et des demoiselles bleues pouvant présenter une coloration jaune sur la queue et le ventre, variable suivant les individus. Toutes sont faciles à acclimater et à nourrir et se reproduisent en captivité. Pour ces raisons, elles sont appréciées des débutants.

Le deuxième groupe rassemble les demoiselles à bandes verticales noires (genre *Dascyllus*) ; 6 ou 7 espèces sont assez couramment importées.

Le troisième groupe concerne le genre *Abudefduf* (dont les espèces sont parfois appelées « diables »), moins courant en aquarium.

Dascyllus trimaculatus

Les jeunes de la **demoiselle à trois taches** vivent en groupe et les adultes s'isolent progressivement. Les taches blanches disparaissent chez les poissons les plus âgés. La reproduction est facile ; le mâle surveille les œufs. Taille : 14 cm. ▷

Dascyllus aruanus

La **demoiselle à queue blanche** ne dépasse pas 8 cm à l'âge adulte et elle préfère vivre isolée ; les jeunes nagent en groupe. Une espèce proche, *D. melanurus* (demoiselle à queue noire) s'en différencie par une bande verticale noire à l'extrémité de la nageoire caudale. ▽

LABRIDÉS

L A FAMILLE DES LABRIDÉS est l'une des plus importantes familles de poissons (plusieurs centaines d'espèces réparties dans 70 genres). Ces poissons colorés au corps fusiforme, très actifs, vivent souvent en solitaire. Certaines espèces s'enfouissent dans le sédiment la nuit ; il faut en tenir compte lors de la conception de l'aquarium et prévoir une couche de sable en conséquence. De solides dents leur permettent de se nourrir d'invertébrés (qu'il ne faut donc pas maintenir avec eux). En captivité, ils acceptent des proies vivantes, puis des aliments surgelés, parfois ceux du commerce. La coloration des juvéniles est souvent très différente de celle des adultes.

Coris angulata

La **girelle-clown labre** atteint 1 m dans la nature mais ne dépasse pas 30 cm en aquarium. Les juvéniles se caractérisent par de grandes taches rouges dorsales qui s'estompent lorsque les poissons atteignent 10 à 15 cm de longueur. Les adultes sont d'un brun-noir uniforme. Agressif envers d'autres girelles, ce poisson s'enfouit la nuit, ou en cas de danger. △ ▷

△ *Coris formosa*

Les **girelles brunes** adultes sont brun foncé, avec des taches sombres ; les juvéniles, plus clairs, présentent de grandes taches blanches. Taille : 20 cm.

Gomphosus coeruleus

Le **labre-oiseau** peut vivre en couple, mais deux mâles ne se tolèrent pas. L'alimentation de ce poisson facile à maintenir ne pose pas de problèmes. Le mâle adulte est vert-bleu, la femelle brun-violet. Taille : 30 cm (mâle), 20 cm (femelle). ▽

LE FAUX NETTOYEUR (ASPIDONTUS TAENIATUS)

Ce n'est pas un Labridé, il appartient à la famille des Blenniidés, mais il ressemble fortement au vrai nettoyeur, s'en distinguant cependant par la position de la bouche (terminale chez le vrai). Abusant de sa ressemblance, il trompe les poissons qui pensent être nettoyés et leur arrache des morceaux de peau, ou même de branchies. Élevé dans un aquarium spécifique, il s'alimente de crustacés. Il attaque très rarement les poissons appartenant à la famille des Labridés. Taille : de 10 à 12 cm.

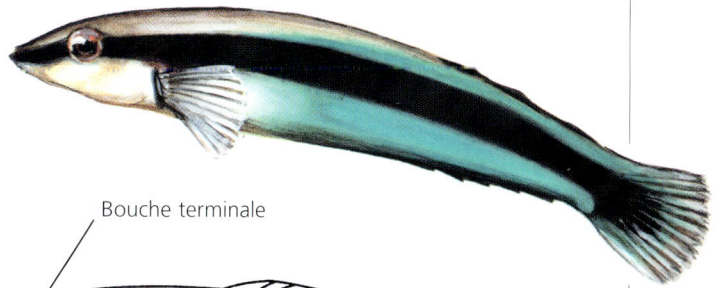

Bouche terminale

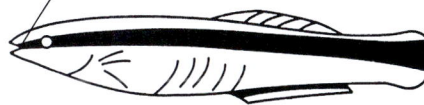

Bouche infère

Labroides dimidiatus
Vrai nettoyeur

Aspidontus taeniatus
Faux nettoyeur

◁ **Labroides dimidiatus**
Ce **labre** « nettoie » un *Acanthurus leucosternon*.

△ Labroides dimidiatus

Le **labre nettoyeur**, réputé assez peu facile à acclimater, vit en couple lorsqu'il est adulte. Il se nourrit de proies vivantes, et il a un comportement particulier, puisqu'il « nettoie » les autres poissons. Dans un endroit précis du bac, il effectue une parade pour les attirer, puis il les débarrasse de leurs parasites externes, ou des fragments de peau morte. En l'absence de mâle, une femelle peut changer de sexe. Taille : 10 cm.

△ ◁ Coris gaimard

Les **girelles rouges** adultes arborent des points bleus vifs sur une coloration de fond brun-rouge ; les jeunes sont rouges avec des taches blanches dorsales qui s'estompent progressivement avec l'âge. Ce poisson s'enfouit dans le sable ; il est cependant un bon nageur. Il se nourrit de moules, de crevettes, de vers et d'aliments artificiels. Taille : 20 cm.

Bodianus mesothorax

Les jeunes sont brun-noir avec des taches sombres sur les nageoires qui disparaissent chez l'adulte bicolore.
Le **tamarin** ou **poisson-harpe** nage tout le temps, il faut donc lui ménager une vaste zone destinée à ses déplacements ; l'aquarium doit néanmoins lui offrir des abris. Adulte, il ne supporte pas ses congénères. Taille : 20 cm. ▷

△ Bodianus rufus

Il y a peu de différences entre les jeunes et les adultes, qui sont plutôt agressifs.
Le **labre espagnol** apprécie les nourritures carnées. Taille : 25 cm.

Lienardella fasciata

Le **poisson-arlequin,** agressif même envers des poissons plus grands, apprécie les mollusques, les vers, les crustacés, et a besoin d'abris. Taille : 15 cm. ▷

◁ Anampses chrysocephalus

Actif, le **labre à queue rouge** passe son temps à chercher des aliments d'origine animale. Il s'enfouit dans le sable et a besoin de cachettes. La coloration des jeunes ressemble à celle de la femelle présentée sur la photo, mais les mâles sont nettement différents. Taille : 20 cm.

△ Thalassoma lunare

Agressive envers ses congénères, la **girelle-paon** ou **à queue de lyre** est facile à acclimater. Elle demande un espace assez vaste pour nager à son aise. Taille : 20 cm.

MURÉNIDÉS (MURÈNES)

CES POISSONS PLUTÔT NOCTURNES chassent des petites proies à l'affût. Ils se camouflent dans les roches et les crevasses, en ne laissant dépasser que la tête. L'aquariophile doit rester prudent car la morsure d'une murène peut être dangereuse.

Echidna nebulosa

La **murène étoilée** (ou **à cristaux de neige**) est une espèce attrayante qui se montre parfois de jour, surtout pour manger. Sa durée de vie est assez longue, et sa taille pouvant être importante, il faut prévoir un grand bac. Taille : 90 cm. ▷

SIGANIDÉS

ILS SE CARACTÉRISENT par des rayons épineux qui sécrètent une substance venimeuse. Pour l'aquariophile, une piqûre est douloureuse, mais moins que celles provoquées par les rascasses (il est toutefois conseillé de consulter un médecin). Ces poissons à petite bouche ont un régime alimentaire végétal.

Siganus

Plusieurs espèces peuvent être commercialisées. Les **poissons-lapins** paisibles broutent les algues du décor mais acceptent de petits fragments de nourriture carnée. Effrayés, ils se réfugient dans des cachettes qu'il faut leur fournir. Taille : 20 cm. ▷

△ **Lo vulpinus**

Robuste et facile à acclimater, le **poisson à tête de renard** se nourrit de petites proies vivantes et de végétaux. Il s'accommode de chair de moules mais s'avère extrêmement friand d'épinards broyés. Paisible, il est actif et a besoin d'espace pour nager, mais aussi de cachettes. Taille : 20 cm.

ZANCLIDÉS (POISSONS-PORTE-ENSEIGNES)

LES ZANCLIDÉS ont un corps très comprimé ; un des rayons de la nageoire dorsale se prolonge en un fin filament (d'où leur nom commun). Ces poissons réputés fragiles et délicats se nourrissent de petites proies vivantes, et peuvent parfois s'attaquer aux invertébrés (coraux, vers). Même si leur forme ne le laisse pas supposer, ils sont assez proches des Acanthuridés, mais ne possèdent pas comme eux une épine sur le pédoncule caudal. Ces poissons sont sensibles aux traitements chimiques et meurent brutalement sans raison apparente. Dans leur région d'origine (la zone Indo-Pacifique), ils sont respectés, et même parfois vénérés par les pêcheurs locaux qui leur redonnent souvent la liberté.

◁ **Zanclus canescens**

Il se nourrit habituellement d'algues et d'éponges. En captivité, il faut lui offrir toute une palette d'aliments pour qu'il fixe son choix. Il ne supporte pas la présence d'un autre porte-enseigne. *Z. cornutus* est considéré comme une espèce proche, elle se distingue par l'absence de petites épines devant les yeux. Taille : 25 cm.

ACANTHURIDÉS (POISSONS-CHIRURGIENS)

ORIGINAIRES DES EAUX TROPICALES des océans Indien et Pacifique, ils sont plus rares dans l'océan Atlantique. Une épine érectile sur le pédoncule caudal leur a valu le surnom de poissons-chirurgiens, cette épine ayant, en effet, la forme d'un scalpel. Elle joue un rôle de défense et peut être dangereuse pour l'aquariophile.

Malgré un corps trapu et comprimé latéralement, ce sont de bons nageurs qui vivent en groupe dans le milieu naturel. Ils se nourrissent d'algues et de petites proies adaptées à la taille de leur bouche.

Actifs, ils demandent un bac de 300 litres au minimum, où on ne maintiendra qu'un seul poisson-chirurgien : en effet, dans un espace aussi restreint, ils ne se supportent pas entre eux ; il est préférable d'éviter la présence d'invertébrés. On les nourrit avec des artémias ou d'autres proies vivantes, mais il leur faut également un complément végétal. L'eau doit être bien filtrée et brassée, avec un éclairage assez fort, afin de favoriser la croissance des algues.

Les jeunes sont plus faciles à acclimater. La reproduction, qui semble liée aux phases lunaires en milieu naturel, est inconnue en aquarium.

Acanthurus achilles

Espèce très délicate à maintenir, le **chirurgien à queue rouge** apprécie des changements d'eau partiels (de petit volume) et assez réguliers. Il accepte les aliments végétaux et les petites proies carnées. Taille : de 15 à 18 cm. ▽

△ **Acanthurus japonicus**

Le **chirurgien à joue blanche** est un bon nageur. Très actif pour brouter les algues sur le décor, il accepte tout de même de petites proies. Il est très délicat à maintenir en captivité. Taille : 18 cm.

Acanthurus lineatus

C'est une espèce assez facile à garder en captivité, si on lui fournit des aliments végétaux. Bon nageur, le **chirurgien rayé** se montre nettement agressif envers d'autres chirurgiens. Taille : de 18 à 20 cm. ▽

Acanthurus leucosternon ▷

Le **chirurgien à poitrine blanche** apprécie les cachettes et les changements d'eau. Difficile à acclimater, il peut cependant accepter les aliments du commerce à dominante végétale. Taille : 15 cm.

◁ **Acanthurus sohal**

Le **chirurgien zébré** est un des plus beaux Acanthuridés. Il peut accepter de la nourriture artificielle végétale, mais il préfère s'alimenter avec des artémias et des moules broyées. Son comportement territorial le rend parfois agressif. Taille : 25 cm.

Naso brevirostris

La corne est absente chez les jeunes **nasiques à nez court** ou **unicornes.** Une espèce proche, *N. unicornis*, ne possède qu'une bosse sur le front. Ces 2 espèces nagent activement et se nourrissent principalement d'algues ; les adultes sont plus carnivores que les jeunes.
Taille : de 25 à 30 cm. ▽

△ **Naso lituratus**

Les **nasiques à éperons rouges** sont des espèces relativement faciles à maintenir. Assez paisibles, ils peuvent devenir agressifs s'ils sont inquiétés. Les adultes de cette espèce possèdent de fins prolongements aux extrémités de la nageoire caudale, les juvéniles sont tachetés de bleus.
Taille : 25 cm.

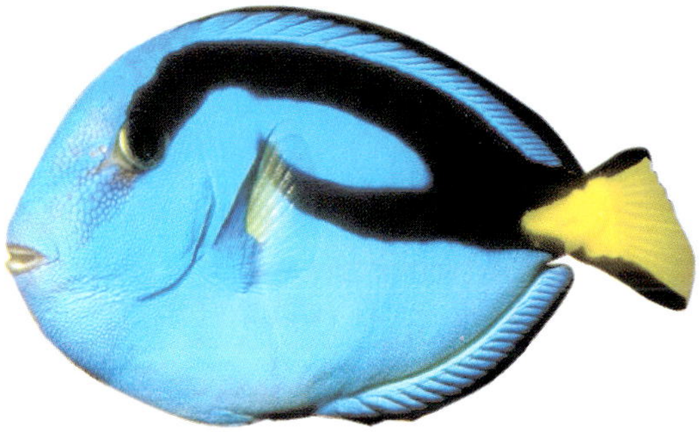

Paracanthurus hepatus △

La coloration bleue des jeunes devient grise sur le ventre et le dos une fois adultes. Plutôt calme, le **chirurgien bleu** aime les cachettes.
Taille : 18 cm.

△ **Zebrasoma flavescens**

Les zébrasomas possèdent des nageoires anale et dorsale plus développées que les autres chirurgiens. Ces espèces craintives doivent bénéficier d'abris. La coloration du **chirurgien jaune** varie selon son origine géographique. Taille : 18 cm.

Zebrasoma veliferum

Pendant la nage, les belles nageoires de cette espèce se replient le long du corps. Elles restent déployées pour « impressionner » les congénères et les chasser de son territoire (le chirurgien jaune agit de même). Taille : 30 cm. ▷

SCORPÉNIDÉS
(RASCASSES OU POISSONS-LIONS)

Non seulement les rascasses sont impressionnantes par leur allure, mais elles peuvent aussi constituer un réel danger pour l'aquariophile : quelques-uns de leurs rayons épineux libèrent un venin analogue à celui de certains serpents. Ce sont des poissons calmes et majestueux, faciles à maintenir dans un aquarium de 300 litres au minimum. Ce dernier doit être aménagé avec un décor accidenté et tortueux, comprenant des grottes et des surplombs : les rascasses y nagent à l'envers ou en oblique. Leur grande bouche est à la mesure de leur voracité : elles avalent des proies vivantes, parfois des petits poissons (attention à la cohabitation !).

QUE FAIRE EN CAS DE PIQÛRE ?

Prévenir immédiatement un médecin. Très vive, la douleur augmente pendant 20 minutes, passe par une pointe maximale, et diminue progressivement entre 4 et 24 heures. Il faut faire saigner la plaie et la plonger dans l'eau la plus chaude possible, ce qui inhibe partiellement l'action du venin. Il est évident qu'il vaut mieux éviter de se faire piquer ; on doit rester prudent en plongeant la main dans l'aquarium.

Pterois volitans

La **rascasse volante** est la plus courante dans le commerce ; elle s'habitue aux aliments morts. La membrane qui relie les rayons des nageoires pectorales s'étend jusqu'à leur extrémité ; ce n'est pas le cas des autres espèces du genre *Pterois*, où cette extrémité flotte librement.
Taille : 35 cm.▽

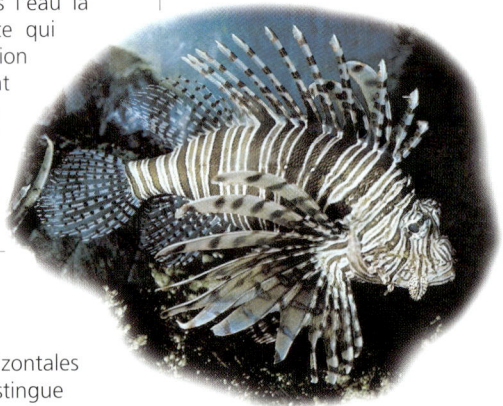

△ **Pterois antennata**
La **rascasse à antennes** possède quatre bandes sombres sur la tête. Une espèce proche, *P. sphex*, est de coloration moins soutenue. Plus rare que *P. volitans* sur le marché français, elle est, en revanche, très importée aux États-Unis.
Taille : 20 cm.

Pterois radiata
Deux bandes blanches horizontales sur le pédoncule caudal distingue la **rascasse à nageoires blanches** des autres espèces. Facile à conserver, elle s'adapte aux proies mortes.
Taille : 25 cm. ▷

◁ **Dendrochirus zebra**
Le **poisson-scorpion nain** ne dépasse pas 15 cm, contrairement aux *Pterois*. Il s'en distingue également par l'absence de membrane entre les rayons des nageoires pectorales.
Taille : 15 cm.

BALISTIDÉS (BALISTES)

LES BALISTES VIVENT dans des zones récifales bien brassées par le mouvement des eaux. Il faut donc prévoir, dans un grand aquarium (400 litres au moins), une eau fortement agitée et bien oxygénée. Leurs mâchoires et leurs dents leur permettent de broyer du corail, des crabes et des mollusques. En captivité, ils acceptent des aliments d'origine carnée ; on peut leur donner des petits mollusques (coques, moules) avec leur coquille. Assez agressifs, ils doivent être gardés en solitaire, en dehors de la présence de petits poissons ou d'invertébrés. Une des particularités de cette famille est de pouvoir dresser le premier rayon de sa nageoire dorsale, et de le bloquer avec le second (ce qui lui a valu un autre surnom aux balistes : poissons-arbalétriers).

△ *Balistapus undulatus*
Le **baliste ondulé** est tellement résistant que sa longévité en aquarium dépasse 10 ans. Facile à adapter et à garder, il est susceptible de bousculer le décor. Taille : 20 cm.

△ *Balistoides conspicillum*
Vorace, le **baliste-clown** ou **tacheté** est rapide pour attraper sa nourriture avant les autres poissons. Il n'hésite pas à modifier quelque peu le décor, mais il s'apprivoise facilement. Il est préférable d'envisager son acclimatation lorsqu'il mesure moins de 10 cm. Taille : 25 cm.

Balistes vetula
Le **baliste royal,** originaire de l'Atlantique tropical (les autres provenant de la zone Indo-Pacifique), est un des plus calmes. Facile à acclimater, il grandit vite et peut atteindre 50 cm. Taille : de 30 à 50 cm. ▽

△ *Rhinecanthus aculeatus*
Son surnom de **baliste-Picasso** vient de sa coloration particulière. Il défend farouchement son territoire. Quelques espèces proches (*R. assasi, R. rectangulus, R. verrucosus*) sont parfois commercialisées, souvent sous le même nom. Taille : 20 cm.

Odonus niger

La longévité du **baliste bleu** peut dépasser une
dizaine d'années. Si l'on dispose d'un couple,
la reproduction semble possible dans un très grand
aquarium, dans un nid creusé dans le sable.
Taille : 20 cm. ▷

Pseudobalistes fuscus

La coloration des juvéniles est plus claire
que celle des adultes. Assez agressif,
le **baliste à lignes** peut devenir familier
avec l'aquariophile. Il cherche parfois
sa nourriture en « crachant » de l'eau
pour soulever le sable. Taille : 35 cm. ▽

Xanthichthys auromarginatus △

Ce magnifique poisson a besoin d'un grand bac, avec
des abris où se réfugier la nuit. Il est agressif envers
les poissons d'une taille inférieure à la sienne et avec
les individus de son espèce. Taille : 30 cm.

HAÉMULIDÉS – NÉMIPTÉRIDÉS

Les Haémulidés (grogneurs ou poissons-porcs) émettent
des sons en frottant leur dents, la vessie natatoire jouant
le rôle d'amplificateur. Peu courants en aquariophilie,
ce sont pourtant des poissons résistants.
Les Némiptéridés vivent à proximité des récifs et
nagent activement en pleine eau. Ils se nourissent de
petites proies capturées lors de leurs déplacements
ou au niveau du sédiment.

◁ Anisotremus virginicus (Haémulidés)

Le **poisson-porc** vit en banc
lorsqu'il est jeune. Les adultes
deviennent progressivement
solitaires à mesure de leur
croissance, et leur coloration
devient plus vive. En captivité,
on leur donne des petites
proies animales vivantes ou
mortes. Taille : 30 cm.

△ Symphorichthys spilurus (Némiptéridés)

Le **némiptère à tache caudale**,
de grande taille, demande un
grand volume, où il pourra se
déplacer aisément. Il préfère la
fréquentation d'espèces calmes
et accepte une large gamme
d'aliments. Ce poisson à la
coloration brillante est assez rare
dans le commerce. Taille : 30 cm.

OSTRACIONTIDÉS (POISSONS-COFFRES)

L A FORME DE LEUR CORPS rend leur nage maladroite, mais ces poissons sont malgré tout actifs. Leur peau est assez fragile et assez sensible aux parasites. En aquarium, il est préférable de ne garder qu'un seul individu, qui pourra parfois « s'apprivoiser » et manger à la main. Leur petite bouche ne permet que l'ingestion de proies minuscules et d'algues. Stressés, les poissons-coffres sécrètent une substance toxique mortelle pour les autres poissons.

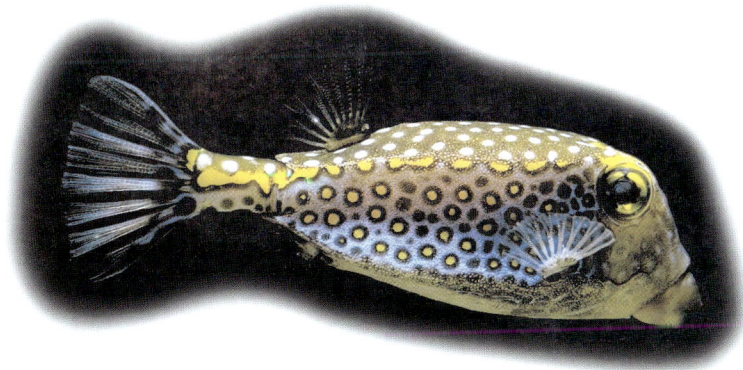

△ **Lactoria cornuta**
La forme du corps du **poisson-vache à longues cornes** avec ses « cornes » sur la tête est très originale. C'est une espèce calme, facile à nourrir avec de petites proies vivantes ou mortes. Taille : de 10 à 15 cm.

△ **Ostracion meleagris**
Le magnifique **poisson-coffre pintade**, réputé robuste, n'exprime son agressivité qu'envers ses congénères. Il faut lui fournir des aliments carnés et un apport végétal. La coloration change suivant l'âge et le sexe. Taille : 15 cm.

Ostracion cubicus
Facile à garder, le **poisson-coffre jaune** est agressif avec tout autre poisson-coffre. Il nage lentement parmi le décor et se réfugie dans un abri lorsqu'il est inquiété. Taille : 25 cm. ▷

PLOTOSIDÉS

C 'EST UNE DES RARES FAMILLES de poissons-chats vivant en mer. Leurs nageoires anale et dorsale sont longues et les pectorales portent un rayon épineux relié à une glande à venin. Les barbillons situés autour de la bouche ont un rôle tactile et servent à détecter les aliments. Leur corps allongé leur permet de se déplacer habilement parmi les obstacles naturels.

◁ **Plotosus lineatus**
Les jeunes vivent en banc et se groupent en boule, la tête tournée vers l'extérieur, pour faire face au danger ; les adultes sont plus solitaires. Il se nourrissent d'aliments carnés ou de petites proies proportionnelles à la taille de leur bouche. Ce poisson est réputé fragile et assez gourmand en oxygène. Taille : 30 cm.

155

CANTHIGASTÉRIDÉS (POISSONS-GLOBES)

C'EST UNE PETITE FAMILLE, proche des Tétraodontidés (poissons-ballons). Comme ces derniers, ils peuvent gonfler leur corps. Faciles à conserver, ils se nourrissent de crustacés et de mollusques. Agressifs envers leurs congénères, ils demeurent calmes avec les autres poissons s'ils sont bien nourris.

◁ *Canthigaster margaritatus*
Le **canthigaster-paon** se reconnaît à sa tache noire, entourée de bleu clair. Il s'adapte bien en aquarium, son alimentation carnée doit être complétée avec des végétaux. Taille : 12 cm.

Canthigaster valentini
Le **canthigaster à selle** ou **à nez pointu** est moins courant dans le commerce que l'espèce précédente, il s'en distingue par la présence de deux bandes noires. Lorsqu'ils sont mal alimentés, les canthigasters peuvent mordiller les nageoires des autres poissons. Taille : 20 cm. ▷

DIODONTIDÉS (POISSONS-PORCS-ÉPICS)

LEUR PEAU EST PARSEMÉE D'ÉPINES, qui se dressent en cas de danger, tandis que le poisson se gonfle pour impressionner l'ennemi. Les poissons porcs-épics sont réputés faciles à acclimater, mais ils ne supportent pas leurs congénères. Ils se nourrissent de moules ou de petits coquillages avec leur coquille, qu'ils peuvent broyer grâce à leurs fortes dents.

◁ △ *Diodon hystrix*
Il vaut mieux éviter les invertébrés en la présence du **poisson-hérisson** ou **porc-épic tacheté** car il risquerait de les trouver à son goût. Il peut accepter sa nourriture à la main (attention aux dents !) : crevettes, petits crabes, moules. Ce poisson est malheureusement vendu gonflé et séché, comme objet décoratif, et même comme abat-jour ! Sans commentaires. Il peut atteindre 90 cm dans la nature.

TÉTRAODONTIDÉS (POISSONS-BALLONS)

Ils ne possèdent pas d'écailles (leur peau est donc assez sensible) et peuvent se gonfler d'air et d'eau en cas de danger. Leurs dents, soudées comme un bec de perroquet, leur permettent de casser les coraux et les carapaces de crustacés. Veillez à ne pas les nourrir à la main, pour éviter toute morsure. Ils sont faciles à garder en captivité, mais il vaut mieux les maintenir isolés car ils ne supportent aucun autre poisson-ballon. Il faut évidemment éviter la présence d'invertébrés.

Arothron nigropunctatus
La couleur grise du **poisson-ballon à taches noires** s'assombrit avec l'âge. Il arrive qu'il s'habitue à l'aquariophile qui le soigne, au point de se laisser gratter le dos ! D'autres espèces de poissons-ballons sont parfois disponibles dans le commerce, notamment *A. meleagris* (poisson-ballon à points blancs). Taille : 20 cm.▽

▽ Arothron citrinellus
Le **poisson-ballon jaune** est facile à acclimater. Actif, il a besoin d'une zone libre pour nager mais doit pouvoir se réfugier dans des cachettes. Il apprécie un complément végétal à son alimentation carnée. Taille : de 20 à 25 cm.

Arothron hispidus
Bien entendu agressif avec d'autres poissons-ballons, le **poisson-ballon à taches** ou **à ventre rayé** peut également l'être avec de petites espèces si l'aquarium est trop petit. Facile à acclimater, il peut s'apprivoiser. Taille : 50 cm. ▷

SYNGNATHIDÉS

Cette famille comprend les hippocampes de nos côtes, mais aussi des espèces tropicales. Mauvais nageurs, ils se nourrissent de petits crustacés planctoniques en mouvement.

Dans la même famille, des espèces proches, surnommées aiguilles de mer, sont parfois commercialisées. Elles sont faciles à maintenir en captivité avec la même alimentation, et conviennent pour des aquariums d'invertébrés.

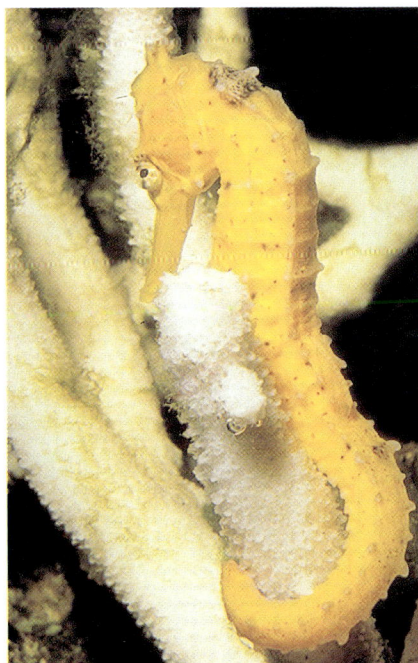

◁ Hippocampus kuda
Habituellement jaune, la couleur fonce lorsque les conditions environnementales sont mauvaises. L'**hippocampe doré** se tient en position verticale, sa queue lui sert à s'accrocher sur le décor (parmi lequel il ne faut pas de Cœlentérés). En captivité, il se nourrit d'artémias ou d'autres proies vivantes de petite taille. La reproduction semble possible en captivité ; le mâle incube les œufs dans sa poche ventrale. Taille : 15 cm.

GRAMMIDÉS

S URNOMMÉS SERRANS NAINS (car ils sont proches des vrais serrans), les Grammidés sont très colorés et de petite taille. Ce sont des hôtes idéaux pour cohabiter avec des invertébrés.

Gramma loreto

Le **gramma royal** s'abrite dans des cachettes où il se tient parfois à l'envers. Adulte, il vit en solitaire et peut être agressif envers les individus de son espèce. On le nourrit d'artémias, de morceaux de moules ou de poissons de petite taille. Taille : 8 cm. ▷

PSEUDOCHROMIDÉS

C E SONT DES POISSONS ACTIFS et solitaires qui se dissimulent rapidement lorsqu'ils sont inquiétés. Ils doivent donc cohabiter avec des espèces de leur taille, parmi un décor pourvu de cachettes.

◁ ### Pseudochromis diadema

Il ressemble au gramma royal, avec lequel il peut cohabiter, ce qui n'est pas le cas avec les membres de son espèce. Il présente une robe mauve qui s'estompe en rose orangé. On le nourrit de petites proies vivantes et de fragments de moule. C'est un poisson recommandé pour les aquariums d'invertébrés où il pourra se cacher. Taille : 7 cm.

PLÉSIOPIDÉS

L ES PLÉSIOPIDÉS, assez proches des Pseudochromidés, se caractérisent par de grandes nageoires dorsales et ventrales. Cette famille de poissons coralliens regroupe peu d'espèces, dont une seule se trouve dans le commerce. Ils vivent dans les récifs où ils se dissimulent dans des anfractuosités. Pour cette raison, ils sont considérés comme assez rares, alors qu'ils sont probablement plus répandus qu'on ne le pense.

Calloplesiops altivelis

Le **poisson-comète** (ou **betta de mer**) adopte une allure majestueuse, en harmonie avec son caractère calme, parfois timide. Il cohabite avec des espèces de sa taille et se nourrit de proies vivantes, de moules broyées et de petits poissons. En aquarium, il recherche les lieux abrités et sombres. Il est doté d'une excellente vue. Taille : de 15 à 18 cm. ▷

ÉPHIPPIDÉS (POISSONS-CHAUVES-SOURIS)

Les jeunes poissons-chauves-souris possèdent des nageoires dorsale et anale démesurées : ainsi, leur corps est plus haut que long ; les adultes acquièrent progressivement une forme circulaire. Lents, faciles à acclimater, ils se montrent agressifs envers d'autres poissons-chauves-souris. Leur croissance est très rapide, certains adultes atteignant 75 cm de haut pour un poids de près de 25 kg.

◁ **Platax pinnatus**
Le **poisson-chauve-souris rouge** doit être maintenu en présence d'espèces calmes, pour protéger l'intégrité de ses nageoires. Son alimentation se compose de petites proies vivantes ou congelées. Quelques espèces proches sont généralement commercialisées. Taille : de 30 à 45 cm.

APOGONIDÉS

Les apogons, poissons colorés de petite taille, préfèrent l'obscurité (comme le laisse deviner leurs grands yeux). Ils vivent en groupe et n'aiment pas trop les poissons actifs. Le mâle incube les œufs dans sa bouche (cas rare chez les poissons marins). La ponte est possible en captivité ; reste le problème de l'alimentation des alevins.

Sphaeramia nematoptera
L'**apogon-pyjama** peut vivre en groupe et respecte les invertébrés. Il est parfois confondu avec une espèce proche, *S. orbicularis*, également commercialisée. Toutes deux doivent être nourries d'aliments carnés de petite taille. Taille : 10 cm. ▷

CALLIONYMIDÉS (DRAGONNETS)

Leur vie est liée au sol, sur lequel ils cherchent leur nourriture composée de proies vivantes. On les rencontre habituellement en eau peu profonde. Ils peuvent légèrement se soulever, en prenant appui sur leurs nageoires ventrales. Leur corps cylindrique est couvert d'une peau sans écailles.

◁ **Synchiropus splendidus**
Le **poisson-mandarin** accepte les petits fragments de poisson ou de chair de moule qu'il saisit uniquement sur le sol. Même élevés en couple, ils se battent à mort, surtout si le bac est trop petit. Ces poissons conviennent pour les bacs d'invertébrés. Taille : 10 cm.

159

MONACANTHIDÉS (POISSONS-LIMES)

ILS SONT PLUS PAISIBLES que les balistes, dont ils sont proches sur le plan scientifique. Ces poissons assez timides se nourrissent de très petites proies (artémias, fragments de moule).

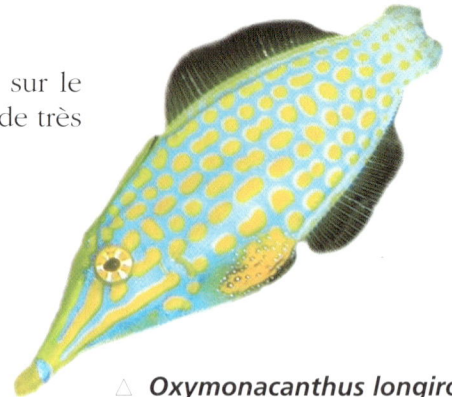

△ **Oxymonacanthus longirostris**
Ce **poisson-lime** aime les cachettes mais nage également activement. Il peut vivre en groupe et est recommandé pour les aquariums d'invertébrés. Taille : 10 cm.

◁ **Chaetoderma penicilligrum**
Le **monacanthe à pinceaux** se remarque par ses excroissances cutanées. En plus des proies vivantes, il apprécie les algues. Les adultes sont solitaires et peuvent attaquer certains invertébrés. Taille : de 11 à 25 cm.

OPISTOGNATHIDÉS

ILS CREUSENT DES TERRIERS verticaux dans le sable, qu'ils ne quittent pratiquement jamais, s'y dissimulant entièrement en cas de danger. Ils détectent les petites proies grâce à leurs grands yeux mobiles.

△ **Opistognathus aurifrons**
Poisson facile à maintenir, il est recommandé pour des aquariums d'invertébrés. La hauteur du sédiment doit être de 15 cm au minimum. Il se nourrit de moules, de crevettes ou de chair de poisson ; l'important est la petite taille des particules alimentaires. Sa reproduction est possible, mais réservée à des amateurs expérimentés. Taille : de 10 à 15 cm.

CIRRHITIDÉS

ILS VIVENT EN GÉNÉRAL dans les eaux côtières peu profondes. En captivité, ils préfèrent la présence de poissons paisibles qui ne pénètrent pas dans leur territoire bien délimité.

Oxycirrhites typus
La **bécasse à carreaux,** espèce délicate à maintenir, convient pour un bac d'invertébrés. Elle accepte les artémias, puis de la fine nourriture carnée adaptée à la taille de sa bouche. Elle est rarement capturée et importée. Taille : 10 cm. ▽

GOBIIDÉS (GOBIES)

L ES GOBIES vivent dans les eaux côtières. En dehors de leurs abris, ils résistent aux mouvements de l'eau en s'accrochant aux roches grâce à leurs nageoires pelviennes modifiées en une ventouse (mais il y a des exceptions). Ils sont faciles à élever et se nourrissent de petites proies vivantes.

Lythrypnus dalli
Le **gobie de Catalina,** petite espèce originaire de Californie, se reconnaît à ses bandes verticales bleues. Il vit en bonne harmonie avec les invertébrés. Taille : 4 cm. ▷

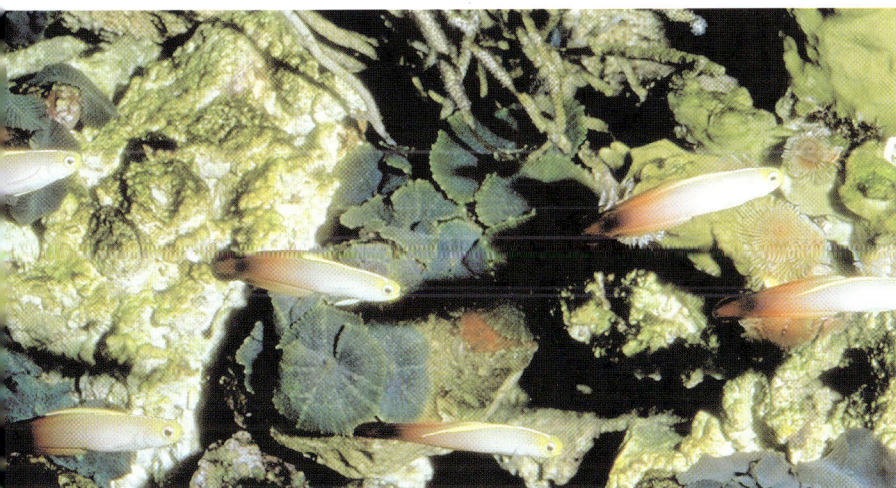

◁ **Nemateleotris magnifica**
Ce **gobie-sabre,** originaire de l'Indo-Pacifique, mérite bien son nom latin de *magnifica*. Il s'habitue bien à la captivité mais reste assez craintif, il faut donc le maintenir avec des espèces calmes, ou dans un bac d'invertébrés. Il accepte les aliments artificiels. Plusieurs espèces du même genre, aussi richement colorées, sont parfois disponibles dans le commerce. Taille : 10 cm.

BLENNIIDÉS (BLENNIES)

L ES BLENNIES vivent dans des sites côtiers rocheux, ou dans des zones récifales abritées. Ces petits poissons robustes, faciles à élever, conviennent bien à un bac d'invertébrés marins. Ils se caractérisent par un abondant mucus et par des couleurs parfois vives. Les blennies sont peu courantes dans le commerce ; on peut cependant trouver quelques espèces appartenant au genre *Ecsenius*.

◁ **Ecsenius sp.**
La **blennie** défend son territoire, la présence d'autres poissons de cette famille n'est donc pas recommandée. Elle se déplace, mais reste souvent immobile en observant les environs, ou se dissimule dans le décor. Pour se nourrir, elle broute des algues rases sur le décor et accepte de petits aliments carnés. Taille : de 8 à 10 cm.

Les invertébrés

Certaines espèces d'invertébrés jouent un rôle écologique
non négligeable dans un aquarium, en se nourrissant
de détritus ou en entretenant les végétaux. La diversité
biologique et écologique de ces animaux est très grande,
et c'est une des raisons pour lesquelles ils séduisent
les aquariophiles. La plupart sont très exigeants sur la qualité
de l'eau, surtout les espèces marines. Ils sont donc parfois
délicats à conserver, mais il existe cependant quelques espèces
robustes pouvant satisfaire les amateurs,
même débutants.

LES GRANDS GROUPES D'INVERTÉBRÉS

LES INVERTÉBRÉS, comme leur nom l'indique, ne possèdent pas de vertèbres. Leur corps est mou, mais il est protégé extérieurement, par une carapace pour les crustacés, par une coquille pour les mollusques, ou bien il est soutenu par un squelette interne calcaire ; c'est le cas des coraux.

Considérés comme des animaux moins évolués que les vertébrés, dont font partie les poissons, les invertébrés développent parfois de surprenantes adaptations pour survivre. Certains, comme les crustacés, peuvent marcher ou nager pour chercher leur nourriture ou fuir un ennemi, tandis que les coraux et les anémones se déploient pour capter des microparticules en pleine eau, comme le plancton, ou se rétractent pour échapper à leurs prédateurs.

LES ÉPONGES (SPONGIAIRES)

Jusqu'au siècle dernier, les naturalistes hésitaient sur le classement des éponges : animaux ou végétaux ? Pourtant, leur champ d'investigation était large, puisqu'il existe environ 10 000 espèces d'éponges.

Très anciens, ces animaux sont parmi les premiers à être apparus sur terre ou, plus exactement, en mer. Les espèces d'eau douce sont rares et ne se rencontrent pas en aquariophilie. Quelques espèces marines peuvent, quant à elles, être maintenues en captivité.

LES CŒLENTÉRÉS

Ces animaux à peine plus évolués que les éponges furent également longtemps classés parmi les végétaux : on emploie parfois le terme d'animaux-fleurs pour les désigner. Les Cœlentérés comprennent les méduses, très rares en aquariophilie – on ne peut les voir que dans quelques aquariums publics – et les anthozoaires, qui regroupent les anémones et les coraux, dont quelques-uns se rencontrent en aquarium.

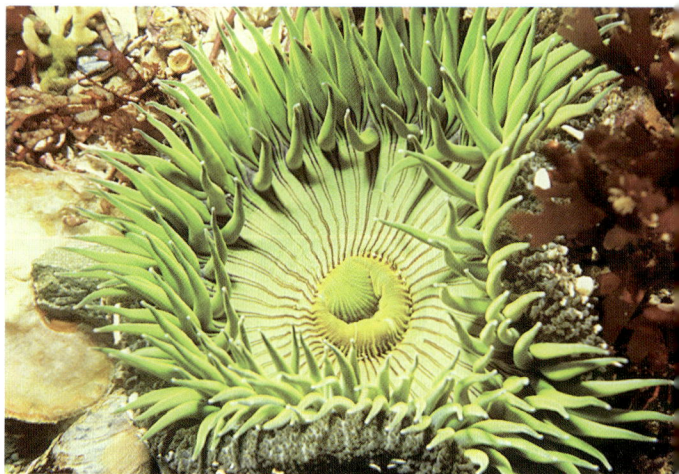

LES VERS

Les vers sont des animaux à corps mou, peu évolués. En aquariophilie, ils sont plus connus comme aliments vivants que comme hôtes. On ne les rencontre pas dans les aquariums d'eau douce.

Quelques espèces particulières peuvent se garder en captivité dans de l'eau de mer. Ils vivent dans un tube et sont sédentaires. Les vers peuvent avoir des couleurs très variées, mais le plus souvent ils sont bleus ou violets, mouchetés de blanc et en général bicolores.

LES MOLLUSQUES

Leur corps mou est protégé par une coquille, qui peut se présenter en deux parties – ce sont les bivalves ou lamellibranches – ou en une seule partie – c'est le cas des gastéropodes.

Les **bivalves** entrouvrent leur coquille, formée, comme leur nom l'indique, de deux valves, pour filtrer l'eau. Ils absorbent ainsi l'oxygène et captent des particules alimentaires, notamment du plancton végétal. Leur maintien en aquarium n'est donc pas sans inconvénient.

Proches des escargots terrestres les **gastéropodes** possèdent une coquille spiralée, plus ou moins allongée suivant les espèces. Grâce à un organe buccal en forme de râpe, la radula, ils broutent les micro-algues sur le décor, les vitres ou les végétaux. Ce rôle de nettoyeurs constitue leur principal intérêt. Il ne faut cependant pas s'attendre à ce qu'ils dévorent toutes les algues indésirables. Leur rôle est, en effet, plutôt préventif, limitant les développements intempestifs de ces végétaux. Ils peuvent parfois s'attaquer aux feuilles des plantes ou s'alimenter à partir du surplus d'aliments destinés aux poissons. Certaines espèces sont carnivores.

LES CRUSTACÉS

Le corps des crustacés est protégé par une carapace articulée. L'animal abandonne sa carapace (exuvie) devenue trop petite en grandissant : c'est le phénomène de la mue. Durant la sécrétion d'une nouvelle armure, le crustacé est particulièrement vulnérable à l'attaque des prédateurs. Les crustacés que l'on rencontre en aquarium appartiennent au groupe des décapodes : ils possèdent cinq paires de pattes marcheuses, la première étant transformée en pinces plus ou moins puissantes. Les deux paires d'antennes, nettement développées chez les crevettes, ont un rôle tactile et sensitif. Les crustacés sont des animaux carnivores, qui peuvent donc se nourrir de proies vivantes ou mortes. Leur alimentation en aquarium ne pose pas de problèmes.

LES ÉCHINODERMES

Ils possèdent une symétrie d'ordre 5, cas extrêmement rare dans le milieu naturel. En effet, la plupart des animaux ont une symétrie binaire : si on les coupe en deux, selon un plan médian, on obtient deux parties identiques. C'est impossible avec les échinodermes, qu'il faut sectionner en cinq parties pour obtenir des morceaux semblables. Échinoderme signifie peau épineuse, laquelle est très développée chez les oursins, moins chez les rugueuses étoiles de mer. En général, les échinodermes ne supportent pas une émersion prolongée. On ne les rencontre qu'en eau de mer.

LES INVERTÉBRÉS D'EAU DOUCE

Bien que, dans la nature, les invertébrés d'eau douce jouent un rôle écologique non négligeable, ils ont peu de succès auprès des aquariophiles, et c'est fort regrettable. Ils sont représentés par deux grands groupes : les mollusques et les crustacés.

LES MOLLUSQUES

Il existe dans les eaux douces tropicales des bivalves communément appelés moules d'eau douce. Différents sur le plan anatomique, ils sont cependant les lointains cousins des moules de nos côtes. Ils vivent enfouis, ou partiellement enfouis, dans le sédiment. Pour se nourrir, ils filtrent les micro-algues ou le plancton végétal en suspension dans l'eau. Cette faculté peut être utile en aquarium, pour pallier une prolifération de ce type d'algues. En revanche, si l'alimentation fait défaut, ils finissent par mourir, ce dont on peut ne pas s'apercevoir immédiatement, avec le risque de pollution que représente le séjour de ces cadavres dans l'eau. L'intérêt des bivalves en aquariophilie d'eau douce demeure donc assez limité, d'autant plus qu'il y a peu d'espèces tropicales sur le marché.

Parmi les gastéropodes, certaines espèces sont considérées comme gênantes, les physes par exemple, tandis que d'autres, telles les planorbes, les ampullaires et les escargots malais, sont appelées à jouer un rôle écologique positif, notamment en se nourrissant d'algues indésirables. Dans de bonnes conditions, ils prolifèrent rapidement ; on les retire à la main ou en les piégeant avec une feuille de salade ou d'épinard bouillie : placée le soir dans l'aquarium, elle sera couverte d'escargots le lendemain matin. La disparition d'une population de gastéropodes dans un bac met très probablement en évidence un déséquilibre.

△ *Parmi les gastéropodes, Ampullaria sp. (ici une variété dorée) est efficace contre les algues.*

LES CRUSTACÉS

En eau douce, ils sont surtout représentés par plusieurs espèces de crevettes, mais on peut parfois se procurer dans le commerce une écrevisse tropicale, et même de petits crabes. La carapace des crustacés étant principalement composée de carbonate de calcium ($CaCO_3$), il est préférable de les maintenir dans une eau dure, certains crabes pouvant même vivre en eau saumâtre. La présence de poissons carnivores est, bien entendu, à éviter. Les petites espèces de poissons ne courent habituellement pas de risques avec les crustacés ; cependant, un poisson malade, ou affaibli, peut être capturé et dévoré par un de ces invertébrés. Le rôle régulateur qui est le leur dans la nature peut se reproduire en captivité.

△ *Les crevettes du genre Macrobrachium se rencontrent de plus en plus dans les aquariums d'eau douce.*

Quelles que soient les espèces, les crustacés se sentent plus à l'aise s'ils peuvent bénéficier d'abris, notamment au moment de la mue. Si l'alimentation est correcte, celle-ci se produit régulièrement, l'animal devient vulnérable le temps qu'il sécrète une autre carapace. C'est souvent à cette période critique que les crustacés s'attaquent entre eux.

LES INVERTÉBRÉS MARINS

*Les invertébrés marins sont des animaux parfois difficiles à maintenir en aquarium :
d'une part, ils sont très sensibles à la qualité de l'eau, qui doit être la plus parfaite possible,
et d'autre part, leur alimentation est délicate, principalement pour les éponges
et les Cœlentérés, anémones et coraux. Il faut également tenir compte
de la compatibilité des invertébrés entre eux, mais aussi avec les poissons :
certains d'entre eux se nourrissent justement d'invertébrés !*

Pour ces raisons, la conception d'un bac spécifique demeure la meilleure solution, et le spectacle sera aussi captivant que celui d'un aquarium de poissons. Certains d'entre eux qui peuvent cohabiter avec les invertébrés constitueront un complément logique de ce type d'aquarium. Quelques invertébrés, parmi les plus robustes et les plus faciles à acclimater, peuvent se reproduire en captivité (notamment quelques espèces d'anémones), mais la réussite en ce domaine nécessite, de la part de l'amateur, une solide expérience en matière d'aquariophilie marine.

Toutefois, certains aquariophiles marins hésitent à franchir le pas, à passer des poissons aux invertébrés, pensant que cela est risqué et coûteux. Pourtant, on assiste actuellement à un engouement en faveur de ce type d'aquarium, mais il faut rester réaliste : il est hors de question de reconstituer un récif corallien, même si le résultat peut être heureux en termes d'équilibre écologique et présenter un spectacle fascinant.

CONDITIONS GÉNÉRALES DE MAINTENANCE

L'aquarium

Plus il est spacieux, plus l'acclimatation des animaux est facile. On ne doit pas envisager un bac de moins de 300 litres pour une anémone de taille moyenne, accompagnée de ses poissons-clowns. De même, un volume de 400 à 500 litres est un strict minimum pour un bac renfermant plusieurs espèces d'invertébrés. Une hauteur inférieure ou égale à 50 cm est souhaitable pour la pénétration de la lumière. De plus, cette hauteur modérée facilite les interventions de l'aquariophile.

La réalisation d'un bac presque entièrement composé d'invertébrés, et de quelques poissons, demande une bonne connaissance de ces animaux. ▽

BAISSE DU pH DANS UN AQUARIUM MARIN D'INVERTÉBRÉS

On peut parfois assister à une baisse assez faible mais régulière du pH dans un bac de coraux. Lorsqu'il est inférieur à 8,3, on peut le faire remonter en utilisant du carbonate de sodium. On en dissout 5 g dans 1 litre d'eau, et on ajoute 1 ml de cette solution par litre de volume net. On recommence quotidiennement, jusqu'à l'obtention d'un pH égal à 8,3. Il existe également des solutions prêtes à l'emploi, disponibles dans le commerce aquariophile, qui jouent le même rôle.

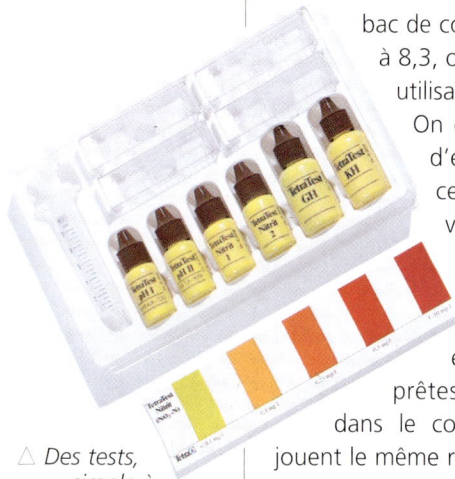

△ Des tests, simple à utiliser, permettent de contrôler la qualité de l'eau, qui doit être parfaite dans un bac d'invertébrés.

L'eau

Elle doit être fortement brassée : il faut utiliser une pompe dont le débit est au moins égal à cinq fois le volume de l'aquarium, voire jusqu'à dix fois. On peut, en effet, considérer que l'eau d'un bac d'invertébrés ne sera jamais autant brassée qu'en milieu naturel.

Cette eau doit être très claire, pour faciliter la pénétration de la lumière. Il faut donc prévoir une bonne filtration mécanique, éventuellement couplée avec la pompe de brassage. Les invertébrés sont extrêmement sensibles aux nitrates (NO_3^-). Un filtre à décantation sera indispensable, et son volume devra être au moins égal à 10 % de celui de l'aquarium.

Il faut toutefois remarquer que les bacs peuplés de vrais coraux, les madréporaires, qui constituent les récifs, fonctionnent parfois aussi bien sans ce type de filtre. Pour faciliter et alléger son fonctionnement, donc augmenter son efficacité, l'écumeur sera placé dans sa première partie. En complément de ces techniques, il est important d'effectuer des changements partiels d'eau, à raison de 10 % du volume environ, une fois par semaine.

Il est recommandé d'effectuer ce changement d'eau le lendemain d'une distribution hebdomadaire d'aliments, car cela contribue à limiter la pollution. La densité de l'eau doit être voisine de 1 024, mais elle peut monter jusqu'à 1 026.

La lumière

Son importance est très grande, tant sur le plan quantitatif que sur le plan qualitatif. Outre l'effet esthétique, l'éclairage a pour but de favoriser le développement des zooxanthelles, ces micro-algues qui vivent dans les tissus des animaux et participent à leur équilibre.

Si la hauteur d'eau ne dépasse pas 50 cm, on utilise des tubes fluorescents lumière du jour, couplés à un tube bleu. Au-delà, il faut préférer les puissantes lampes HQI, toujours accompagnées d'un tube bleu. L'éclairage doit être assez puissant (environ 1 W par litre d'eau), sa durée quotidienne sera de 13 heures environ. Les lampes UV sont déconseillées.

Toutes les données relatives à l'éclairage figurent dans le chapitre correspondant Le matériel et les accessoires, p. 226.

Le substrat

On doit éviter les sols à fine granulométrie, un calibre de grain de 2 à 5 mm est correct. Le sol sera calcaire, constitué de sable de corail ou de maërl, que l'on pourra compléter avec des coquilles d'huître concassées, lesquelles assurent un apport modéré de carbonate de calcium.

△ Le sédiment des bacs marins est composé d'éléments coralliens de granulométrie assez élevée.

Le décor

Il sert de support à certains animaux. Il faut prévoir un étagement ou un décor en escalier, pour y placer les espèces en fonction de leurs besoins respectifs en lumière. Ce travail est assez facile à réaliser avec des matériaux artificiels, mais on peut compléter le décor avec du corail mort et des roches.

LES ZOOXANTHELLES

Ce sont des micro-algues vertes qui vivent dans la chair des anthozoaires et d'autres organismes comme les éponges ou le bénitier, mollusque bivalve. Elles échangent des substances avec les cellules de leur hôte. Le gaz carbonique (CO_2) résultant du métabolisme des cellules, c'est-à-dire de l'oxydation des aliments, est récupéré par les zooxanthelles. Celles-ci absorbent également des substances azotées et phosphorées, réalisent la photosynthèse et produisent des substances organiques favorables à leur croissance et à celle de l'hôte. Ce type d'association à bénéfice réciproque se déroulant à l'intérieur d'un animal est nommé endosymbiose. Les zooxanthelles participent partiellement au processus alimentaire des anthozoaires, qui, ainsi, n'ont besoin que d'un apport externe très faible : certains organismes, comme les anémones, ne sont nourris en aquarium qu'une fois par semaine environ.

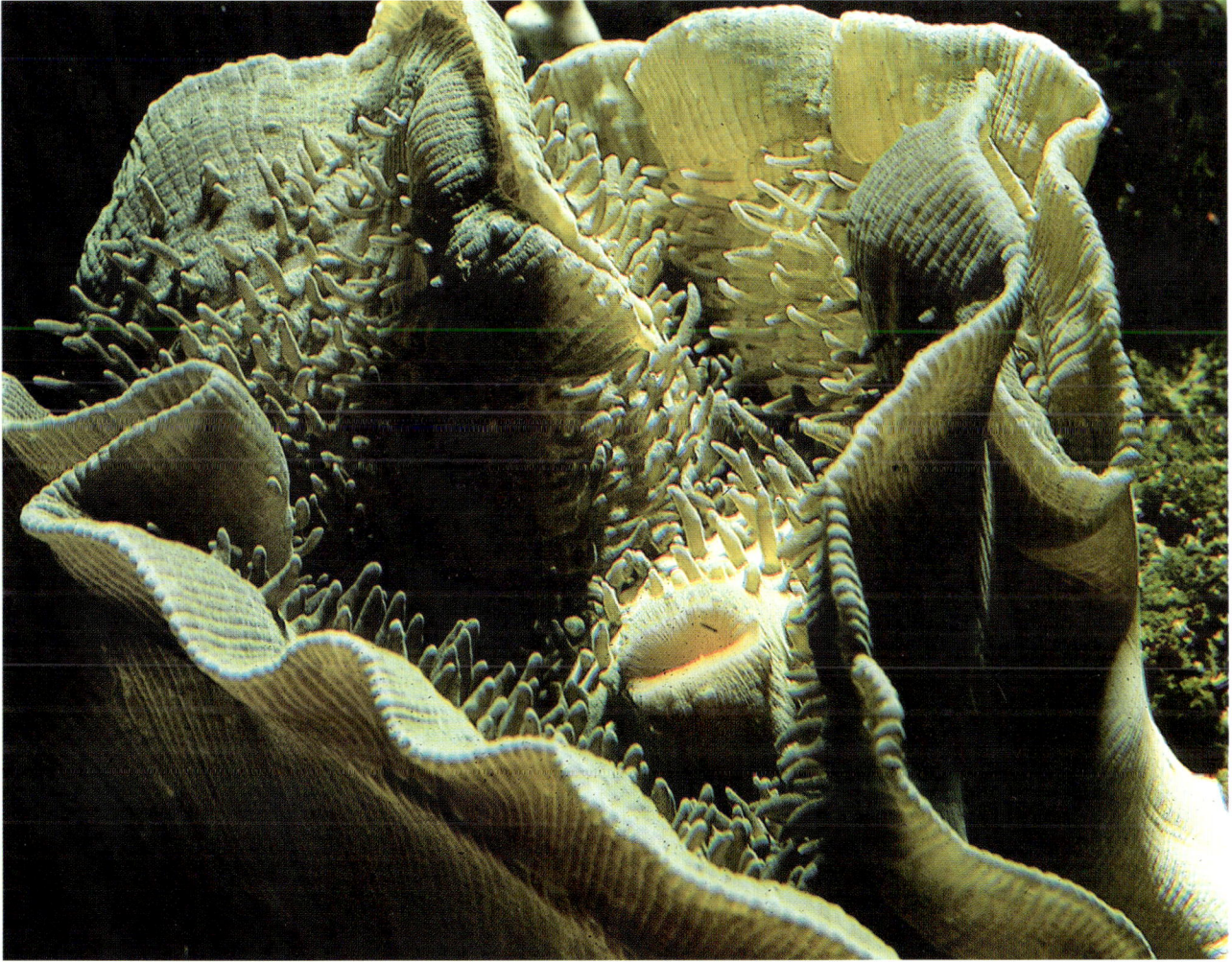

△ La coloration verte de cet anthozoaire signale la présence d'une importante quantité de zooxanthelles ; cet animal doit donc être placé sous un éclairage assez intense.

La végétation

Elle a un effet bénéfique sur les invertébrés. En effet, elle libère certaines substances qui leur sont favorables, mais dont l'action est en fait mal connue.

On utilisera des algues du genre *Caulerpa*, en évitant une trop grande densité.

En revanche, il faut se méfier du développement de quelques algues filamenteuses, qui risquent d'étouffer certaines éponges ou des Cœlentérés délicats.

◁ Caulerpa prolifera *est une algue commune dans les bacs d'invertébrés marins.*

△ Bien acclimatés, les Cœlentérés ne tardent pas à déployer leurs tentacules, ce qui est un signe de bonne santé.

L'acclimatation des invertébrés

Les caractéristiques de l'eau d'origine de ces invertébrés étant fort différentes de celles du bac où ils vont être placés, l'acclimatation nécessite beaucoup de précautions. Le récipient dans lequel le nouvel arrivant a été transporté doit être progressivement rempli avec de l'eau de l'aquarium de destination, pour que l'invertébré s'y habitue peu à peu, avant d'être délicatement transféré dans son nouvel habitat.

Il convient de faire attention, en les manipulant, aux particularités urticantes de certaines espèces (anémones, madréporaires). L'ensemble de l'opération prend environ 1 heure. Une période de quarantaine dans un bac d'acclimatation est souhaitable.

LES ÉPONGES

Les éponges se plaisent dans l'ombre ou dans l'obscurité, car elles ne supportent que de faibles quantités de lumière. Elles n'aiment pas les eaux chargées en nitrates ni les algues filamenteuses, qui les étouffent.

Elles se reproduisent, soit par voie sexuée, ce qui est rarement réalisable en aquarium, soit par division asexuée, un fragment détaché d'éponge donnant naissance à un nouvel individu.

Une éponge est une sorte de « sac » dépourvu d'organes spécialisés. L'eau y pénètre par les parois, circule dans des canaux, grâce aux mouvements de milliers de cils garnissant les cellules, et ressort par l'ouverture située sur la partie supérieure. L'eau apporte l'oxygène et les particules dont se nourrit l'éponge, notamment des micro-algues du phytoplancton.

L'émersion lui est fatale, car des bulles d'air pénètrent dans les canaux où circule l'eau et les obstruent. L'éponge, incapable de les éliminer, finit par mourir.

On les nourrit de la même manière que les Cœlentérés, avec une préparation à base de moules, ou des liquides spéciaux disponibles dans le commerce.

LES CŒLENTÉRÉS

Les Cœlentérés constituent un groupe complexe (voir tableau, p. 171). On distingue les anthozoaires, qui se divisent en hexacoralliaires, dont le nombre de tentacules est multiple de 6, et en octocoralliaires, dont le nombre de tentacules est multiple de 8.

Les hexacoralliaires comprennent :
– les actinies (vraies anémones) ;
– les cérianthes ;
– les zoanthaires (anémones encroûtantes) ;
– les corallimorphaires (anémones-disques) ;
– les madréporaires, ou scléractinaires (coraux vrais).

Ces invertébrés sont caractérisés par des tentacules portés par un pied, l'ensemble portant le nom de polype. Les anémones et les cérianthes sont des polypes isolés. Les autres anthozoaires sont des polypes coloniaux, reliés entre eux par leur base et qui finissent par se répandre sur de vastes étendues.

Des dards pour se défendre

Les Cœlentérés possèdent sur tout le corps, et plus abondamment sur les tentacules, des cellules urticantes, munies d'un cil sensible au contact d'autres organismes. Lorsqu'un Cœlentéré est frôlé, des milliers ou des millions de cellules s'ouvrent et projettent chacune un filament, terminé par un dard microscopique qui injecte du venin ; par ce moyen, une proie est ainsi rapidement paralysée, avant d'être dévorée.

Introduction de Cœlentérés dans un aquarium

Les Cœlentérés doivent, bien entendu, présenter tous les signes de bonne santé lorsqu'on les introduit dans un aquarium : déployés, gonflés et gorgés d'eau. S'ils sont en mauvais état, ils apparaissent flétris.

Les anthozoaires apprécient les eaux claires et bien éclairées, dont ils tirent bénéfice pour eux-mêmes et pour les zooxanthelles qu'ils hébergent. On les placera assez près de la surface de l'aquarium. La qualité de l'eau est, bien entendu, très importante, le taux de calcium étant à surveiller particulièrement.

Le squelette des coraux est principalement composé de carbonate de calcium. Abondant en milieu naturel, jusqu'à plus de 500 mg/litre, on doit retrouver le même niveau de concentration de cet élément dans un aquarium peuplé de coraux.

Compte tenu de la densité de peuplement des organismes, on descend quelquefois en dessous de 300 mg/litre. Il faut dans ce cas rajouter du calcium. Plusieurs méthodes, relativement simples, permettant d'y parvenir sont détaillées dans l'encadré p. 173.

QUE FAIRE EN CAS DE CONTACT AVEC UN CŒLENTÉRÉ ?

Certaines espèces ont un pouvoir urticant plus fort que d'autres. Les réactions graves, telles que les crampes ou les difficultés respiratoires, rares en aquariophilie, sont provoquées par certaines méduses et sont dues à un phénomène appelé anaphylaxie : le corps est sensibilisé au venin lors d'un premier contact et devient plus vulnérable. En cas d'accident, il faut décoller les tentacules, et surtout ne pas se frotter les yeux. La zone atteinte sera traitée immédiatement avec de l'ammoniaque diluée, mais le mieux est de consulter un médecin.

POUR S'Y RECONNAÎTRE AVEC LES CŒLENTÉRÉS

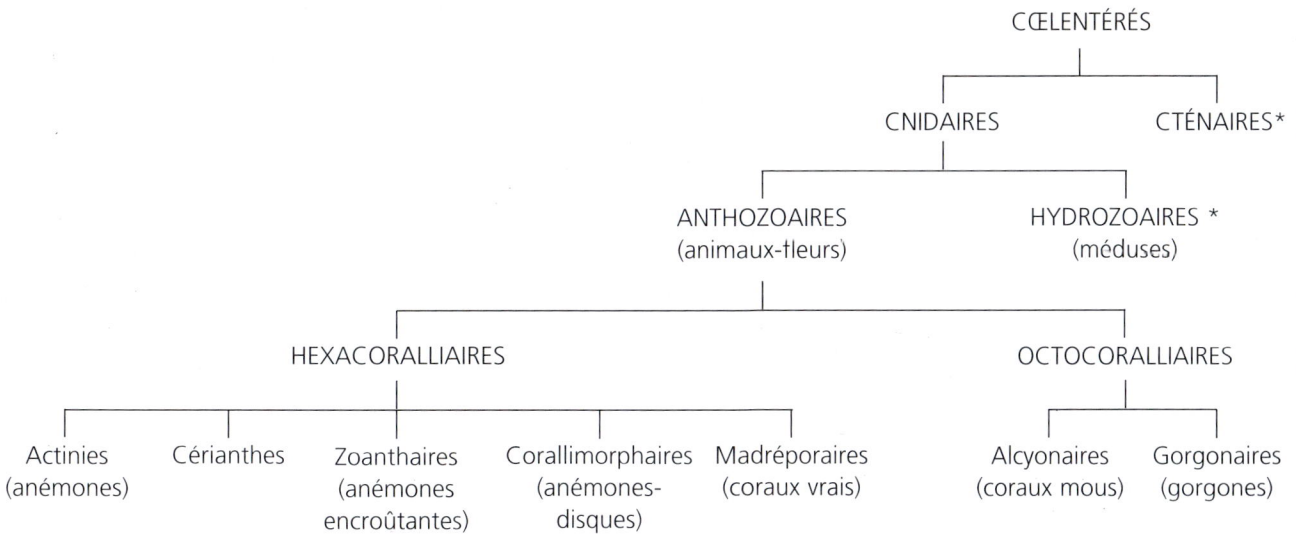

```
                        CŒLENTÉRÉS
                             |
              CNIDAIRES          CTÉNAIRES *
                  |
   ANTHOZOAIRES            HYDROZOAIRES *
  (animaux-fleurs)           (méduses)
        |
HEXACORALLIAIRES          OCTOCORALLIAIRES
```

Actinies | Cérianthes | Zoanthaires | Corallimorphaires | Madréporaires | Alcyonaires | Gorgonaires
(anémones) | | (anémones encroûtantes) | (anémones-disques) | (coraux vrais) | (coraux mous) | (gorgones)

Classification simplifiée des Cœlentérés. Les groupes suivis d'un astérisque ne se rencontrent pas en aquariophilie.

Les récifs de coraux

L'accumulation des squelettes calcaires des coraux constitue peu à peu les récifs, dont le plus célèbre est la Grande Barrière de corail, qui s'étend au nord-est de l'Australie sur près de 2 000 km de long. Il s'agit là du plus grand édifice d'origine animale au monde ! Cet écosystème, l'un des plus riches et des plus diversifiés qui soient, est fragile et fait l'objet de constantes agressions. On assiste depuis quelques années à une destruction de certains récifs : le corail est utilisé pour construire des maisons, des routes, et même des pistes d'aéroport ! Évidemment, l'aquariophilie a été accusée de participer à ces destructions, ce qui semble nettement exagéré : les prélèvements de coraux en milieu naturel existent, mais ils sont faibles en regard d'autres, à grande échelle ; de plus, certaines espèces sont protégées et n'arrivent jamais jusqu'à nos bacs.

Un certain nombre d'espèces de poissons et d'invertébrés marins que l'on rencontre en aquariophilie marine proviennent des récifs de coraux. ▽

L'aquariophilie marine peut, au contraire, contribuer à l'étude des invertébrés. L'aquarium du Musée océanographique de Monaco travaille dans ce domaine.

On peut notamment y découvrir un bac de 40 m³, peuplé de plusieurs tonnes de coraux qui se développent et se reproduisent. Jusqu'à ces dernières années, l'élevage de coraux en captivité à cette échelle était impossible, notamment en raison de leur très grande sensibilité aux nitrates (NO_3^-). Les scientifiques ont résolu le problème en permettant la transformation de ces nitrates en azote gazeux (N_2) grâce à des bactéries anaérobies qui survivent au fond du bac, dans une zone pauvre en oxygène. L'azote produit par le métabolisme de ces bactéries passe ensuite dans l'air atmosphérique.

Cette technique est hors de portée de la plupart des aquariophiles, même expérimentés.

QUAND DOIT-ON AJOUTER DU CALCIUM ?

On ajoute du calcium lorsque la quantité mesurée est inférieure à 400 mg/litre. Pour mesurer la quantité de ce paramètre, il existe des tests, disponibles dans le commerce. Rappelons que la mesure du TAC donne, en eau de mer, la quantité de carbonates et de bicarbonates. Lorsqu'il est inférieur à 13 °fr., on peut conclure selon toute vraisemblance à un manque de carbonate de calcium.

Apport de calcium dans un aquarium de coraux

1re méthode

Il faut, dès le départ, c'est-à-dire lors de la première mise en eau, utiliser des sels du commerce enrichis en calcium. Par la suite, au cours des renouvellements réguliers d'eau, à raison de 10 % par semaine, on apportera ces mêmes sels.

Certains sels du commerce sont particulièrement étudiés pour la maintenance des invertébrés marins. ▷

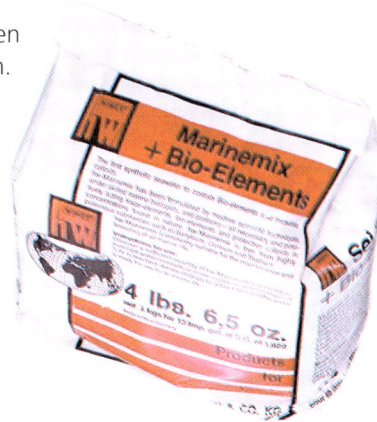

2e méthode

Utiliser les produits du commerce spécialement préparés pour produire une augmentation du taux de calcium.

3e méthode

Placer un élément calcaire dans le filtre, qui va progressivement libérer du calcium : roche calcaire, coquilles d'huître concassées et préalablement lavées. Mais ce moyen ne permettra pas de faire remonter le taux de calcium de manière importante et rapide.

4e méthode

Préparer une solution de chaux éteinte, $Ca (OH)_2$, disponible dans le commerce à raison de 1,5 g/litre. On versera 1 ml de cette solution par litre d'eau de mer.
Procéder de façon progressive, tout en contrôlant le pH, qui ne doit pas monter au-dessus de 8,5.

5e méthode

Elle est plus complexe, mais plus efficace que les autres.
Préparer deux solutions :
– d'une part, une solution de chlorure de calcium déshydraté ($CaCl_2$, $2H_2O$) à raison de 15 g/litre, qui apportera le calcium ;
– d'autre part, une solution de bicarbonate de sodium ($NaHCO_3$), 17 g/litre, qui apportera les carbonates.
On calculera ensuite la différence entre le TAC de 13 °fr. et le TAC mesuré dans l'aquarium. Puis on multipliera cette valeur par le volume net du bac. On obtiendra ainsi la quantité nécessaire, en millilitres, de chaque solution à verser dans l'aquarium.
Exemple : pour un bac dont le volume net est de 500 litres, avec un TAC de 10 °fr., on obtient :
quantité de chaque solution (en ml) = 500 x (13-10) = 1 500 ml.
Le tableau suivant vous donne des indications pour quelques cas.

En ajoutant du calcium, le pH ne doit pas monter au-dessus de 8,5 ; il faut le contrôler régulièrement. ▽

Volume net du bac, en litres \ TAC mesuré en degrés	13	12,5	12	11,5	11	10,5	10
400	0	200	400	600	800	1 000	1 200
500	0	250	500	750	1 000	1 250	1 500
600	0	300	600	900	1 200	1 500	1 800
700	0	350	700	1 050	1 400	1 750	2 100
800	0	400	800	1 200	1 600	2 000	2 400
900	0	450	900	1 350	1 800	2 250	2 700
1 000	0	500	1 000	1 500	2 000	2 500	3 000

△ *Les coraux-cuirs du genre* Sarcophyton *ne supportent pas la proximité de Cœlentérés très urticants.*

Dans la nature, les Cœlentérés se nourrissent de plancton animal ; il est assez difficile de leur en fournir en aquarium. ▷

L'alimentation des Cœlentérés

En filtrant l'eau, les Cœlentérés captent de petites particules en suspension, notamment les crustacés du zooplancton. Récolter, conserver et distribuer le zooplancton n'est pas une mince affaire. Il est préférable d'envisager d'autres solutions.

Précisons toutefois que les aliments du commerce ne constituent qu'un pis-aller.

Il est possible d'utiliser des rotifères ou des nauplies d'artémia fraîchement écloses, habituellement utilisés comme première alimentation des poissons.

Mais tout le monde ne les cultive pas. Il existe un aliment facile à fabriquer, peu coûteux, qu'il est possible de congeler et que tous les amateurs peuvent utiliser : on l'appelle couramment soupe, jus ou broyat de moules. Les moules sont, en effet, des mollusques peu coûteux, riches en protéines et en glucides, ainsi qu'en sels minéraux et en vitamines. On peut également utiliser des coques, de la chair de poisson maigre ou des crevettes, celles que l'on trouve dans le commerce alimentaire, décortiquées et conditionnées en boîte.

Produites en grandes quantités en Asie, elles sont peu coûteuses. Le problème consiste à déterminer la meilleure fréquence de distribution de l'aliment. Il ne faut pas oublier que la plupart des organismes à nourrir hébergent des zooxanthelles, qui leur fournissent une partie parfois importante de leurs éléments nutritifs. Une distribution hebdomadaire de nourriture est donc amplement suffisante. Rappelons qu'il vaut mieux l'effectuer la veille d'un changement d'eau, pour limiter les risques de pollution.

PRÉPARATION ALIMENTAIRE POUR ÉPONGES ET CŒLENTÉRÉS

Ingrédients :
– moules ou coques ;
– poisson blanc, c'est-à-dire maigre, ne contenant pas de lipides ;
– éventuellement, crevettes décortiquées en boîte.

Faites cuire les coquillages et le poisson. Passez les crevettes à l'eau bouillante pendant 1 à 2 minutes. Séparez les coquillages de leur coquille.

Mixez finement l'ensemble. Vous pouvez ajouter une solution vitaminée, des flocons ou des granulés pour poissons, des épinards bouillis ou des aliments spécifiques pour invertébrés, disponibles dans le commerce. Si la pâte est trop épaisse lors du mixage, délayez avec de l'eau de mer.

Tamisez dans une passoire. Ce qui reste dans la passoire peut être distribué aux anémones ou aux poissons de petite taille. Cette purée peut également être congelée. Laissez décanter la solution filtrée quelques heures au réfrigérateur, puis éliminez l'eau.

Il ne reste plus qu'à congeler ou à distribuer le produit obtenu.

La distribution se fera de préférence en soirée, 1 à 2 heures avant l'extinction de l'éclairage. Arrêtez momentanément filtres, pompes et aération. Distribuez l'équivalent d'une cuillère à soupe pour 200 litres d'eau. L'aliment, préalablement décongelé, est déposé au-dessus des invertébrés avec une pipette ou un tube rigide de fin diamètre. Les systèmes de filtration et de brassage de l'eau peuvent être remis en service quelques minutes après la distribution.

◁ Les Cœlentérés peuvent cohabiter avec des algues (encroûtantes ou non), et même avec des petits poissons.

Les plus grandes anémones, quant à elles, se nourrissent d'artémias adultes, de petits fragments de moule, de poissons ou de crevettes.

La compatibilité entre Cœlentérés

Il faut éviter la proximité de Cœlentérés urticants et d'espèces plus délicates, un périmètre de sécurité de 10 à 15 cm est souvent nécessaire. Les madréporaires et les anémones sont parmi les plus urticants, ils ne doivent pas côtoyer, par exemple, un corail-cuir du genre *Sarcophyton*. Dans un bac de Cœlentérés, on peut également envisager la présence d'algues plus ou moins encroûtantes, apportées par des pierres vivantes, ou même de caulerpes. Leur développement doit être contrôlé afin qu'elles ne finissent pas par étouffer les anthozoaires. La présence de certains poissons est possible, et même souhaitable, mais il existe des cas d'incompatibilités classiques (voir tableau p. 178). Particulièrement adaptés, les décors artificiels sont colonisés plus ou moins rapidement en fonction de la vitesse de croissance et de reproduction des organismes. C'est ainsi qu'il est parfois difficile de faire la différence, même pour un œil exercé, entre un décor artificiel et un décor naturel dans un aquarium marin qui fonctionne depuis quelques mois.

LES VERS

Parmi les Annélidés, groupe auquel appartiennent les vers marins utilisés comme appâts de pêche, quelques espèces vivent dans un tube qu'ils fabriquent eux-mêmes : on les appelle Annélidés sédentaires. Le panache branchial très coloré qui en émerge capte l'oxygène, ainsi que des organismes constitutifs du zooplancton. En cas de danger, ou lors d'un choc sur l'aquarium ou sur son support, ce panache branchial se rétracte dans le tube. L'alimentation des Annélidés vivant en captivité est identique à celle des Cœlentérés. Lors de l'achat, il faut veiller à ce que le panache branchial soit bien déployé, et le tube intact. Il est préférable d'acquérir un ver fixé sur un bloc rocheux.

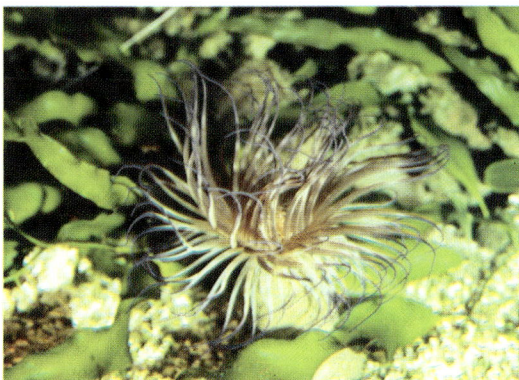

◁ Il faut relativement limiter le développement des algues dans un bac d'invertébrés, afin qu'elles n'étouffent pas les Cœlentérés (ici cérianthe).

△ *Cette porcelaine a rentré son manteau dans sa coquille.*

célèbres bénitiers, dont certains peuvent atteindre 1 m de long dans la nature. Il s'y nourrissent de plancton végétal. Quelques espèces de plus petite taille peuvent être acclimatées en aquarium. On les nourrit avec le même aliment que les Cœlentérés. Ces animaux sont toutefois réservés aux amateurs expérimentés.

LES CRUSTACÉS

En aquariophilie marine, on peut facilement maintenir un certain nombre d'espèces très appréciées pour leurs couleurs vives. Ces invertébrés sont carnivores ; en aquarium, on les nourrit avec des moules, du poisson ou de la viande blanche.

Les crevettes

Elles nagent rarement et préfèrent se déplacer en marchant sur le décor. Elles reculent brusquement en repliant leur abdomen, lorsqu'elles sont inquiétées. Plusieurs individus peuvent cohabiter, l'important étant d'éviter la présence de poissons carnivores.

LES MOLLUSQUES

On rencontre peu de mollusques en aquariophilie marine, et ils ne sont pas courants dans le commerce. Parmi les gastéropodes, les porcelaines, bien connues des collectionneurs de coquillages, peuvent être maintenues en captivité. Certains poissons peuvent mordiller le « manteau », partie du corps de l'animal qui se déploie à l'extérieur de la coquille.

Bien entendu, en cas de danger, l'animal rentre dans sa coquille. Les amateurs, séduits par la beauté de cette dernière, peuvent placer un spécimen dans un bac peuplé de petits poissons pacifiques (Gobiidés, Blenniidés, Grammidés, Pseudochromidés, par exemple). Dans le groupe des bivalves, on connaît les

Les crevettes jouent un rôle écologique en se nourrissant des aliments délaissés par les poissons. ▽

△ *Les pagures, ou bernard-l'hermite, sont des invertébrés pittoresques qui parcourent l'aquarium en tous sens pour rechercher leur nourriture. Effrayés, ils se replient dans leur coquille.*

Les crabes

L'abdomen, réduit, est replié sous la partie inférieure du corps. Les pinces sont particulièrement développées. Les plus gros spécimens ne doivent pas être introduits dans les aquariums marins, car ils peuvent s'attaquer à d'autres invertébrés, et parfois aux poissons.

△ *Proche des langoustines,* Enometoplus sp., *le homard-crabe, est un hôte intéressant et peu agressif.*

Les pagures

Ils sont plus connus sous le nom de bernard-l'hermite. Quelques espèces tropicales se rencontrent chez les détaillants, certaines d'entre elles véhiculent une petite anémone sur la coquille du gastéropode qui les abrite. La coquille est abandonnée lorsqu'elle devient trop petite pour l'animal qui grandit ; il est donc impératif d'en prévoir de plus grandes, car l'abdomen d'un pagure n'est pas protégé par une carapace.

LES ÉCHINODERMES

Les oursins

Ce ne sont pas des espèces très faciles à acclimater, à peine pourra-t-on en garder un exemplaire de petite taille, qui demeurera le plus souvent à l'abri de la lumière. Ils sont herbivores et râpent le substrat pour se nourrir d'algues. Entre les piquants, on remarquera les pédicellaires, articulés, qui se terminent, soit par une minuscule pince pour la capture d'aliments, soit par une ventouse. Grâce à ces ventouses, les oursins peuvent évoluer sur les supports rigides et sur les vitres de l'aquarium.

Les étoiles de mer

Elles ne sont pas recommandées dans un bac d'invertébrés marins, car elles s'atta-

Les pierres vivantes sont recouvertes de nombreux organismes de petite taille (vers, Cœlentérés) qu'il serait difficile d'introduire dans l'aquarium d'une autre manière. ▷

quent à d'autres espèces, par exemple les éponges. Les étoiles de mer sont, en effet, soit carnivores – elles peuvent maintenir des proies avec leurs bras –, soit microphages : dans ce cas, elles se nourrissent de petits organismes de fond.

Les ophiures, proches parentes des étoiles, possèdent des bras articulés qui leur permettent des déplacements assez rapides. Ils peuvent se régénérer, comme ceux des étoiles, lorsqu'ils sont brisés.

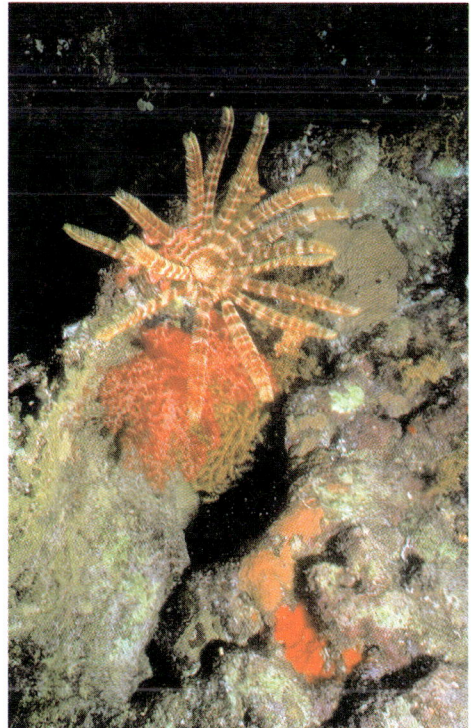

LES PIERRES VIVANTES

Ce sont des morceaux de roche ou des fragments de coraux morts (madréporaires), soudés par des algues calcaires ou divers débris d'invertébrés. Prélevées en milieu naturel, elles sont parfois commercialisées. Les pierres vivantes abritent divers organismes : bactéries, algues, éponges, petits Cœlentérés, et parfois même de petits crustacés, dissimulés dans une anfractuosité. Elles peuvent donc être considérées comme un décor vivant participant à l'équilibre de

△ *On rencontre parfois quelques espèces d'oursins en aquarium marin, à piquants plus ou moins pointus.*

COMPATIBILITÉ ET INCOMPATIBILITÉ ENTRE POISSONS ET INVERTÉBRÉS	
Incompatibilité totale avec tous les invertébrés	Balistes (Balistidés), lutjans (Lutjanidés), murènes (Murénidés), serrans, sauf *Anthias* (Serranidés), labres (Labridés), poissons-porcs-épics (Diodontidés), poissons-ballons (Tétraodontidés), poissons-coffres (Ostraciontidés), poissons-globes (Canthigastéridés), rascasses (Scorpénidés), zèbres (Plectorhynchidés), autres poissons d'une taille supérieure à 10-15 cm et au comportement vif.
Incompatibilité avec les vers, les crustacés, les mollusques échinodermes	Les poissons prédateurs des autres groupes, par exemple les poissons-écureuils, les poissons-soldats (Holocentridés) et les poissons chauves-souris (Éphippidés).
Incompatibilité avec les éponges et les Cœlentérés	Poissons-papillons (Chaétodontidés), poissons-anges (Pomacanthidés).
Compatibilité avec pratiquement tous les invertébrés	*Anthias* (Serranidés), hippocampes (Syngnathidés), bécasses (Cirrhitidés), Opistognathidés, poissons-limes (Monacanthidés), poissons-mandarins (Callionymidés), apogons (Apogonidés), sauf avec les petites crevettes, poissons-comètes (Plésiopidés), sauf avec les crustacés , Grammidés et Pseudochromidés, Blenniidés, Pomacentridés, poissons-chirurgiens (Acanthuridés) de petite taille. Cela représente plus d'une vingtaine d'espèces, en général inférieures à 10 cm de long, faciles à acclimater.

En fait, dans un bac d'invertébrés marins, l'aquariophile ne reconstitue pas un biotope, puisqu'il regroupe des espèces qui ne vivent pas forcément ensemble en milieu naturel. Le sens de la mesure permettra d'obtenir un résultat heureux, agréable à l'œil, où invertébrés et poissons cohabiteront pacifiquement.

l'aquarium. Si, chez le détaillant, le transport, le conditionnement et la stabulation ont été correctement réalisés, leur achat est justifié, en dépit d'un prix assez élevé, car elles permettent d'introduire dans l'aquarium, de la façon la plus « naturelle », un certain nombre d'organismes intéressants.

On peut envisager une récolte personnelle de ce type de roches sur nos côtes méditerranéennes. L'été, lorsque la température de l'eau est élevée, il s'y développe des organismes susceptibles de survivre dans un aquarium tropical. On risque toutefois d'introduire un élément indésirable ou de voir se dégrader et mourir certains hôtes de la pierre vivante, avec le risque de pollution que cela entraîne. Il faut donc rester prudent et isoler les roches dans un aquarium de quarantaine.

LA COMPATIBILITÉ ENTRE LES INVERTÉBRÉS ET LES POISSONS MARINS

Les invertébrés ne peuvent pas cohabiter avec n'importe quels poissons, et cela pour plusieurs raisons. La première est qu'ils sont susceptibles de servir de proies aux poissons carnivores. Par exemple, l'incompatibilité est totale entre les poissons-anges (Pomacanthidés) et les Cœlentérés.

Une seconde raison est que certains poissons, vifs et actifs, d'une taille supérieure à 10-15 cm, peuvent « bousculer » et perturber certains invertébrés.

En outre, plus un poisson est grand et actif, plus il excrète de substances azotées conduisant à l'accumulation de nitrates (NO_3^-), nocifs pour les invertébrés. Il convient donc d'éviter la présence de ce type de poissons.

Un trop grand nombre de poissons produit le même résultat et le même degré de nocivité pour les invertébrés.

Un dernier problème se pose lorsqu'on doit traiter un poisson malade, notamment avec des substances contenant des métaux, lesquels sont des éléments toxiques pour la grande majorité des invertébrés. Rappelons qu'il est toujours préférable de soigner un poisson dans un aquarium-hôpital.

Le tableau ci-dessus présente succinctement les cas de compatibilité et d'incompatibilité entre poissons et invertébrés.

LES INVERTÉBRÉS

*À l'heure actuelle, les aquariophiles semblent
de plus en plus nombreux à s'intéresser à ces animaux.
Sur le plan écologique, les invertébrés représentent un complément
naturel aux poissons et aux plantes. Sur le plan visuel, on peut obtenir
des décors vivants d'une lumineuse beauté, notamment en eau de mer
grâce aux anémones et aux coraux, auxquels on peut associer
des petits poissons, vifs ou calmes, mais toujours colorés.
En eau douce, bien qu'ils soient inconnus, voire
parfois ignorés, il existe quelques espèces de mollusques
ou de crustacés faciles à maintenir en captivité.*

LES GASTÉROPODES

ILS SONT SOUVENT INVOLONTAIREMENT introduits dans les aquariums, en général par le truchement des plantes sur lesquelles ils se trouvent à l'état d'œufs ou sous forme de juvéniles de petite taille que l'on discerne difficilement. La ponte d'un gastéropode ressemble à une petite masse gélatineuse translucide.

△ *Ampullaria gigas*

Les ampullaires

Certaines espèces peuvent atteindre 20 cm dans la nature, mais celles que l'on rencontre en aquarium (du genre *Ampullarius*) ne dépassent pas 6 à 7 cm. Une eau plutôt dure convient bien à ces herbivores-détritivores utiles pour limiter le développement des algues. Contrairement à beaucoup d'autres gastéropodes, ils sont sexués et leur ponte est déposée hors de l'eau. Taille : de 6 à 7 cm.

Les planorbes

Ce sont des escargots aquatiques à coquille aplatie. Leur corps rouge orangé contient beaucoup de globules rouges destinés à fixer le maximum d'oxygène. Ils vivent, en effet, dans des milieux pauvres en oxygène et respirent par des poumons, en venant parfois à la surface de l'eau. Ils sont assez efficaces pour brouter les algues vertes (filamenteuses et courtes). Taille : de 3 à 4 cm.

◁ *Planorbis sp.*

Les escargots malais

Ils respirent grâce à des branchies et peuvent se retirer dans leur coquille effilée, qui se ferme avec un opercule. Ils apprécient les minuscules algues incrustant le décor ; si la ressource alimentaire est abondante, ils prolifèrent rapidement. Ils sont considérés comme moins efficaces que les planorbes, mais, comme ils s'enterrent, ils participent à l'équilibre de l'aquarium en labourant et en aérant le sol. Pour les éliminer, on peut introduire dans l'aquarium un poisson du genre *Tetraodon*, qui apprécie ces mollusques. Plusieurs espèces appartenant au genre *Melanoides* (dont l'espèce *Melanoides tuberculata*), originaires du Sud-Est asiatique, peuvent être involontairement introduites dans nos bacs, en même temps que les plantes. Taille : de 1 à 2 cm.

Les physes

Leur coquille spiralée est nettement moins allongée que celle des escargots malais et leur taille légèrement plus grande. Ils ne jouent pas un rôle important vis-à-vis des algues indésirables. Comme ils se reproduisent rapidement, il vaut mieux éviter de les introduire dans un aquarium. Taille : de 1 à 2 cm.

◁ *Melanoides*
(escargot malais)

Physa sp. ▷

LES CRUSTACÉS

Lorsque l'on parle de crustacés, on pense souvent aux espèces marines et on oublie qu'il en existe également en eau douce. Moins colorés que leurs cousins marins, ce sont cependant des hôtes intéressants à observer. Ils préfèrent une eau dure, à cause du carbonate de calcium constituant leur carapace.

△ *Atya moluccensis*

Les crevettes

Peu d'espèces sont disponibles dans le commerce, alors qu'elles abondent dans certaines zones tropicales. Plusieurs individus peuvent cohabiter, s'il y a suffisamment d'abris dans l'aquarium.

Les Atyides

Ces crevettes se rencontrent dans de nombreuses zones tropicales d'Amérique, d'Afrique et d'Asie, parfois en milieu saumâtre. Elles vivent sur le sol ; détritivores, elles peuvent se nourrir d'excédents d'aliments (artificiels ou naturels) et de poissons, leur rôle écologique n'est donc pas négligeable. Ces crevettes du genre *Atya* (notamment *Atya moluccensis*, originaire du Sud-Est asiatique) apparaissent assez irrégulièrement dans le commerce. Elles aiment les eaux vives bien oxygénées et sont sociables : on peut donc les maintenir en petit groupe. Taille : de 6 à 7 cm.

Les Palaémonidés

C'est la famille à laquelle appartiennent les crevettes roses de nos côtes. Elle comprend également un grand nombre d'espèces tropicales d'eau douce, comme le genre *Macrobrachium* (qui représente environ 200 espèces). Ces crevettes à grandes pinces sont parfois élevées dans un but alimentaire ; c'est le cas de *M. rosenbergii*, qui atteint 20 à 25 cm, sans les pinces. En aquariophilie, ce sont des espèces plus petites qui sont commercialisées ; il semble que l'espèce *M. lanchasteri* soit la plus courante dans le commerce. Originaire du Sud-Est asiatique, elle joue un rôle d'éboueur dans l'aquarium en se nourrissant des particules délaissées par les poissons. Cette crevette aime la lumière tamisée et les abris où elle se réfugie si elle est inquiétée. Lorsqu'elle a vraiment peur, elle peut sauter hors de l'eau pour échapper au danger qui la menace. Elle est susceptible de s'attaquer à des alevins de poissons qu'elle détecte facilement grâce à un sens olfactif développé. Taille : de 7 à 8 cm.

△ *Macrobrachium sp.*

Les écrevisses

Il existe environ une trentaine d'espèces d'écrevisses dans le monde, réparties dans les zones tempérées ou subtropicales. Si les quelques espèces françaises peuvent s'adapter aux aquariums tropicaux, il est néanmoins préférable de les laisser prospérer dans la nature (la réglementation concernant leur capture est assez stricte).

△ *Procamburus clarkii*

L'une d'entre elles, *Procamburus clarkii*, l'**écrevisse de Louisiane**, a été importée du sud-est des États-Unis, et également introduite dans bon nombre de pays. Elle cause des dégâts, car elle est fouisseuse et creuse les berges des rivières.
Sa croissance est rapide (elle se reproduit dès l'âge de 7 à 8 mois) et sa capacité d'adaptation importante : elle supporte une large gamme de température, et est peu gourmande en oxygène. Les exemplaires commercialisés proviennent du Sud-Est asiatique, où il existe une forme rouge et une forme bleue.
Omnivore, elle peut s'attaquer aux plantes et aux poissons, ainsi qu'à d'autres crustacés. Il est donc préférable de la garder en un exemplaire unique ; de plus, la cohabitation avec les crevettes n'est pas recommandée, même si l'aquarium est assez vaste et présente des cachettes. Taille : 15 cm.

LES ÉPONGES

L A FORME ET LA COULEUR des éponges sont très variables : en boule, en tapis, en tube, rouge, orange, jaune, brun, gris… Elles sont fixées sur un support (les roches, mais aussi le corail mort, les coquilles de mollusques) et n'aiment pas la lumière. Les éponges semblent apparaître spontanément dans les bacs marins, alors qu'elles y ont été introduites, à une taille imperceptible à l'œil, avec d'autres invertébrés, de l'eau ou sur les pierres vivantes. Les noms communs et scientifiques sont peu connus et il est difficile de préciser les espèces exactes que l'on rencontre dans le commerce.

△ **Éponge de mer Rouge**

LES CŒLENTÉRÉS

C E SONT LES INVERTÉBRÉS PRÉFÉRÉS DES AQUARIOPHILES qui se spécialisent dans ces animaux. Leur disponibilité dans le commerce et leur prix varient de manière importante. De plus, il y a parfois confusions sur les noms ; il peut même arriver qu'on ne connaisse pas le nom de certaines espèces.

Les hexacoralliaires

Ce groupe renferme la majorité des Cœlentérés que l'on rencontre dans les aquariums marins, notamment les anémones et les coraux. Rappelons que la plupart d'entre eux ont besoin d'une forte lumière car ils renferment des zooxanthelles, et qu'on peut les nourrir d'aliments carnés de petite taille. L'aquariophile doit rester prudent en manipulant certains d'entre eux, dont le pouvoir urticant n'est pas négligeable. La très grande majorité de ces animaux est importée des océans Indien et Pacifique, leur présence n'est pas forcément régulière sur le marché.

△ Les anthozoaires abritent parfois des crevettes qui sont aussi protégées de leurs prédateurs.

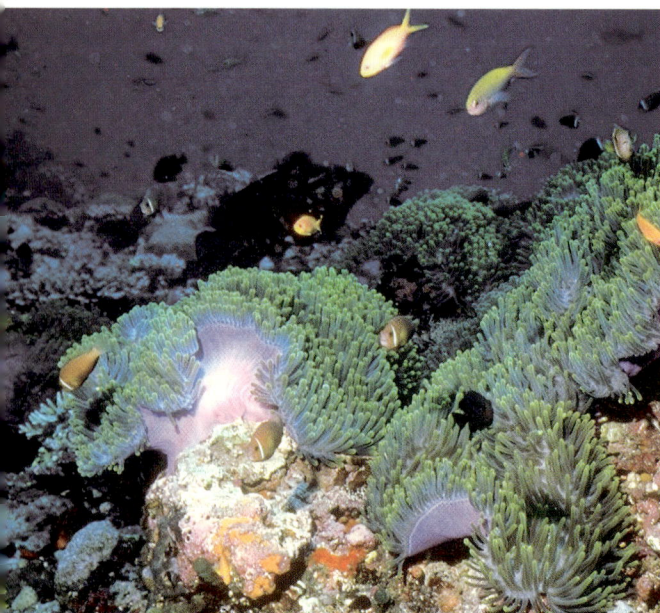

Les anémones de mer (actinies)

Elles vivent fixées au substrat par leur sole pédieuse, qui joue un rôle de ventouse, mais elles peuvent se déplacer et occuper l'endroit de leur choix, parfois la glace frontale de l'aquarium. Quelques rares espèces vivent dans le sable et peuvent s'y rétracter. Ce sont des animaux assez résistants en aquarium dans une eau bien brassée et bien éclairée (certaines anémones possèdent des zooxanthelles). On doit leur prévoir un espace vital important, car d'autres anthozoaires n'apprécient pas leurs tentacules ; de plus, elles excrètent parfois des filaments de mucus susceptibles de polluer l'eau. Seuls les poissons-clowns peuvent s'habituer au contact de leurs tentacules. Les anémones mangent de petits fragments de moule, de crevette, de poisson, ou un broyat fabriqué à partir de ces aliments. La reproduction sexuée est possible, quelques anémones sont vivipares ; la multiplication asexuée se fait par un bourgeonnement qui donnera une jeune anémone après séparation. Lors de l'achat, il faut vérifier que les anémones sont bien gonflées et déployées, autant de signes de bonne santé.
Heteractis (anciennement *Radianthus*)
Les tentacules sont nombreux, assez longs (jusqu'à 10 cm) et plutôt rigides. Les espèces de ce genre peuvent atteindre plusieurs dizaines de centimètres de diamètre ; elles sont appréciées par plusieurs espèces de poissons-clowns. Diamètre : de 30 à 40 cm.

◁ *Heteractis magnifica*

Stichodactyla (anciennement **Stoichactus**)
Dans la nature, une espèce du genre *Stichodactyla* atteint 1 m. Les tentacules sont disposés en rangées serrées, particulièrement sur le pourtour de l'anémone.
Diamètre : de 20 à 50 cm.

Entacmaea
Ce genre a été créé il y a quelques années pour regrouper certaines espèces de l'ancien genre *Radianthus* (les autres étant incluses dans le genre *Heteractis*).

Aiptasia
Les **anémones de verre** sont souvent introduites avec des roches ou de l'eau. Vivipares, elles peuvent rapidement coloniser un bac, au détriment d'autres anthozoaires. En revanche, elles sont intéressantes dans un aquarium peuplé de poissons-papillons (famille des Chaétodontidés), car certains d'entre eux en font leur aliment de base.
Diamètre : de 5 à 10 cm.

△ **Stichodactyla mertensii**

△ **Entacmaea quadricolor** abritant le poisson-clown *Amphiprion bicinctus*.

Les cérianthes

Ils ressemblent aux anémones, mais s'en distinguent par leurs tentacules non rétractables. De plus, ils ne sont pas fixés par une sole pédieuse, mais vivent dans un tube qu'ils sécrètent.
Pour l'installation de ce tube, il faut prévoir 15 à 20 cm d'épaisseur de sable pas trop grossier. Les cérianthes s'alimentent d'un fin broyat composé de moules, de poissons, de crevettes ou d'artémias. Quelques espèces sont parfois disponibles dans le commerce, mais leur nom est souvent inconnu ou erroné. Hauteur : de 20 à 30 cm.

△ **Aiptasia sp.**

▽ **Parazoanthus sp.**

◁ **Cerianthus sp.**

Les zoanthaires (anémones coloniales ou anémones encroûtantes)

Ce ne sont ni des anémones car ils vivent en colonies, ni des coraux car ils n'ont pas de squelette calcaire. Ces animaux colonisent les roches, les coquilles de mollusque, parfois les éponges, les coraux et les gorgones. Ils peuvent héberger des zooxanthelles, il leur faut donc de la lumière.

Parazoanthus sp.
Cette **anémone coloniale** est composée de petits polypes qui peuvent atteindre 2 cm de haut, ses tentacules ne mesurant que 5 mm. Dans un aquarium, elle doit être placée à 10 ou 20 cm sous la surface pour bénéficier d'une lumière maximale, en raison de la présence de zooxanthelles. Il faut éviter la proximité d'anthozoaires urticants. Comme pour beaucoup d'autres animaux de ce groupe, l'alimentation est constituée d'un fin broyat à base de moules. Lors de l'achat, il faudra veiller à ce que cette anémone encroûtante soit fixée sur une roche.

Les corallimorphaires

Ces invertébrés, qui ne sont pas des coraux (ils n'ont pas de squelette), ont pour surnom **anémones-disques**. Ils vivent fixés par un pied moins puissant que celui des anémones. Le diamètre du polype, en forme de disque, varie selon les espèces. La présence de zooxanthelles nécessite une forte lumière. La reproduction en captivité par bourgeonnement est possible. Taille : de 10 à 30 cm.

Actinodiscus

Plusieurs espèces de ce genre sont commercialisées et assez faciles à maintenir. Leur alimentation, identique à celle des animaux précédents, doit être hebdomadaire : les zooxanthelles fournissant une partie des substances nécessaires à leur vie, les proies offertes par l'aquariophile sont parfois rejetées.

Les madréporaires (ou scléractinaires)

Les **vrais coraux** vivent dans un squelette calcaire dans lequel ils peuvent se rétracter. Grâce à ce squelette, ils participent pour la plupart à la construction des récifs coralliens dans les mers tropicales. Ce sont les invertébrés les plus difficiles à maintenir dans un aquarium marin, car ils demandent une eau d'excellente qualité et bien brassée : pas de matières en suspension (donc une clarté cristalline) et une teneur en nitrates extrêmement basse. Ils y sont, en effet, très sensibles ; il faut donc effectuer des changements d'eau partiels, en petit volume, mais régulièrement. Les tentacules, souvent rétractés le jour, se déploient la nuit pour capter les aliments. Cela ne veut pas dire que les coraux aiment l'obscurité : au contraire, il faut leur fournir une lumière abondante, en raison de la présence de zooxanthelles. Carnivores, ils se nourrissent de plancton animal en milieu naturel ; en captivité, on leur fournit un broyat à base de moules ou de poisson, une fois par semaine. L'apport de carbonate de calcium est souhaitable pour la croissance du squelette. Il faut veiller à leur emplacement dans l'aquarium, leurs tentacules, une fois déployés, ne devant pas se trouver en contact avec d'autres anthozoaires.

△ *Actinodiscus sp.*

Acropora (Acroporidés)

Leur squelette sert souvent de décor. Vivants, ils sont rarement importés. En milieu naturel, leur croissance est rapide (quelques centimètres par an) et ils peuvent dépasser 1 m de haut.
Taille : de 20 à 50 cm de haut.

Fungia (Fungidés)

Ces coraux solitaires (donc non coloniaux) vivent en général sur le sédiment et ne participent pas à la construction des récifs. Le squelette, à l'aspect particulier, peut constituer un élément du décor. Diamètre : 20 cm.

△ *Fungia sp.*

Goniopora (Poritidés)

Les espèces de ce genre, assez régulièrement importées, figurent parmi les plus faciles à maintenir en aquarium. Elles préfèrent une eau modérément brassée. Taille : de 20 à 30 cm.

△ *Acropora sp.*

Favia, Platygira (Favidés)

Ils sont aisés à garder en captivité et acceptent des proies de petite taille. Les tentacules colorés se rétractent le jour. Taille : 20 cm.

▽ *Goniopora sp.*

Leptosammia (Dendrophylliidés)

Dans ce genre, une espèce française supporte les températures tropicales : *Leptosammia pruvoti*.
Sa couleur jaune orangé et sa petite taille en font un anthozoaire décoratif. Il est préférable, voire indispensable, de l'introduire fixée sur un support. Taille : 5 cm.

Plerogyra sp. à demi-ouvert. On distingue quelques tentacules, la couleur verte est due aux zooxanthelles. ▽

Plerogyra (Caryophylliidés)

Les espèces de ce genre, surnommées **coraux-bulles,** sont assez faciles à maintenir en aquarium. Les « bulles » diurnes se rétractent la nuit pour laisser place à des tentacules assez urticants mesurant de 1 à 5 cm de long. Dans la nature, les bulles offrent une certaine protection au corail, car les tentacules ne sont pas attaqués par des poissons (par exemple, les poissons-papillons). La couleur des bulles varie en fonction de la présence de zooxanthelles, ce qui veut dire que ce corail demande un fort éclairage. Il est préférable de le nourrir de nuit (donc lorsque les tentacules sont déployés) avec des proies relativement grosses. De jour, on peut l'habituer en distribuant un fin broyat à base d'animaux marins entre les bulles. Il faut éviter que ce corail-bulle touche d'autres invertébrés, en raison de son pouvoir urticant. Taille : de 20 à 30 cm.

△ *Sinularia sp.,* corail mou de l'Indo-Pacifique.

Les octocoralliaires

Ils vivent en colonies dans les mers tempérées et tropicales. Il leur est possible de fabriquer un squelette, mais différent de celui des madréporaires. Leurs tentacules, dont le nombre est un multiple de 8, mesurent de 1 à 5 cm de long. La reproduction est sexuée, ou asexuée par bourgeonnement. Comme les hexacoralliaires, certaines espèces peuvent héberger des zooxanthelles.

UN FAUX CORAIL FRANÇAIS, UNE VRAIE GORGONE

Le corail rouge *(Corallium rubrum)* est en réalité une gorgone que l'on rencontre sur nos côtes méditerranéennes, jusqu'à 200 m de profondeur. On ne trouve plus que des colonies de quelques dizaines de centimètres, la disparition des plus grandes pouvant être attribuée à une pêche intensive assimilée à un véritable pillage ! En effet, le squelette rouge vif de cette espèce est utilisé en bijouterie (notamment en Italie) : la pêche est également pratiquée en Sardaigne et en Tunisie.

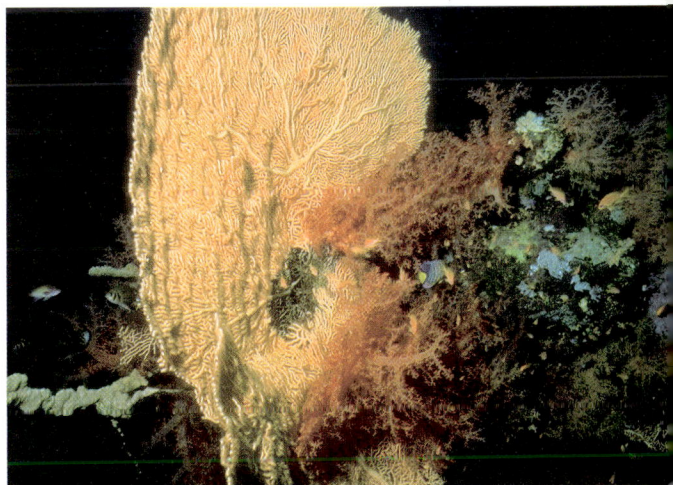

Les alcyonaires (ou coraux mous)

Ils vivent fixés au substrat par une sécrétion cornée, et leurs polypes peuvent se rétracter. La présence de zooxanthelles entraîne un besoin important en lumière.

Sarcophyton (Alcyoniidés)

Lorsqu'ils évacuent l'eau de leur tissu pour la renouveler, ils prennent l'aspect du cuir, d'où leur surnom de **coraux-cuirs**. Leur maintenance est facile dans une eau bien brassée et leur croissance rapide. Leur teinte varie suivant la concentration en zooxanthelles.

L'alimentation hebdomadaire se constitue d'un fin broyat de moules et autres aliments carnés d'origine marine. Leur emplacement dans l'aquarium doit être soigneusement choisi, en évitant la proximité d'autres espèces urticantes.

Deux coraux-cuirs sont principalement distribués dans le commerce : *Sarcophyton glaucum* et *S. trocheliophorum.* Taille : de 20 à 30 cm.

Sarcophyton sp., à gauche fermé, à droite les polypes sont en extension. ▷

Les gorgones

Plusieurs familles composent ce groupe dont les espèces ont la forme d'un éventail ramifié pouvant atteindre 2 m de haut. Leur squelette peut d'ailleurs être une composante du décor. Ces animaux préfèrent vivre dans un milieu assez sombre où ils vivent fixés sur un support. Ils ont parfois tendance à être colonisés par d'autres organismes comme les éponges ou les algues filamenteuses. L'alimentation, très fine, sera distribuée quotidiennement. Taille : 15 cm.

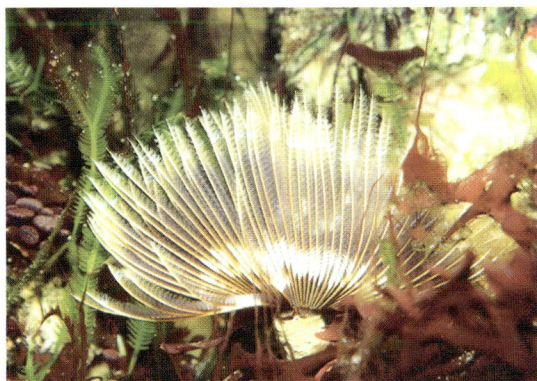

△ **Gorgone et alcyons**

LES VERS

D ES VERS APPARTENANT au genre *Sabellastarte* sont quelquefois importés. Le diamètre du panache branchial (en double couronne) atteint 15 cm. Il vaut mieux éviter la proximité d'anthozoaires urticants. Leur nourriture est la même que celle fournie aux Cœlentérés.

◁ *Sabellastarte sp.*

LES MOLLUSQUES

Q UELQUES ESPÈCES DE MOLLUSQUES peuvent être maintenues en compagnie de poissons, parfois avec d'autres invertébrés, elles sont encore peu répandues dans les bacs des amateurs.

△ *Cypraea tigris*

Les gastéropodes

Les espèces que l'on rencontre en aquariophilie, pour la plupart carnivores, se nourrissent de chair de moule ou de poisson. Les autres broutent les algues du décor.

Cypraea

La coquille des **porcelaines**, très décorée, est prisée par les collectionneurs. En aquarium, la porcelaine n'est visible que lorsque le mollusque est au repos ; en activité, elle est recouverte par le manteau de l'animal (partie la plus externe du corps, qui renferme des organes sensitifs). Deux espèces sont parfois disponibles dans le commerce, elles sont à tendance carnivore : la **porcelaine tigrée** *(Cypraea tigris)*, qui dépasse 10 cm de long, et la **porcelaine géographique (C. mappa)**, qui atteint rarement 7 cm. Leur activité est principalement nocturne.

Les autres espèces

De petits gastéropodes peuvent parfois être introduits sur des pierres vivantes ; leur maintien ne pose pas de problèmes, car ils sont herbivores. En revanche, les espèces appartenant au genre *Murex* se nourrissent en perçant la coquille d'autres mollusques : on les alimente avec des moules de petite taille, décortiquées ou non.

Les bivalves

On rencontre parfois des petits exemplaires de bénitier (genre *Tridacna*), que l'on peut nourrir avec du jus de moule. La plupart des espèces possèdent des zooxanthelles sur la partie externe de leur manteau ; il faut donc les placer à proximité d'une bonne source de lumière. Les bénitiers sont exigeants sur la qualité de l'eau. Précisons que les bénitiers sont soumis à une certaine protection ; ils peuvent être cependant légalement proposés à la vente, mais ils demeurent rares dans le commerce. Ceux que l'on rencontre proviennent en très grande partie d'élevages situés dans les zones tropicales. Leur prix est assez élevé. Taille : de 5 à 25 cm.

Stenopus hispidus ▷

◁ *Tridacna sp.*

LES CRUSTACÉS

L ES ESPÈCES LES PLUS COURANTES en aquariophilie marine sont les crevettes, souvent colorées, mais parfois discrètes. Elles sont assez régulièrement importées, au contraire d'autres crustacés moins courants. Ces animaux récupèrent les aliments qui ne sont pas ingérés par les poissons et participent donc à leur manière à l'équilibre de l'aquarium.

Les crevettes

Ces animaux très colorés et qui offrent un beau spectacle dans un bac sont appréciés par les aquariophiles. Leur maintien est relativement aisé si la qualité de l'eau est bonne et si l'aquarium est pourvu de cachettes. De nouvelles espèces apparaissent plus ou moins régulièrement sur le marché.

Stenopus hispidus

C'est une des plus communes dans le commerce. Dans leur milieu naturel (plusieurs mers tropicales), les **crevettes-barbiers** vivent en couple et adoptent un comportement de nettoyage, notamment envers les poissons-anges (Pomacanthidés). Elles l'abandonnent partiellement ou totalement en aquarium si elles sont bien nourries. Comme beaucoup de crevettes, elles récupèrent les aliments délaissés ou non repérés par les poissons. Le mâle cherche la nourriture et la donne à la femelle. En aquarium, il est préférable de garder un couple en lui procurant des cachettes où il se réfugiera de jour, l'activité de ces animaux étant plus importante quand apparaît l'obscurité. Dans de bonnes conditions, notamment alimentaires, cette crevette mue plusieurs fois par an. Taille : de 7 à 8 cm.

Lysmata amboinensis (anciennement *L. grabhami*)

Très sociable, la **crevette nettoyeuse** supporte la présence d'autres crevettes et peut d'ailleurs vivre en groupe. Elle nettoie la peau de certains poissons grâce à ses antennes, qui jouent alors un rôle pour approcher le futur « nettoyé ». En dehors des aliments habituels, on pourrait penser que cette crevette se nourrit d'algues filamenteuses, en fait, elle y cherche des micro-organismes. Taille : de 7 à 8 cm.

◁ *Lysmata amboinensis*

Lysmata debelius

C'est une espèce craintive qui vit en couple. La **crevette rouge** est encore peu commercialisée comme certaines autres espèces du même genre, par exemple *Lysmata wurdemanni*. Cette dernière ressemble à *L. seticaudata* (crevette monégasque), présente en Méditerranée (y compris en France, où elle reste très localisée) et dans les zones tropicales. Il vaut mieux ne pas récolter ce crustacé, il préfère les eaux tempérées aux eaux tropicales. Taille : de 7 à 8 cm.

◁ *Lysmata debelius*

Les crabes

Quelques petites espèces, assez rarement importées, peuvent cependant se rencontrer dans le commerce, il est préférable de les garder en solitaire. En captivité, on peut les alimenter avec des nauplies d'artémias ou de très fins fragments de moules. Les espèces du genre *Neopetrolisthes* (crabes-porcelaines) vivent en symbiose avec les anémones (par exemple, *Stichodactyla gigantea*) et se nourrissent de petites particules captées grâce à une paire de pattes munies de cils. Taille : de 4 à 5 cm.

Les bernard-l'hermite (ou pagures)

Considérés parfois comme les « éboueurs de l'aquarium », ils se nourrissent de divers détritus. Il est préférable de ne pas les introduire dans un bac d'invertébrés (sauf, peut-être, les plus petites espèces) ; ils ne risquent pas grand-chose dans un aquarium peuplé de poissons, car ils peuvent se retirer dans leur coquille. On ignore souvent le nom des espèces rencontrées dans le commerce. Taille : de 4 à 6 cm.

△ *Neopetrolisthes sp.* ne peut vivre sans une anémone, par exemple du genre *Stichodactyla*.

Les autres crustacés

Odontodactylus scyllarus

La **crevette-mante** est plus proche de la squille (ou galère) de nos côtes que des crevettes. Ce crustacé agressif passe son temps à marcher et à nager pour chercher ses proies, mais il lui faut une cachette pour s'abriter. Il peut également s'enfoncer dans le sable. Compte tenu de son comportement et de son alimentation (petits crustacés et poissons), la crevette-mante ne doit pas être gardée dans un aquarium d'invertébrés. Sa taille et son agilité lui permettront de cohabiter avec certains poissons. Taille : de 10 à 15 cm.

Enoplometopus occidentalis

Contrairement à ce que son nom commun laisse supposer, le **homard-crabe,** proche des langoustines, se révèle peu agressif. De jour, ce décapode reste caché dans un abri ; il sort la nuit pour s'alimenter sur le fond de l'aquarium (surplus d'aliments de poissons, notamment chair de moule, parfois algues filamenteuses). C'est un crustacé digne de figurer dans un bac d'invertébrés. Taille : de 10 à 15 cm.

LES ÉCHINODERMES

C E SONT LES INVERTÉBRÉS LES MOINS COURANTS dans le commerce, bien qu'ils soient assez résistants et survivent bien en aquarium.

Les oursins

Ils rampent sur le décor pour râper les algues dont ils se nourrissent. Attention, car ils constituent des proies appréciées par les balistes, les poissons-ballons et certains Labridés. Ces poissons possèdent, en effet, des dents suffisamment puissantes pour briser le squelette calcaire interne des oursins, et les piquants ne semblent pas les décourager. Le nom des rares espèces disponibles n'est pas connu avec précision. Taille : 10 cm.

◁ *Eucidaris tribuloides,* originaire des Caraïbes.

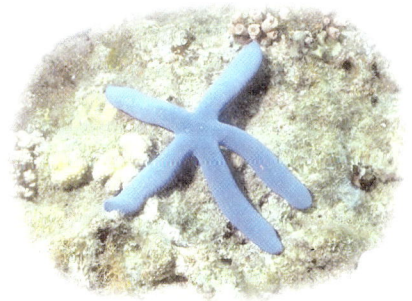

△ *Linckia laevigata,* étoile microphage qui peut cohabiter avec d'autres invertébrés.

Les étoiles de mer

Elles se maintiennent bien en aquarium. Parmi les carnivores, on peut citer les genres *Protoreaster*, *Oreaster*, qui se nourrissent d'autres invertébrés, notamment des mollusques bivalves. Elles ne doivent pas cohabiter avec d'autres invertébrés ; on les nourrit avec des moules crues ou cuites. D'autres espèces (*Echinaster, Linckia, Fromia*) sont microphages et vont se nourrir des divers débris trouvés au fond de l'aquarium. Leur présence en aquarium est préférable à celle des étoiles précédentes. Les ophiures sont des échinodermes intéressants dans un bac d'invertébrés marins ; elles peuvent être involontairement introduites avec des pierres vivantes. Taille : de 10 à 15 cm.

Les plantes

En théorie, le mot « plante » désigne un végétal enraciné.
Or, on trouve dans la nature des plantes flottantes, des mousses,
et même des fougères aquatiques. Le terme « végétaux »
paraît donc plus adapté pour parler du décor vivant
de nos aquariums.

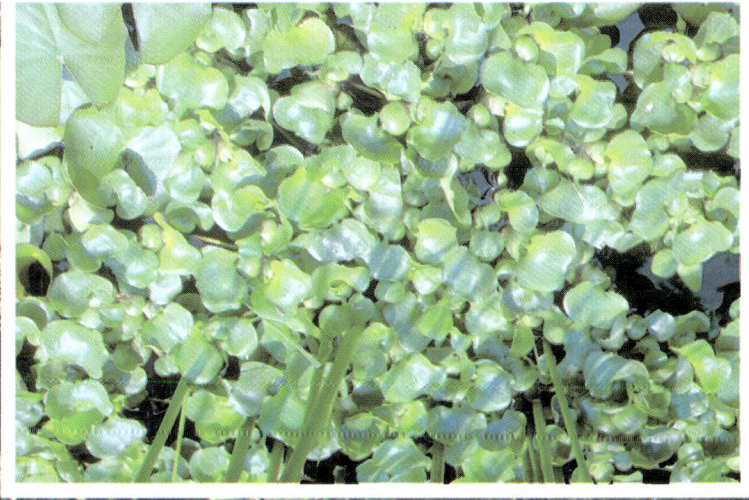

ORIGINE ET VARIÉTÉ DES VÉGÉTAUX

*La très grande majorité des plantes aquatiques n'est pas cueillie dans la nature,
mais élevée par des entreprises spécialisées. Ces plantes participent à la décoration
de l'aquarium, mais ce n'est pas leur seul rôle, elles contribuent également à son équilibre
écologique, notamment en produisant de l'oxygène sous influence de la lumière.*

L'ORIGINE DES VÉGÉTAUX D'AQUARIUM

Tous les végétaux d'aquarium se reproduisent dans nos bacs, il est donc inutile de les récolter en milieu naturel. Néanmoins, cela se pratique encore pour les nouvelles espèces ou lorsque l'on désire une variété pure. En effet, certaines plantes vendues dans le commerce ne sont que des hybrides portant le nom d'un des deux « parents », ce qui entraîne parfois des confusions.

Les plantes d'aquarium sont cultivées par des sociétés spécialisées, principalement dans le Sud-Est asiatique, mais également en Europe, et même en France. On utilise des serres de type agricole, chauffées en partie grâce à l'énergie solaire, parfois par la géothermie, grâce à des canalisations d'eau chaude provenant d'un forage. L'éclairage solaire est quelquefois complété par un éclairage artificiel.

La plupart des espèces sont élevées en étant maintenues en large partie émergées, parfois même complètement hors de l'eau, et ce en milieu très fortement humide. Elles s'adaptent en aquarium, et ont tendance à changer de forme de feuilles.

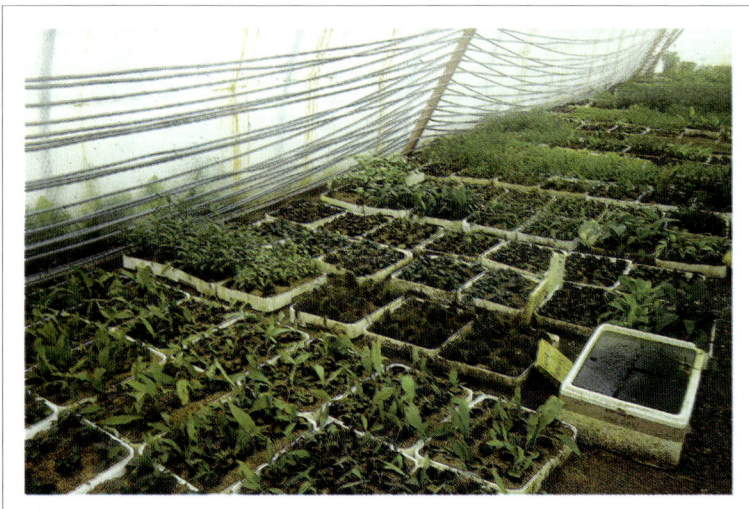

△ *La plupart des plantes d'aquarium sont issues de cultures souvent émergées.*

LES DIFFÉRENTS TYPES DE VÉGÉTAUX

Contrairement à ce que l'on pense, la plupart des végétaux que l'on rencontre en aquarium ne sont pas réellement aquatiques. Ils vivent en général en partie émergés, seule la portion inférieure étant immergée en permanence. Les feuilles sont entières, robustes et assez grandes. En fonction des pluies, parfois fort abondantes en milieu tropical, le niveau des cours d'eau et des étangs monte, les plantes se retrouvent alors presque totalement sous l'eau, ou parfois même entièrement recouvertes. Elles développent des feuilles immergées, différentes de celles qui sont émergées : elles sont fines et plus délicates. À la fin de la saison des pluies, l'eau redescend à son niveau initial, et la plante reprend sa forme émergée.

D'autres végétaux sont totalement aquatiques, la partie supérieure de leur tige n'émerge que rarement, en général pour produire une fleur.

Il existe également quelques mousses amphibies ou totalement aquatiques, très

Une très grande variété de plantes peuvent être cultivées, ici sous serre, dans une atmosphère chaude et excessivement humide. ▽

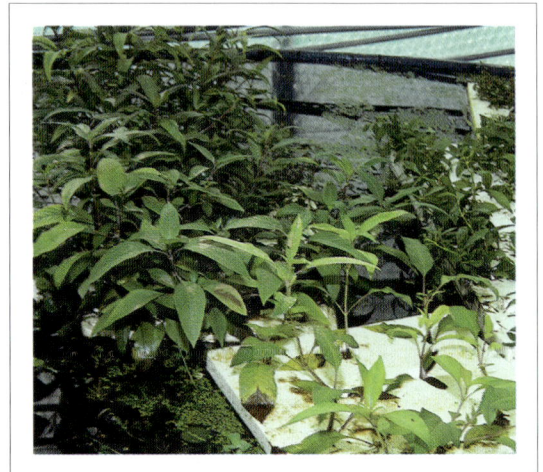

LES DIFFÉRENTS TYPES DE VÉGÉTAUX EN AQUARIUM D'EAU DOUCE

Types	Caractéristiques	Observations
Plantes à tige.	Feuillage plus ou moins fin, de part et d'autre d'une tige.	Croissance assez rapide, bouturage facile. Sont en général réellement aquatiques, mais peuvent émerger.
Plantes sans tige apparente, avec des racines et parfois un bulbe.	Le pétiole (tige de la feuille) part directement du pied. Feuilles souvent larges et robustes.	Croissance assez lente reproduction par stolons ou par séparation du pied. Plantes amphibies s'adaptant à l'immersion totale.
Plantes flottantes.	Les feuilles s'étalent à la surface, les racines sont plus ou moins visibles sous l'eau.	Croissance rapide si la lumière est intense. Procurent un refuge aux alevins. Se déplacent avec les mouvements de l'eau.
Plantes sans racines enterrées.	Rhizome (racine aérienne) se développant sur un support, à partir duquel se développent les feuilles.	Croissance lente. Se fixent sur différents supports (roche, bois, décor artificiel).
Mousses.	Pas de tige visible, aspect plus ou moins touffu. Se fixent sur un support.	Utile pour la ponte de certaines espèces.

Quelques espèces de fougères peuvent s'adapter dans les aquariums d'eau douce. ▽

Les plantes flottantes sont utiles pour ombrager l'eau et offrir un refuge aux alevins. ▽

△ *Les plantes à feuillage fin sont appréciées des poissons à tendance herbivore, mais aussi par quelques espèces qui y déposent leurs œufs.*

utiles en aquariophilie, car elles permettent à certains poissons de déposer leurs œufs. On connaît bien les fougères des zones humides de nos régions, mais il faut savoir qu'il en existe dans les régions tropicales qui peuvent vivre totalement immergées.

LES PLANTES EN PLASTIQUE

On trouve d'excellentes imitations de plantes naturelles. Mais, un aquarium étant la reconstitution d'un morceau de nature, on comprend qu'elles soient totalement bannies par les amateurs, qui leur préfèrent les plantes naturelles. Certaines de ces plantes artificielles peuvent cependant constituer un support de ponte pour les poissons à œufs adhésifs, dans un bac de reproduction.

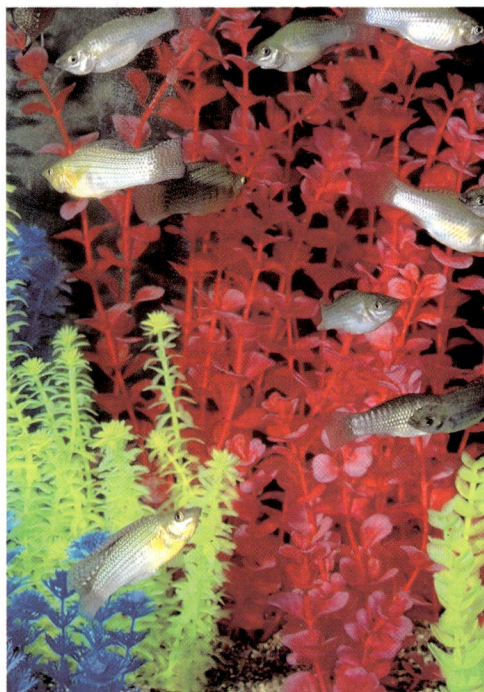

Les plantes en plastique ne produisent pas toujours un effet du meilleur goût ! ▷

LES VÉGÉTAUX EN AQUARIUM MARIN

Il y a nettement moins de végétaux marins adaptés à l'aquarium que de plantes d'eau douce. Les espèces les plus connues sont les algues du genre *Caulerpa,* dont la croissance est rapide si elles sont maintenues dans de bonnes conditions. Ces algues se fixent au sol et au décor par un stolon. Il est vivement recommandé d'en introduire dans un bac marin, cela ne peut que favoriser l'équilibre général. Cependant, leur développement important peut parfois gêner les invertébrés marins fixes, tels que les anémones et les coraux. Il faut alors limiter ce développement anarchique en éliminant régulièrement une certaine quantité de cette végétation.

LE RÔLE DES VÉGÉTAUX EN AQUARIUM

Contrairement à ce que l'on pense souvent, les plantes ne jouent pas seulement un rôle de décoration, elles participent de manière importante à l'équilibre de l'aquarium (voir Le mécanisme de la photosynthèse, p. 196) : de jour, elles absorbent le gaz carbonique (CO_2) rejeté par les poissons et produisent de l'oxygène (O_2). De plus, elles utilisent les nitrates, produit terminal du cycle de l'azote (voir p. 19) et diminuent donc leur concentration dans l'eau.

Les végétaux sont également utiles aux poissons. Certaines espèces *(Ancistrus, Gyrinocheilus)* se nourrissent d'algues qui poussent sur le décor, ou même de plantes à feuillage fin (les vivipares de la famille des Poéciliidés), ce qui est préjudiciable à l'esthétique. D'autres déposent leurs œufs dans le feuillage, ce qui les dérobe en partie à la vue des prédateurs (Characidés d'Amérique du Sud). Sur de larges feuilles, les parents peuvent surveiller et aérer la ponte (scalaires). À leur naissance, les alevins s'abriteront dans la végétation, notamment sous les plantes flottantes, et y trouveront de la nourriture, les plantes favorisant le développement de micro-organismes comme les infusoires.

Enfin, si la végétation est assez abondante, les adultes eux-mêmes l'utilisent comme protection.

LES ALGUES INDÉSIRABLES EN AQUARIUM

Une grande majorité d'aquariophiles ont été confrontés aux proliférations d'algues indésirables, contre lesquelles il n'est pas toujours facile de lutter. D'une manière générale, il vaut mieux éviter ces proliférations que les combattre, avec plus ou moins d'efficacité.

LES PROLIFÉRATIONS D'ALGUES

Elles se reconnaissent à leur couleur brunâtre, brun-jaune, vert ou verdâtre. Les masses filamenteuses blanchâtres, blanc sale, ou grisâtres, sont généralement constituées de bactéries et de champignons (mais il peut y avoir mélange avec des algues). Ces proliférations forment des couches plus ou moins épaisses sur les vitres, le sol, le décor ; elles se développent sous l'aspect de touffes filamenteuses, ou même de tapis pour certaines algues vertes.

On peut considérer qu'une présence discrète d'algues est un signe d'équilibre, alors que les proliférations annoncent un certain déséquilibre ; du reste on dit souvent que les algues sont des indicateurs biologiques. Il faut toutefois rester prudent : chaque aquarium est un cas particulier ; la généralisation d'une observation particulière pourrait ultérieurement conduire à des conclusions erronées.

Leurs inconvénients

Elles se développent sur les vitres, ce qui diminue la visibilité et se révèle inesthétique. Elles se fixent et prolifèrent sur les plantes, au risque de les étouffer, car ces dernières ne peuvent plus échanger les gaz et absorber les sels de l'eau. Enfin, elles s'incrustent dans les moindres détails du décor, ce qui n'est pas du meilleur effet.

Leurs avantages

Ils ne sont pas négligeables. Les algues utilisent les éléments azotés, notamment les nitrates, parfois l'ammoniaque. En eau douce, c'est habituellement le rôle des plantes ; les algues peuvent donc avoir une action complémentaire à ce niveau, ou, au contraire, antagoniste, en détournant les sels nutritifs et au détriment des plantes. En aquariophilie marine, les végétaux sont

△ *Si l'on n'y prend pas garde, des microalgues peuvent rapidement tapisser le décor et les vitres d'un aquarium. Cela n'a pas forcément une influence néfaste sur les poissons, mais l'aspect esthétique s'en ressent profondément.*

moins abondants ; le rôle des algues (notamment les vertes filamenteuses) peut donc être intéressant.

Les algues sont également broutées ou râpées par certains poissons. En eau douce, c'est le cas des Poéciliidés et des espèces regroupées sous le nom « suceurs » ou « laveurs » *(Gyrinocheilus, Ancistrus, Hypostomus, Panaque, Otoclinclus, Epalzeorhynchus)*. En eau de mer, elles constituent une partie du régime de quelques familles (certains Chaétodontidés, les Centropyges, les Acanthuridés) ; leur présence dans l'aquarium peut faciliter l'acclimatation de ces poissons à la captivité.

LA LUTTE CONTRE LES ALGUES INDÉSIRABLES

Lutte mécanique

On les retire à la main en faisant glisser les feuilles des plantes entre le pouce et l'index ; ou en enroulant les algues filamenteuses autour d'une baguette ; enfin, à l'aide d'une raclette munie d'une lame de rasoir ou d'un petit tampon abrasif (matériel vendu dans le commerce, ou pouvant être bricolé). Les roches, le sable, les squelettes

LES DIFFÉRENTS GROUPES D'ALGUES INDÉSIRABLES

Les algues rouges (Rhodophycées)
Leur prolifération est rare en aquarium.

Les algues brunes (Phéophycées)
En aquarium, elles sont principalement représentées par les diatomées, algues microscopiques unicellulaires. Elles se développent pour former un film fin sur le décor ou sur les vitres de l'aquarium. Dans de mauvaises conditions écologiques, elles peuvent succéder à certaines algues vertes.

Les algues vertes (Chlorophycées)
On considère généralement que leur apparition en taches éparses, de faible étendue, est plutôt un bon signe (surtout en milieu basique), qui peut indiquer que l'aquarium est bien équilibré. Leur prolifération est toutefois génératrice de problèmes. On distingue :
– les algues vertes filamenteuses ; c'est peut-être l'une des proliférations les plus courantes. Très fines, elles peuvent mesurer quelques centimètres de long, ou s'étendre pour atteindre plusieurs dizaines de centimètres. Leur reproduction s'effectuant par fragmentation, un très court filament invisible à l'œil nu suffit pour coloniser assez rapidement un aquarium, si les conditions le permettent ;
– les eaux vertes ; elles sont dues à d'importants développements d'algues microscopiques, en général unicellulaires et mobiles grâce à un flagelle. En milieu naturel, elles constituent le phytoplancton. Leur prolifération rapide est souvent due à une trop forte concentration d'éléments nutritifs (sels minéraux), notamment l'azote, sous une forte luminosité.

Les algues bleues (Cyanophycées)
Également microscopiques, elles sont très anciennes et figurent parmi les premiers éléments vivants apparus sur terre. Malgré leur nom, elles forment des tapis à l'aspect velouté, de couleur vert-bleu, parfois brunâtre. Elles se développent souvent sous un éclairage excessif.

de coraux, les branches et les racines infestés par les algues peuvent être traités, à l'extérieur de l'aquarium, dans une solution d'eau de Javel diluée à 1/10, à laquelle ces algues sont très sensibles. Le matériel immergé et colonisé par les algues (chauffage, tuyaux, diffuseur, filtre) peut être traité de la même manière. Il est important de bien rincer et de sécher avant de réintroduire tous ces éléments dans un aquarium. Parfois, la prolifération d'algues est telle qu'il faut envisager une réfection totale de l'aquarium.

Lutte écologique
On tentera de réguler le facteur qui provoque les proliférations d'algues en agissant sur la quantité de lumière, à diminuer dans le cas des algues vertes ou des bleues. La modification de l'emplacement des tubes,

ou l'utilisation des déflecteurs, pour éviter l'envahissement de la glace frontale, donne

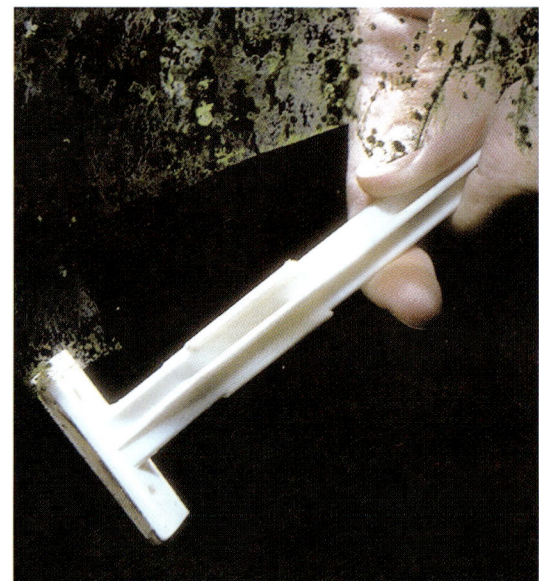

Un rasoir jetable est un instrument utile pour éliminer les algues qui se développent sur les vitres. ▷

de bons résultats. En aquarium d'eau douce, on peut pratiquer des changements partiels d'eau, assez régulièrement, en utilisant de l'eau de faible dureté qui contient peu de sels minéraux.

Il faut veiller toutefois à ne pas modifier trop brutalement la qualité de l'eau du bac, si elle est adaptée à un certain peuplement de plantes et de poissons.

En eau de mer, on changera l'eau et on la remplacera par de l'eau synthétique, de salinité équivalente.

Lutte biologique

Elle consiste à utiliser des animaux herbivores, par exemple les poissons précédemment cités, ou des gastéropodes (rares en eau de mer) mais qui ne s'intéressent qu'à certains types d'algues.

La lutte biologique peut parfois se réaliser sans intervention de l'aquariophile : les plantes supérieures libèrent, en effet, des substances qui peuvent inhiber le développement des algues.

Plusieurs poissons peuvent être utilisés dans la lutte biologique contre les algues en eau douce : Epalzeorhynchus siamensis *(à droite)* et Gyrinocheilus aymonieri *(à gauche).* ▽ ▷

La portée de ce phénomène est très difficile à apprécier en aquariophilie, car invisible à nos yeux.

Lutte chimique

Il existe dans le commerce aquariophile des produits algicides (destinés à tuer les algues). Leur effet n'étant pas forcément bien déterminé, il faut donc rester prudent sur les doses, car ces produits ont probablement des répercussions sur les autres végétaux. Pour les mêmes raisons, l'utilisation du sulfate de cuivre n'est pas recommandée, car il est dangereux pour les invertébrés.

Il n'y a pas de solution miracle ; l'utilisation simultanée de plusieurs techniques se révèle parfois positive, mais il n'est cependant pas rare de voir les algues réapparaître au bout d'un certain temps. Il vaut mieux s'en accommoder en les éliminant partiellement et régulièrement.

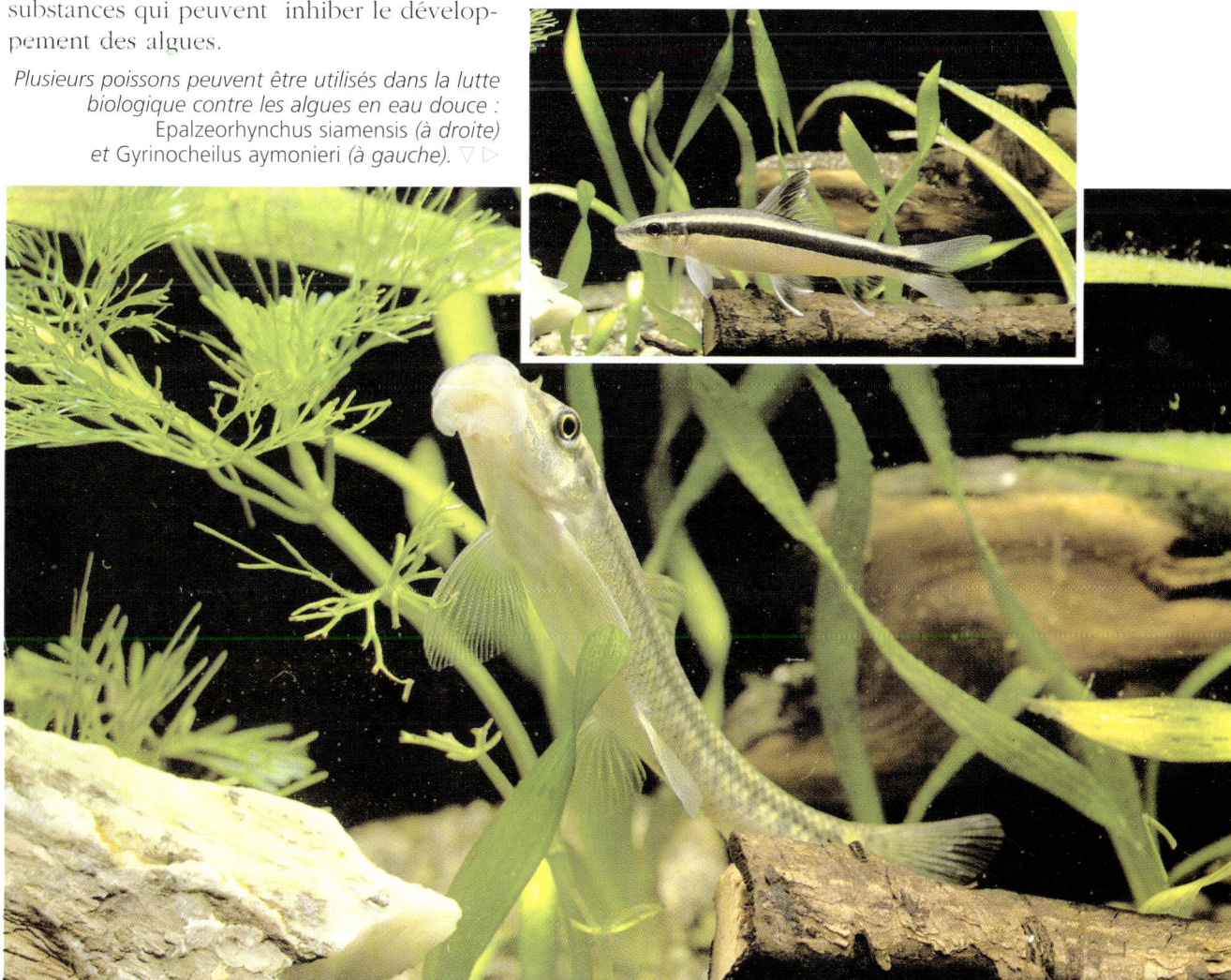

COMMENT SOIGNER LES PLANTES

*Les plantes ont besoin de lumière, de sels minéraux (les engrais) et de gaz carbonique (CO_2)
pour se développer ; c'est la juste proportion de ces éléments qui leur permet
de vivre et de se reproduire. L'aquariophilie doit donc également être
un jardinier aquatique et avoir les « doigts verts »
pour cultiver son décor vivant.*

*Pour bien favoriser
la croissance
et la reproduction
des plantes, il faut
respecter
leurs besoins.* ▷

*Les végétaux ont
impérativement
besoin de lumière,
naturelle
ou artificielle, pour
se développer
et produire
de l'oxygène,
après avoir
absorbé du gaz
carbonique.* ▽

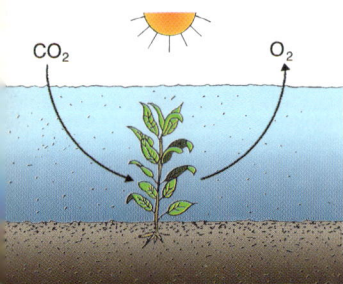

LES BESOINS DES PLANTES

L'eau

Les plantes aquatiques sont très sensibles à la qualité de l'eau.

Si certaines plantes sont faciles à maintenir, comme la fougère flottante, et semblent indifférentes à la qualité de l'eau, d'autres exigent une eau douce et acide ou, au contraire, basique et dure.

Leur développement harmonieux ne pourra se faire que dans une eau adaptée à leurs besoins.

La lumière

Les plantes d'aquarium ont en général besoin d'un éclairage puissant, obtenu grâce à des tubes fluorescents particuliers, pendant 12 à 13 heures quotidiennes.

Toutes les données concernant l'éclairage en aquarium seront exposées dans les chapitres techniques.

Si l'éclairage est insuffisant en qualité ou en quantité, les plantes jaunissent et finissent par dépérir.

Le gaz carbonique (CO_2), l'oxygène (O_2) et la photosynthèse

Comme tous les êtres vivants, les végétaux respirent continuellement. Ils consomment de l'oxygène et rejettent du gaz carbonique. Les plantes, en milieu naturel comme en aquarium, contribuent à l'oxygénation de l'eau.

En effet, sous l'influence de la lumière, donc uniquement de jour, elles absorbent le gaz carbonique issu de la respiration des poissons et produisent de l'oxygène : c'est la photosynthèse, qui leur permet d'assurer leur croissance. Ce phénomène est intéressant pour le bon équilibre de l'aquarium, car il produit plus d'oxygène que la plante n'en consomme en respirant.

Il peut y avoir de légères variations du taux d'oxygène entre le jour et la nuit, le minimum étant atteint au dernier tiers de cette période. Un aquariophile (si possible insomniaque !) peut le vérifier en mesurant le pH toutes les heures sur un cycle de 24 heures (voir schéma, p. 14).

MAGNÉSIUM, CHLOROPHYLLE ET FER

Le magnésium est un élément important, il constitue une partie de la chlorophylle, pigment vert qui absorbe la lumière. Le fer joue un rôle dans les réactions chimiques de la photosynthèse. Si les plantes en manquent, leur croissance ralentit, elles jaunissent ; les spécialistes parlent de chlorose, que l'on rencontre parfois en agriculture.

Ainsi, une élévation du taux d'oxygène fait augmenter le pH. La nuit, la production en CO_2 acidifie l'eau, le pH descend. Ce phénomène, qui n'est réellement visible que dans des aquariums bien plantés et densément peuplés, entraîne rarement des problèmes pour les poissons.

Les engrais

Lors de la mise en service d'un aquarium, le sol et l'eau contiennent des sels minéraux. Ces derniers s'épuisent progressivement, et les plantes risquent donc d'en manquer. Les aquariophiles ont alors trois solutions :

– changer régulièrement une partie de l'eau (en général 10 % du volume par semaine), ce qui amène une eau « neuve » contenant des sels ;

– rajouter des engrais liquides spécialement conçus pour les plantes aquatiques ;

– rajouter des engrais solides, sous forme de pastilles que l'on place au pied des plantes ; la libération des sels minéraux est alors progressive

Un aquariophile peut lui-même fabriquer un engrais solide destiné à ses plantes. Pour cela, on utilise de l'argile : on la malaxe pour former de petites boules que l'on imbibe d'engrais liquide. Placées au pied des plantes, ces petites boules libéreront progressivement les éléments nutritifs.

Les sels minéraux

On nomme ainsi toutes les substances nécessaires à la croissance des végétaux. Elles sont l'équivalent, en fait, des engrais pour l'agriculture ou pour nos plantes d'appartement.

Les besoins des plantes varient selon chacune de ces substances ; certaines ne sont indispensables qu'en très faible quantité (les métaux par exemple) mais doivent être disponibles en permanence. Les sels minéraux sont absorbés par les racines et le feuillage chez les plantes réellement aquatiques, et par les racines chez les plantes amphibies.

En milieu naturel, il existe des zones considérées comme riches, où le renouvellement de l'eau et l'équilibre des cycles naturels fournissent suffisamment de sels minéraux pour que les plantes y prospèrent. Là où ces éléments indispensables font défaut, la végétation est rare ou inexistante.

LE MANQUE DE CO_2

En général, il y a suffisamment de gaz carbonique dans l'eau, mais il peut quelquefois en manquer, même dans un aquarium bien planté et bien éclairé. Dans ce cas, le gaz carbonique qui a été piégé par les bicarbonates est utilisé à son tour : le pH monte souvent au-dessus de 7,5, parfois jusqu'à 8, en eau douce, et le calcaire forme une fine couche sur les plantes des feuillus et les « étouffe ». On remarque également un dépôt sur les vitres, au niveau de la surface de l'eau. Dans le commerce aquariophile, on trouve des diffuseurs de CO_2 pour remédier à ce problème. Il ne faut également pas perdre de vue que l'aération et le brassage de l'eau, qui favorisent son oxygénation, facilitent le rejet dans l'atmosphère du CO_2 dissous dans l'eau. Trop brasser, dans certains cas, peut donc être funeste aux plantes.

À l'heure actuelle, un aquariophile peut facilement fournir le CO_2 nécessaire aux plantes grâce au matériel vendu dans le commerce. ▷

En aquarium, qui est un milieu confiné, l'eau et le sol contiennent des sels minéraux qui vont s'épuiser progressivement, plus ou moins rapidement selon la quantité de

LES CONDITIONS GÉNÉRALES DE CULTURE DES PLANTES AQUATIQUES

Beaucoup d'aquariophiles considèrent les plantes uniquement comme un élément du décor. D'autres les cultivent comme ils élèvent les poissons : ils les font « pousser », et même se reproduire. On rencontre parfois de véritables « horticulteurs aquatiques », qui obtiennent des résultats étonnants.

Comment savoir si vos plantes ont un problème de croissance ?

Une plante qui ne dispose pas de tous les éléments nécessaires à sa vie s'affaiblit, elle brunit ou jaunit et dépérit rapidement. Les feuilles se recouvrent d'une fine couche d'algues filamenteuses et finissent par tomber. Cependant, le ralentissement de la croissance n'est pas forcément facile à détecter chez certaines espèces.

Un développement harmonieux de la végétation est possible en aquarium, sous une bonne lumière et avec des sels nutritifs. ▽

plantes. Il faut donc envisager d'en rajouter, comme on le fait pour les plantes d'appartement de manière régulière. Un certain nombre d'aquariophiles prévoient, dès la conception de l'aquarium, un sol enrichi qui libérera progressivement ces sels minéraux. Cette préparation est particulièrement utile lorsque l'aquarium est destiné à recevoir une végétation importante (dans le cas d'un aquarium hollandais, par exemple, voir p. 33).

REPRODUCTION DES VÉGÉTAUX

Dans la nature, le mode de reproduction courant des végétaux est la reproduction sexuée, qui fait intervenir des fleurs et des graines. Toutefois, lorsque les conditions du milieu ne sont pas propices, la reproduction sexuée fait place à une reproduction asexuée, appelée multiplication végétative. Des fragments de plante, brisés ou arrachés, puis emportés par le mouvement des eaux, vont se déposer et se fixer grâce à leurs racines. C'est cette multiplication végétative qui est utilisée en aquariophilie. Les techniques, qui diffèrent suivant les types de plantes, s'apparentent aux méthodes de jardinage.

LE BOUTURAGE

Le bouturage se pratique sur une plante à tige. Cette dernière est nettement sectionnée, à l'aide d'une lame de rasoir ou de ciseaux. La partie supérieure est replantée, au tiers de sa longueur environ. Certains préconisent d'ôter les feuilles sur le tiers inférieur avant de planter ; d'autres conseillent de les laisser, affirmant qu'en se dégradant elles vont se transformer progressivement en matières minérales. Les racines se forment, et la croissance est en général rapide. La partie inférieure de la plante mère restée en place produit des rameaux latéraux, que l'on pourra bouturer ultérieurement. Le bouturage de certaines plantes est facilité par la présence de racines adventives sur la tige, c'est le cas pour la plupart des plantes à tige (*Cabomba, Hygrophila*).

La plupart des plantes à tige se bouturent facilement, en prenant quelques précautions. ▽

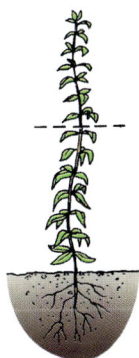

Comment faciliter le bouturage ?

La partie supérieure d'une plante à tige libère des substances qui inhibent la pousse de rameaux latéraux. Si l'on coupe ou si l'on pince fortement cette partie supérieure, ces substances ne parviennent plus à la partie inférieure de la plante, et des rameaux latéraux se développent, que l'on pourra bouturer.

◁ *Pour bouturer une plante, on coupe la partie supérieure (dessin du haut), que l'on replante (dessin du milieu), et on favorise l'apparition de rameaux latéraux sur la base de la tige restée en place (dessin du bas).*

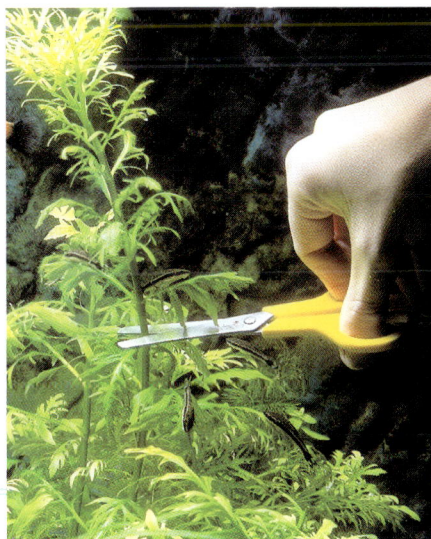

Pour bouturer une plante à tige, il est préférable d'effectuer une coupe nette. ▽

QUELQUES TRUCS POUR RÉUSSIR LE BOUTURAGE

Si la partie basse d'une plante à tige perd ses feuilles, c'est le signe que la lumière pénètre difficilement jusqu'au fond de l'aquarium ; on coupe la plante à quelques centimètres du sol et l'on repique la partie supérieure en bon état. La partie inférieure peut alors être éliminée.

Si l'on dispose de petits bacs de reproduction, on peut les utiliser comme « serre » aquatique, pour la culture des plantes à tige. Il est préférable d'utiliser des engrais liquides ou des boulettes d'argile. La présence de quelques poissons est indispensable pour apporter le CO_2 aux plantes. L'aération n'est pas forcément nécessaire, et la filtration sera modérée.

LA FRAGMENTATION DU PIED

Les plantes sans tige s'épaississent au niveau du pied, formant parfois des pieds secondaires, plus petits, pourvus de racines. On les sectionne délicatement avec une lame de rasoir, et on les replante.

◁ *La fragmentation du pied s'applique à de nombreuses plantes dont les cryptocorynes.*

Cette technique est notamment utilisée lorsque la tige de ces plantes atteint la surface.

LE MARCOTTAGE

Certaines plantes, comme les *Echinodorus* ou les algues marines du genre *Caulerpa,* émettent une tige aérienne horizontale, le stolon, au bout duquel se développe une jeune plante, laquelle produit des racines et peut se fixer dans le sol, soit spontanément, soit grâce à l'intervention de l'aquariophile, qui doit alors l'enraciner. Au bout de 1 semaine environ, les racines ont atteint un développement suffisant pour que l'on sectionne le stolon. Quant à la fougère du Congo, elle émet un rhizome qui grandit lentement, et sur lequel apparaissent de nouvelles feuilles. En sectionnant nettement ce rhizome entre deux feuilles, on obtient deux plantes indépendantes.

▽ *Les* Vallisneria *et les* Sagittaria *se reproduisent spontanément par stolons (dessin du haut), la plante-fille doit être enracinée (dessin du milieu) avant section du stolon (dessin du bas).*

bouturage, marcottage et fragmentation du pied sont régulièrement effectués. Les plantes en plein développement sont ensuite repiquées dans un aquarium d'ensemble.

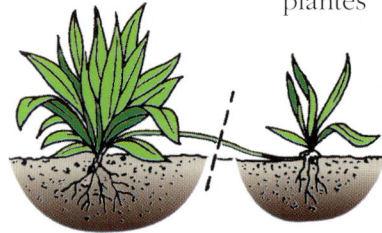

Un aquarium de reproduction pour plantes doit posséder un éclairage adapté et assez puissant. Le niveau de l'eau sera peu élevé, pour favoriser la pénétration de la lumière, et le sol sera convenablement enrichi. On peut même fabriquer des mini-jardinières à partir de pots ou de boîtes de yaourt ou de glace, par exemple. La filtration sera faible, l'oxygénation inexistante : cela évite de rejeter dans l'atmosphère le CO_2 dissous dans l'eau. S'il n'est pas assez abondant, il existe des systèmes, commercialisés dans les magasins d'aquariophilie, qui permettent la diffusion modérée de ce gaz dans le bac. Quelques poissons compléteront l'équilibre, que l'on pourra choisir de la même espèce, ce qui leur permettra éventuellement de se reproduire. À l'heure actuelle, beaucoup d'aquariophiles s'attachent à la reproduction des poissons, mais peu s'intéressent à la culture des plantes, qui peut pourtant se révéler passionnante.

UN AQUARIUM DE REPRODUCTION POUR LES PLANTES

Pourquoi pas ? Certains aquariophiles arrivent parfois à reproduire quelques plantes par voie sexuée, lorsqu'elles fleurissent. Ils utilisent un ou plusieurs bacs de culture, où

△ *Pour se multiplier, les algues marines du genre* Caulerpa *allongent leur stolon sur lequel se développent de jeunes feuilles.*

LES PLANTES

Parmi les milliers de plantes réellement aquatiques, ou seulement
amphibies, quelques centaines sont disponibles sur le marché aquariophile.
La très grosse majorité d'entre elles proviennent
des eaux douces tropicales, seules quelques-unes se rencontrent
dans nos régions : elles conviennent pour les aquariums tempérés
et les bassins de jardin. Les plantes les plus courantes sont, en général,
les plus résistantes, elles concernent donc plus précisément les débutants.
D'autres sont plutôt réservées à des aquariophiles confirmés,
soucieux d'élaborer un vrai jardin aquatique.
Les plantes particulières, flottantes, mousses ou fougères, ont été
regroupées compte tenu de leur mode de vie hors du commun ;
elles devraient intéresser tous les aquariophiles.

LES PLANTES LES PLUS COURANTES

O N POURRAIT LES APPELER « LES PLUS CLASSIQUES », car elles ont fait le bonheur de générations d'aquariophiles chevronnés ou débutants. Ces derniers seront plus particulièrement intéressés par certaines d'entre elles, faciles à cultiver, et parmi les moins onéreuses.

Ce sont en grande majorité des plantes à tiges, qui se bouturent donc facilement et poussent rapidement sous un bon éclairage. Parmi elles, on trouvera facilement quelques espèces adaptées à différents types d'eau, ou destinées à un aquarium régional.

Acorus (Aracées, Asie)

Provenant d'eaux tempérées et froides, les acores ont été largement répandus à partir de leur zone d'origine. En aquarium, ils craignent les températures supérieures à 22 °C et sont donc réservés à des bacs tempérés. Ils supportent une large gamme de dureté et de pH. La reproduction s'effectue par division du rhizome, entre les bourgeons. Ces plantes sont en général palustres et conviennent également pour des aquaterrariums et des bassins de jardin. Elles peuvent cependant vivre totalement immergées.

Acorus gramineus

Il existe 2 variétés de cette espèce. La plus grande, l'**acore vert,** atteint 30 cm, la plus petite, l'**acore nain,** mesure environ 10 cm et convient bien aux avant-plans.

Acorus calamus

Présent en Europe, l'**acore vrai** peut dépasser 1 m. Il est donc réservé aux bassins de jardins de nos régions.

△ **Acorus gramineus**

▽ **Bacopa caroliniana**

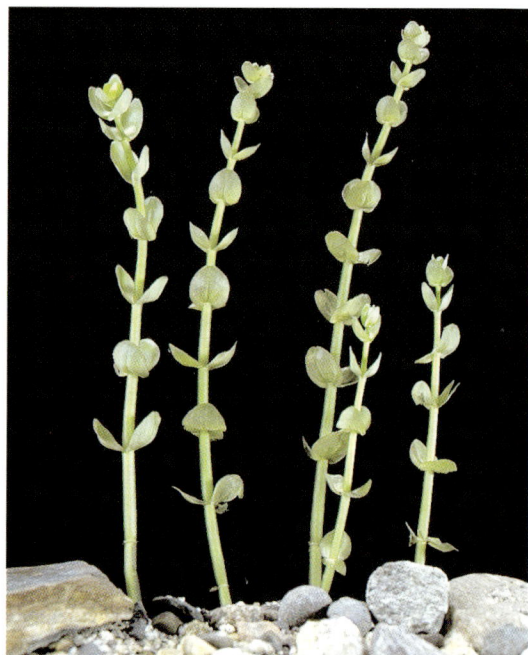

Bacopa monnieri ▷

Bacopa (Scrofulariacées, sud des États-Unis, Amérique centrale)

La floraison de ces plantes à tiges dont les feuilles ovales sont opposées est possible en aquarium, mais le bouturage reste le meilleur moyen de les propager. Elles préfèrent une eau un peu acide ou neutre, et une dureté faible. Résistantes, elles gagnent à être plantées en groupe en espaçant un peu les tiges.

Bacopa caroliniana

Robuste, la **bacopa** ou **gratiole** résiste à des températures pouvant descendre jusqu'à 20 °C, mais ne supporte pas plus de 24-25 °C. Taille : 30 cm.

Bacopa monnieri

L'espace entre les feuilles est plus grand que celui de l'espèce précédente. La **bacopa de Monnier,** très facile à maintenir, et dont la croissance est assez lente, demande un bon éclairage. Taille : 30 cm.

△ *Cabomba aquatica*

Ceratophyllum
(Cératophyllacées, cosmopolites)

Les cératophylles sont présents dans le monde entier, mais une seule espèce est courante en aquariophilie.

Ceratophyllum demersum

Le **cératophylle** ou **cornifle** se rencontre en Europe et en Amérique centrale. Cette plante d'eau tempérée peut s'adapter aux aquariums tropicaux. Elle convient aux bacs peuplés de poissons rouges, ou aux bassins de jardin, dans lesquels elle se développe parfois de manière importante. Elle est facile à cultiver ; sa tige est cependant assez cassante. Elle ne possède pas de vraies racines et tient difficilement dans le substrat ; elle peut donc vivre « calée » par des roches ou des branches, ou flotter à la surface. Le bouturage est facile sur la tige principale, ou avec les rameaux latéraux. La dureté et le pH de l'eau lui sont relativement indifférents, mais elle demande un éclairage assez fort. Taille : de 30 à 40 cm.

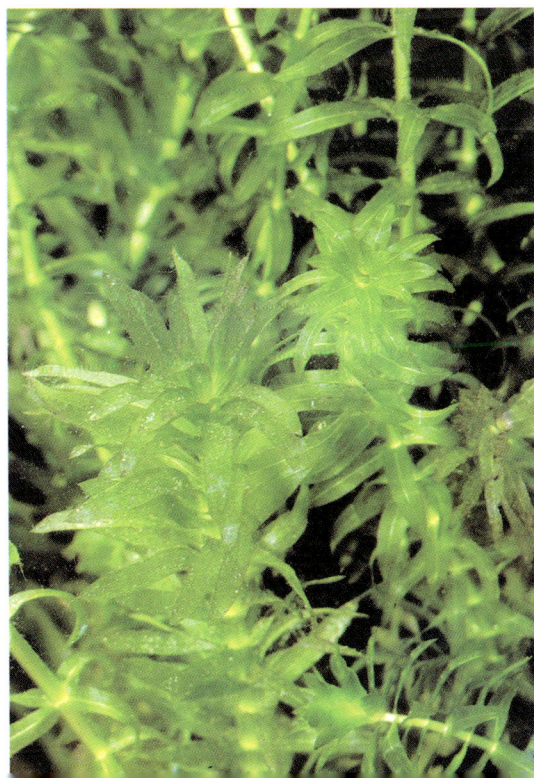

Cabomba (Cabombacées, sud des États-Unis, Amérique du Sud)

Appréciant le fin feuillage des cabombas, certains poissons tels les Characidés d'Amérique du Sud y déposent leurs œufs ; d'autres, à régime partiellement herbivore, le broutent. Les cabombas ont besoin d'un bon éclairage, d'une eau peu dure, d'un pH se situant aux alentours de la neutralité. La multiplication se fait par bouturage de rameaux latéraux, ou par étêtage.

Cabomba aquatica

Sous une luminosité trop faible, la **cabomba aquatique** s'étire en surface. Sa croissance est rapide, sauf dans une eau pauvre en gaz carbonique : il faut donc éviter un brassage trop important. Taille : de 30 à 40 cm.

Cabomba caroliniana

Plus résistante que sa cousine, la **cabomba de Caroline** supporte des températures de 20 °C mais demande un sol plutôt riche. La forme de ses feuilles dépend des conditions de culture. Taille : de 30 à 40 cm.

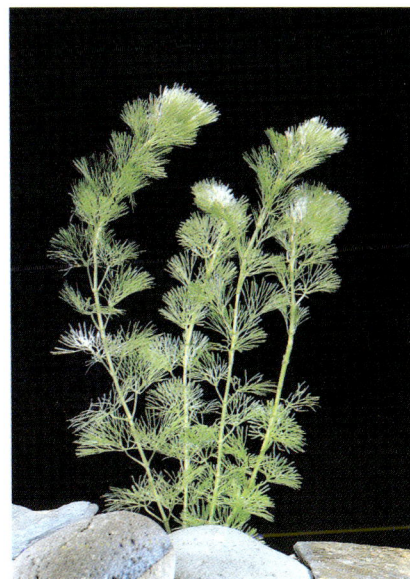

△ *Cabomba caroliniana*

▽ *Ceratophyllum demersum*

Elodea et Egeria (Hydrocharitacées, cosmopolites)

En raison de leur prolifération importante, on les surnomme pestes d'eau. Sous une lumière intense, elles produisent beaucoup d'oxygène. Elles s'enracinent mais peuvent vivre à l'état flottant, de préférence dans une eau dure et basique.

Elodea canadensis

Originaire du continent nord-américain, l'**élodée du Canada** a été introduite dans de nombreuses zones tempérées du globe. Seul le sexe femelle est présent en Europe depuis le milieu du XIXᵉ siècle : elle ne se reproduit donc que par bouturage. C'est une plante d'aquarium tempéré ou de bassin, dont l'optimum thermique est de 15-20 °C.

Egeria densa (anciennement Elodea densa)

Les deux sexes de l'**élodée dense,** également introduite en Europe, existent, mais la reproduction par fleur en aquarium demeure rare. Elle convient pour des aquariums tempérés, mais peut résister jusqu'à 25 °C. Taille : de 30 à 40 cm.

◁ *Egeria densa*

Eleocharis (Cypéracées, zones tropicales)

Ces plantes, vivant dans les marécages ressemblent à des touffes d'herbe. Elles conviennent donc aux aquaterrariums, mais peuvent également être cultivées en aquarium sous forte luminosité, dans une eau dure et alcaline.

Eleocharis minima

Lorsque les tiges de la **scirpe,** ou **herbe cheveu,** atteignent la surface, elles s'y couchent sans émerger. La multiplication végétative s'effectue par stolons ou par division de la touffe. Taille : de 20 à 30 cm.

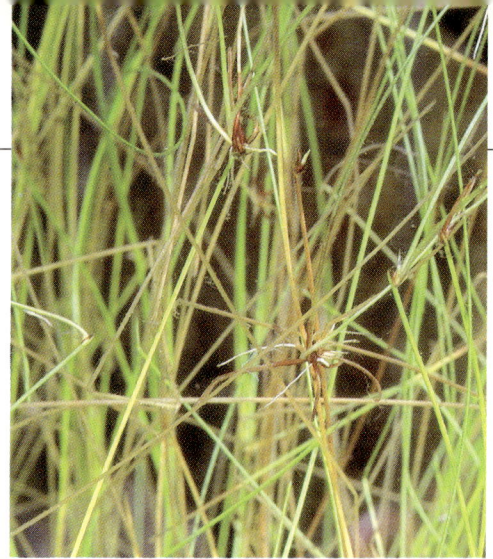

Heteranthera (Pontédériacées, Amérique centrale et du Sud)

Totalement aquatiques, ces végétaux demandent une luminosité assez importante et un sol assez riche. Ils sont sensibles au manque de fer. L'eau doit être légèrement basique et moyennement dure.

Heteranthera dubia

L'**hétéranthère à fleur jaune** se reproduit par bouturage, ce qui est facile grâce à la présence de racines adventives sur la tige. Cette dernière, assez fine, peut flotter à la surface de l'eau. Taille : 40 cm.

Heteranthera zosterifolia

L'**hétéranthère à feuilles de zostère** peut vivre totalement immergée. Elle se multiplie par bouturage des tiges latérales ; elle se développe également sous forme rampante. Taille : 30 cm.

△ *Eleocharis vivapara,* espèce proche d'*Eleocharis minima*

▷ *Hygrophila guianensis*

Hygrophila (Acanthacées, Sud-Est asiatique)

Plus de 10 espèces sont connues en aquariophilie ; l'existence de variétés et les modifications de noms scientifiques peuvent entraîner des confusions. Elles vivent semi-émergées, mais supportent l'immersion dans une eau acide ou neutre, moyennement dure. Pour leur bonne croissance, une luminosité intense est nécessaire ; on doit donc prévoir de les planter en groupe, mais en espaçant suffisamment les tiges. Le bouturage est facile : il suffit de couper la tête de la tige dès qu'elle atteint la surface.

△ *Hygrophila difformis*

◁ *Hygrophila corymbosa*

Hygrophila corymbosa (anciennement *Nomaphila*)

La **stricta** supporte des températures pouvant descendre jusqu'à 15 °C. La présence de racines adventives est intéressante pour le bouturage. Taille : 30 cm.

Hygrophila guianensis (anciennement *H. salicifolia*)

L'**hygrophile de Guinée** possède une tige à section presque carrée. Elle supporte mal le manque de fer et les eaux trop dures. Lorsque la lumière fait défaut, les feuilles situées au bas de la tige tombent. Taille : 30 cm.

Hygrophila difformis (anciennement *Synnema triflorum*)

Considérée comme une mauvaise herbe dans sa région d'origine, la **fausse fougère** est appréciée en aquariophilie pour sa couleur claire et son feuillage finement découpé. Lorsque les feuilles émergent, leur forme est moins délicate. Cette plante supporte une gamme assez large en dureté et en pH. Lorsque des feuilles se séparent de la tige, de jeunes plantules se forment à leurs cassures. Taille : 30 cm.

△ **Limnophila heterophylla**

Limnophila (Scrofulariacées, Sud-Est asiatique)

Son feuillage fin est très apprécié de certains poissons, qui, selon les espèces, y déposent leurs œufs, ou le grignotent. Ces plantes amphibies peuvent vivre immergées. Lorsqu'elles atteignent la surface, elle s'y couchent ; il faut alors les bouturer et les repiquer. Un bon éclairage est nécessaire ; elles craignent le manque de fer, qui provoque le jaunissement du feuillage.

Limnophila aquatica
L'**ambulie aquatique** se développe bien dans une eau douce ou légèrement dure et un peu acide, si elle dispose d'assez de sels nutritifs. De petites pousses à sa base facilitent le bouturage, qui se fait également par étêtage. Cette plante doit être disposée en massif, les tiges un peu écartées, pour bénéficier de toute la luminosité. Taille : 30 cm.

Limnophila heterophylla
L'**ambulie hétérophylle** a un aspect moins touffu que l'ambulie aquatique, mais il faut cependant l'étêter régulièrement. Taille : 30 cm.

Ludwigia (Onagracées, zones tropicales)

Les ludwigias aiment la lumière, le fer et les sols plutôt riches. Le bouturage se fait en coupant une tige sous les racines adventives. On peut également étêter la plante, ce qui lui évite de perdre ses feuilles plus basses. Taille : 30 cm.

Ludwigia ascendens
Entièrement aquatique, la **ludwigia à grands pétales** peut parfois émerger. Elle supporte une large gamme de dureté et un pH voisin de 7. Elle est recommandée aux débutants.

Ludwigia alternifolia
Comme son nom l'indique, les feuilles de la **ludwigia à feuilles alternées** sont alternées sur la tige, et non pas face à face. Elle préfère les eaux douces et acides. Taille : 30 cm.

Ludwigia brevipes
Plante amphibie assez résistante, la **fausse lysimachie** supporte les eaux dures et basiques et les températures légèrement inférieures à 20 °C. Elle peut donc être utilisée dans un aquarium tempéré. Taille : 30 cm.

Ludwigia repens
Il existe une variété verte et une autre à tonalité rougeâtre de la **ludwigia rampante**. Toutes deux demandent une bonne luminosité et sont considérées comme résistantes. Taille : 30 cm.

△ **Ludwigia sp.**

▽ **Ludwigia repens**

Myriophyllum aquaticum ▷

Myriophyllum (Haloragacées, continent américain)

Plus d'une dizaine d'espèces de ce genre, amphibies ou totalement aquatiques, figurent parmi les plantes d'aquarium les plus populaires. Leur feuillage tendre est apprécié par les poissons à tendance alimentaire végétarienne ; d'autres y déposent leur ponte. Les mille-feuilles aquatiques aiment la lumière et les eaux moyennement dures, mais claires : de petites particules en suspension sont, en effet, retenues dans le feuillage. La reproduction s'effectue principalement par bouturage.

Myriophyllum aquaticum
Contrairement aux autres espèces, le **mille-feuilles** ou **myrio aquatique** préfère une eau douce et acide. Le bouturage se fait par étêtage ou par séparation de petites ramifications. Un bel effet décoratif est obtenu par une plantation en bosquet. Taille : 40 cm.

Myriophyllum spicatum
Plante robuste à croissance rapide, le **mille-feuilles** ou **myrio en épi** demande une eau moyennement dure et alcaline. Il faut l'étêter régulièrement pour qu'elle conserve sa vigueur. Plusieurs autres espèces de myrios sont commercialisées, certaines ont une couleur rougeâtre ; toutes ont besoin de fer et d'une bonne luminosité. Taille : 40 cm.

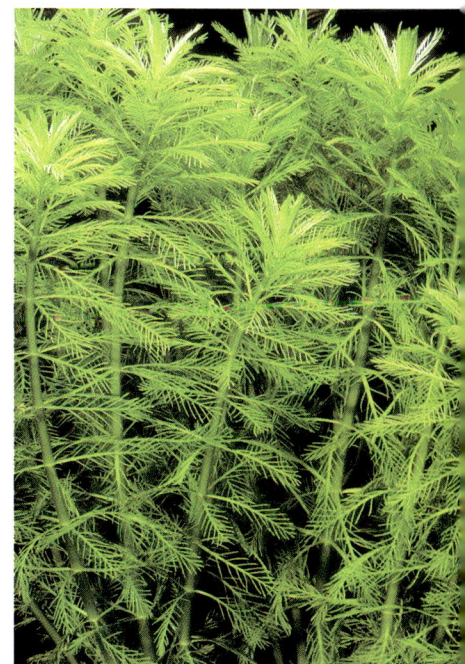

205

Rotala (Lythracées, Sud-Est asiatique)

La forme des feuilles de ces espèces varie selon le milieu, elles présentent une coloration rougeâtre, notamment sur leur face inférieure. Elles se développent en eau douce et acide, sous une forte luminosité, et ont besoin de fer. Elles se bouturent aisément, grâce à la formation de racines adventives. Plantées en bosquet, elles offrent un certain effet décoratif, en se détachant sur les plantes vertes.

Rotala macrandra

La coloration de la **rotala à grandes feuilles** varie en fonction de l'intensité de l'éclairage, mais la dominante générale demeure rougeâtre. La croissance est assez lente, mais l'étêtage favorise la pousse de rameaux latéraux, qui peuvent se bouturer. Taille : 30 cm.

Rotala rotundifolia

La face supérieure des feuilles de la **rotala à feuilles rondes** est verte, la face inférieure rougeâtre. Lorsque la plante émerge, les feuilles deviennent alors entièrement vertes. Elle forme de beaux massifs ; les tiges doivent être suffisamment écartées lors de la plantation. Taille : 30 cm.

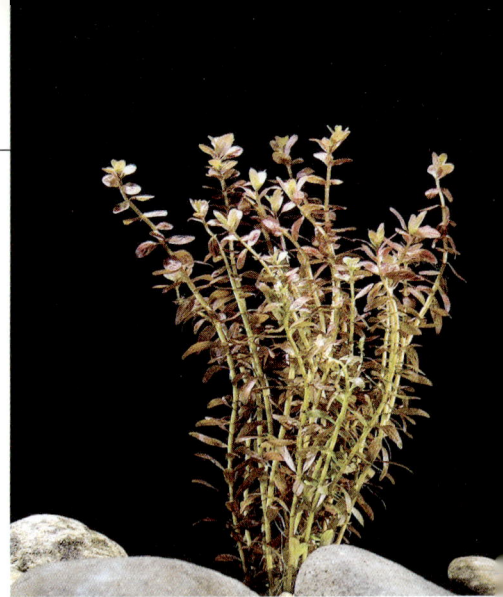

△ *Rotala rotundifolia*

▽ *Sagittaria sagittifolia*

◁ *Rotala macranda*

Sagittaria (Alismatacées, continent américain et Europe)

Les feuilles émergées de ces plantes palustres sont en forme de flèche, les feuilles immergées en forme de ruban. Il faut veiller à ne pas trop enfoncer le rhizome ; on peut maintenir la plante en place avec un petit morceau de fil de fer recourbé. La multiplication végétative se fait par formation de plantules sur des stolons, qui peuvent s'enraciner spontanément ou par intervention de l'aquariophile ; le stolon peut alors être sectionné.

Sagittaria graminea

Il existe plusieurs variétés de la **sagittaire graminée,** qui diffèrent par la longueur et la largeur des feuilles. Toutes préfèrent une luminosité moyenne, une eau douce ou légèrement dure, un pH autour de la neutralité. Taille : 40 cm.

Sagittaria sagittifolia

La **sagittaire en flèche,** ou **en fer de lance,** amphibie, est assez commune dans les eaux calmes de notre pays. Utilisée dans les bassins de jardin, elle y résistera l'hiver mais préfère les zones ensoleillées. Taille : de 40 à 50 cm dans l'eau.

Sagittaria graminea ▷

SAGITTAIRES ET VALLISNÉRIES, COMMENT LES DISTINGUER ?

Les sagittaires et les vallisnéries se distinguent par l'extrémité de leurs feuilles.

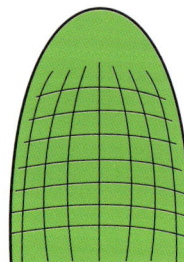

Sagittaires

Nervures longitudinales n'atteignant pas l'extrémité. Nervures transversales perpendiculaires et assez nombreuses.

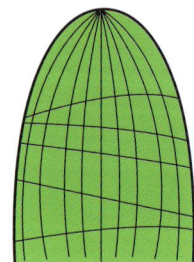

Vallisnéries

Nervures longitudinales atteignant l'extrémité. Nervures transversales peu nombreuses et quelquefois obliques.

Vallisneria (Hydrocharitacées, Asie en général)

Les vallisnéries peuvent se confondre avec les sagittaires. Comme ces dernières, elles se reproduisent par stolons, ont besoin de lumière, d'une eau à dureté peu élevée et au pH légèrement acide.

Vallisneria asiatica

Les feuilles rubanées de la **vallisnérie asiatique** sont spiralées, et il en existe plusieurs variétés. Sa hauteur peut dépasser 40 cm, ce qui en fait une plante idéale pour orner les côtés ou la face arrière d'un aquarium. Taille : de 40 à 50 cm.

Vallisneria spiralis

Le terme *spiralis* s'applique au pédoncule floral, et non aux feuilles. La **vallisnérie spiralée** d'aquarium, très populaire, se multiplie activement dans de bonnes conditions. Taille : de 40 à 50 cm.

Vallisneria gigantea

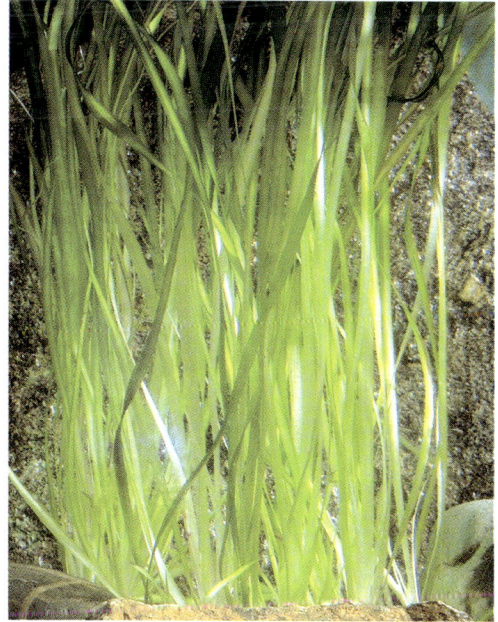

Les feuilles, qui peuvent dépasser 1 m de long et 3 cm de large, se couchent à la surface de l'eau.
La **vallisnérie géante** préfère un éclairage intense et un sol légèrement enrichi. Bien entendu, elle est réservée aux grands aquariums. Taille : 1 m.

◁ *Vallisneria gigantea*   *Vallisneria spiralis* ▷

LES PLANTES DE L'AMATEUR CONFIRMÉ

U NE FOIS QUE L'ON A ACQUIS DE L'EXPÉRIENCE avec les espèces précédentes, on peut s'intéresser à d'autres plantes, dont certaines sont un peu moins courantes. Celles qui sont en touffe poussent assez lentement, ce qui peut décevoir les amateurs impatients. Elles offrent pourtant un beau spectacle si l'on respecte leurs exigences, particulièrement la qualité de l'eau et la quantité de lumière.

Alternanthera (Amaranthacées, Amérique du Sud)

Ces plantes préfèrent les eaux acides et douces, elles se multiplient par boutures. Leur couleur rougeâtre les met en valeur parmi les autres plantes dans un aquarium.

Alternanthera sessilis

Il y a 2 variétés de l'**alternanthère sessile.** La première, aux feuilles entièrement rouges, ne survit pas plus de quelques mois en position totalement immergée.

La seconde se reconnaît à la coloration brun-vert de la partie supérieure des feuilles, elle semble plus adaptée à une vie totalement aquatique. Taille : de 30 à 40 cm.

Alternanthera reineckii

Plus résistante que l'espèce précédente, l'**alternanthère de Reineck** n'attire pas autant l'œil car elle n'affiche pas de couleur rougeâtre. Sous un éclairage intense, elle produit des tiges latérales, qu'il est facile de bouturer. Taille : de 30 à 40 cm.

◁ *Alternanthera reineckii*   △ *Alternanthera sessilis*

207

Anubias (Aracées, Afrique de l'Ouest)

Elles poussent lentement, sous une faible lumière, dans une eau douce et acide. La multiplication se fait par fractionnement du rhizome, qu'il ne faut jamais enterrer.

Anubias barteri

Il existe 2 variétés : la plus petite, l'**anubias nain,** convient aux avant-plans ; la plus grande, l'**anubias de Barter,** possède des feuilles en forme de lance et peut être placée un peu plus en retrait. Taille : 30 cm.

Anubias heterophylla

L'**anubias du Congo** peut atteindre et dépasser 35 cm et ne convient donc qu'aux grands aquariums. La forme des feuilles varie considérablement : plus ou moins ovale ou lancéolée. Taille : de 30 à 40 cm.

△ *Anubias barteri*

Cryptocoryne cordata ▷

◁ *Anubias heterophylla*

Cryptocoryne (Aracées, Sud-Est asiatique)

Plusieurs dizaines d'espèces de ce genre sont utilisées en aquariophilie, ce qui crée parfois des confusions. Certaines sont réellement aquatiques, d'autres amphibies. La qualité de l'eau varie selon les espèces : douce à moyennement dure, légèrement acide à basique ; le sol doit être assez riche. La reproduction sexuée par fleurs est rare ; la multiplication végétative se fait par stolons ou par division de la touffe.

Cryptocoryne balansae

La **cryptocoryne de Balansa** préfère une luminosité intense et une température supérieure à 25 °C. C'est une plante à garder en exemplaire unique, pour la mettre en valeur. Taille : 40 cm.

Cryptocoryne beckettii

Palustre dans son milieu naturel, la **cryptocoryne de Beckett** est très résistante et peut vivre totalement immergée. Taille : 40 cm.

Cryptocoryne ciliata

La **cryptocoryne ciliée** est une des espèces du genre qui supporte des eaux dures, et il lui faut un sol assez riche. Elle est amphibie en milieu naturel. Taille : 40 cm.

Cryptocoryne cordata

La **cryptocoryne du Siam** existe en plusieurs variétés qui diffèrent par la forme des feuilles. Elle s'adapte bien aux eaux dures. Taille : de 15 à 20 cm.

Cryptocoryne crispatula

Espèce robuste et de grande taille, la **cryptocoryne ondulée** est réservée aux grands aquariums, où elle mérite d'être mise en valeur. Elle n'aime pas les eaux trop dures. Taille : de 50 à 70 cm.

▽ *Cryptocoryne beckettii*

◁ *Cryptocoryne crispatula*

Hottonia inflata ▷
(au premier plan)

Echinodorus (Alismatacées, Amérique du Sud)

La plupart des échinodorus sont des plantes palustres, mais elles vivent également immergées. La forme des feuilles varie selon les conditions de culture : eau légèrement acide à neutre, dureté faible à moyenne. Ces plantes jaunissent quand elle manquent de fer, il faudra donc veiller à leur en apporter. La reproduction se fait par coupure du rhizome sur lequel apparaissent des plantules.

Echinodorus amazonicus

Dans de bonnes conditions (luminosité moyenne à forte), l'**amazone** atteint 40 cm. En eau trop dure, elle demeure nettement plus petite et semble un peu végéter.

Echinodorus maior

L'**échinodorus géant** atteint la même taille que sa cousine l'amazone et, comme elle, mérite d'être mis en valeur dans un grand aquarium s'il est le seul représentant de son espèce. Taille : de 30 à 40 cm.

Echinodorus quadricostatus

L'**amazone naine** est destinée à garnir les avant-plans d'un aquarium. Elle préfère un sol moyennement riche, et supporte des températures inférieures à 20 °C. La forme des feuilles varie selon l'éclairage. Taille : 10 cm.

Echinodorus tenellus

L'**amazone-pygmée,** la plus petite du genre, préfère l'eau douce. Elle peut rapidement former un tapis important par le développement de ses stolons. Elle n'aime pas la prolifération de fines particules (de type vase) à sa base.
Taille : 10 cm.

◁ *Echinodorus sp.*

△ *Echinodorus tenellus*

◁ *Echinodorus amazonicus*

Hippurus (Hippuridacées, cosmopolites)

Ces plantes se rencontrent dans les zones tempérées de l'hémisphère Nord. Elles sont principalement destinées aux bassins de jardin.

Hippurus vulgaris

Les feuilles aériennes ont une forme différente de celles qui sont immergées. La **pesse d'eau** peut se cultiver en aquarium tropical. Taille : inférieure à 50 cm sous l'eau, de 10 à 15 cm hors de l'eau.

Hottonia (Primulacées, Amérique centrale)

Les quelques espèces de ce genre sont originaires de l'hémisphère Nord ; elles peuvent donc résister dans des eaux dont la température descend jusqu'à 15 °C.

Hottonia inflata

Plante entièrement aquatique au feuillage finement découpé, l'**hottonie enflée** aime l'eau acide et douce. Son bouturage est facilité par la présence de racines adventives sur les nœuds de la tige. Elle est très décorative plantée en groupe.
Taille : de 20 à 30 cm.

Lobelia (Lobéliacées, Amérique du Nord)

Les plantes de ce genre se rencontrent dans les zones tropicales ; elles sont terrestres ou palustres. Parmi ces dernières, une espèce s'adapte aux aquariums tropicaux, mais sa croissance est lente.

Lobelia cardinalis

Cette plante amphibie peut se développer de 10 à 20 °C, en eau moyennement dure et proche de la neutralité. La **lobélie-cardinal** convient à des aquariums tempérés ou tropicaux ; dans ce dernier cas, il lui faut une forte lumière.
La multiplication se fait par bouturage.
Taille : 30 cm.

▽ *Lobelia cardinalis*

LES PLANTES PARTICULIÈRES

ELLES COMPLÈTENT LA VÉGÉTATION CLASSIQUE sur le plan esthétique et sur le plan écologique. Les plantes flottantes procurent des zones d'ombre et offrent des abris aux alevins ; les mousses représentent un support de ponte pour certains poissons ; les fougères à croissance lente colonisent des supports solides. Toutes ont comme point commun de ne pas être enracinées. De plus, les plantes flottantes sont réputées pour leur vitesse de croissance.

Bolbitis (Lomaropsidacées, Afrique et Asie)

Ces fougères peuvent vivre entièrement ou partiellement immergées. Une espèce est particulièrement appréciée en aquariophilie.

Bolbitis heudelotii

Principale espèce commercialisée du genre, *Bolbitis heudelotii* est une vraie fougère dont le rhizome ne doit jamais être enterré car il s'accroche naturellement sur un support (roche, racine, décor artificiel). Pour faciliter cet accrochage, on peut temporairement le fixer avec du fil de Nylon, ou le caler avec de petites pierres. La croissance est lente. Cette plante a besoin d'un éclairage normal, d'une eau de densité moyenne, avec un pH oscillant autour de 7. La multiplication se fait par coupure du rhizome, lorsque de jeunes pousses apparaissent. Taille : de 20 à 30 cm.

Ceratopteris cornuta (Parkoriacées, cosmopolites)

Cette fougère flottante est un abri idéal pour les alevins nouveau-nés, ou pour la fabrication du nid de bulles des poissons de la famille des Bélontiidés. Elle se développe rapidement sous forte luminosité ; quand elle est enracinée (ce qu'elle supporte bien), sa coloration devient plus claire et la forme des feuilles se modifie.

Ceratopteris thalictroides

La **fougère de Sumatra** préfère être enracinée, mais se développe également sous forme flottante, les feuilles ont alors une forme plus grossière. C'est une espèce résistante, à croissance rapide. Taille : de 50 à 60 cm.

◁ **Ceratopteris thalictroides**

Lemna (Lemnacées, cosmopolites)

Les lentilles d'eau flottent à la surface et se développent très rapidement. Introduites volontairement ou involontairement dans un aquarium, elles peuvent en coloniser toute la surface ; il faut donc les éliminer régulièrement.

Lemna minor

Cette espèce est souvent confondue avec *L. gibba*, mais ses feuilles ne dépassent pas 1 cm de long. On peut l'utiliser pour ombrager une zone de l'aquarium ou offrir un abri à des alevins. Taille : environ 1 cm.

◁ **Lemna minor**

▽ **Microsorium pteropus**

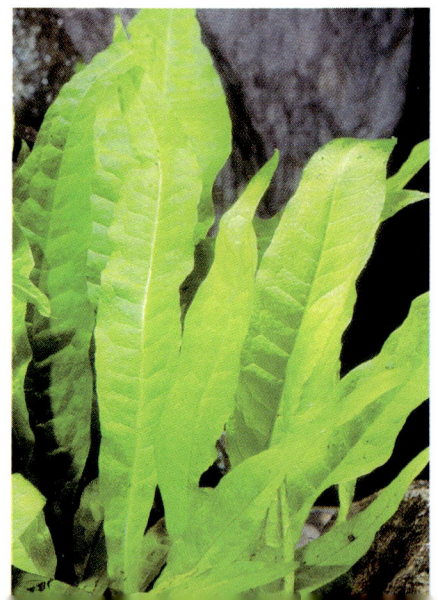

Microsorium (Polypordiacées, Sud-Est asiatique)

Ce genre regroupe des fougères qui aiment bien évidemment les milieux humides. Une seule espèce joue un rôle important en aquariophilie.

Microsorium pteropus

La croissance de la **fougère de Java**, très résistante, est lente, sous une luminosité moyenne à élevée. Comme pour toutes les fougères, la reproduction sexuée par spores est possible, mais la reproduction végétative demeure nettement plus courante en aquarium. Le rhizome peut être sectionné lorsque de jeunes frondes apparaissent ; il s'accroche à un support grâce à de petites racines. On peut faciliter cet accrochage en calant le rhizome avec des pierres (sans l'écraser), ou en le fixant avec du fil de Nylon. Taille : de 15 à 20 cm.

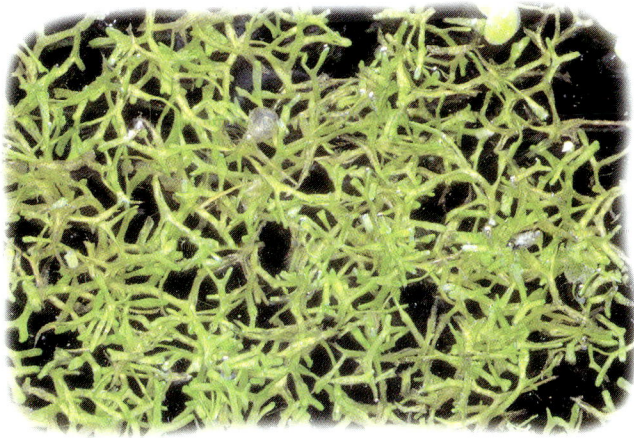

△ *Riccia fluitans*

Riccia (Ricciacées, Europe, Amérique et Asie)

Ces plantes, très petites à l'unité (1 à 2 mm), sont largement répandues et forment un tapis flottant. Leur développement est rapide, surtout sous une luminosité importante, il faut donc les éliminer régulièrement.

Riccia fluitans

La **riccia flottante** procure un abri aux alevins et permet le développement d'infusoires, qui constituent souvent leur première alimentation. Cette plante préfère une eau moyennement dure, avec un pH proche de 7.

Pistia (Aracées, zones tropicales)

Le genre *Pistia* ne semble renfermer qu'une seule espèce. C'est une plante flottante à la croissance plutôt lente, mais dont l'intérêt aquariophile n'est pas négligeable.

Pistia stratoites

La **laitue d'eau** possède des feuilles à l'aspect velouté. Elle se développe sous une forte luminosité ; des plantules peuvent alors se former sur des stolons. Elle procure de l'ombre dans un aquarium et un abri pour les alevins. Elle craint les gouttes d'eau qui se forment par condensation sur la face inférieure du couvercle. Diamètre : de 5 à 6 cm.

△ *Salvinia auriculata*

Pistia stratoites ▷

△ *Vesicularia dubyana*

Salvinia (Salviniacées, Amérique du Sud)

Malgré un aspect particulier, les salvinies sont des fougères aquatiques flottantes. Les feuilles, d'aspect plus ou moins rugueux, sont disposées de part et d'autre d'un axe horizontal flottant. La reproduction s'effectue par stolons, et ces plantes peuvent rapidement devenir envahissantes, mais elle sont sensibles à l'eau de condensation sous le couvercle.

Salvinia auriculata

Les feuilles flottantes de la **salvinie** dépassent 1 cm de long, ce qui la distingue d'une espèce proche, *S. minima*, à la biologie identique. Sous un bon éclairage, la croissance dans une eau neutre de faible dureté est rapide. Cette plante est recommandée dans les bacs de reproduction pour offrir un abri aux alevins. Taille d'une feuille flottante : 2 cm.

Vesicularia (Hypnacées, Sud-Est asiatique)

Ce genre regroupe de nombreuses espèces de mousses originaires des zones continentales tropicales. La plupart sont terrestres, et quelques-unes amphibies ou aquatiques.

Vesicularia dubyana

La **mousse de Java** est courante en aquariophilie et très appréciée, car elle s'accroche au décor naturel (bois, roches) ou artificiel. Lorsqu'on l'introduit dans l'aquarium, on peut l'aider à se fixer en la calant avec des petites roches ou des fragments de bois. Elle aime les eaux douces et acides, avec une luminosité moyenne. C'est un excellent support de ponte pour certains poissons et un abri pour les alevins. Elle peut parfois être envahie par des algues filamenteuses. Une espèces proche, la mousse de Bogor *(Glossadelphus zollingeri),* est également commercialisée.

Saururus (Saururacées, continent nord-américain)

La reproduction végétative de ces plantes peut se faire par bouturage ou par fraction du rhizome. Elles vivent dans des zones marécageuses, donc souvent partiellement immergées.

Saururus cernuus

L'adaptation de cette plante palustre est possible en aquarium ; la **plante de Leiden** n'est pas exigeante sur la qualité de l'eau, mais a besoin de lumière. Elle est résistante et sa croissance est lente ; les tiges peuvent se bouturer. Taille : de 40 à 50 cm.

△ *Saururus cernuus*

Spathiphyllum (Aracées, Amérique du Sud)

Ce sont des plantes amphibies, cultivées en pots comme plantes d'appartement. Leurs feuilles sont robustes, et leur croissance lente mais régulière.

Spathiphyllum wallisii

La plupart du temps, la **spath** ou **spathy** dépérit en quelques mois si elle reste immergée en permanence. Cependant, certains aquariophiles lui confèrent une survie supérieure, sans raisons apparentes. Il est donc préférable de cultiver cette plante en partie hors d'une eau douce et légèrement acide pendant quelques mois, après l'avoir maintenue totalement immergée. Taille : 40 cm.

△ *Spathiphyllum wallisii*

LES PLANTES DU JARDINIER AQUATIQUE

QUELQUEFOIS PEU COURANTES dans le commerce (et parfois assez onéreuses aux yeux de certains), ce sont des espèces dont il faut bien respecter les besoins. Les conditions de culture de certaines d'entre elles sont assez particulières, elles nécessitent une période de repos annuel. Il est donc préférable d'être un aquariophile expérimenté dans le domaine végétal, sous peine d'être rapidement déçu. Bien mises en valeur, ces plantes peuvent rapidement devenir le point de mire de l'aquarium, particulièrement dans les aquariums de type hollandais.

Aponogeton (Aponogetonacées, Afrique, Madagascar, Sri Lanka)

Ces très belles plantes ne sont pas forcément faciles à maintenir en aquarium. En effet, elles doivent subir une période de repos de quelques mois à une température voisine de 15 °C. Leur rhizome bulbeux, sans feuilles, doit donc être conservé dans un bac à part, sous une faible hauteur d'eau. Après le repos, on élève le niveau d'eau et la température. Les aponogetons aiment une forte luminosité et des eaux de dureté moyenne. La reproduction sexuée par fleurs est possible en aquarium. La multiplication végétative se fait par division du rhizome : lorsque feuilles et racines apparaissent, celui-ci peut être enterré.

Aponogeton crispus

La croissance de l'**aponogeton crispé** est assez rapide. Comme les autres espèces, elle gagne à être mise en valeur parmi les autres plantes, en un exemplaire unique. Taille : de 40 à 50 cm.

△ *Aponogeton ulvaceus*

▽ *Aponogeton madagascariensis*

Aponogeton ulvaceus

L'**aponogeton-ulve,** aux feuilles ondulées et translucides, est considérée comme l'une des plus belles que l'on puisse rencontrer en aquariophilie. Taille : de 40 à 50 cm.

Aponogeton madagascariensis

Les feuilles de l'**aponogeton-dentelle** sont réduites aux nervures, ce qui lui donne une allure particulière et en fait une plante sensible à l'envahissement par les algues filamenteuses. Commercialisée sous le nom d'**Aponogeton fenestralis** ou d'**Aponogeton henkelianus,** elle est parfois réputée difficile à cultiver. Taille : de 40 à 50 cm.

◁ *Aponogeton crispus*

△ **Crinum sp.**

Eichhornia (Pontédériacées, Amérique du Sud)

Ce genre regroupe des plantes palustres immergées ou flottantes. Peu courantes en aquariophilie, elles conviennent cependant pour les bassins de jardin.

Eichhornia azurea

Quand la **jacinthe d'eau azur** est immergée, ses feuilles fines s'arrondissent à l'extrémité. Elle demande une eau douce et un bon éclairage. Sa reproduction s'effectue par bouturage. Taille : 40 cm.

Eichhornia crassipes

Cette magnifique **jacinthe d'eau** flottante pour bassin a été introduite dans de nombreuses régions tropicales pour épurer les eaux, car elle est gourmande en nitrates. Elle s'y est développée au point d'entraîner des problèmes de navigation. Pour pallier cela, on envisage de l'utiliser pour produire du méthane par fermentation. Taille : 10 cm.

Barclaya (Nymphéacées, Sud-Est asiatique)

Le genre *Barclaya* ne regroupe que 3 espèces, localisées dans le Sud-Est asiatique. Bien que la relation ne soit pas évidente, les barclayas sont très voisines des nénuphars et regroupées dans la même famille.

Barclaya longifolia

Seule espèce du genre en aquariophilie, *Barclaya longifolia* réclame un éclairage fort – faute de quoi les feuilles restent petites – et une eau neutre ou légèrement acide, peu minéralisée. La croissance peut connaître un ralentissement lors de la période de repos, mais de nouvelles feuilles poussent ensuite. La multiplication par coupure du rhizome se révèle délicate ; il est donc préférable d'attendre la pousse de jeunes feuilles. Compte tenu de sa couleur, cette plante sera isolée pour être mise en valeur. Taille : 40 cm.

Crinum (Amaryllidacées, Asie, Afrique et Amérique du Sud)

Il existe de nombreuses espèces de crinums, réparties dans les régions tropicales, du globe et qui possèdent toutes un bulbe. Seule l'une d'entre elles, originaire d'Afrique de l'Ouest, est commercialisée pour l'aquariophilie.

Crinum natans

Le **crinum aquatique** est résistant et peut atteindre 1 m de haut quand sa croissance est favorisée par un éclairage intense et une eau dure et basique. Taille : 50 cm.

△ **Eichhornia crassipes**

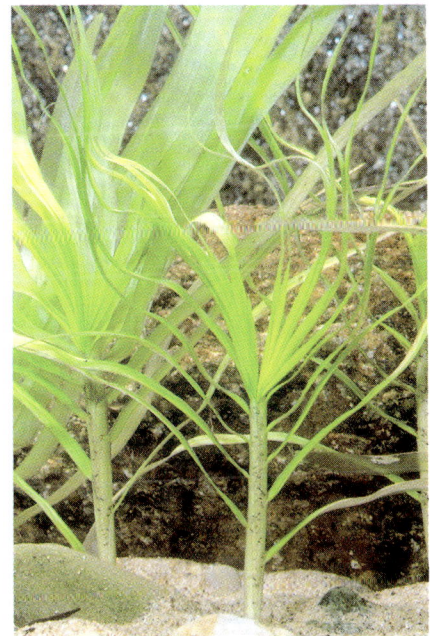

△ **Eichhornia azurea**

Nymphaea (Nymphéacées, Sud-Est asiatique, Afrique)

Les nymphaeas, plus connues sous le nom de nénuphars, sont en principe des plantes de bassin : un pied peut parfois couvrir jusqu'à 1 m². Deux espèces peuvent être maintenues totalement immergées en aquarium. Taille : jusqu'à 50 cm sous l'eau.

Nymphaea lotus

Il existe 2 variétés colorées de **nénuphars** (ou **roses d'eau**, ou **lotus**) : l'une à dominante verte, l'autre à dominante rouge. Il faut maintenir cette plante dans une eau assez douce, avec une couverture de plantes flottantes pour ombrager l'eau. Les feuilles arrivant à la surface doivent être coupées pour favoriser le développement de celles qui sont immergées. Lors de la reproduction, de jeunes plantes apparaissent sur des rejets du rhizome. Diamètre : 50 cm.

Nymphaea rubra

Cette espèce, dont les exigences et la biologie sont identiques à celle du lotus, possède une couleur pourpre prononcée. Le **lotus pourpre** est donc particulièrement mis en valeur au milieu de plantes vertes. Taille : jusqu'à 50 cm sous l'eau.

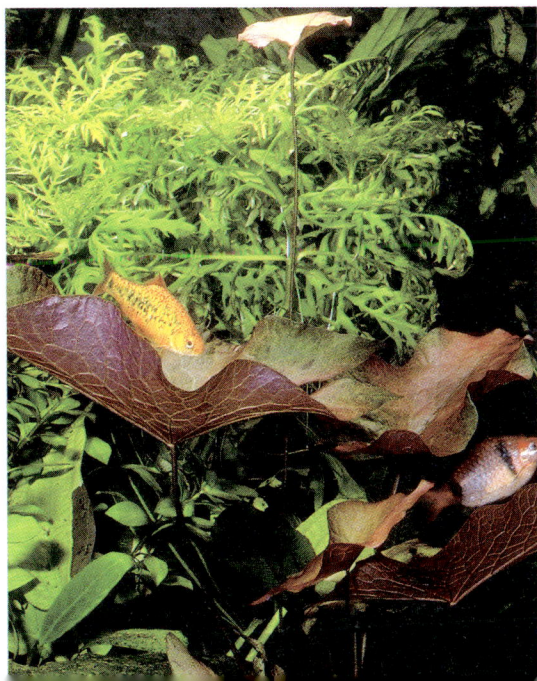

◁ **Nymphaea lotus**

213

CLASSIFICATION DES PLANTES SUIVANT LE TYPE D'AQUARIUM	
TYPES D'AQUARIUMS	**PLANTES ADAPTÉES**
Amérique du Nord et centrale (eau moyennement dure et basique)	*Bacopa, Cabomba, Heteranthea, Hottonia, Ludwigia, Myriophyllum, Sagittaria, Saururus*
Amérique du Sud (eau douce et acide)	*Alternanthera, Cabomba, Echinodorus, Eichhornia, Heteranthera, Myriophyllum, Salvinia*
Afrique de l'Ouest (caractéristiques de l'eau variables)	*Anubias, Bolbitis, Crinum, Nymphaea*
Asie et Sud-Est asiatique (eau légèrement douce et acide)	*Acorus, Barclaya, Cryptocoryne* (certaines pour eau dure et basique), *Hygrophila, Limnophila, Microsorium, Nymphaea, Rotala, Vallisneria, Vesicularia*
Madagascar (dureté moyenne)	*Aponogeton*
Plantes cosmopolites, relativement indifférentes à la qualité de l'eau	*Acorus, Ceratophyllum, Ceratopteris, Elodea, Egeria, Eleocharis, Lemna, Ludwigia, Pistia, Riccia*
Plantes pour aquariums d'eau tempérée	*Acorus, Ceratophyllum, Elodea, Egeria, Hippurus, Lemna, Riccia*
Plantes pour bassins	*Eichhornia, Elodea, Egeria, Hippurus, Lemna, Sagittaria sagittifolia*
Plantes pour aquaterrariums	*Acorus,* certaines *Cryptocorynes, Eleocharis, Hippurus, Lemna, Microsorium, Nymphaea, Pistia, Riccia, Salvinia, Vesicularia*

LES VÉGÉTAUX MARINS EN AQUARIUM

O N NE TROUVE PAS DE PLANTES SUPÉRIEURES (ou plantes à fleurs) dans les aquariums d'eau de mer ; seules quelques algues peuvent être cultivées, avec des résultats souvent très satisfaisants. À la différence des algues indésirables, microscopiques ou filamenteuses, celles-ci sont de taille supérieure et ne semblent pas poser de problèmes. Ces végétaux résistants captent les substances nutritives pratiquement sur toute leur surface.

Les algues méditerranéennes
Quelques espèces originaires des côtes méditerranéennes françaises peuvent s'adapter aux aquariums tropicaux. Lors d'un prélèvement en milieu naturel, il est recommandé de récolter l'algue avec un fragment de son support, en général une roche.

Codium bursa (Codiacées)
Le **codium feutré en boule** forme une sphère dont le diamètre peut dépasser 25 cm. Sa croissance est très lente et les plus grands individus s'aplatissent. Cette espèce apprécie la lumière.

Codium vermilara (Codiacées)
Son aspect de feutre et sa couleur vert bouteille permettent de distinguer le **codium feutré.** Cette espèce préfère les zones bien éclairées. Taille : 20 cm.

Halimeda tuna (Udotéacées)
L'**halimède** préfère les milieux peu éclairés et se développe plus rapidement lorsque la température est élevée, laquelle cependant ne doit pas dépasser 25-26 °C. Taille : de 1 à 10 cm.

Udotea petiolata (Udotéacées)
Comme la précédente, l'**udotée** préfère les milieux peu lumineux et se développe sur le sable ou sur les roches. Taille : de 3 à 20 cm.

△ *Halimeda tuna* (au premier plan)

Les ulves et les entéromorphes (Ulvacées)

Communes sur les côtes de France, ces algues ne résistent pas longtemps en aquarium, mais elles peuvent y être entroduites pour servir d'aliments aux poissons marins à tendance herbivore.

Les **ulves** ou **laitues de mer** (plusieurs espèces appartenant au genre *Ulva*) ressemblent à des feuilles de salade translucides. Taille d'une feuille : de 25 à 30 cm.

Les **entéromorphes** sont filamenteuses, également translucides et vert clair (genre *Enteromorpha*, plusieurs espèces). Taille : de 40 à 50 cm. Il est à noter qu'en milieu naturel les Ulvacées se développent bien dans les zones riches en nitrates.

Les caulerpes (Caulerpacées)

Les caulerpes sont des algues vertes (Chlorophycées) que l'on trouve dans les zones tropicales. Il en existe plusieurs dizaines d'espèces dont certaines se rencontrent en aquariophilie. Elles sont constituées d'un stolon filamenteux, qui s'attache à un support par des rhizoïdes (ou pieds d'ancrage). Les frondes s'élèvent à partir de ce rhizome et leur forme varie selon les espèces. La croissance des caulerpes en aquarium est rapide : le stolon peut parfois grandir de quelques centimètres par semaine.

△ ***Ulva* et *Enteromorpha***

Les caulerpes aiment un éclairage moyen, une eau claire et bien brassée. La multiplication végétative s'effectue par division du stolon sur lequel poussent de jeunes frondes. De plus, un fragment de l'algue peut donner une petite plantule. La reproduction sexuée est rare en aquarium.

Caulerpa prolifera

La **caulerpe de Méditerranée** est présente sur une partie des côtes méditerranéennes françaises, mais également dans d'autres zones tempérées du globe. Les frondes ont une forme de feuille étroite et allongée. Très tolérante, elle supporte de 14 à 30 °C ; elle peut donc convenir à des aquariums marins tempérés. Taille : 10 cm.

Caulerpa sertularoides

La croissance de la **caulerpe plumeuse** est également très rapide. La forme des frondes dépend du milieu, et notamment de la lumière. Taille : 15 cm.

△ *Caulerpa sertularoides*

Caulerpa prolifera (feuilles pleines) et *C. sertularoides* avec des *Hippocampus kuda* ▽

L'ARRIVÉE DE LA CAULERPE TROPICALE EN EAU TEMPÉRÉE

On pensait que les caulerpes tropicales ne pouvaient résister longtemps si elles étaient soumises à des températures tempérées (de 10 à 22-23 °C environ). Pourtant, en 1984, on a repéré l'espèce *Caulerpa taxifolia* dans les eaux monégasques, où elle n'occupait que quelques mètres carrés. Elle s'est bien plu dans nos eaux et sa progression a été extrêmement rapide : 30 ha en 1991, plus de 1 300 en 1994 ! On la rencontre actuellement de Marseille à la frontière italienne et dans le Roussillon, où sa densité atteint parfois des valeurs mesurées sous les tropiques !

C. taxifolia possède une morphologie proche de *C. sertularoides* ; sa croissance est rapide. Son développement peut se faire au détriment d'autres végétaux, notamment la posidonie *(Posidonia oceanica)*, véritable plante à fleurs en régression sur nos côtes. *C. taxifolia* contient des toxines pouvant provoquer des intoxications alimentaires ; mais jusqu'à présent, aucun cas n'a été signalé en France. Ceci est relativement logique car cette algue n'est consommée que par quelques espèces de poissons, eux-mêmes peu consommés par les hommes. Pour limiter son envahissement (il apparaît impossible, en effet, à l'heure actuelle de la supprimer totalement), on peut l'arracher manuellement, en plongée autonome, mais pour un coût élevé (de l'ordre de 300 F/m² ; l'arrachage de toutes les algues par cette méthode reviendrait à 4 milliards de francs !). D'autres techniques sont testées, basées sur la libération d'ions de cuivre toxiques pour ces végétaux. Un vaste programme d'études est en cours pour évaluer sa propagation, sa répartition et son influence dans les eaux méditerranéennes. D'où vient-elle ? Le milieu aquariophile a été mis en cause, on a supposé qu'elle avait été accidentellement rejetée ; elle a pu également être introduite (comme quelques autres algues tropicales) par les ancres et les coques de bateaux. Cet exemple montre que certaines espèces, a priori tropicales, peuvent survivre dans nos eaux. Les aquariophiles doivent donc rester prudents lors d'éventuels rejets d'eau, et il serait préférable que cette algue ne soit plus utilisée en aquariophilie, deux autres espèces pouvant la remplacer.

Les techniques de l'aquariophilie

Concevoir et faire fonctionner un aquarium ne demande pas des connaissances très poussées. Aujourd'hui, de nombreuses méthodes sont à la portée de tous les aquariophiles, y compris les débutants. Choisir son matériel et connaître les règles de base vous permettront de profiter pleinement de votre aquarium.

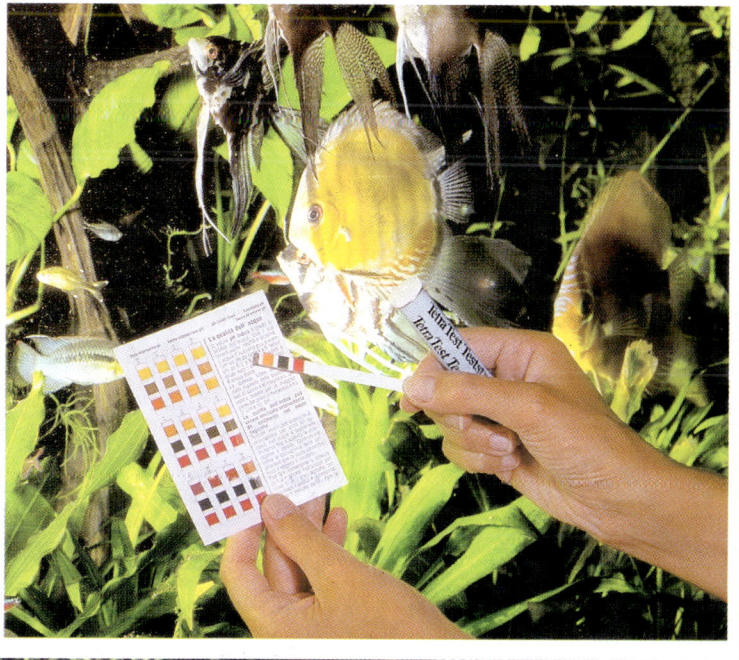

LE MONTAGE DE L'AQUARIUM

Si les différents modèles d'aquariums qui existent sur le marché ne peuvent satisfaire les amateurs, il leur reste la possibilité d'en construire un eux-mêmes. Cela demande juste un peu de soin et de précision, le plus important étant de bien respecter la séquence des opérations. Chacun peut ainsi choisir son bac en fonction de ses desiderata ou en fonction de l'environnement dans lequel il sera intégré.

△ *Un aquarium est mis en valeur lorsqu'il est intégré dans son environnement.*

L'AQUARIUM

Les différents modèles

Les aquariums existent sous diverses formes, susceptibles de s'harmoniser avec l'intérieur de n'importe quel logement.

Traditionnellement, la plupart d'entre eux ont la forme de rectangles plus ou moins allongés : aujourd'hui, on propose également des bacs plus hauts que longs, cubiques ou panoramiques, spécialement adaptés pour certains emplacements.

Le modèle de base, le moins cher, est constitué d'une cuve, surmontée d'un couvercle. On peut y adapter une galerie d'éclairage. Ensuite, on trouve un modèle accompagné de sa galerie et comprenant une décoration extérieure minimale, constituée d'une bande, plus ou moins large, ceinturant la base et la partie supérieure et qui dissimule le niveau de l'eau. Ce type d'aquarium peut être commercialisé seul ou accompagné de son support. Il est parfois équipé d'un compartiment de filtration.

Puis nous trouvons le haut de gamme, représenté par les aquariums intégrés dans un meuble. Le bac présente généralement une cuve de filtration et une galerie d'éclairage, le meuble de support est pourvu d'étagères ou de placards, destinés à camoufler les pompes et le petit matériel. L'ensemble est encadré d'une décoration extérieure ne laissant voir que trois faces de l'aquarium.

Les matériaux

Les aquariums commercialisés sont quasiment tous fabriqués en verre collé, avec un joint de silicone. L'usage de ces matériaux est possible jusqu'à des volumes de 500 litres environ, volumes rarement dépassés dans le commerce.

La neutralité des matériaux et la relative simplicité du collage mettent les aquariums en verre collé à la portée d'un amateur soigneux, qui peut aussi construire son bac lui-même.

Pour les plus grands volumes, on utilisera la résine de polyester ; seule la partie frontale de l'aquarium est en verre. On en fabrique également en ciment, et ce sont ces deux derniers types de bacs qu'on peut voir dans les aquariums publics. Le Plexiglas, matériau léger mais qui se raye facilement, est utilisé pour les formes arrondies assez rares.

Il existe également des petites cuves en plastique utilisables comme bacs de reproduction ou de quarantaine.

Les dimensions

La forme la plus harmonieuse est obtenue lorsque la longueur est égale à la hauteur multipliée par un coefficient variant de 1,5 à 2,5. La hauteur sera légèrement supérieure à la largeur, sauf dans le cas d'un aquarium encastré, où c'est alors le contraire qui prévaut. Ces proportions peuvent être respectées jusqu'à une longueur de 1,50 m.

◁ Bac « diamant ».
Une forme
originale pour
une mise en valeur
très esthétique
(Aquarium
de La Rochelle).

Au-delà, on rencontre une impossibilité, car, en aucun cas, la hauteur ne doit dépasser 0,50 m (voir encadré).

Il n'est pas recommandé d'utiliser des aquariums trop étroits. En effet, à la suite d'un effet d'optique, un bac paraît moins large d'un tiers lorsqu'il est rempli d'eau, ce qui ne produit pas une impression agréable pour l'observateur. Il peut être toutefois intéressant s'il est disposé sur un meuble étroit : dessus de cheminée ou muret de séparation entre deux pièces.

Le poids est une donnée importante. En effet, il faudra prévoir un support solide, car un aquarium en service pèse assez lourd :

au poids du bac lui-même, on ajoute celui de l'eau et du décor.

L'emplacement

L'emplacement d'un aquarium doit être soigneusement choisi ; effectivement, quand il sera rempli, on ne pourra plus le déplacer. Choix délicat : il s'agit de concilier l'esthétique de la pièce, les aspects pratiques et les aspects écologiques.

• *Aspect esthétique*

Bien évidemment, un bac volumineux se place dans une grande pièce, un bac étroit dans une petite pièce. On choisira un endroit assez sombre pour le mettre en

DIMENSIONS, VOLUMES ET POIDS

Il faut considérer le volume brut, c'est à dire celui de l'aquarium vide, le volume net – lorsque le bac est rempli, sable et décor occupent un certain volume – et le poids final de l'aquarium en service. Celui-ci est fonction du sable et de l'importance du décor (ces deux données étant assez variables d'un bac à l'autre, le poids n'est donc donné qu'à titre indicatif).

Longueur	Largeur	Hauteur	Volume brut	Volume net	Poids
(dimensions en mètres)			(en litres)	(en litres)	(en kg)
0,80	0,30	0,40	96	77	125
0,80	0,40	0,45	144	115	194
1	0,40	0,50	200	160	280
1,20	0,45	0,50	270	216	400
1,50	0,50	0,50	375	300	550
2	0,50	0,50	500	400	700

△ Il existe de nombreuses possibilités originales pour mettre un aquarium en valeur.

tuyau pour le remplissage et le siphonnage. Lorsque l'aquarium est accolé à un mur, il convient de dégager un espace de quelques centimètres pour le passage des câbles et des tuyaux. La mise en place en hauteur de l'aquarium est également une donnée importante ; il doit, en effet, être au niveau des yeux de l'observateur. Lorsqu'il est placé dans une pièce principale, sa base doit donc se situer à 1 m du sol environ ; dès lors, il est également bien visible pour les enfants.

• *Aspect écologique*

Il est impératif que la lumière solaire, surtout celle provenant du sud, ne frappe pas directement l'aquarium, au risque de provoquer un développement d'algues vertes ainsi qu'une élévation excessive de la température en été. Il vaut donc mieux qu'un bac soit orienté vers le nord ou vers l'est. N'hésitez pas à procéder à plusieurs essais, avec le bac vide, avant de prendre une décision qui ne pourra être que durable.

Le support

Comme nous l'avons vu précédemment, le poids d'un aquarium est loin d'être négligeable ; il faut donc prévoir un support robuste et parfaitement horizontal. On vérifiera ce dernier point à l'aide d'un niveau à bulle. On trouve des meubles spécialisés dans le commerce, mais on peut également fabriquer un support soi-même, l'important étant que la charge soit répartie sur des montants intermédiaires. Le support peut être aux mêmes dimensions que l'aquarium ou plus grand, mais le bac ne doit en aucun cas dépasser du support, que ce soit en longueur ou en largeur. Sur le support, on place une plaque de contreplaqué marine, résistant à l'eau, de 10 à 15 mm d'épaisseur, en fonction des dimensions et du poids de l'aquarium, elle-même recouverte d'une

valeur, assez éloigné d'un téléviseur, pour éviter la concurrence entre ces deux pôles d'intérêt.

Traditionnellement, un aquarium est aligné dans sa plus grande dimension contre un mur, mais il existe bien sûr d'autres possibilités pour bien l'exposer. Il peut occuper un angle, être disposé sur un muret de séparation entre deux pièces ou être encastré dans un mur.

• *Aspect pratique*

Il faudra, bien sûr, prévoir une prise de courant à proximité. Un robinet proche serait également souhaitable, sinon, prévoir un

LE COUVERCLE

Placé juste au-dessus de la cuve de l'aquarium, le couvercle est nécessaire pour plusieurs raisons :
– éviter les projections d'eau sur la galerie d'éclairage ;
– limiter les retombées de poussières dans l'eau ;
– empêcher les éventuels poissons sauteurs de s'échapper du bac ;
– limiter l'évaporation.
Ce couvercle doit être en verre pour faciliter le passage de la lumière ; il faut donc le nettoyer régulièrement. Sur le plan pratique, des petits taquets collés sur sa partie supérieure facilitent la manipulation ; certains angles seront coupés pour permettre le passage des tuyaux et des câbles électriques. Toujours pour des raisons pratiques, il est préférable de prévoir plusieurs petits couvercles qui s'ajustent entre eux, surtout pour les grands aquariums.

IL FAUT ÉVITER

– de placer des objets décoratifs sur le dessus de l'aquarium : l'accès par le couvercle est alors peu pratique ;
– de disposer des appareils électriques sous l'aquarium : c'est dangereux à cause des éventuelles projections d'eau ;
– d'installer l'aquarium à proximité d'un radiateur.

plaque de polystyrène de 15 mm d'épaisseur, qui sera destinée à absorber les irrégularités du support. Si vous êtes bricoleur et patient, vous pouvez encadrer d'un meuble en bois l'ensemble aquarium et support en ne laissant apparente que la vitre frontale.

LA FABRICATION D'UN AQUARIUM EN VERRE COLLÉ

La fabrication d'un aquarium en verre collé n'est plus réservée aux professionnels, elle est aujourd'hui à la portée d'un amateur. L'important est le soin apporté à l'opération, ainsi qu'une bonne organisation du plan de travail et le respect de l'ordre des opérations. Il est prudent de s'exercer avec un petit bac de reproduction ou un bac-hôpital avant de se lancer dans la construction d'un grand aquarium. La fréquentation des clubs aquariophiles est profitable, car on y rencontre des amateurs expérimentés, susceptibles de vous conseiller ou de vous donner un coup de main pour le collage de votre premier aquarium.

Matériaux et outillage

• Le verre

Le matériau de base par excellence de votre aquarium, celui qui lui donne sa raison d'être, c'est, bien sûr, le verre. Il est taillé aux dimensions désirées dans les miroiteries ou les magasins de bricolage. Cette opération doit être très correctement effectuée, car une légère erreur de coupe peut avoir des conséquences graves, surtout si les angles ne sont pas parfaitement droits.

Le calcul des dimensions des vitres doit se faire avec soin ; il faut prévoir l'épaisseur du verre et celle du trait de colle, soit environ 0,5 mm.

△ Bac marin encastré dans un meuble en bois réalisé par un aquariophile.

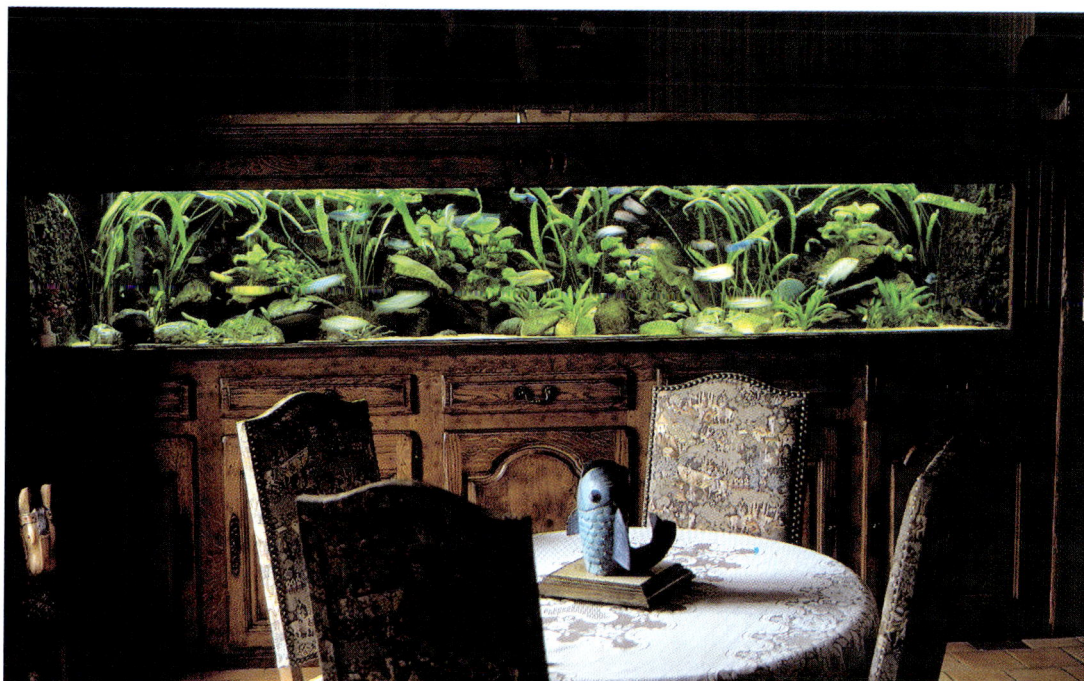

◁ Bac de 3,70 m de long, reconstituant le biotope du lac Malawi.

DÉCOUPE DU VERRE POUR DEUX TYPES DE BACS

Nous avons choisi un bac de 96 litres et un autre de 200 litres (dans les deux cas, il s'agit du volume brut), faciles à construire par deux personnes.

Caractéristiques du bac	Bac de 80 cm de long	Bac de 1 m de long
Dimensions (L x l x h en cm)	80 x 30 x 40	100 x 40 x 50
Volume brut (litres)	96	200
Épaisseur du verre (mm)	6	8
Fond (cm)	1 x (80 x 30)	1 x (100 x 40)
Petits côtés (cm)	2 x (28,7 x 40)	2 x (38,3 x 50)
Grands côtés (cm)	2 x (80 x 40)	2 x (100 x 50)
Renforts longitudinaux (cm)	2 x (78,7 x 2)	2 x (98,3 x 2)
Renforts transversaux (cm)	–	1 x (38,3 x 2)
Couvercles (épaisseur 2 ou 3 mm, dimensions en cm)	2 x (39,2 x 28,5)	2 x (49 x 38)

Il ne faut pas oublier de faire couper un angle sur chaque partie du couvercle et de prévoir des taquets (2 x 5 cm environ) pour leur manipulation.

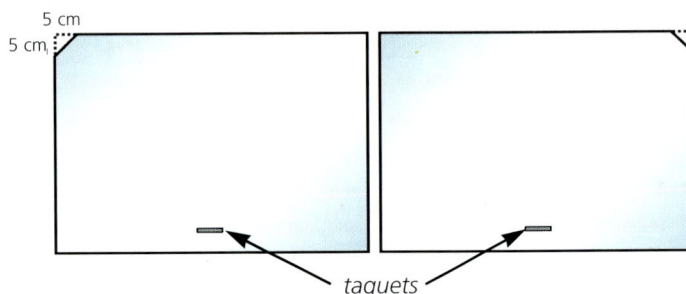

5 cm

5 cm

taquets

Pose de la colle silicone sur une plaque de verre. ▽

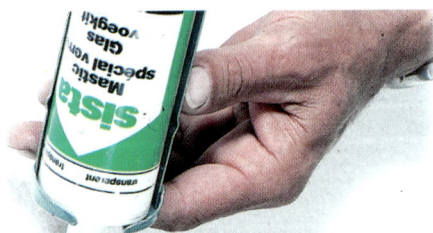

L'encadré ci-dessus vous donne les dimensions du verre à prévoir pour deux bacs de volumes différents. Il faut un fond, deux petits côtés, la face avant et la face arrière ; on prévoit également des renforts longitudinaux, qui empêchent la courbure des vitres sous le poids de l'eau et supportent le couvercle en deux parties. Pour les plus grands bacs, dont la longueur est égale ou supérieure à 1 m, il faut également utiliser un ou plusieurs renforts transversaux pour consolider l'ensemble. `

Des petites chutes de verre feront office de taquets pour soulever les couvercles. Lors de la coupe, demandez que

les arêtes des vitres soient légèrement abrasées, cela vous évitera de fâcheuses blessures.

• *La colle*

Pour que les parois de verre tiennent bien ensemble, il vous faut une bonne colle.

Pour le verre, on utilise une colle silicone translucide, que l'on peut trouver dans le commerce aquariophile. Elle durcit au contact de l'air, formant un joint étanche. Le durcissement est d'autant plus rapide que la température est élevée, il faut donc faire attention en été. Par une température de 19 à 20 °C, la colle reste molle environ 30 minutes, ce qui permet de la travailler. Le durcissement est sensible au toucher après 1 ou 2 heures, il est terminé en 48 heures. Nous vous conseillons de manier la colle avec précaution : une coulure séchée sur une surface lisse peut se décoller à l'aide d'un cutter, c'est beaucoup plus difficile si elle s'imprègne dans le tissu des vêtements. Ne vous frottez surtout pas les yeux pendant sa manipulation et, en cas d'accident, il faut consulter immédiatement un médecin.

Cette colle dégage une odeur vinaigrée caractéristique qui disparaît au bout d'un certain temps. Elle se conserve bien si le tube est refermé avec le bouchon d'origine.

• *Le petit matériel*

Pour les manipulations inhérentes au collage, vous aurez besoin de petit matériel :

– alcool à brûler ou acétone, pour nettoyer les vitres avant collage ;

– chiffons propres ou papier absorbant ;

– cutter à lame fine ;

– ruban adhésif ;

– petit récipient d'eau ;

– équerre et mètre.

Quand vous avez réuni tout le matériel nécessaire, passez à la réalisation proprement dite.

Prévoyez une assez vaste surface de travail, pour pouvoir étaler les vitres et vous déplacer facilement. Il est recommandé de se faire aider par une personne pour maintenir les vitres.

△ *Pour travailler dans de bonnes conditions, il faut étaler le matériel sur une assez vaste surface de travail.*

Collage des différents éléments
(voir hors-texte page suivante).

Installation du filtre à décantation
Il ne vous reste plus, à présent, qu'à procéder à l'intégration d'un filtre à décantation. Ce système de filtration peut être prévu lors du col-lage, ou ajouté ultérieurement. Il sera situé à gauche ou à droite et devra être dissimulé par une décoration extérieure, placage de bois par exemple, assortie à l'aquarium et à son support. Son volume ne doit pas être inférieur à 1/10 du volume total de l'aquarium pour avoir une efficacité maximale. Il faut ajouter, à l'intérieur de l'aquarium, les éléments suivants taillés dans le verre de 3 mm d'épaisseur :

– une plaque de verre séparant le filtre du reste de l'aquarium, percée d'un orifice pour le passage de l'eau.

En reprenant l'exemple des deux bacs ayant servi à illustrer le collage d'un aquarium, les dimensions de cette plaque seront de :

• 28,7 x 38 cm pour le bac de 96 litres ;

• 38,3 x 48 cm pour le bac de 200 litres ;

– quatre bandes de verre destinées à bloquer la masse filtrante (3 cm de large et 38 cm de long pour le bac de 96 litres ; 48 cm de long pour le bac de 200 litres).

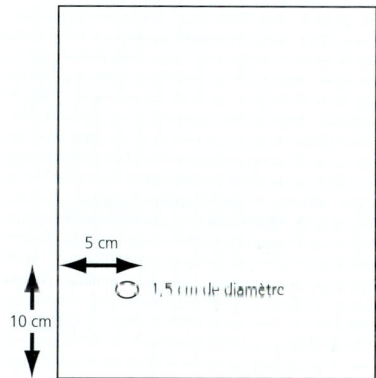

△ *Plaque de séparation du filtre à décantation.*

Le montage des éléments doit se faire suivant le schéma suivant (dans le cas où le filtre est destiné à être placé à gauche de l'aquarium), les bandes de verre se faisant face deux à deux. Leur écartement ne doit pas dépasser 8 cm. La distance entre la plaque perforée et le petit côté le plus proche est de 8 cm pour le bac de 96 litres et de 10 cm pour celui de 200 litres. On remarquera que la hauteur du compartiment de filtration est légèrement inférieure à celle du bac, ce qui permet le refoulement de l'eau.

Aquarium vu de face. ▽

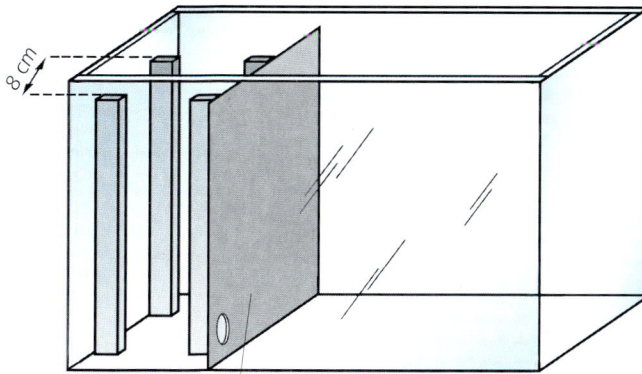

Plaque de séparation

LE COLLAGE DES DIFFÉRENTS ÉLÉMENTS

Figure A

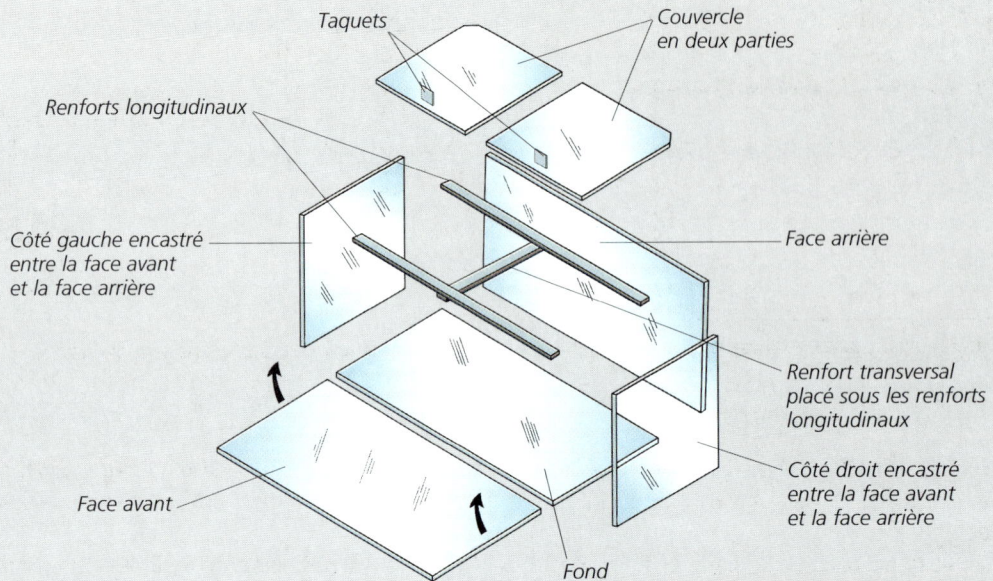

Taquets

Couvercle en deux parties

Renforts longitudinaux

Côté gauche encastré entre la face avant et la face arrière

Face arrière

Renfort transversal placé sous les renforts longitudinaux

Côté droit encastré entre la face avant et la face arrière

Face avant

Fond

Le principe général est simple : les côtés verticaux sont collés sur le fond, puis entre eux (figure **A**).

Figure B

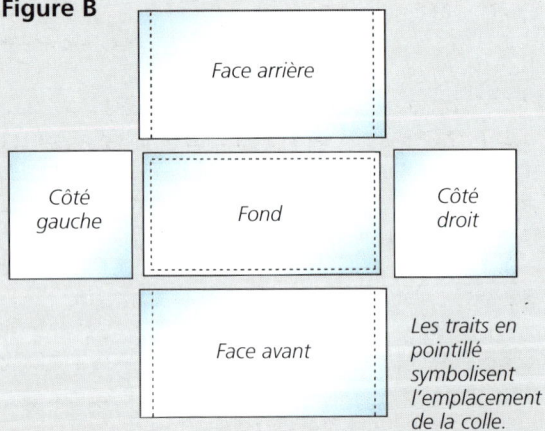

Face arrière

Côté gauche

Fond

Côté droit

Face avant

Les traits en pointillé symbolisent l'emplacement de la colle.

L'ordre des opérations est le suivant :

1. Même si les vitres ont été abrasées à la coupe, passez le papier de verre fin sur les arêtes, puis essuyez.

2. Disposez les vitres à plat selon le schéma préconisé (figure **B**).

3. Dégraissez à l'acétone ou à l'alcool les parties à encoller. Elles ne devront plus être en contact avec les doigts, les vitres se manipulent donc par leur future partie supérieure.

Puis, laissez sécher (le temps de séchage est rapide).

4. Encollez parallèlement au bord de la vitre (figure **C**).

Figure C

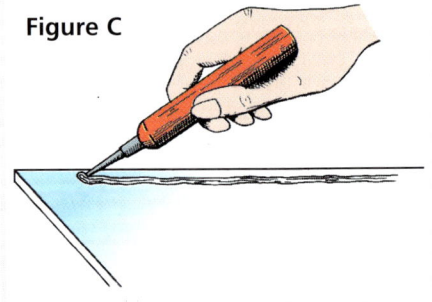

Figure D

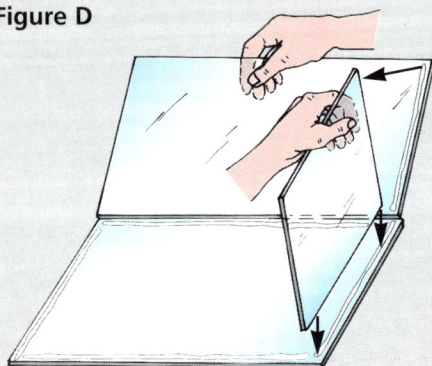

Figure E

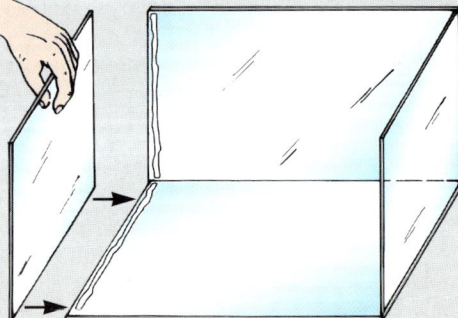

5. Mettez en place un des grands côtés, puis les deux petits (figures **D** et **E**). Notez la position des mains sur les parties supérieures des côtés.

Figure F

Figure G

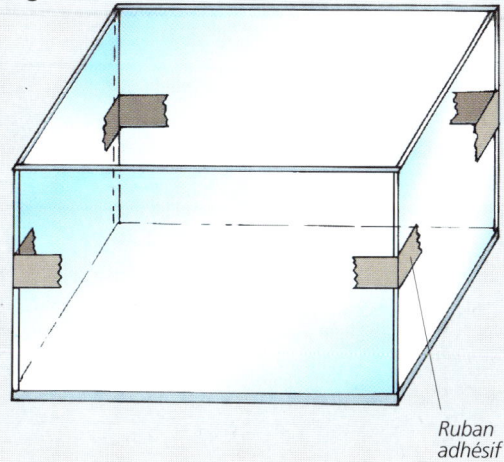

Ruban
adhésif

6. Terminez en disposant le deuxième grand côté (figure **F**). Dans le cas où un décor en matériaux synthétiques est prévu, ne placez pas la vitre frontale, ce qui vous permettra de fabriquer plus aisément le décor. Une fois celui-ci achevé, terminez le collage du bac.

7. Pressez les endroits encollés pour éliminer les bulles d'air. Ce point est très important ; il est alors normal que la colle déborde à l'extérieur et à l'intérieur.

8. Utilisez le ruban adhésif pour maintenir les quatre vitres verticales, côté externe (figure **G**).

Figure H (vue par un des petits côtés)

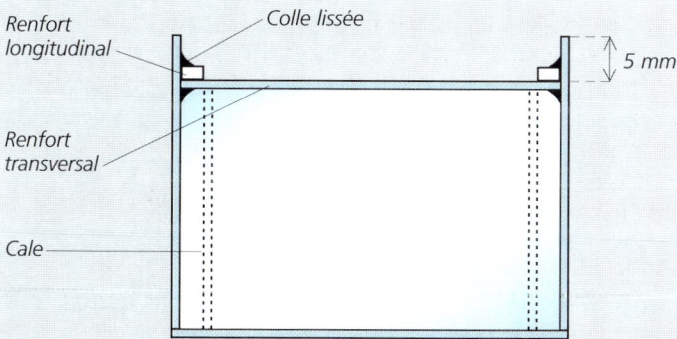

Renfort longitudinal

Colle lissée

5 mm

Renfort transversal

Cale

9. Trempez un doigt dans le récipient d'eau, puis lissez la colle à l'intérieur de l'aquarium. Le profil obtenu doit être concave.

10. Collez les renforts, calez-les pour éviter leur chute et lissez la colle (figure **H**).

11. Collez les taquets sur les couvercles.

12. Laissez sécher 48 heures. Ébarbez le surplus de colle à l'extérieur, avec précaution, et les éventuelles bavures à l'intérieur. Veillez à ne pas entamer la partie précédemment lissée.

13. Mettez en eau, l'aquarium étant posé sur une surface bien plane, pour vérifier l'étanchéité.

L'ensemble du collage doit se faire en 30 minutes, mais il est inutile de se précipiter : un mauvais collage peut avoir des conséquences désastreuses sur la solidité et l'étanchéité du bac.

En cours de route, d'éventuels problèmes vont se présenter, ils sont principalement au nombre de trois :
– bris d'une vitre lors des manipulations ;
– erreur de montage, notamment avec les petits côtés, lorsque longueur et largeur sont presque identiques ;
– mauvais ajustement.

Dans les deux derniers cas, pas de panique ! Laissez sécher, décollez, ôtez la colle à l'aide du cutter, puis dégraissez et, enfin, recommencez le montage.

Si l'aquarium fuit, lors de la vérification, signalez l'endroit avec un feutre ou du ruban adhésif, puis videz et laissez sécher. Dégraissez et repassez de la colle à l'intérieur de l'aquarium, en débordant de part et d'autre du point de fuite.

Le collage terminé, on doit observer ceci en regardant au-dessus de l'aquarium : les quatre côtés du bac sont représentés en hachuré, les renforts en plein.

Figure I

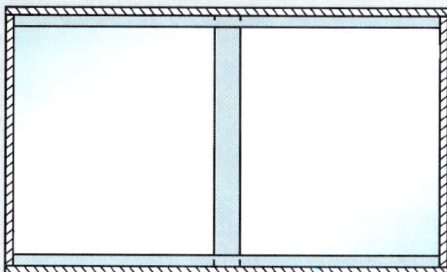

LE MATÉRIEL ET LES ACCESSOIRES

Un aquarium ne peut fonctionner dans de bonnes conditions qu'avec un matériel fiable. Il doit être facile à mettre en place et à utiliser, et compte tenu de l'incompatibilité entre l'eau et l'électricité, il doit offrir toutes les garanties de sécurité possibles. Il y a suffisamment de diversité sur le marché aquariophile pour que les amateurs puissent choisir raisonnablement, en fonction de leurs besoins et de leurs moyens. Inutile de voir grand (et cher !), la simplicité est souvent synonyme d'efficacité et de réussite.

LA LUMIÈRE

La lumière n'a pas pour seul but le plaisir des yeux et la mise en valeur de l'aquarium, elle est aussi nécessaire à son équilibre : en effet, les poissons, comme la plupart des êtres vivants, ont besoin d'une alternance jour-nuit, qui joue le rôle d'une horloge biologique. C'est également sous l'action de la lumière que les plantes réalisent la photosynthèse, qui permet leur croissance. Les invertébrés marins hébergeant des micro-algues (voir p. 169) ont, quant à eux, besoin d'un éclairage puissant.

Un aquarium doit donc être muni d'une source lumineuse qui se rapproche le plus possible de ce que l'on rencontre en milieu naturel, sur le plan à la fois quantitatif et surtout chromatique.

Qualité de la lumière

Logiquement, la meilleure lumière serait celle du soleil, qui permet la vie sur notre planète. Il est malheureusement impossible de l'utiliser pleinement, et cela pour plusieurs raisons.

D'une part, elle n'est pas quantitativement dosable. Ainsi, trop de lumière solaire provoque souvent le développement d'algues indésirables ; il est donc important de ne pas exposer un bac directement à l'éclairage naturel, surtout s'il est orienté plein sud. En revanche, soustrait à l'influence directe du soleil, l'aquarium ne reçoit pas assez de lumière pour assurer un bon développement des végétaux.

D'autre part, la lumière solaire ne met pas suffisamment en valeur l'aquarium et les poissons.

Il faut donc recourir à un éclairage artificiel placé au-dessus de l'aquarium, en général dans une galerie prévue à cet effet. Cet éclairage doit être adapté à certaines caractéristiques concernant :
– le type de lampe utilisée et la qualité de la lumière produite ;
– la puissance fournie à l'aquarium ;
– la durée d'éclairement.

Il faut demeurer réaliste : aucune lumière artificielle n'équivaut à la lumière solaire.

On peut, tout au plus, s'en rapprocher, l'idéal étant de mélanger différentes sources lumineuses complémentaires.

L'intensité lumineuse

La puissance totale fournie par l'éclairage est une donnée très importante.

Il faut, en effet, procurer aux plantes la quantité de lumière nécessaire à leur croissance. Or, il est inévitable que se produisent des pertes lumineuses, d'autant plus importantes que le trajet des rayons est long. On sous-estime souvent l'importance de la quantité de lumière (exprimée, pour simplifier, en watts), et, à cause de cela, beaucoup d'aquariums demeurent sous-éclairés. Les cas de suréclairage sont plus rares.

Les quelques tableaux des pages suivantes fournissent les indications nécessaires pour obtenir une quantité de lumière optimale.

En règle générale, on préconise l'utilisation de tubes fluorescents pour une hauteur d'eau maximale de 0,50 m.

Les pertes de lumière

Dès que l'on s'éloigne de la lumière, les pertes sont plus ou moins importantes :
– dans la galerie d'éclairage ;
– dans le couvercle de verre qui couvre l'aquarium ;
– dans l'eau.

Une partie de la lumière est réfléchie par la surface de l'eau, une autre est absorbée (plus l'aquarium est profond, plus la quantité de lumière absorbée est importante), enfin une partie est diffusée par les matières en suspension. On constate que le sol ne reçoit que 20 à 30 % de la lumière totale, ce qui peut être préjudiciable à la croissance de plantes de petite taille.

◁ *La lumière est bien entendu très importante pour les végétaux, mais aussi pour les invertébrés marins. Elle doit être assez puissante pour parvenir jusqu'au fond de l'aquarium.*

Pour limiter les pertes de lumière, il faut :
– en récupérer le maximum dans la galerie par réflexion ;
– maintenir le couvercle de l'aquarium parfaitement propre ;
– garder une eau limpide ;
– ne pas dépasser 0,50 m de profondeur lorsqu'on utilise des tubes fluorescents.

Les sources lumineuses

Toute une panoplie de sources lumineuses, chacune ayant ses caractéristiques, s'offrent à l'aquariophile.

• *Les lampes à incandescence*
Ce sont celles que l'on utilise quotidiennement dans nos logements et qu'il faut proscrire absolument en aquariophilie : la qualité de la lumière est mauvaise, et ce type de lampe dégage trop de chaleur.

• *Les tubes fluorescents*
Appelés improprement néons, ces tubes contiennent un gaz qui devient fluorescent sous l'action d'une décharge électrique. Ils chauffent très peu et sont disponibles en différentes longueurs et puissances. Leur durée de vie est de 3 000 à 4 000 heures, soit 1 année environ. Mais la qualité de l'éclairement diminue avec le temps : il suffit de remplacer un vieux tube par un neuf pour s'apercevoir de la différence. C'est pourquoi il ne faut jamais changer en même temps tous les tubes qui éclairent un bac : les plantes subissent, en effet, un choc, dû à ce brutal changement d'intensité lumineuse. Un tube usagé se reconnaît à ses extrémités assombries ou noires. Les tubes fluorescents existent en différentes colorations : d'abord,

les tubes blanc froid ou blanc industrie, qu'il faut éviter, et les tubes lumière du jour (ou daylight). Ces derniers sont ceux qui se rapprochent le plus de la lumière solaire et qui donnent un éclairage assez équilibré. On trouve également des tubes colorés à diverses dominantes. Parmi ceux-ci, les tubes à dominante rosée, utilisés en horticulture, sont particulièrement efficaces pour la croissance des plantes. En effet, ils émettent principalement des rayonnements bleus et rouges, captés par les plantes et utilisés dans le processus de la photosynthèse. Certains aquariophiles leur reprochent leur couleur peu naturelle, qui renforce d'ailleurs les couleurs bleu et rouge chez les poissons. On associe parfois des tubes à dominante bleue avec le blanc, pour recréer une luminosité qui rappelle celle que l'on rencontre en plongée. Certains d'entre eux ont une influence bénéfique pour les coraux et les animaux du même groupe, on parle alors de tubes actiniques.

D'autres couleurs se trouvent sur le marché, mais elles sont plus rares. On voit quelquefois des tubes à dominante jaune, associés à des tubes bleus destinés à équilibrer la luminosité.

Un tube fluorescent ne se branche pas directement sur le secteur, il faut intercaler un transformateur, le ballast, et un starter qui produit les décharges électriques nécessaires. Lorsque l'on achète un aquarium équipé d'une galerie ou bien intégré, l'emplacement des tubes est prévu. Il n'est pas toujours ce qu'on peut rêver de mieux, et la puissance fournie par les tubes installés se révèle parfois insuffisante.

• *Les lampes halogènes*
Le filament de tungstène des lampes à incandescence est ici remplacé par un autre métal, ce qui empêche leur noircissement. Ces lampes peuvent être équipées d'un rhéostat, mais elles restent peu utilisées par les amateurs.

• *Les lampes à décharges*
Une décharge électrique, entre deux électrodes, vaporise un gaz – mercure, sodium ou autre –, ce qui donne alors une bonne intensité lumineuse. Ces lampes possèdent une légère dominante jaune imperceptible pour l'œil humain, que l'on compense avec un tube fluorescent bleu. Elles chauffent et consomment plus d'énergie que les tubes

Certains tubes fluorescents bleus compensent la dominante jaune des lampes HQI pour finalement obtenir un éclairage équilibré aussi satisfaisant pour le peuplement de l'aquarium que pour l'œil humain. ▽

QUELQUES EXEMPLES DE TUBES FLUORESCENTS

Fabricant, marque	Type, modèle	Couleur dominante	Utilisation	Observations
Philips	TLD18	Bleu	– Utilisé avec des daylight, recrée une lumière voisine de celle que l'on observe en plongée (eau de mer, lacs est-africains) ; – compense la dominante jaune des éclairages HQI.	– Le TL03, plus foncé, a des effets bénéfiques sur les anthozoaires (tube actinique). Il faut l'utiliser avec des daylight ou des HQI ; – le Bluemoon (Interpet) est à peu près équivalent au TLD18.
Pennplax	Ultratrilux	Lumière du jour (daylight)	– Eau douce ou marine ; – peut se combiner avec des tubes rosés dans le cas où la plantation est dense.	– Moins courant que les autres daylight ; – un autre modèle, le Trilux, est légèrement rosé et correspond à peu près à l'Aquastar, sa durée de vie est plus longue, mais il vaut plus cher.
Sylvania	Daylight	Lumière du jour (daylight)	– Idem	– Un des plus courants et des plus intéressants. Passe-partout, son utilisation est recommandée aux débutants.
Interpet	Beauty light	Rose	– Croissance des plantes ; – peut se combiner avec des daylight.	– Peu courant
Sylvania	Aquastar	Lumière du jour (daylight, avec très léger effet rosé)	– Eau douce ; – peut se combiner avec des tubes rosés ; – selon certains aquariophiles, semble un peu moins adapté pour l'eau de mer.	– Un des tubes considérés comme donnant le meilleur résultat pour l'aspect naturel de l'éclairage et pour la croissance des plantes.
General Electric	Triton	Lumière du jour (daylight)	– Eau douce et eau de mer ; – peut se combiner avec des tubes rosés	– Moins courant que l'Aquastar, dont il est à peu près l'équivalent, au dire de nombreux aquariophiles.
Osram	Fluora	Rose	– Croissance des plantes ; – à combiner avec des daylight pour se rapprocher d'un éclairage naturel.	– Légèrement moins rosé que le Grolux pour des résultats identiques sur les plantes.
Sylvania	Grolux	Rose	– Croissance des plantes ; – sa couleur dominante peut être compensée par des daylight.	– Un des plus anciens et des plus connus, avec lequel beaucoup d'aquariophiles ont débuté ; – parfois considéré comme trop rosé par certains, qui lui préfèrent le Fluora.

LE TUBE FLUORESCENT

Son schéma de branchement est le suivant :

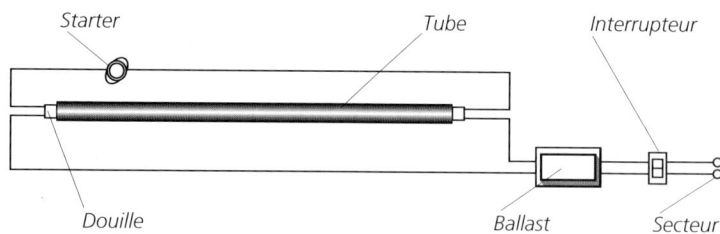

Starter *Tube* *Interrupteur*

Douille *Ballast* *Secteur*

Montage d'un tube fluorescent

Pour éviter des accidents électriques, il existe des embouts étanches protégeant les extrémités des tubes. Le ballast dégage de la chaleur, il faut donc éviter de l'installer dans la galerie, comme on le voit malheureusement sur certains matériels vendus dans le commerce.
Plusieurs longueurs de tube, dont la puissance est proportionnée, sont disponibles.

Longueur et puissance des différents modèles	
Longueur (cm)	**Puissance (W)**
36	14
44	15
60	20
75	25
90	30
120	40

fluorescents. Certaines (dites HQI daylight) sont appréciées en aquariophilie, mais elles sont coûteuses et peu pratiques pour des bacs classiques. Elles sont principalement utilisées pour des aquariums dont la hauteur est supérieure à 0,50 m et qui sont remplis d'eau de mer, car elles contribuent à la bonne acclimatation des anthozoaires qui hébergent des zooxanthelles (voir p. 169).
• *La galerie*
Quel que soit le type de source lumineuse, il a besoin d'un support : c'est la galerie. Les tubes fluorescents doivent être inclus dans une galerie, à l'abri des projections d'eau, qui est souvent protégée par une vitre ; si ce n'est pas le cas, le couvercle de l'aquarium jouera ce rôle. Pour éviter des pertes de lumière, toute séparation entre l'éclairage et l'eau doit être parfaitement indéformable à la chaleur, transparente et surtout propre. Le verre est donc le matériau idéal. Les pertes de lumière dans la galerie sont plus ou moins importantes, allant par-

fois jusqu'à 20-30 %. Quelques trucs permettent d'y remédier, le principe général étant de réfléchir le maximum de lumière vers l'eau. On peut donc, soit tapisser l'intérieur de la galerie d'aluminium ménager le plus lisse possible, soit le peindre en blanc ou en métallisé, ou encore fabriquer un ou plusieurs réflecteurs métalliques semi-circulaires autour des tubes. Certaines galeries du commerce utilisent une des deux dernières techniques. L'intensité de la lumière diminuant lorsque l'on éloigne la source, il est important que celle-ci soit le plus proche possible de l'eau. On ne doit pas descendre en dessous de 5 à 8 cm, notamment pour des raisons techniques et de sécurité, mais cela autorise un éclairage suffisant (cette diminution d'intensité a été intégrée dans les calculs sur la puissance de l'éclairage et le nombre de tubes).

La durée de l'éclairement

Rien ne sert d'avoir un éclairage de bonne qualité pour ne l'allumer que quelques heures par jour ; à l'inverse, rien ne sert d'éclairer 15 heures par jour si la qualité de la lumière n'est pas adaptée. En aucun cas l'un ne peut compenser l'autre. À partir du moment où l'éclairage est correct sur le plan qualitatif et quantitatif, il reste à envisager le problème de la durée de l'éclairage.
Dans les régions tropicales, la durée du jour est approximativement de 11 à 13 heures. Poissons et plantes sauvages y sont habitués. En revanche, cela n'est pas le cas des végétaux et des animaux élevés en captivité, qui peuvent donc accepter un

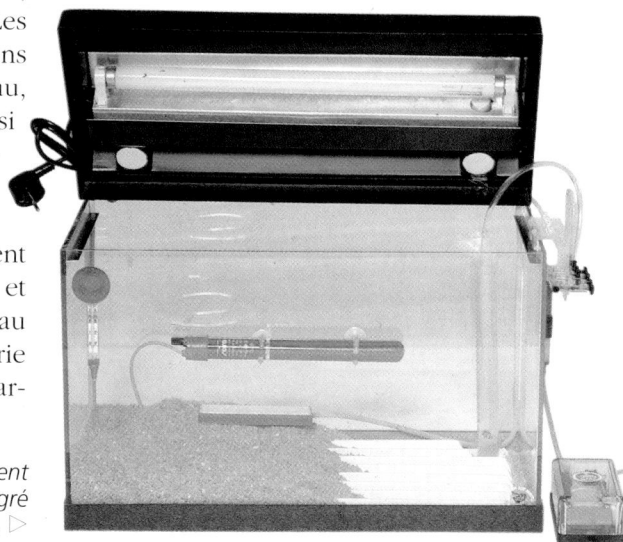

Certains aquariums, en général de taille modeste, sont souvent pourvus d'un équipement de base. L'éclairage est alors intégré dans une galerie qui ne doit recevoir aucune projection d'eau. ▷

◁ Pour recréer
la luminosité
des zones récifales,
on peut utiliser
un tube bleu
associé à
des daylight.

QUELS TUBES POUR QUEL TYPE D'AQUARIUM ?

Dans les exemples qui suivent, on considère toujours une hauteur d'eau maximale de 0,50 m et un minimum de trois tubes.

Type de bac	Type et proportion des différents tubes	Observations
Bac classique d'eau douce, normalement planté ou peu planté	– Un tube rosé, couplé avec des daylight	On respecte l'équilibre des couleurs, le rosé favorise la croissance des plantes. Intensité normale à faible.
Bac d'eau douce avec végétation importante	– Au minimum 50 % de tubes roses couplés avec des daylight	On privilégie la croissance des plantes aux dépens de l'aspect naturel de la lumière. Intensité forte.
Bac régional est-africain	– Un tube bleu (par exemple TLD 18 ou Bluemoon) couplé avec des daylight	On essaie de recréer l'éclairage naturel de ces eaux. Intensité normale à forte.
Bac marin, sans plantes ni invertébrés	– Des daylight avec, éventuellement, un tube bleu	On essaie de recréer la couleur naturelle des eaux récifales claires. Intensité normale à faible.
Bac marin avec plantes et sans invertébrés	– Un rosé couplé à des daylight	Équilibre entre une lumière d'aspect naturel et une lumière favorisant la croissance des plantes. Intensité normale.
Bac marin avec invertébrés (notamment les anthozoaires)	– Un tube bleu actinique (par exemple le TL03) couplé à des daylight.	Pour favoriser le maintien et la croissance des invertébrés renfermant des zooxanthelles. Intensité forte.

UNE BONNE INSTALLATION POUR UN BON ÉCLAIRAGE

La position des tubes fluorescents dans une galerie

Les tubes fluorescents doivent être répartis en respectant un écartement optimal de 8 à 10 cm entre eux (figure **1**). Dans les aquariums équipés vendus dans le commerce, longueur des tubes et longueur de l'aquarium sont harmonisées, on note seulement que les petits côtés de l'aquarium reçoivent un peu moins de lumière que le centre ou les grands côtés.

Figure 1

Les problèmes surgissent lorsque la longueur des tubes est nettement inférieure à celle du bac, ce qui est le cas des aquariums du commerce qui n'ont pas des dimensions courantes, ou d'aquariums fabriqués par l'aquariophile. Si les tubes sont centrés, il reste un espace de part et d'autre, ce qui est légèrement préjudiciable aux végétaux plantés le long des petits côtés du bac. Pour remédier partiellement à cet inconvénient, les tubes peuvent être décalés (figure **2**).

On peut également utiliser des tubes de différentes longueurs, en veillant à ce que leur assemblage couvre toute la surface du bac et que leur puissance totale soit suffisante.

Figure 2

Combien de tubes fluorescents pour un bon éclairage ?

• Leur nombre est fonction de leur puissance et de la taille de l'aquarium. Voici quelques indications pour une hauteur d'eau maximale de 0,50 m.

Bac d'eau douce normalement planté, bac marin avec plantes	1 W/2 litres d'eau / intensité normale
Bac d'eau douce densément planté (aquarium hollandais par exemple), bac régional est-africain	1 W/litre d'eau / intensité forte
Bac d'eau douce peu planté, eau de mer, sans invertébrés et sans plantes	1 W/3 litres d'eau / intensité plutôt faible
Eau de mer avec anthozoaires (coraux, anémones) et plantes	1 W/litre d'eau / intensité forte

• Voici les données, selon quelques dimensions standard, pour un bac normalement planté :

Dimensions du bac (L x l x h en cm)	Volume (en litres)	Longueur du tube (en cm)	Puissance (en W)	Nombre de tubes
80 x 30 x 40	96	60	20	2
100 x 40 x 50	200	90	30	3
120 x 45 x 50	270	90	30	4
150 x 50 x 50	375	120	40	4 ou 5

éclairement différent, mais dans la limite du raisonnable. On peut éclairer un aquarium jusqu'à 13 heures par jour, mais certains amateurs dépassent cette durée ; ils ont tendance à allumer leur aquarium dès le réveil et à l'éteindre tardivement. On atteint ainsi des durées d'éclairement de 16 à 17 heures, ce qui est beaucoup trop important. Ce n'est pas forcément préjudiciable aux poissons, mais cela peut néanmoins modifier l'équilibre de l'aquarium, notamment en favorisant le développement d'algues. Il est conseillé d'allumer vers 10 heures, pour éteindre vers 22-23 heures.

L'utilisation d'horloges électriques programmables facilite ces opérations. Elle évite, en particulier, un brusque et fort peu naturel passage de l'obscurité à la lumière, qui peut être préjudiciable à certains poissons.

L'aquarium recevra, en effet, d'abord la lumière du jour naissant, puis son propre éclairage. Le soir, après extinction de ce dernier, le bac profitera encore de la lumière d'ambiance.

On peut également programmer l'allumage et l'extinction des tubes fluorescents, les uns après les autres, à l'aide de plusieurs horloges. On recrée ainsi partiellement le lever et la tombée du jour.

Le programme idéal d'éclairage serait donc d'allumer le matin la lumière d'ambiance de la pièce, ou de laisser jouer l'influence de la lumière du jour ; puis d'allumer un tube environ 1 heure après ; enfin, d'allumer les autres tubes, un peu plus tard. Le soir, on procéderait à l'extinction d'une partie des tubes – un seul restant allumé –, suivie au bout d'un certain laps de temps de l'extinction du dernier tube, et, finalement, de l'extinction de la lumière d'ambiance.

Dernier point important : il ne faut pas interrompre un cycle journalier ; quelques heures d'obscurité, partielle ou totale, perturbent la croissance des plantes et le comportement des poissons.

LE CHAUFFAGE

Après l'éclairage, primordial, vient un second facteur, non moins important : le chauffage. Il convient d'en établir le principe. Les animaux et les plantes des régions tropicales fréquentent des eaux chaudes où la température varie peu au cours de l'année. Il faut donc chauffer les aquariums et garantir des températures de l'ordre de 25-26 °C, ou même 27 °C, pour l'eau de mer. Le maintien de ces températures est

◁ Un bon éclairage doit à la fois couvrir les besoins des végétaux et satisfaire le sens visuel des spectateurs.

réalisé grâce à une résistance électrique chauffante étanche et couplée à un thermostat réglable qui interrompt son fonctionnement lorsque la température désirée est atteinte. Lorsqu'elle a diminué de 1 °C ou moins, le thermostat rétablit le passage du courant, et la résistance recommence à chauffer. Le thermostat classique permet de régler la température avec une assez grande précision, de l'ordre de 0,5 °C.

Mais il existe des thermostats électroniques plus précis, qui réagissent à un écart de l'ordre de 0,1 °C. Ils sont malheureusement plus coûteux.

LE CHAUFFAGE DU DÉBUTANT

Un thermoplongeur est beaucoup plus pratique à utiliser lorsque l'on débute. Il faut préférer les modèles où l'on peut voir clairement l'affichage de la température. Leur fonctionnement, lorsque la résistance chauffe, est souvent matérialisé par une petite lumière. La puissance est fonction du volume de l'aquarium. On compte environ 1 W/litre : pour un bac de 100 litres, il faut donc un thermoplongeur de 100 W.

Un thermoplongeur (ou combiné chauffant) doit toujours être totalement immergé. ▷

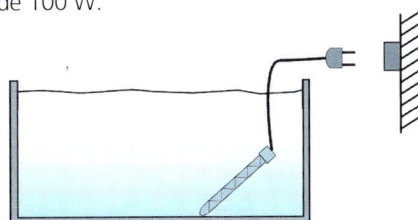

Le matériel de chauffage

Le principe étant établi, réglons le problème du matériel de chauffage. Il existe des résistances indépendantes que l'on raccorde à un thermostat, ce qui présente l'inconvénient de multiplier les connexions électriques et les câbles à dissimuler.

On peut également utiliser des thermoplongeurs ou combinés chauffants, totalement étanches et immergeables, qui regroupent thermostat et résistance. Ce système est de plus en plus apprécié pour sa facilité d'emploi.

Un dernier type de résistance, peu répandu, est constitué d'un câble chauffant isolé dans une gaine souple ; il se place dans le sédiment. Un certain nombre d'aquariophiles pensent que la diffusion de chaleur dans le sol est néfaste pour les racines des plantes ; de plus, le câble risque d'être partiellement déterré par des animaux fouisseurs.

La puissance du chauffage

Dans une pièce habitée – salle de séjour, chambre –, la température est rarement inférieure à 17 °C. Si l'on y place un aquarium, la puissance du chauffage doit permettre de passer de cette température ambiante, qui sera également celle d'un bac non chauffé, à 25-26 °C environ.

Une puissance de 1 W/litre est largement suffisante pour assurer cette élévation de température ; il faut donc, par exemple, 100 W pour un aquarium de 100 litres ; cela suffira même pour un bac de 150 litres.

Dans un local inhabité, en général non chauffé – garage, cellier, cave, grenier –, il faut parfois prévoir jusqu'à 2 W/litre, rarement plus.

La gamme de puissance des résistances et des combinés chauffants est suffisamment large (25, 50, 75, 100, 150, 200, 500 W) pour couvrir tous les besoins jusqu'à des volumes de 500 litres. Au-delà

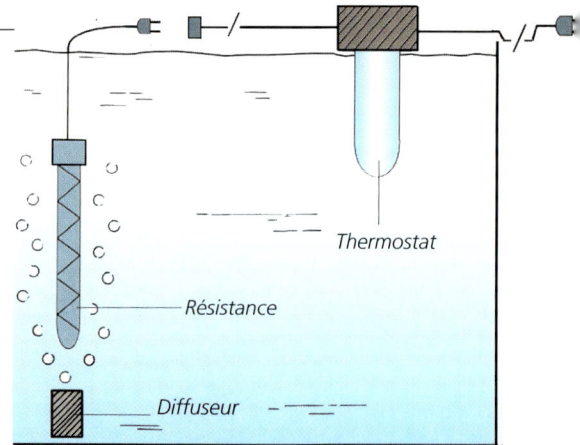

△ Thermostat et résistance indépendants : pratique si l'on veut moduler la puissance de chauffage mais encombrants au niveau des câbles électriques.

Le combiné chauffant intègre le thermostat et la résistance ; il est plus facile à dissimuler que les deux éléments séparés. ▽

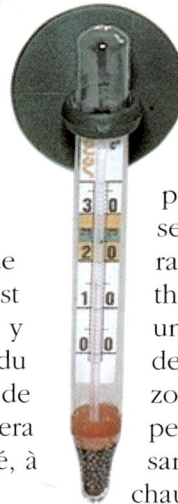

△ Le thermostat doit être placé assez loin de la résistance pour un meilleur contrôle de la température.

▽ Un thermomètre fiable est indispensable pour contrôler la température.

(cas des clubs et des aquariums publics), il est moins coûteux et plus facile de chauffer l'ensemble du local.

L'emplacement des éléments chauffants dans l'aquarium

Il est important que la chaleur émise par les résistances se diffuse dans l'ensemble de l'aquarium, afin que sa température soit relativement homogène. Le thermoplongeur sera donc placé dans une zone agitée favorisant la répartition de la chaleur et évitant l'existence de zones plus chaudes ou plus froides. On peut également répartir la chaleur en divisant la puissance totale : deux sources chauffantes de 100 W au lieu d'une seule de 200 W par exemple, mais cela entraîne une augmentation du nombre de câbles électriques à dissimuler dans et hors de l'aquarium. Le thermomètre doit être éloigné du chauffage pour ne pas subir son influence directe.

LE BRANCHEMENT DES RÉSISTANCES

Un thermostat + une résistance

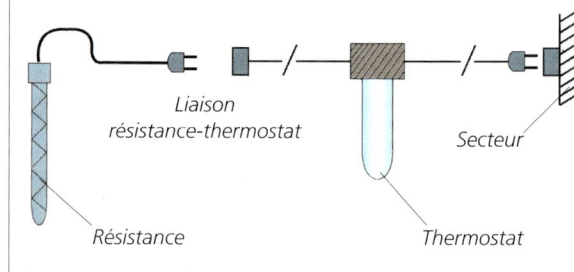

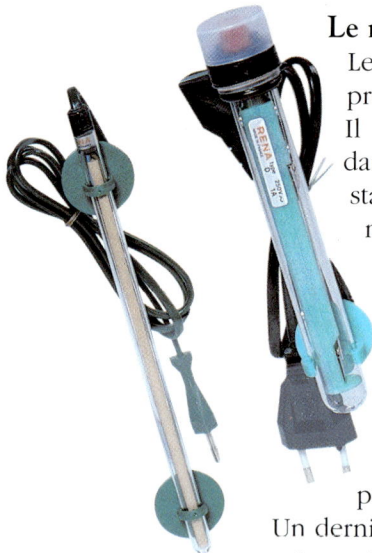

Liaison résistance-thermostat

Résistance

Thermostat

Secteur

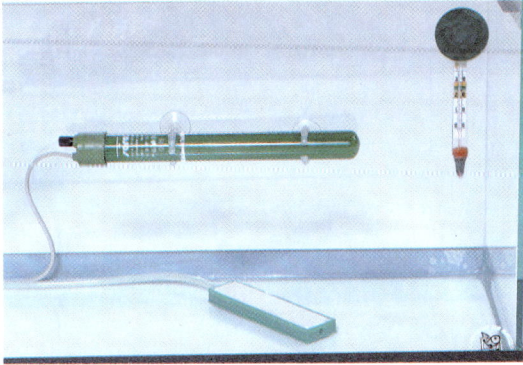

△ *Un diffuseur placé sous le combiné chauffant réparti la chaleur dans tout l'aquarium.*

Les problèmes qui peuvent survenir

Il arrive, notamment lors de manipulations, que le verre protecteur d'un élément chauffant se casse : il faut alors le changer. Mais avant de plonger la main dans l'aquarium, il faut impérativement débrancher le système de chauffage, car des risques de chocs électriques, même minimes, existent. En effet, l'eau, notamment l'eau salée, est un excellent conducteur pour le courant électrique. Le fil chauffant de la résistance peut se rompre, l'eau n'est alors plus chauffée et se refroidit progressivement. Dans ce cas, un dépôt interne, de couleur noire, apparaît sur la résistance, ou sur la partie résistance d'un thermoplongeur.

Un autre problème classique est celui du blocage du thermostat en position de chauffage : la lame métallique reste « collée » à son contact, la résistance chauffe en continu, et la température du bac peut alors s'élever en quelques heures au-dessus de 30 °C. Cela se produit avec des thermostats usagés. Le problème peut être évité en prévoyant un second thermostat intercalé entre le premier et le secteur, par sécurité.

SUR UN THERMOSTAT SÉPARÉ

Un thermostat + plusieurs résistances

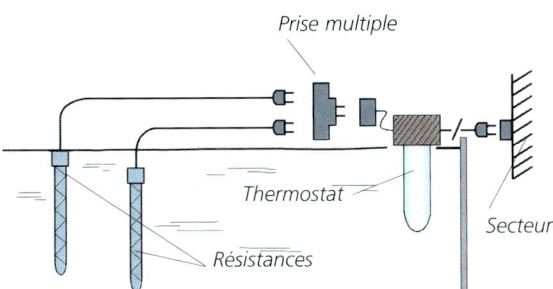

Prise multiple

Thermostat

Résistances

Secteur

L'AÉRATION

Une question se pose, faut-il parler d'aération ou d'oxygénation ? Les deux termes prêtent à confusion, et l'on croit parfois qu'aérer l'eau, c'est y introduire de l'oxygène. En réalité, quand on provoque un brassage du volume d'eau, l'agitation de la surface facilite la pénétration de l'oxygène atmosphérique dans l'eau et l'élimination du gaz carbonique dissous dans l'eau. Ce ne sont donc pas directement les bulles produites qui oxygènent, mais c'est le mouvement qu'elles provoquent. Le brassage permet également à la chaleur émise par le matériel de chauffage de se diffuser, il y a donc homogénéisation de tout le volume du bac. Le rejet de l'eau du filtre participe également au brassage de l'eau du bac.

Logiquement, si un aquarium est équilibré, il n'est pas nécessaire de l'aérer : c'est le cas pour les bacs de petit volume, normalement plantés et raisonnablement peuplés. Toutefois, une légère aération assure une certaine sécurité.

En revanche, l'aération est recommandée pour les aquariums de grand volume, surtout lorsqu'ils renferment des poissons assez gourmands en oxygène, comme les grands Cichlidés d'eau douce. Une forte aération est également nécessaire dans le cas des aquariums d'eau de mer, sous la forme d'un important brassage de l'eau, afin de recréer les conditions du milieu naturel.

△ *Il existe plusieurs types de pompes à air ; certaines sont réglables en puissance.*

Le matériel d'aération

• *La pompe*

Une petite pompe, alimentée par le secteur, aspire l'air atmosphérique qui l'entoure et le pulse à travers un tuyau de petit diamètre jusqu'à un diffuseur. Celui-ci forme des bulles qui vont éclater à la surface de l'eau. Il existe différents modèles de pompes, plus ou moins puissantes selon le volume d'air désiré ; les plus petites sont suffisantes pour des aquariums d'un volume maximal de 100 à 150 litres.

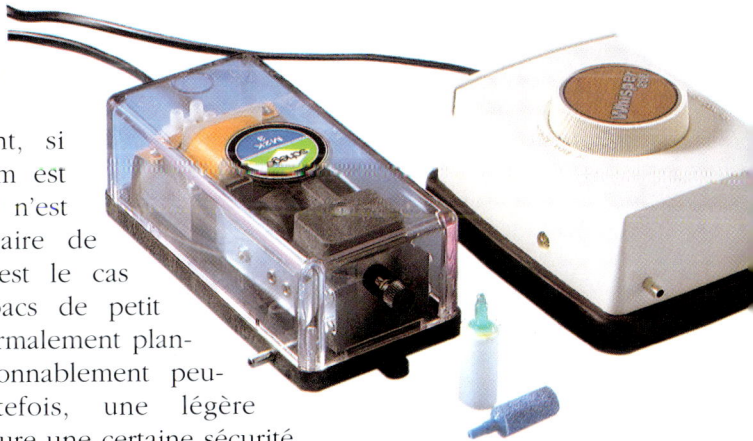

Elles sont plus ou moins bruyantes, ce qui peut paraître désagréable, alors qu'un aquarium est généralement apprécié pour l'impression de silence et de sérénité qu'il dégage. La puissance de certaines d'entre elles est réglable, ce qui permet d'augmenter ou de diminuer le volume d'air produit.

• *Le tuyau de distribution d'air*

Il existe plusieurs types de tuyaux de distribution d'air, plus ou moins rigides, dont les diamètres les plus courants sont de 4 à 6 mm. Il est préférable d'utiliser ceux qui sont assez rigides : si, par hasard, ils se retrouvent coincés, ils ne s'écrasent pas totalement et laissent donc encore passer un peu d'air. Il faut toujours prévoir une longueur de tuyau supérieure aux besoins, afin d'éviter de mauvaises surprises.

• *Le diffuseur*

La gamme des diffuseurs disponibles est assez variée : forme rectangulaire ou cylindrique, matériaux naturels ou artificiels. Les

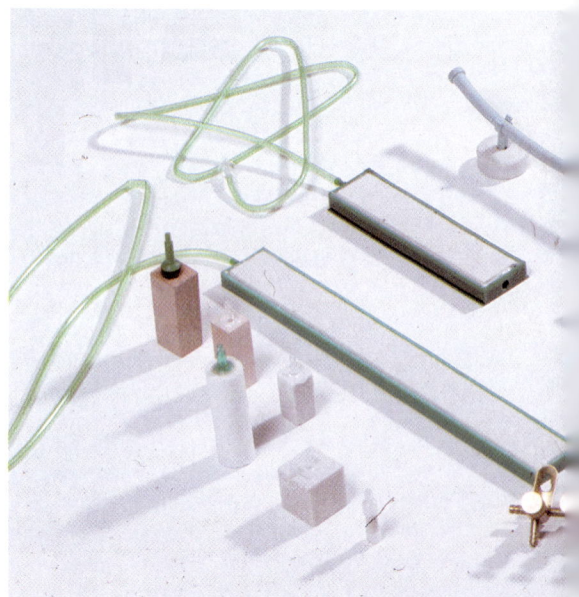

△ *Une même pompe à air peut alimenter plusieurs diffuseurs grâce à des dérivations, mais aussi à un filtre-plaque.*

△ *La diversité du petit matériel d'aération est telle qu'il n'y a aucun problème pour trouver l'équipement adapté aux besoins de chaque aquariophile.*

plus intéressants sont ceux constitués de matériaux plastiques microporeux ou de céramique. Ils produisent des bulles assez fines et se nettoient facilement lorsqu'ils se colmatent.

Il ne faut pas oublier qu'après un certain temps de fonctionnement les diffuseurs s'incrustent de calcaire, de sel ou d'algues. En eau de mer, on utilise souvent des diffuseurs en bois, qui produisent de fines bulles. Ils ont l'inconvénient de flotter, il faut donc les caler, avec une pierre par exemple. Notons que les diffuseurs qui produisent de fines bulles demandent une pression d'air plus forte.

• *Les petits accessoires*

Divers petits accessoires complètent ce matériel. Des raccords, en forme de T, de Y

RÉDUIRE LE BRUIT DE LA POMPE À AIR

Certaines pompes sont plus bruyantes que d'autres, et la nuisance provoquée peut parfois gêner lorsque l'aquarium est situé dans une chambre ou une autre pièce habitée. Il existe plusieurs solutions pour limiter ce bruit :

– fabriquer un support pour la pompe composé d'une petite planchette de bois surmontée d'une plaque de mousse ;

– enfermer la pompe, dans un placard par exemple ;

– éloigner la pompe, en prévoyant une longueur de tuyau d'aération suffisante (une pompe à air passe souvent inaperçue dans une cuisine, où son bruit se mélange à celui des appareils ménagers) ;

– si la pompe n'est pas réglable en puissance, faire une dérivation terminée par un robinet, pour permettre une légère fuite d'air contrôlée (cette solution n'est pas forcément efficace avec toutes les pompes).

COMBIEN DE DIFFUSEURS DANS UN AQUARIUM ?

Cela dépend du volume et du type de l'aquarium.

– Pour un bac de 100 à 150 litres normalement planté, un seul diffuseur à débit modéré suffit ;

– au-delà, en eau douce, on compte un diffuseur pour 100 à 150 litres d'eau (un pour 100 litres si le bac est peu ou pas planté) ;

– en eau de mer, il faut utiliser un diffuseur pour 75 à 100 litres, à pleine puissance.

L'AÉRATION DU DÉBUTANT

Une des plus petites pompes du commerce suffit, associée à quelques mètres de tuyau et à un diffuseur en plastique microporeux. Si la pompe est placée sous le niveau d'eau de l'aquarium, il est indispensable de prévoir un clapet antiretour.

Pour des raisons évoquées précédemment, l'emplacement idéal pour un diffuseur est la proximité d'un élément de chauffage : attention cependant à ce qu'un tuyau ne soit pas directement en contact avec une résistance. Puisqu'un diffuseur brasse l'eau, parfois énergiquement, il est possible qu'il remette en suspension des débris divers : excréments, aliments non consommés, fragments de végétaux.

Si l'aspiration de la filtration est proche, ce n'est pas bien grave ; dans le cas contraire, ces débris risquent de se disperser dans le bac, avec l'effet visuel désagréable que l'on imagine. Pour éviter ce désagrément, il ne faut pas poser le diffuseur sur le fond, mais à mi-hauteur. Là où les bulles atteignent la surface, il est prudent de vérifier la bonne position du couvercle, afin d'éviter des projections d'eau dans la galerie d'éclairage. Bien entendu, les robinets de réglage d'air doivent être placés en dehors de l'aquarium.

▽ *Ce ne sont pas les bulles du diffuseur qui oxygènent l'eau, mais l'agitation qu'elles provoquent.*

ou de X, permettent d'alimenter plusieurs diffuseurs, dans le même bac ou dans des bacs différents, à partir d'une seule pompe. Des robinets règlent le débit dans les plusieurs canalisations. Il en existe différents modèles, en plastique ou en metal, isolés ou groupés en batterie pour les grandes installations.

• *L'emplacement du matériel d'aération*

Il est préférable de placer la pompe au-dessus du niveau de l'eau de l'aquarium : en effet, lorsque le courant est coupé, cela évite un éventuel retour d'eau par le tuyau d'aération.

Il arrive parfois que la pompe se situe en dessous, notamment dans les aquariums intégrés ; il faut alors intercaler un petit clapet antiretour pour limiter ce risque.

Les aquariophiles perfectionnistes placent la pompe à air à l'extérieur du local où se trouve l'aquarium : cela évite une éventuelle diffusion de produits toxiques à l'intérieur de l'aquarium, tels que les aérosols ou la fumée de tabac.

Pour vraiment apporter un air en partie purifié, il existe des petits filtres, principalement composés de charbon actif absorbant odeurs et fumées, que l'on place sur le circuit d'air après la sortie de la pompe.

Beaucoup d'aquariophiles considèrent que la présence de bulles dans un bac ne donne pas un aspect vraiment naturel ; c'est pourquoi ils dissimulent diffuseurs et tuyaux dans le décor, et l'on n'aperçoit alors les bulles que lorsqu'elles viennent frapper la surface de l'eau.

INSTALLATION D'UN SYSTÈME D'AÉRATION

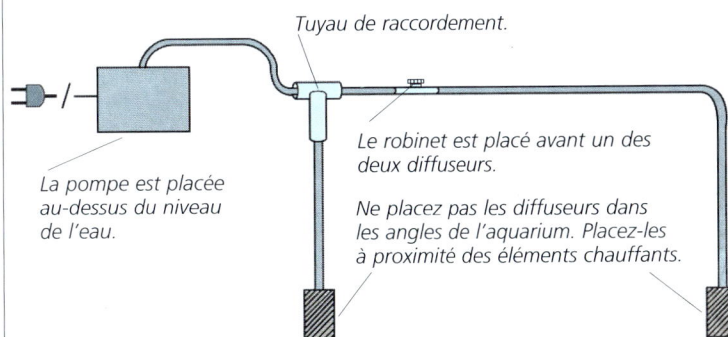

Tuyau de raccordement.

La pompe est placée au-dessus du niveau de l'eau.

Le robinet est placé avant un des deux diffuseurs.

Ne placez pas les diffuseurs dans les angles de l'aquarium. Placez-les à proximité des éléments chauffants.

LA FILTRATION

Pourquoi filtrer l'eau d'un aquarium ?

Dès la mise en service de l'aquarium, les caractéristiques de l'eau se modifient, plus ou moins rapidement. Ces modifications résultent de l'activité biologique des êtres vivants – plantes, poissons et invertébrés –, ainsi que de diverses réactions chimiques qui se produisent dans l'eau et dans le sédiment. C'est ainsi que l'eau se charge progressivement de matières en suspension – excréments des animaux, débris végétaux, surplus d'aliments, parfois même cadavres –, et de substances dissoutes provenant de l'activité des êtres vivants. Parmi ces dernières, les principales sont les produits azotés issus de l'excrétion liquide des animaux. Comme nous l'avons déjà dit, ces substances sont très toxiques, même à faible dose ; leur accumulation est donc préoccupante.

Les matières en suspension restent en pleine eau, ou finissent par sédimenter ; dans les

◁ *Filtre extérieur à plusieurs compartiments de filtration.*

deux cas, elles sont visibles. Les matières dissoutes, elles, ne sont pas visibles, et c'est là le danger : on oublie souvent leur présence. On peut cependant remarquer une modification lente et régulière de la couleur de l'eau ; à long terme, elle devient jaunâtre. On peut repérer très tôt cette altération en plongeant un objet blanc dans l'eau.

La filtration a donc pour but de capter les matières en suspension, afin d'obtenir une eau limpide, plus propice à la pénétration de la lumière. L'aquariophile n'oubliera pas de siphonner les plus gros déchets. De plus, la filtration transformera ou éliminera les substances dissoutes, ce qui aura pour effet d'obtenir une eau cristalline et d'éviter les risques d'intoxication de vos pensionnaires. Comme nous l'avons signalé ailleurs, la filtration, par les mouvements d'eau qu'elle provoque, contribue également à une bonne oxygénation.

Principe de la filtration

Divers filtres permettent de retenir les matières en suspension : c'est la filtration mécanique. Les masses filtrantes se colmatent progressivement, il faut les nettoyer ou les changer.

Pour réaliser la transformation des matières azotées tout en favorisant le cycle de l'azote (voir p. 19), il faut de l'oxygène et de bonnes bactéries : c'est la filtration biologique ou bactérienne. Le filtre biologique se compose donc d'un support qui sera colonisé par les bactéries, avec une circulation d'eau pour apporter de l'oxygène.

En aquarium, il arrive que la masse de filtration mécanique joue le rôle de filtre biologique après colonisation par les bactéries.

Les différents systèmes de filtration

• *Le filtre-plaque, ou filtre sous sable*

L'eau passe de haut en bas à travers le sable et est récupérée sous la plaque, légèrement surélevée par rapport au fond. L'eau est ensuite rejetée dans l'aquarium par un

---

FILTRE EXTÉRIEUR

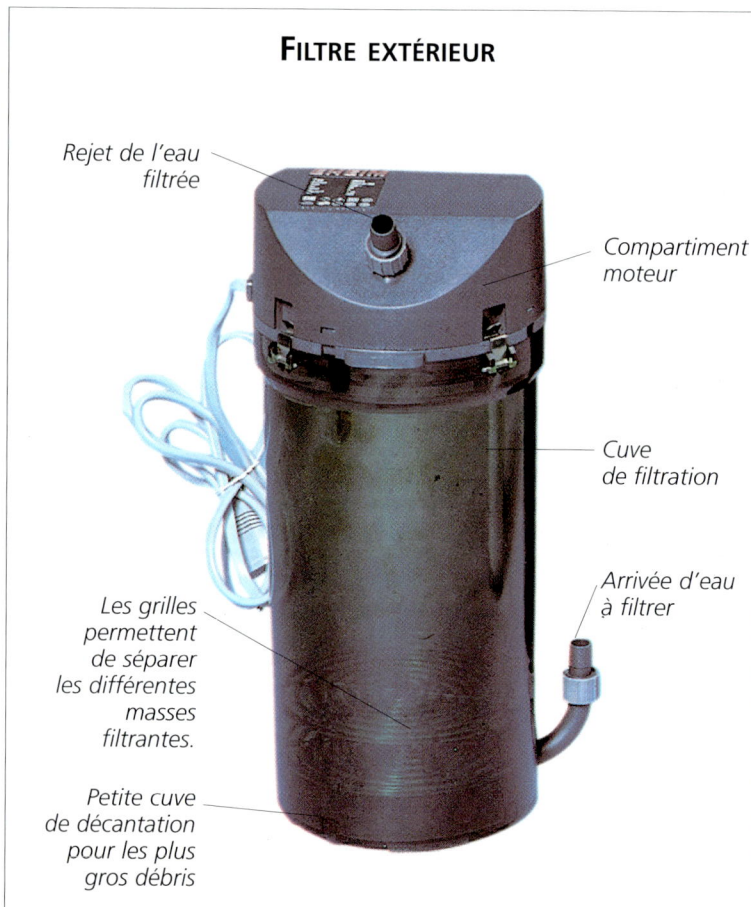

Rejet de l'eau filtrée

Compartiment moteur

Cuve de filtration

Arrivée d'eau à filtrer

Les grilles permettent de séparer les différentes masses filtrantes.

Petite cuve de décantation pour les plus gros débris

LE FILTRE-PLAQUE

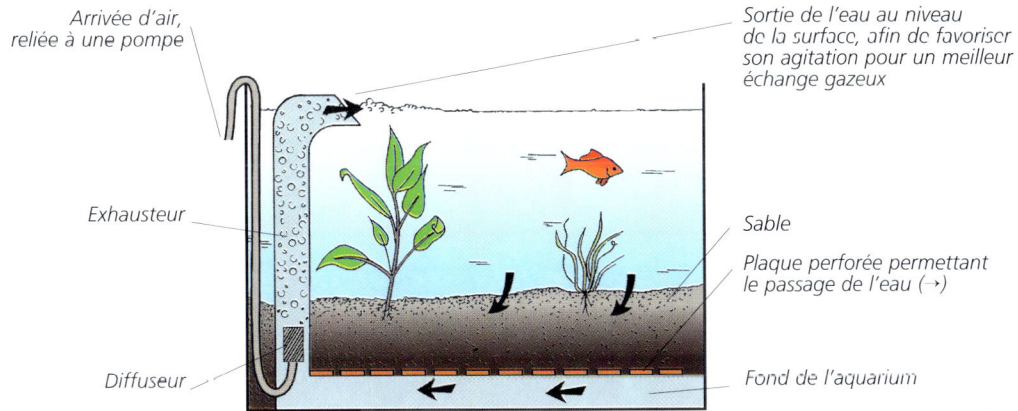

Arrivée d'air, reliée à une pompe

Sortie de l'eau au niveau de la surface, afin de favoriser son agitation pour un meilleur échange gazeux

Exhausteur

Sable

Plaque perforée permettant le passage de l'eau (→)

Diffuseur

Fond de l'aquarium

Avantages

– Peu coûteux ;
– simple à mettre en place ;
– peu ou pas d'entretien ;
– assez facile à camoufler ;
– alimenté par une pompe à air (souvent la même que celle utilisée pour un diffuseur) ;
– clarifie l'eau rapidement.

Inconvénients

– Doit être mis en place avant le sol, lors de la conception de l'aquarium ;
– ne pourra donc en être retiré qu'en enlevant tout le décor, la végétation et le sol (ce qui oblige à refaire tout l'aquarium) ;
– le sable se colmate plus ou moins rapidement selon sa granulométrie, il faut le nettoyer (on revient au point précédent) ;
– drainage du sol défavorable à la plupart des plantes à racines ;
– risque d'obstruction de la base de l'exhausteur si son diamètre est faible (inférieur à 1 cm) : on le débouche en soufflant avec la bouche ou en utilisant une tige longue et fine ;
– lorsqu'on l'arrête un certain temps, il y a risque de désoxygénation du sol, ce qui peut provoquer l'apparition de produits toxiques.

L'EXHAUSTEUR (OU AIR-LIFT)

Ce système ingénieux permet d'élever l'eau à une certaine hauteur et également de participer à son brassage, donc à son oxygénation. À titre indicatif, un exhausteur de 3 cm de diamètre, alimenté par une pompe à air, débite plusieurs centaines de litres par heure, sur une hauteur d'eau de 40 cm.

L'exhausteur peut permettre le fonctionnement d'un filtre-plaque, d'un filtre-gouttière, ou de renvoyer l'eau d'un filtre à décantation dans l'aquarium. Pour limiter le bruit des bulles et favoriser la circulation de l'eau, sa partie supérieure peut être coudée pour affleurer la surface.

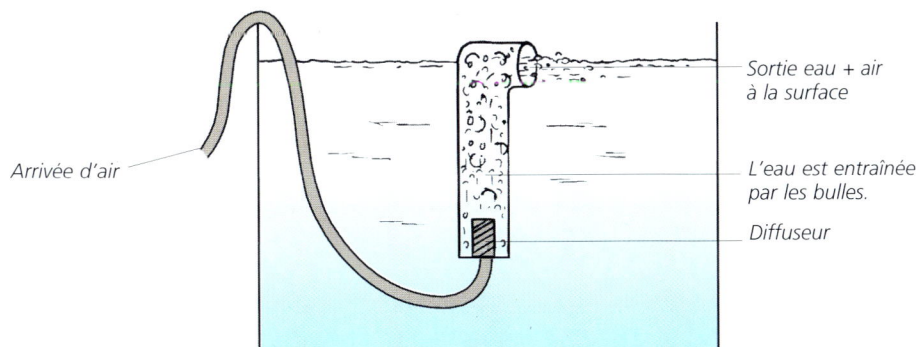

Arrivée d'air

Sortie eau + air à la surface

L'eau est entraînée par les bulles.

Diffuseur

Ce type d'exhausteur est vendu dans le commerce. Il peut également être fabriqué à partir de tuyau et d'un coude PVC (diamètre 2 à 3 cm). On le fixe dans l'aquarium par des ventouses.

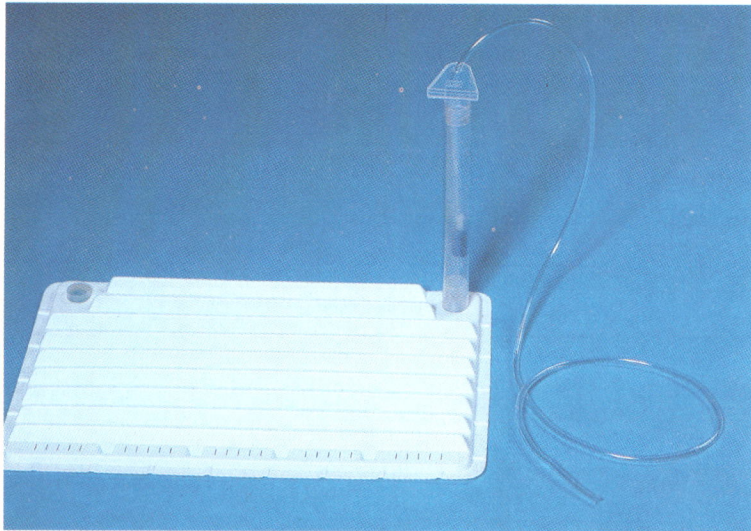

△ *Ce filtre-plaque s'utilise avec un sédiment grossier qui joue le rôle de masse filtrante.*

verte d'un matériau grossier et lourd (gravier ou sable par exemple) : celui-ci joue le rôle de lest, mais aussi d'élément de préfiltration (voir encadré ci-dessous).

• *Les petits filtres intérieurs à moteur électrique*

Le moteur permet l'aspiration de l'eau à travers une grille grossière qui bloque les plus gros débris. L'eau est ensuite acheminée vers une masse filtrante, constituée de mousse ou de ouate de Perlon (voir p. 248), puis elle est rejetée dans l'aquarium.

Les performances de ce système sont correctes mais insuffisantes pour des aquariums

exhausteur (voir encadré p. 239) alimenté par une pompe à air.

Ici, c'est le sable qui joue le rôle de masse filtrante, par une double action : mécanique, puisqu'il retient les particules en suspension, et biologique, car le cycle de l'azote s'y établit grâce à des bactéries et à l'oxygène apporté par la circulation de l'eau. Sa granulométrie, que nous avons évoquée en détail dans le chapitre sur le sol, est donc importante, car elle doit permettre le passage de l'eau et retenir les particules. C'est la raison pour laquelle vous devez éviter les sables fins ou, au contraire, un sédiment trop grossier.

Autrefois très en vogue, le filtre-plaque tend aujourd'hui à être délaissé au profit d'autres techniques. Cependant, on peut l'utiliser dans des petits bacs temporaires ou dans un bac d'ensemble, mais avec un débit lent et continu, en complément d'un autre système de filtration.

• *Les petits filtres intérieurs alimentés par air*

Ils fonctionnement également grâce à une pompe à air, mais une petite masse filtrante, constituée souvent de mousse, remplace le sable. Ils ne sont performants que pour des petits aquariums ne dépassant pas une cinquantaine de litres.

Ce type de filtre peut être fabriqué de manière artisanale. On utilisera différents récipients en PVC qui peuvent facilement se découper ; le plus pratique étant la récupération d'une bouteille de 1,5 à 2 litres. L'utilisation de mousse a tendance à faire flotter l'ensemble, qu'il faut alors lester. La partie supérieure de la mousse peut être recou-

LA FABRICATION RAPIDE D'UN PETIT FILTRE INTÉRIEUR

1. Diffuseur
2. Tuyau de PVC, strié avec une scie sur toute sa longueur, qui sera inclus dans le bloc de mousse
3. Bloc de mousse percé en son centre pour le passage de l'exhausteur
4. Sable grossier (préfiltration et lest)
→ Trajet de l'eau

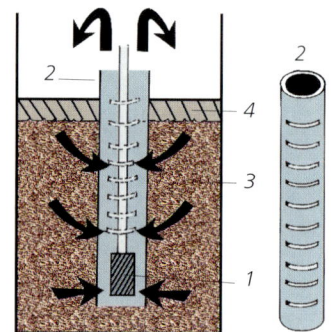

1. Diffuseur
2. Exhausteur
3. Bloc de mousse
4. Chambre de récupération de l'eau
5. Bouteille en PVC
6. Sable grossier (préfiltration et lest)
→ Trajet de l'eau

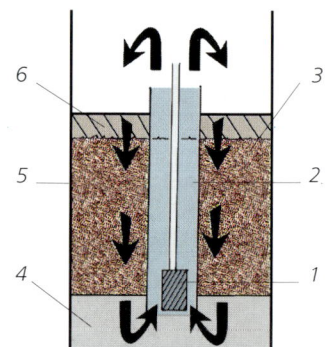

d'un volume supérieur à 100 litres, bien qu'il existe des modèles modulables en fonction du volume d'eau à traiter.

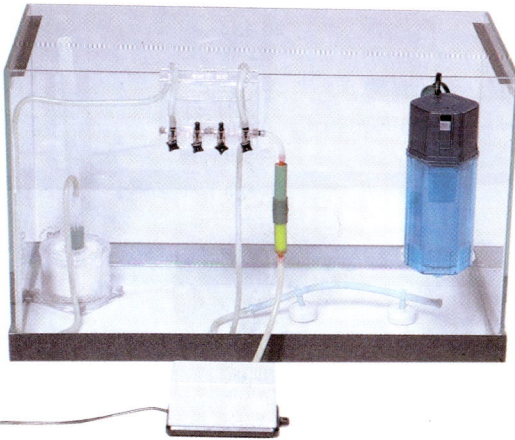

△ *Pour un aquarium de petit volume, un petit filtre intérieur à air (à gauche) ou à moteur électrique (à droite) suffit.*

• *Les filtres extérieurs*

L'eau siphonnée dans l'aquarium passe dans une cuve de filtration qui renferme plusieurs masses filtrantes et est rejetée dans le bac par une pompe électrique. Il existe divers modèles adaptés à la puissance de la pompe et au volume de la cuve. On trouve même des modèles pour bassins de jardin. Ces

LES PETITS FILTRES IMMERGÉS, À MOTEUR ÉLECTRIQUE

Le débit du moteur est parfois trop important pour le volume de la masse filtrante. Cette dernière doit être nettoyée régulièrement, en fonction de son niveau de colmatage (plus ou moins visible à travers le PVC du compartiment de filtration).

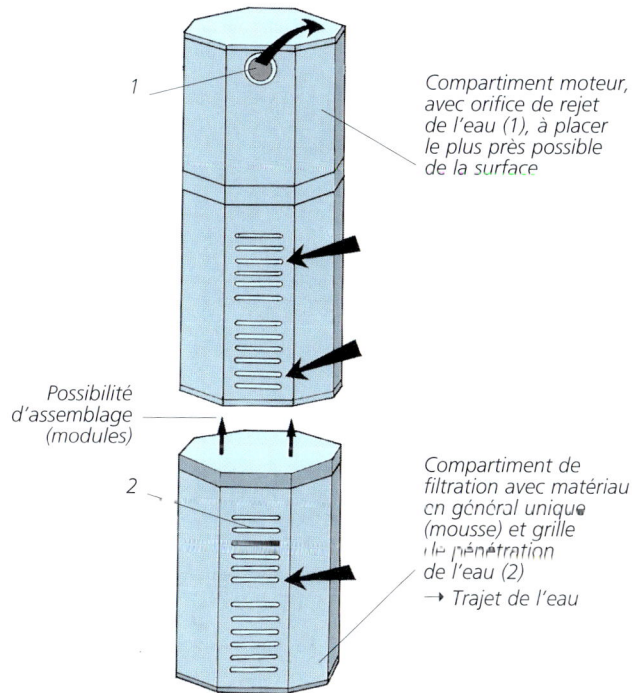

Compartiment moteur, avec orifice de rejet de l'eau (1), à placer le plus près possible de la surface

Possibilité d'assemblage (modules)

Compartiment de filtration avec matériau en général unique (mousse) et grille de pénétration de l'eau (2)
→ *Trajet de l'eau*

LES FILTRES EXTÉRIEURS À MOTEUR ÉLECTRIQUE

Ils conviennent pour les grands aquariums (certains débitent plus de 1 m³/heure) et contiennent des matériaux de filtration de granulométrie différente dans le compartiment filtre. Ils doivent êre placés au-dessous du bac pour éviter un éventuel désamorçage.

Ces filtres, plus coûteux que les précédents, sont très efficaces mécaniquement, mais peu biologiquement. L'utilisation des matériaux de granulométrie différente évite un colmatage trop rapide du système. Le nettoyage est aisé si l'on prend la précaution de placer des robinets sur les tuyaux.

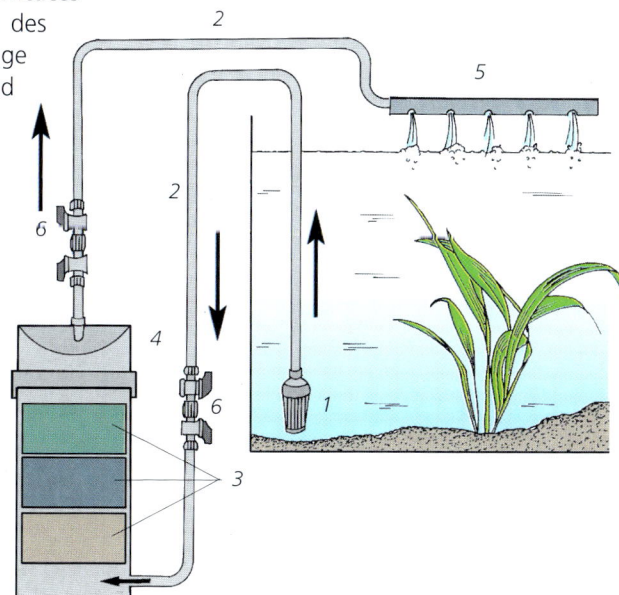

1. *Crépine pour éviter l'aspiration de petits poissons ou de divers débris risquant d'obstruer les canalisations*
2. *Tuyaux semi-rigides*
3. *Masses filtrantes de plus en plus fines au fur et à mesure du trajet de l'eau*
4. *Compartiment moteur*
5. *Tube rigide perforé permettant le rejet de l'eau au niveau ou au-dessus de la surface, pour favoriser les échanges gazeux*
6. *Robinets*
→ *Trajet de l'eau*

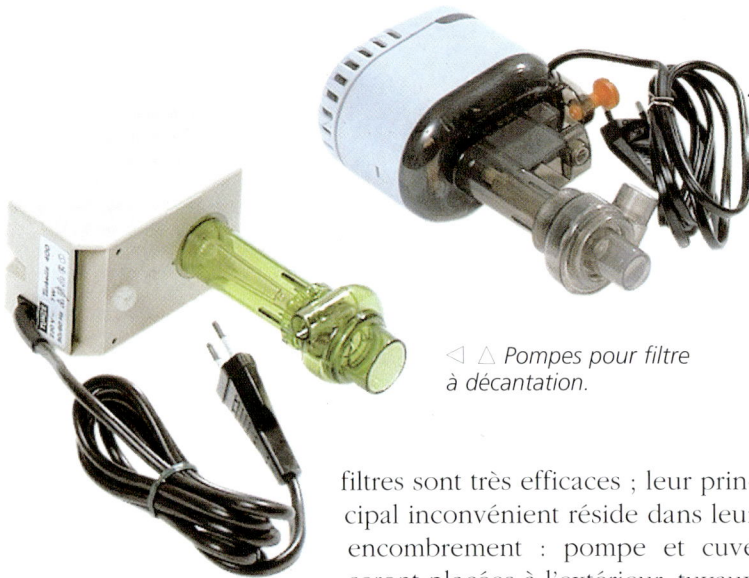

◁ △ *Pompes pour filtre*
à décantation.

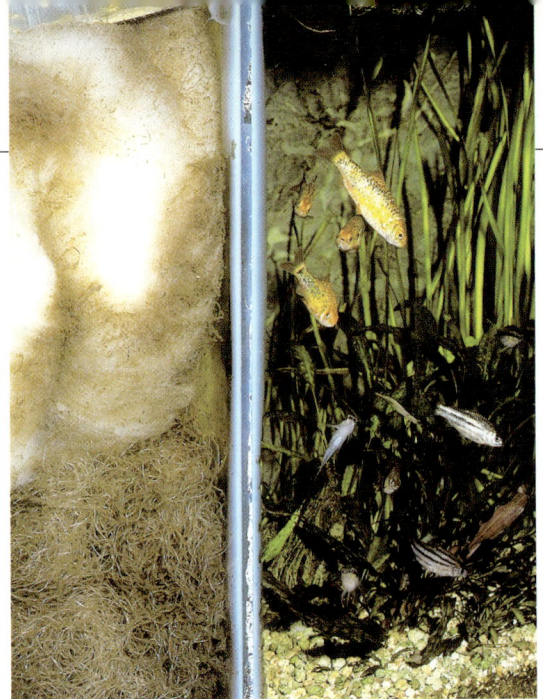

△ *Cuve d'un filtre à décantation intégré*
dans un aquarium.

filtres sont très efficaces ; leur principal inconvénient réside dans leur encombrement : pompe et cuve seront placées à l'extérieur, tuyaux de prise et de rejet d'eau à l'intérieur du bac.

• *Les filtres à décantation*

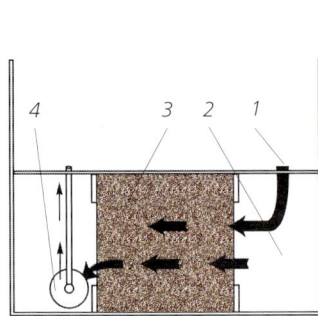

Ils sont parfois intégrés dans certains aquariums vendus dans le commerce ou peuvent être ajoutés ultérieurement. Dans ce cas, le filtre devra être masqué par une décoration extérieure. Ce type de filtre a tendance à se généraliser : il est facile à mettre en service et à entretenir.

Dans un grand aquarium, ses performances mécaniques – rétention de particules – peuvent cependant se révéler insuffisantes.

LE FILTRE À DÉCANTATION

Aquarium vu de dessus

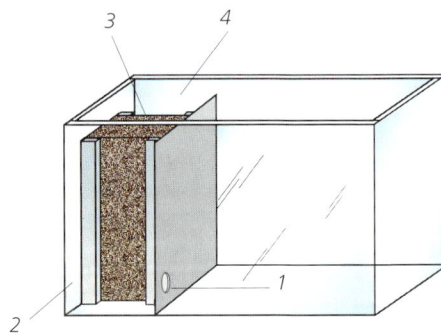

Aquarium vu de face

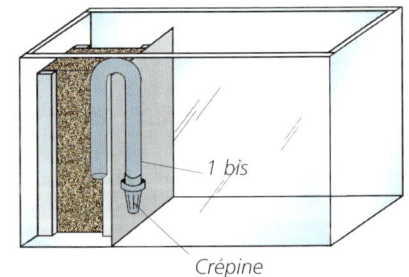

Crépine

1. Entrée de l'eau par un orifice percé dans la vitre et protégé par une grille. On peut également utiliser un siphon (1 bis) prolongé par une crépine. La grille ou la crépine évitent le passage de poissons, à l'exception des plus petits alevins, que l'on récupère donc parfois dans la cuve 2. On doit les entretenir régulièrement, car il s'y accumule divers débris, notamment des végétaux, qui ralentissent ou peuvent empêcher la circulation de l'eau.
2. Cuve de décantation. Elle peut contenir un matériau de préfiltration, par exemple de la laine de Perlon (p. 248). En eau de mer, c'est un emplacement idéal pour l'écumeur (p. 250).
3. Mousse de filtration (p. 248). Elle retient les fines particules et est le siège de la filtration biologique. Il est préférable pour l'entretenir de la diviser en deux parties à peu près égales.
4. Cuve de reprise d'eau pour son rejet dans l'aquarium, avec une pompe ou un exhausteur. Cette partie du filtre à décantation peut recevoir le chauffage et l'aération.
Il existe une variante de ce système : le double filtre à décantation.

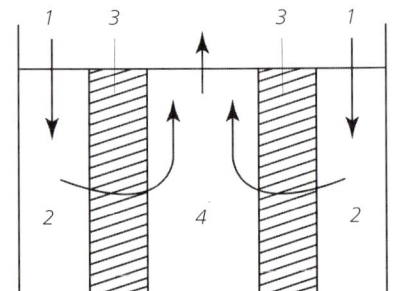

Double filtre à décantation

Filtre à décantation en position centrale, à intégrer dans un décor artificiel recréant une falaise ou un tombant rocheux. ▷

placer sous l'aquarium, plus récent, et qui demande plus d'espace. Dans l'un et l'autre cas, une préfiltration grossière est souhaitable.

– Le filtre-gouttière : l'eau est remontée de l'aquarium par une pompe électrique ou par un exhausteur, dans une gouttière horizontale, garnie d'un matériau de filtration.

Elle traverse ensuite la gouttière et retombe en pluie dans le bac, ce qui favorise son oxygénation. Des chicanes peuvent augmenter le temps de passage de l'eau, donc son oxygénation.

– Le filtre semi-humide sous l'aquarium : il est considéré par certains aquariophiles comme le summum en matière de filtration. Le principal problème de sa mise en place réside dans la construction d'un trop-plein sur une paroi latérale ou sur la face arrière du bac. L'eau tombe ensuite dans une cuve,

◁ *Cas de deux filtres à décantation dans les angles arrière.*

Dans ce cas, on utilise un filtre extérieur en complément.

Le filtre à décantation est traditionnellement placé sur un des côtés de l'aquarium. L'important est que le volume du filtre soit au moins égal à 10 % du volume de l'aquarium. Dans les exemples ci-dessus, l'aquarium est toujours vu par-dessus, la vitre frontale étant au bas du dessin ; la mousse est représentée en hachuré, le décor peut être artificiel.

• *Les filtres semi-humides*

Ici, les masses filtrantes ne sont pas totalement immergées dans l'eau, mais aspergées par celle-ci.

Elles sont donc en contact permanent avec l'air, ce qui permet une bonne oxygénation de l'eau et un bon fonctionnement du cycle de l'azote. Cette technique se développe surtout chez les amateurs chevronnés possédant de grands bacs d'eau douce ou d'eau de mer.

Il existe deux systèmes : le filtre-gouttière, de conception assez ancienne, et facile à mettre en œuvre ; le filtre semi-humide, à

Filtre-gouttière garni de matériaux grossiers (à gauche) et fins (à droite). ▽

LE FILTRE-GOUTTIÈRE

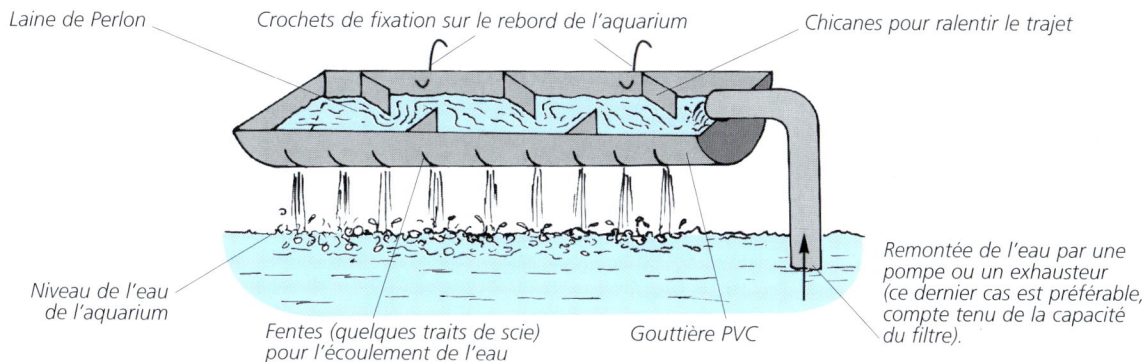

Laine de Perlon

Crochets de fixation sur le rebord de l'aquarium

Chicanes pour ralentir le trajet

Niveau de l'eau de l'aquarium

Fentes (quelques traits de scie) pour l'écoulement de l'eau

Gouttière PVC

Remontée de l'eau par une pompe ou un exhausteur (ce dernier cas est préférable, compte tenu de la capacité du filtre).

QUELLE PUISSANCE DE FILTRATION ?

Cela dépend du type de l'aquarium, l'eau devant être plus ou moins brassée suivant les cas. Le tableau suivant prend en compte la puissance réelle de la pompe, en fonction de la hauteur d'eau.

Type d'aquarium	Débit de filtration	Observations
Eau douce, poissons d'eau calme	Environ les trois quarts du volume du bac par heure	Parfois moins pour les bacs de reproduction et de quarantaine.
Eau douce, poissons d'eau courante	1 à 2 fois le volume du bac par heure	Le cas le plus courant est 1 fois le volume.
Eau douce, gros poissons (Cichlidés par exemple), sauf discus et scalaires	2 à 3 fois le volume du bac par heure	Possibilité de répartition du brassage entre deux pompes éloignées l'une de l'autre.
Eau de mer avec poissons	3 à 5 fois le volume du bac par heure	L'important est surtout le brassage de l'eau. On peut donc utiliser deux pompes : une pour brasser l'eau uniquement, l'autre pour filtrer. La colonne à gauche donne alors le brassage total de l'eau, la filtration devant en représenter au moins 50 %.
Eau de mer, aquarium d'invertébrés	5 à 10 fois le volume du bac par heure	

Exemples :
– Pour un aquarium d'eau douce de 200 litres, avec des poissons d'eau courante, le débit réel de la pompe peut être de 200 à 300 litres/heure.
– Pour un aquarium de poissons marins de 300 litres, on utilise une pompe de 500 litres/heure pour la filtration, plus une également de 500 litres/heure pour le brassage complémentaire.
– Pour un aquarium d'invertébrés marins de 500 litres, on peut utiliser deux pompes de 1 500 litres/heure chacune, l'une pour brasser, l'autre pour la filtration.

PRINCIPE D'UN FILTRE SEMI-HUMIDE PLACÉ SOUS L'AQUARIUM

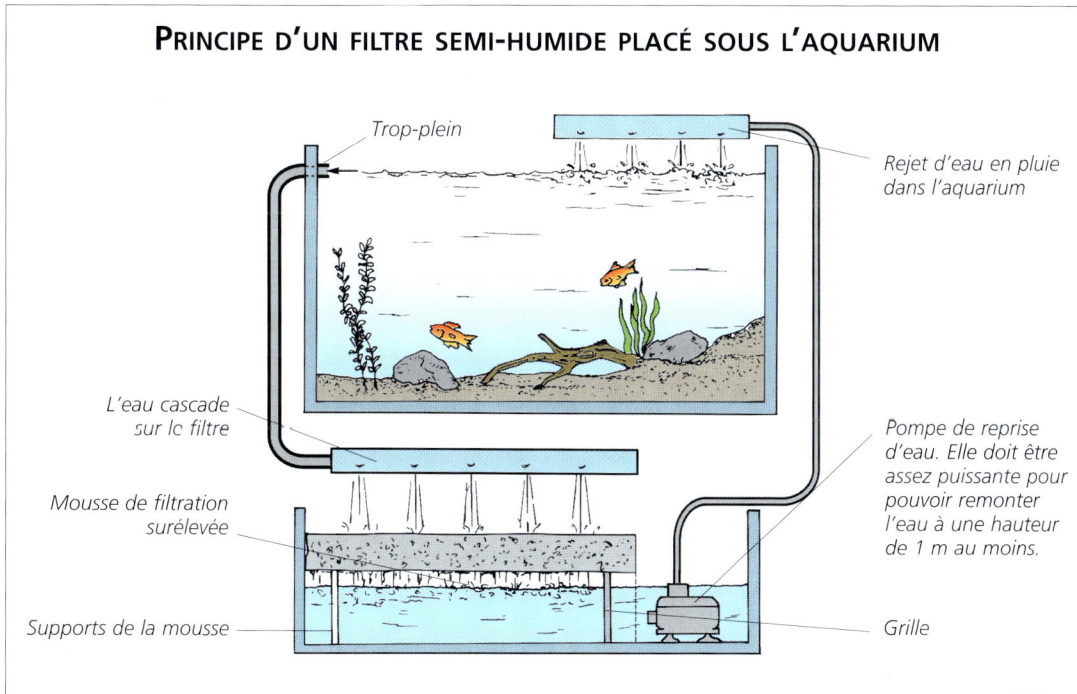

Trop-plein

Rejet d'eau en pluie dans l'aquarium

L'eau cascade sur le filtre

Pompe de reprise d'eau. Elle doit être assez puissante pour pouvoir remonter l'eau à une hauteur de 1 m au moins.

Mousse de filtration surélevée

Supports de la mousse

Grille

cascade à travers la masse filtrante, puis est reprise par une pompe, pour être rejetée, enfin, dans l'aquarium.

Certains fabricants commercialisent des filtres semi-humides intérieurs de petit volume, qui sont destinés à des aquariums d'un volume maximal de 200 litres environ.

LA PUISSANCE RÉELLE D'UNE POMPE

Voici un exemple basé sur un modèle de pompe de 1 000 litres/heure, capable de refouler jusqu'à 1 m :

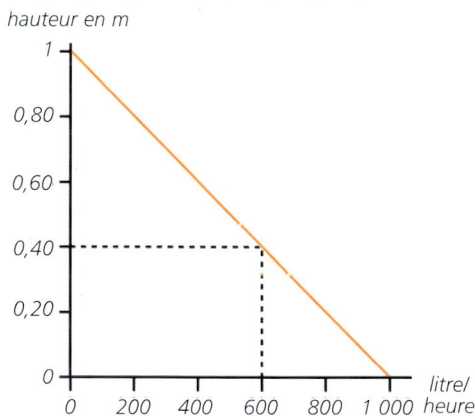

hauteur en m

litre/heure

En réalité, on devrait avoir une très légère courbure, mais la précision est ici suffisante pour voir que la pompe ne débite plus que 600 litres/heure pour une hauteur d'eau de 40 cm.

Les pompes

Elles sont utilisées pour les filtres à décantation ou semi-humides. Dans le cas d'aquariums marins, elles sont parfois utilisées seules pour le brassage de l'eau, ou simplement entourées d'un bloc de mousse.

• *La puissance d'une pompe*

Il y a différentes marques et plusieurs niveaux de puissance. Celle-ci est calculée pour un fonctionnement de la pompe sans relevage d'eau : l'eau est pompée et rejetée au même niveau.

S'il y a une différence de hauteur, le débit de la pompe est diminué.

Le fabricant donne deux chiffres pour un modèle de pompe :

– celui du débit maximal, qui correspond à une hauteur de refoulement de 0 ;

– celui de la hauteur d'eau maximale, à laquelle la pompe peut relever l'eau, qui correspond à un débit proche de 0.

La puissance réelle d'une pompe est en fait fonction de la hauteur d'eau. ▽

Dans de rares cas, la notice contient une courbe permettant de calculer la puissance réelle de la pompe correspondant à chaque hauteur de refoulement. Mais, la plupart du temps, il faut la tracer soi-même.

Usages, vertus et défauts des diverses masses filtrantes

Les masses filtrantes peuvent être, soit d'origine naturelle – gravier, sable, argile, charbon actif, tourbe, coquilles d'huître concassées, roches –, soit d'origine artificielle – PVC, mousse, ouate de Perlon et divers autres matériaux en plastique.

On trouve différents matériaux pour des usages spécifiques.

Pour obtenir une filtration grossière, on utilisera du gravier, des roches, du sable, de l'argile ou de gros morceaux de PVC.

Pour une filtration fine, ce sera du sable fin, de la mousse ou du Perlon qui seront choisis. Pour une filtration biologique, du sable, de la mousse, du Perlon ou de l'argile. La tourbe, le charbon actif, les coquilles d'huître concassées ou les roches calcaires sont de bons matériaux pour exercer une action chimique.

À l'exception de la dernière catégorie, une masse filtrante doit être chimiquement neutre, c'est-à-dire ne pas modifier les principales caractéristiques de l'eau (pH, dureté ou densité).

Toutes les masses filtrantes à volume variable (gravier, sable, terre, argile) se manipulent plus facilement si elles sont placées dans une poche de filet à mailles fines (rideau ou collant par exemple).

• *Les graviers et les sables grossiers*

On les utilise comme matériaux de préfiltration pour retenir les plus gros débris, notamment dans les filtres extérieurs. On leur préfère de plus en plus les éléments artificiels, mais du sable assez grossier (grains de 2 à 3 mm) reste indispensable pour les filtres-plaques en eau douce.

• *Les roches d'origine volcanique*

Concassées en fragments de taille plus ou moins importante, elles jouent un double rôle : mécanique, pour les matières en suspension, et biologique.

La forme et la surface des fragments facilite la présence de bactéries ainsi qu'une bonne circulation de l'eau afin de fournir de l'oxygène.

△ Le matériel de préfiltration est souvent grossier pour retenir les plus grosses particules.

QUEL FILTRE POUR QUEL AQUARIUM ?

Le type de filtre dépend de l'utilisation de l'aquarium, mais aussi du budget de l'aquariophile ; il faut donc chercher le meilleur rapport qualité/prix.

L'utilisation de deux techniques complémentaires permet d'obtenir un rendement maximal au niveau de la filtration biologique. De plus, si un problème technique ou biologique intervient sur un filtre, les risques sont limités.

Type d'aquarium	Volume	Système de filtration	Observations
Reproduction, quarantaine	Inférieur à 100 litres	Filtre-plaque, petit filtre intérieur à air ou électrique	Le filtre-plaque n'est pas forcément la solution la plus pratique.
Eau douce	100 à 200 litres	Filtre à décantation ou filtre extérieur	Si le bac ne possède pas à l'origine une partie filtre à décantation, choisissez le filtre extérieur.
Eau douce	Supérieur à 200 litres	Filtre à décantation ou extérieur	On peut coupler les deux systèmes.
Eau de mer	Supérieur à 300 litres	Filtre à décantation, filtre extérieur, filtre semi-humide	On peut coupler deux de ces trois techniques.

△ *Les roches d'origine volcanique constituent un bon support bactérien.*

△ *Les boulettes d'argile sont utilisables pour une préfiltration.*

• *Les coquilles d'huître et les roches calcaires*
Elles jouent le même rôle, mais permettent également de libérer de manière modérée du carbonate de calcium dans l'eau qui les traverse. On les utilise donc pour maintenir une dureté assez élevée dans certains types de bac, dans le cas d'un aquarium régional est-africain, par exemple.
Pour cela, il faut qu'elles soient concassées et pilées, puis soigneusement rincées, pour éliminer les plus fines particules résultant de cette opération.

• *L'argile*
Conditionnée sous la forme de boulettes de quelques millimètres à 1 cm de diamètre, l'argile est un bon support bactérien. On l'utilise rarement seule, mais plutôt en complément d'un autre matériau, pour assurer une préfiltration.

• *La tourbe*
La tourbe (voir p. 16) est placée dans un filtre pour acidifier l'eau qui la traverse ; son rôle principal n'est donc pas de filtrer, bien qu'elle puisse capter des particules.
Elle est utilisée en eau douce pour obtenir un pH assez bas, nécessaire au maintien et à la reproduction de certaines espèces (voir

La ouate de Perlon retient les fines particules. C'est un matériau facile d'emploi. ▷

Poissons d'Amérique du Sud et Killies). Notons que la tourbe colore l'eau en jaune ambré.
Il est vivement recommandé de ne pas utiliser la tourbe à usage horticole, car elle peut contenir des produits dangereux en aquariophilie. On trouvera dans les magasins d'aquariophilie la tourbe convenable, non sans tâtonner un peu et effectuer quelques essais avant de déterminer la quantité nécessaire pour maintenir un pH précis.

• *Le charbon actif*
Le charbon actif est obtenu en calcinant des organismes végétaux dans des conditions bien précises. C'est un matériau très poreux, doté de propriétés intéressantes. Il fixe des substances organiques colorantes, ce qui permet d'obtenir une eau vraiment cristalline. Il fixe également certains médicaments, notamment ceux à base de colorants. Dans ce cas, on ne l'utilise dans un filtre qu'au moment d'éliminer un médicament, à la fin d'un traitement. Ajoutons que le charbon actif capte les odeurs. Son principal défaut est de perdre assez rapidement ces propriétés particulières. Il demeure un bon support pour les bactéries, mais pas plus que d'autres masses filtrantes plus pratiques à utiliser.
En conclusion, le charbon actif est un matériau d'utilisation particulière, réservé à l'eau douce, à ne pas utiliser en eau de mer, et qu'il

△ *La diversité des matériaux de filtration est grande ; on recherche souvent celui qui offre la plus grande surface d'accrochage aux bactéries.*

faut rincer à l'eau tiède avant utilisation.

• *La laine ou la ouate de Perlon*
Ce matériau artificiel se présente sous forme de filaments enchevêtrés. Attention : il ne faut pas le confondre avec la laine de verre, fortement déconseillée en aquariophilie, car elle peut libérer dans l'eau de minuscules fragments.

Elle est en général utilisée associée à de la mousse, comme première masse filtrante dans différents filtres, notamment les filtres extérieurs, parfois les filtres à décantation et semi-humides.

• *La mousse*
Il s'agit d'une mousse particulière à alvéoles ouvertes, la mousse de polyester synthétique, que l'on rencontre dans les matelas ou les coussins. Ce matériau, très en vogue à l'heure actuelle en aquariophilie, ne semble présenter que des avantages : elle est neutre et légère, facile à mettre en œuvre, à couper, à nettoyer et peu onéreuse. En outre, c'est un bon support bactérien, ainsi qu'un excellent élément de filtration mécanique. La mousse généralement utilisée possède une densité de 20 kg/m³, et est dotée d'une porosité idéale à la fois pour retenir les particules en suspension et pour per-

▷ *La mousse de polyester existe en différentes porosités, l'idéal correspond à une densité de mousse de 20 kg/m³.*

mettre le développement de bactéries. D'une manière générale, l'expérience de nombreux aquariophiles et des aquariums publics a démontré qu'une épaisseur de 8 cm, séparée en deux parties à peu près égales pour faciliter l'entretien, est largement suffisante.

Certains modèles de filtres du commerce ou conçus par les aquariophiles, qu'il s'agisse de petits filtres intérieurs, de filtres extérieurs, à décantation ou semi-humides, et qui ne contiennent que de la mousse, donnent toute satisfaction.

• *Les divers matériaux à base de plastique*
Différents types de matières plastiques, dont le PVC, sont utilisés pour fabriquer des éléments de filtration ou de préfiltration : petits morceaux de tuyau de 1 cm de diamètre environ, billes, cubes ajourés, etc. La liste n'est pas limitative. Il peut s'agir de matériaux disponibles dans le commerce aquariophile ou de matériaux de récupération.

• *Les combinaisons de masses filtrantes*
Lorsque l'on utilise plusieurs masses filtrantes dans le même filtre, l'eau doit traverser successivement des matériaux de granulométrie décroissante.

Les plus grossiers jouent le rôle de préfiltre pour les plus gros débris, les autres retiennent les particules plus fines. Toutes ces masses filtrantes favorisent le développement de colonies bactériennes qui vont transformer les produits azotés, la place d'honneur revenant en la matière à la mousse ou aux boulettes d'argile.

CONFECTION D'UN FILTRE À MOUSSE DE DÉPANNAGE

On prolonge l'embout d'aspiration d'une pompe électrique par un tuyau (PVC ou plastique semi-dur, un tuyau d'arrosage par exemple), que l'on strie sur toute sa longueur. On y enfile un bloc de mousse dont le centre aura préalablement été percé (couteau, lame de scie). L'eau ne peut que passer à travers la mousse, pour être reprise par le tuyau strié avant son rejet dans l'aquarium. Ce filtre simple et rapide rend bien des services pour la mise en route à l'improviste d'un aquarium.

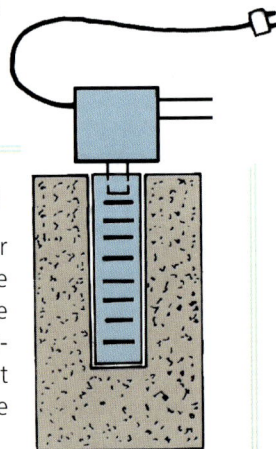

248

△ *Une pompe, un tuyau PVC scié, un bloc de mousse constituent un filtre dont la mise en service est rapide.*

• *Le nettoyage des masses filtrantes*

Les masses filtrantes se chargent progressivement de particules, plus ou moins rapidement selon leur granulométrie, la vitesse de passage de l'eau et sa teneur en matières en suspension.

Lorsqu'elles sont saturées, on les nettoie à l'eau tiède du robinet, sans aucun détergent ni savon, jusqu'à l'obtention d'une eau de rinçage claire.

Les aquariophiles qui possèdent beaucoup d'aquariums lavent plusieurs mousses ensemble dans la machine à laver, bien entendu sans lessive. Malheureusement, le nettoyage élimine une grande partie ou même la totalité des bactéries utiles. Le filtre sera alors efficace pour les particules, mais il ne jouera plus son rôle biologique.

Pour pallier cet inconvénient, on nettoie alternativement la moitié des masses filtrantes : les bactéries qui demeurent dans la partie non lavée suffisent pour épurer l'eau et vont rapidement recoloniser l'autre moitié. Lorsque l'on utilise deux filtres, on les entretiendra bien entendu l'un après l'autre. Si, pour une raison ou pour une autre, l'aquarium doit temporairement rester vide, on peut placer les masses filtrantes en attente dans le filtre d'un autre aquarium, elles resteront ainsi garnies de bactéries et pourront rapidement être remises en service. Il est, en effet, important que le cycle de l'azote ne soit jamais interrompu dans un filtre biologique, des composés toxiques pour les animaux pouvant alors apparaître.

LA FILTRATION EN EAU DE MER

Caractéristiques de la filtration en eau de mer

Il nous a paru important de regrouper ici quelques notions de filtration concernant l'eau de mer. L'idéal serait d'utiliser deux filtres : l'un à débit plutôt modéré, principalement destiné à la transformation des matières azotées (filtre à décantation ou semi-humide) ; l'autre à plus fort débit, dont le rôle sera surtout mécanique.

On peut également se servir d'un filtre-plaque pour favoriser la circulation de l'eau dans le sédiment, en général assez grossier, mais il ne faut pas l'utiliser seul. Un système intéressant est constitué d'un filtre-plaque à circulation inversée couplé à un filtre extérieur (voir encadré).

Le débit de filtration doit être de trois à cinq fois le volume du bac par heure pour des poissons, jusqu'à dix fois pour des invertébrés marins, notamment les anthozoaires. Là encore, la mousse est le matériau idéal, à condition de ne pas dépasser 6 à 8 cm d'épaisseur. Si l'on utilise des éléments

---

LE FILTRE-PLAQUE À CIRCULATION INVERSÉE

L'eau traverse le substrat de bas en haut, le but étant plus de l'oxygéner que de le filtrer. Il n'y a alors plus de particules qui sédimentent, elles sont remises en suspension dans l'eau, qui est filtrée par un système extérieur avant d'être pulsée sous le sédiment.

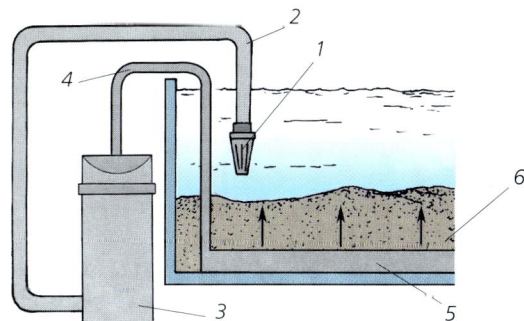

1. Crépine
2. Aspiration de l'eau
3. Filtre extérieur à moteur électrique
4. Retour de l'eau sous le filtre-plaque
5. Filtre-plaque
6. Passage de l'eau de bas en haut

Ce type de filtration est parfois employé dans de grands bacs marins peuplés de poissons ; il évite d'éventuels problèmes dus à un manque d'oxygène dans le sol.

grossiers, comme les coquilles d'huître concassées ou des matériaux en PVC, l'épaisseur peut être plus importante. Il ne faut employer ni tourbe ni charbon actif.

Le matériel spécifique à l'eau de mer

Les poissons marins sont plus sensibles à la qualité de l'eau que les espèces d'eau douce.

Il faudra donc envisager d'utiliser un matériel complémentaire à la filtration, afin d'obtenir une eau aux caractéristiques optimales.

• *L'écumeur*

Ce système permet d'effectuer une épuration chimique partielle de l'eau en éliminant certaines substances dissoutes, dont les protéines.

Son principe est simple : l'eau est agitée dans un espace assez restreint, ce qui fait précipiter un certain nombre de substances. On obtient une mousse légère, souvent colorée en jaune, qui est évacuée par le trop-plein.

L'écumeur est un élément indépendant pouvant être placé à n'importe quel endroit du bac. Complémentaire de la filtration, il peut très bien être installé dans la première partie d'un filtre à décantation : il allège ainsi le travail de ce dernier.

L'écumeur est très souvent utilisé à titre préventif dans les bacs peuplés de poissons. Il n'est cependant pas utilisé si le bac n'est pas surpeuplé et si un filtre biologique fonctionne déjà avec efficacité.

L'écumeur est conseillé pour les bacs d'invertébrés, surtout ceux qui renferment coraux et anémones, bien qu'il élimine des substances que les invertébrés absorbent.

Pour des aquariums allant jusqu'à 300 litres, on utilise

L'agitation de l'eau dans un écumeur fait précipiter une mousse composée de substances à éliminer. ▷

L'écumeur, matériel spécifique à l'eau de mer, élimine certaines substances dissoutes et contribue à l'épuration de l'eau. ▽

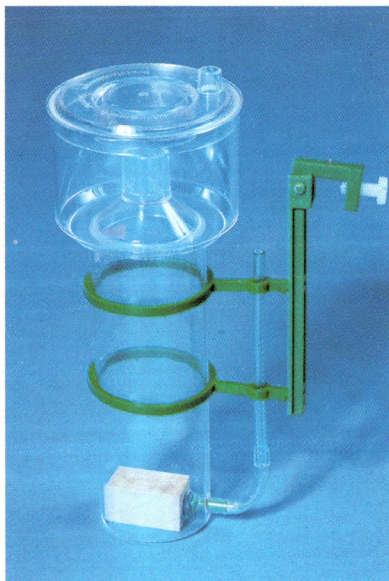

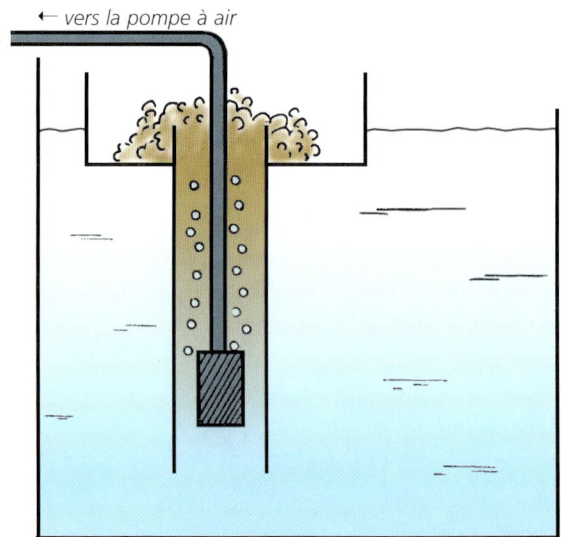

← *vers la pompe à air*

un écumeur alimenté par un diffuseur à fines bulles, donc à partir d'une pompe à air. Au-delà de ces volumes, il faut en prévoir deux ou s'équiper d'un écumeur alimenté par une pompe électrique à injection.

• *L'action épurative des UV (rayons ultraviolets)*

Les ultraviolets sont des rayons lumineux, invisibles à l'œil humain. Certains d'entre eux sont responsables du bronzage (UV A et B) ; d'autres, à longueur d'onde plus courte (UV C), ont des propriétés germicides : ils tuent un grand nombre de bactéries et de virus.

Ces UV sont utilisés pour une épuration bactériologique de l'eau, d'autant que leur action est sélective, puisqu'ils ne détruisent pas les « bonnes » bactéries du cycle de l'azote.

Le champ d'action de ces rayons est faible, de l'ordre de quelques centimètres. Il faut en conséquence faire passer l'eau devant la source d'émission, à une vitesse telle qu'elle reçoive suffisamment de rayonnement. Pour que ce dernier soit efficace au maximum, l'eau doit être claire, donc bien filtrée.

On trouve dans le commerce des stérilisateurs UV dont le principe est simple. Une lampe, en général un tube, émet des rayonnements, l'eau circule autour grâce à une pompe. La puissance d'un système à UV et le débit de l'eau autour de la lampe varient en fonction du volume d'eau à traiter. L'étanchéité de la lampe est assurée par une gaine en quartz qui laisse passer ce type de rayons. La couleur bleu-violet émise par la lampe n'a pour autre but que de montrer qu'elle est en fonctionnement. Le rayonne-

Volume de l'eau (en litres)	Puissance de la lampe (en W)	Débit de l'eau (en litres/heure)
jusqu'à 100	8	50
100-500	15	200
500-1000	30	500

ment UV étant dangereux pour les yeux, on ne doit pas regarder la source d'émission ; en général, le stérilisateur est entouré d'un revêtement opaque.

La durée de vie d'une lampe qui fonctionnera 24 heures sur 24 est de 5 ou 6 mois environ, mais la qualité du rayonnement se dégrade après 4 mois en général ; il faut donc la remplacer trois fois par an.

△ Lampe UV étanche, à circulation d'eau.

LE MATÉRIEL DU PARFAIT AQUARIOPHILE

L'aquariophile doit disposer d'un certain nombre d'accessoires utiles, voire indispensables, disponibles à tout instant pour des manipulations courantes ou pour l'entretien de l'aquarium. Il s'agit de sa trousse à outils, en quelque sorte.

Le thermomètre

Irremplaçable. Un modèle à alcool, coloré en bleu ou en rouge, est suffisant quant à la précision, bien que l'on constate parfois des écarts de plus de 1 °C entre plusieurs thermomètres.

Différents modèles de thermomètres sont disponibles, certains sont couplés avec un densimètre ; tous n'ont pas la même précision. ▷

Les thermomètres à mercure sont plus précis, mais un peu moins lisibles. Quel que soit son modèle, le thermomètre est placé dans l'eau, à bonne distance de la source de chauffage pour qu'il ne subisse pas directement son influence. Il peut être lesté, coincé par des roches ou fixé par une ventouse. Les thermomètres extérieurs à cristaux liquides ne semblent pas satisfaire la majorité des aquariophiles, car leur précision n'est pas régulière.

Le densimètre

Nous en avons déjà parlé (p. 25). Mais rappelons que c'est un instrument indispensable en eau de mer pour contrôler la densité, c'est-à-dire la teneur en sel.

Le matériel d'analyse de l'eau

Plusieurs marques offrent sur le marché des tests simples d'emploi pour analyser l'eau. Ils sont en général fondés sur un changement de coloration de l'eau, que l'on doit comparer à une échelle imprimée sur l'emballage. Ils sont vendus séparément ou en kits complets ; il est possible de se réapprovisionner en produit de base, lorsqu'ils sont épuisés, sans racheter l'ensemble.

En eau douce, l'utilisation de quatre tests est quasiment impérative : dureté, titre alcalimétrique complet (TAC), nitrites et pH. Les trois derniers sont également indispensables en eau de mer.

D'autres paramètres peuvent également être suivis par du petit matériel d'analyse : nitrates, ammoniaque, oxygène, gaz carbonique, fer et calcium (pour les aquariums d'invertébrés marins).

La taille d'une épuisette est fonction de celle du poisson à capturer, mais aussi de la place disponible dans l'aquarium pour la manier. ▽

Les épuisettes

Bien entendu, elles sont impérativement nécessaires pour capturer les animaux mobiles. Leur dimension doit être adaptée à la taille de ces derniers et à l'espace dont on dispose pour manœuvrer. On peut choisir un petit modèle pour les petits poissons ou pour les aquariums au décor tourmenté.

La capture des poissons à l'épuisette n'est cependant pas facile. Presque tous les

Aimants pour nettoyer les vitres et aspirateurs se branchant sur une pompe à air sont des instruments d'entretien courants. ▽ ▷

desinfectées (notamment après manipulations de poissons mlades) à l'eau de Javel, et rincées plusieurs fois.

Le matériel divers

On peut s'équiper également d'un certain nombre d'instruments qui se révèlent souvent bien pratiques :

– un long tuyau pour remplir ou siphonner l'aquarium ;

– des bidons de plastique alimentaire pour stocker de l'eau ;

– une pince pour planter les végétaux, bien que beaucoup d'aquariophiles préfèrent travailler à la main ;

– une raclette munie d'une lame de rasoir ou d'un petit tampon abrasif, pour nettoyer les algues sur les vitres ;

– un mini-aspirateur qui se branche sur une pompe à air, pour siphonner les déchets ;

– des ventouses, des robinets et des raccords pour les tuyaux d'air et d'eau, en vente dans les magasins d'aquariophilie ;

– une horloge électrique pour l'utilisation programmée de l'éclairage ;

– un cahier ou un petit carnet permettant de garder les traces d'un certain nombre d'événements : date d'achat des poissons, résultats des analyses de l'eau, périodicité d'entretien, etc.

aquariophiles vous le diront : à partir du moment où l'on doit capturer un poisson, on a le sentiment que ce dernier vous a senti venir ! Dès que l'épuisette est introduite dans l'eau, c'est la sarabande, avec des conséquences prévisibles : blessures de certains animaux, chamboulement du décor végétal et inerte.

Une astuce simple consiste à introduire l'épuisette le soir, avant l'extinction de l'éclairage. Les poissons s'habitueront à sa présence, ils seront plus faciles à capturer le lendemain matin, dès l'allumage.

▷ Les pinces à planter sont très pratiques à utiliser dans les bacs les plus profonds.

On peut également utiliser deux épuisettes : une immobile, dans laquelle on pousse le poisson avec la seconde. Les épuisettes doivent être régulièrement

Nous recommandons particulièrement son utilisation aux débutants, ils pourront de plus noter leurs observations personnelles – comportement de leurs poissons, reproduction, maladies.

FILS ET TUYAUX : À ÉTIQUETER

Sur un aquarium entièrement équipé, on se retrouve vite devant des fils électriques et des tuyaux d'air et d'eau qui ont une fâcheuse tendance à se mélanger : il devient donc parfois délicat de trouver la bonne prise de courant, ou le bon tuyau à débrancher. Pour s'y retrouver, il suffit de placer une étiquette autocollante aux deux extrémités d'un câble électrique ou d'un tuyau et d'y inscrire l'élément correspondant. Pour l'aération, par exemple, une première étiquette près de la pompe indique quels diffuseurs elle alimente, une seconde étiquette un peu avant l'endroit où les tuyaux pénètrent dans l'aquarium permet de mieux localiser les diffuseurs en question.

△ *Des petites cuves en plastique rendent parfois bien des services lors de manipulations d'entretien ou de réfection d'un bac, pour y stocker provisoirement plantes et poissons.*

L'ÉQUILIBRE DE L'AQUARIUM

Bien que constituant un milieu confiné, l'aquarium évolue : les poissons grandissent et se reproduisent, les plantes poussent. L'eau subit également des modifications qui ne sont pas visibles : elle se concentre en nitrates mais s'épuise en sels minéraux, d'où l'importance de son analyse régulière. Le sol, quant à lui, s'enrichit grâce à de nombreuses substances organiques (excréments des animaux, surplus d'aliments), qui seront normalement transformées en éléments minéraux.

L'ENTRETIEN

L'équilibre d'un aquarium est fragile et peut rapidement se dégrader si l'on ne respecte pas quelques règles simples. La première de ces règles consiste à observer quotidiennement le bac et ses occupants, par exemple lors de la distribution d'aliments. Il est possible de détecter ainsi les maladies, le comportement inquiétant d'un poisson, une couleur anormale de l'eau.

La deuxième règle est d'entretenir l'aquarium. Lorsqu'il est effectué régulièrement, l'entretien d'un aquarium n'est pas contraignant ; on y consacrera 1 à 2 heures par semaine environ. Certaines opérations sont quotidiennes, d'autres moins fréquentes.

L'analyse de l'eau

Des problèmes souvent invisibles à l'œil humain peuvent être dus à une mauvaise qualité de l'eau ; il est donc important de la contrôler régulièrement. Que ce soit en eau douce ou en eau de mer, trois paramètres principaux sont à surveiller : la température, le pH et les nitrites. De plus, il faut suivre la densité en eau de mer et la dureté en eau douce.

La vérification du matériel

Les systèmes d'éclairage, de chauffage, d'aération et de filtration seront l'objet de toute votre attention.

En ce qui concerne l'éclairage, vérifiez que les contacts électriques ne s'oxydent pas (surtout à cause de l'eau salée). En ce qui concerne le système d'aération, changez deux fois par an la petite pastille qui filtre l'air sur les pompes à air. Les diffuseurs se colmatent à plus ou moins long terme avec des algues ou du calcaire. L'idéal serait, bien sûr, de les changer, mais il est possible de les décolmater. Nettoyez régulièrement les masses filtrantes. Un dysfonctionnement du chauffage se traduit rapidement par une baisse ou une élévation de la température : il faut alors changer le matériel.

Le nettoyage des vitres

Les vitres de l'aquarium peuvent se recouvrir d'algues vertes ou brunes (p. 194), de calcaire ou de dépôts biologiques (bactéries

△ *Certains paramètres de l'eau, dont le pH, sont à contrôler une ou plusieurs fois par semaine.*

◁ *Plus l'entretien de l'aquarium est effectué régulièrement, moins il est contraignant.*

et micro-organismes non pathogènes). Ces dépôts varient d'un aquarium à l'autre, et il n'y a a priori aucun danger pour les poissons. C'est sur le plan esthétique que l'aquarium en pâtit si la vitre frontale est souillée. On racle alors les vitres avec une lame de rasoir ou le petit matériel spécialisé du commerce.

L'usage de tampon à récurer la vaisselle se révèle efficace, mais il peut à la longue rayer les vitres de l'aquarium. N'oubliez pas de nettoyer la vitre qui recouvre l'aquarium : elle se garnit progressivement de calcaire (ou de sel, dans le cas d'eau de mer), d'algues sur sa face inférieure et de poussières sur sa face supérieure. Cela va affaiblir la lumière nécessaire aux plantes.

L'entretien du sol

Sur le sol s'accumulent divers débris : excréments des poissons, restes de végétaux, surplus d'aliments, voire, parfois, cadavres de poissons morts dans un endroit discret.

L'aspect visuel s'en ressent, l'équilibre de l'aquarium également ; de plus, il faut de l'oxygène pour que ces débris se dégradent.

Cela fait deux bonnes raisons pour les supprimer par siphonnage (voir encadré, p. 255). Il existe dans le commerce de petits aspirateurs destinés à cette opération, mais on peut aussi utiliser un tuyau souple aboutissant à une cuvette en plastique, à un lavabo, ou dans les toilettes.

Les changements d'eau

Les changements partiels d'eau, à intervalles réguliers, constituent une des clés de la réussite en aquariophilie. En couplant cette opération avec le siphonnage, on élimine donc des détritus divers et une partie des nitrates qui finissent par s'accumuler.

L'eau claire introduite apporte quelques éléments minéraux et constitue un stimulus pour l'aquarium : croissance des poissons, déclenchement de la ponte ou croissance des plantes.

Par rapport à un aquarium dans lequel l'eau n'est pas renouvelée, on constate une différence très nette au bout de 2 mois environ. Un changement de 5 à 10 % du volume par semaine est donc recommandé ; il faut, bien entendu, disposer d'un stock d'eau aux

△ *Des raclettes permettent d'accéder jusqu'au bas des vitres pour y éliminer les algues indésirables.*

LES PARAMÈTRES À SURVEILLER		
Paramètres	**Fréquence de suivi**	**Observations**
Température	Tous les jours	Elle ne doit pas varier de plus de 1 °C.
Nitrites	1 ou 2 fois par semaine	L'idéal est leur absence totale.
pH	1 ou 2 fois par semaine	Des variations journalières sont provoquées par le processus de la photosynthèse et par la respiration des animaux.
Densité	1 fois par semaine	En eau de mer uniquement. Elle ne doit pas varier de plus de une ou deux unités.
Dureté totale	1 fois par semaine	En eau douce. De légères variations ne sont pas anormales.
Gaz carbonique	1 fois tous les 15 jours (parfois moins)	Principalement dans les aquariums assez densément plantés.
Calcium	1 fois par semaine	En eau de mer, dans les aquariums contenant des coraux.

En cas de problème grave, il faut immédiatement changer un tiers de l'eau, puis 10 % par jour pendant les 5 jours suivants. Dans tous les cas, l'eau de rechange doit présenter les caractéristiques normales de l'eau à remplacer (notamment le pH, la dureté ou la densité).

UN TRUC POUR LE SIPHONNAGE DES DÉCHETS

Les conjointes (ou conjoints) des aquariophiles redoutent les siphonnages, qui sont souvent cause d'inondations dans l'appartement ! En effet, les tuyaux ont tendance à être trop souples et à sortir seuls, soit du récipient qui doit recueillir l'eau siphonnée, soit de l'aquarium !

L'astuce consiste à récupérer un tuyau de sortie de machine à laver ou un vieux tuba de plongée, dans lequel on glisse le tuyau de siphonnage. Cela permet l'accrochage sur le bord d'un récipient ou d'un bac. Un tuyau rigide coudé permet également de siphonner dans des endroits peu accessibles du bac (grottes par exemple).

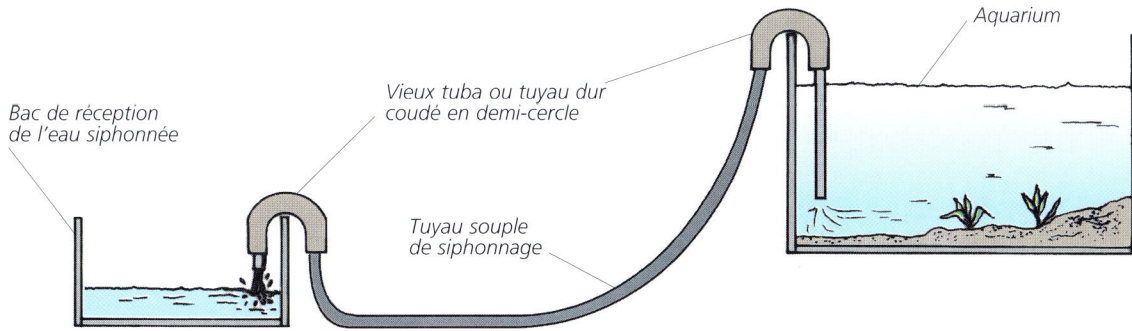

Aquarium

Bac de réception
de l'eau siphonnée

Vieux tuba ou tuyau dur
coudé en demi-cercle

Tuyau souple
de siphonnage

caractéristiques identiques à celles de l'aquarium (pH, dureté ou salinité notamment). L'idéal serait un renouvellement quotidien d'une faible quantité que l'on peut faire à l'aide d'un goutte-à-goutte (voir encadré, p. 256). Cette technique est de plus en plus employée par des amateurs chevronnés. Elle demande une installation particulière, et surtout un trop-plein dans l'aquarium, dispositif qui n'est pas forcément à la portée de tous.

Pour beaucoup, ce dispositif constitue la solution idéale :

– l'entretien est réduit, les changements d'eau sont moins fréquents ;

– il n'y a pas de variations brusques du milieu ;

– on élimine régulièrement différentes substances, dont les nitrates, qui, ainsi, ne s'accumulent pas.

– il se produit un apport, faible mais régulier, des différentes substances que contient l'eau (sels minéraux, oligoéléments) ;

– on stabilise le pH ;

– cette méthode semble limiter le développement de certaines algues peu esthétiques.

Petite astuce : l'eau siphonnée d'un aquarium d'eau douce est excellente pour arroser les plantes d'appartement !

L'évaporation et le niveau de l'eau

L'eau d'un aquarium s'évapore. Cela n'a pas de conséquences écologiques, mais, le niveau de l'eau devient alors visible sur la partie supérieure des vitres, ce qui n'est guère esthétique. On le réajuste donc régulièrement, en général lors d'un renouvellement partiel.

On remarque au bout d'un certain temps que la dureté de l'eau douce (ou la salinité de l'eau de mer) augmente régulièrement. L'eau qui s'évapore est une eau douce qui ne contient aucun sel, même en eau de mer ; il y a donc concentration progressive dans l'aquarium.

Pour éviter ce problème, on réajuste la dureté ou la densité avec de l'eau très douce ou déminéralisée, destinée à remplacer l'eau d'évaporation. Cela peut se faire lors des changements d'eau, l'eau neuve sera alors légèrement diluée avec de l'eau douce. Le réajustement du niveau de l'eau n'est pas nécessaire lorsque l'on utilise un goutte-à-goutte.

◁ Lorsque
les plantes à tige
grandissent
avec exubérance,
il faut songer
à les bouturer.

UNE TECHNIQUE ASSEZ SIMPLE DE GOUTTE-À-GOUTTE

Deux points sont à envisager : l'arrivée d'eau neuve, l'évacuation d'eau de l'aquarium.

Les plus bricoleurs peuvent envisager un branchement sur les canalisations d'eau de conduite du logement, mais il existe une solution plus simple. On utilise un récipient en PVC, par exemple un jerrican muni d'un robinet. Il sera placé au-dessus du niveau de l'aquarium. Pour des raisons esthétiques, on le dissimulera dans un placard ou un autre meuble.

Un tuyau en PVC souple part du robinet et aboutit à l'aquarium.

L'eau de l'aquarium est évacuée dans un autre récipient, de volume supérieur au premier pour éviter les risques de débordement (figure **1**).

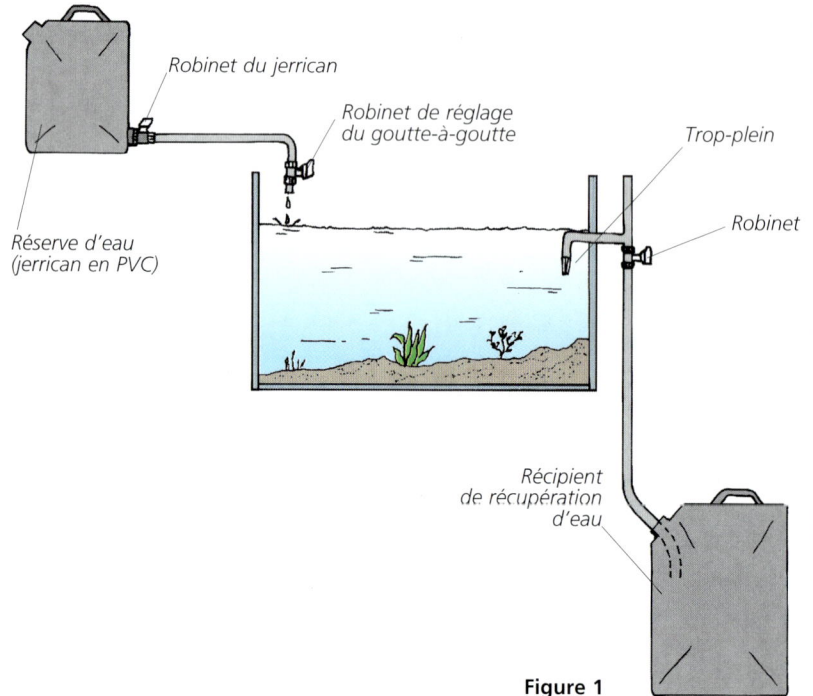

Robinet du jerrican

Robinet de réglage du goutte-à-goutte

Trop-plein

Robinet

Réserve d'eau (jerrican en PVC)

Récipient de récupération d'eau

Figure 1

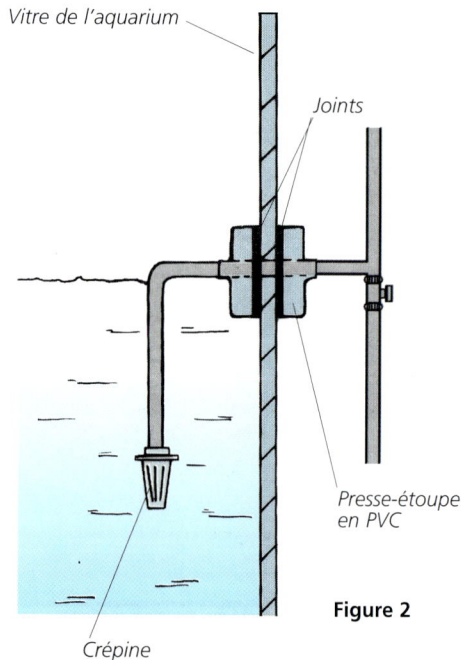

Vitre de l'aquarium

Joints

Presse-étoupe en PVC

Figure 2

Crépine

Il reste le problème du trop-plein de l'aquarium. On peut faire percer une vitre latérale ou la vitre arrière par un miroitier lors de la construction de l'aquarium ou au moment de son achat. On y place un presse-étoupe muni de joints, sur lequel on branche un tuyau d'évacuation ; une prise d'air doit être prévue (figure **2**).

Il existe une autre solution : utiliser un siphon, qui, en principe, ne se désamorce pas (figure **3**). Le niveau de l'eau est réglé par élévation ou abaissement de la boucle A, et un faible diamètre (1 cm) limite les risques de désamorçage.

L'ensemble se fixe facilement à l'intérieur et à l'extérieur de l'aquarium par des ventouses. Il vaut mieux éviter la présence d'un diffuseur près de l'entrée du siphon, les bulles risquant de le désamorcer. Dans tous les cas, l'entrée du siphon est munie d'une crépine destinée à éviter l'aspiration de petits poissons ou de gros débris pouvant le boucher. La mise en service se fait par aspiration.

Le réglage du goutte-à-goutte s'effectue par tâtonnements, après avoir calculé le volume à renouveler (environ 1 % du volume de l'aquarium par jour).

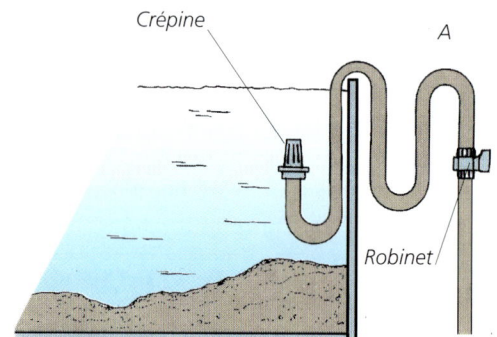

Crépine

A

Robinet

Figure 3

L'entretien de la végétation

Lors du siphonnage sur le sol, il faut éliminer les feuilles mortes tombées. Et par une section nette à l'aide d'une lame de rasoir ou de ciseaux, il faut également supprimer les feuilles qui commencent à pourrir.

Lorsque c'est nécessaire, on rajeunit la végétation par bouturage ou par un autre moyen de multiplication végétative.

De l'engrais liquide ou solide peut être ajouté régulièrement ; la fréquence de distribution, variable selon le produit, figure sur les notices d'utilisation.

LES ABSENCES DE L'AQUARIOPHILE

Que faire lorsque l'on s'absente plus d'une journée ? Comment va évoluer l'aquarium ? Cela dépend de la durée de l'absence, et quelques précautions sont à prendre, notamment pendant les vacances.

Les poissons d'eau douce supportent un jeûne de 2 semaines, parfois 3 pour les plus résistants ; en revanche, il ne faut pas dépasser 1 semaine pour les espèces marines. Cela ne s'applique qu'aux adultes, les alevins devant être nourris régulièrement. Il n'y a donc pas de problèmes en cas de courtes absences.

Une absence prolongée

Pour une absence prolongée, deux possibilités s'offrent à vous :

– la première consiste à utiliser un distributeur automatique d'aliments commandé par une horloge, utilisable uniquement avec des aliments secs ;

– la deuxième nécessite la bonne volonté d'un ami, qui passera nourrir vos pensionnaires. Il est préférable que ce soit un aquariophile : il contrôlera l'alimentation et l'aquarium comme vous-même. Si c'est une autre personne, il faudra lui préparer des doses quotidiennes d'aliments secs et lui laisser quelques consignes : le but est d'éviter une suralimentation (cet ami n'est du

◁ *Grâce à des piles, certains distributeurs d'aliments sont autonomes et très pratiques à utiliser.*

reste pas obligé de venir tous les jours chez vous, un ou deux passages hebdomadaires étant largement suffisants). Les plantes supportent une absence d'éclairage pendant 1 semaine, mais au-delà elles jaunissent et dépérissent progressivement. Il est donc judicieux de prévoir une horloge automatique qui allumera et éteindra l'éclairage de l'aquarium à heure fixe. Il n'est alors pas nécessaire de faire pénétrer de la lumière solaire dans votre logement, vous pouvez donc fermer les volets. C'est préférable en été, afin d'éviter dans la pièce une élévation importante de la température, qui se répercuterait sur l'aquarium.

Les vacances, avant et après

● *Avant de partir :*

– vérifiez pH, nitrites, température, dureté ou densité ;

– vérifiez le matériel ;

– nettoyez les masses filtrantes et les vitres ; siphonnez ;

– augmentez la fréquence (mais pas la quantité) des changements d'eau ;

– entretenez la végétation : taille des plantes, bouturage. Vous pouvez prévoir de rajouter des plantes à feuillage fin pour les poissons à tendance herbivore, s'ils ne sont pas nourris autrement ;

– suralimentez légèrement les poissons quelques jours avant ;

– branchez l'automatisation de l'éclairage et, éventuellement, un distributeur automatique d'aliments ;

– faites une dernière vérification générale la veille ou le matin du départ.

● *Au retour :*

– débranchez les automatismes et procédez à un entretien général (siphonnage, vitres, masses filtrantes, végétation) ;

– changez 5 à 10 % de l'eau quotidiennement pendant quelques jours ;

– nourrissez les poissons avec une ration inférieure à la normale – si possible avec des proies vivantes ou des aliments frais – en l'augmentant progressivement pour atteindre la quantité habituelle.

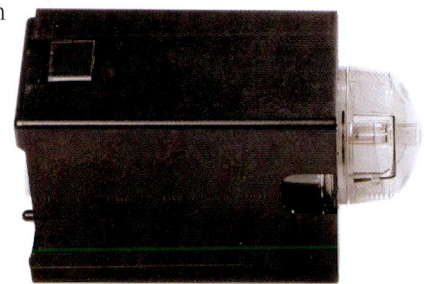

▽ *L'éclairage peut être automatisé par une petite horloge électrique.*

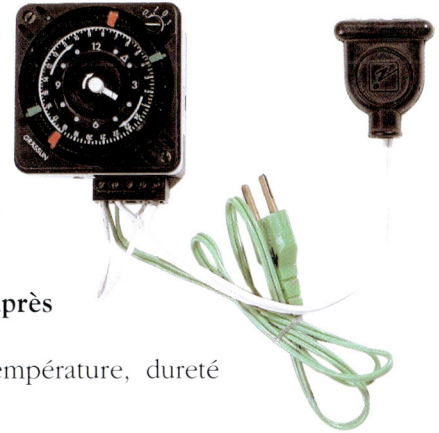

△ *Distributeur automatique d'aliments relié au secteur.*

La couleur de l'eau, témoin de l'équilibre

Normalement, l'eau de l'aquarium doit être claire et transparente. Une coloration peut survenir progressivement (eau jaunâtre ou ambrée) ou plus rapidement (eau trouble, laiteuse ou verte).

Couleur de l'eau	Causes, problèmes	Opérations à effectuer
Trouble, laiteuse.	Développement de bactéries dû au mauvais fonctionnement du filtre ou à la suralimentation.	– Changer immédiatement 30 % du volume d'eau, recommencer 48 heures après. – Vérifier le filtre et les masses filtrantes. – Mettre une lampe UV en service (pour un bac marin). – Limiter l'alimentation quelques jours.
Jaunâtre ou ambrée (la couleur ambrée de l'eau est normale lorsque l'on acidifie avec de la tourbe, ou lorsqu'il y a des racines dans l'aquarium).	Accumulation de matières organiques due à la surpopulation, à la suralimentation, au mauvais fonctionnement ou au sous-dimensionnement du filtre.	– Changer immédiatement 30 % du volume d'eau, recommencer 48 heures après. – Vérifier le filtre, augmenter la puissance de filtration. – Diminuer la quantité de poissons, alimenter raisonnablement. – Mettre un écumeur ou renforcer sa puissance s'il y en a déjà un (aquarium marin). – Augmenter l'oxygénation.
Eau verte (phénomène assez rare).	Prolifération d'algues planctoniques microscopiques (peut être due à une trop grande « richesse » de l'aquarium).	– Changer quotidiennement 10 à 20 % du volume du bac. – Ne pas éclairer l'aquarium pendant quelques jours. – Augmenter le débit de filtration, puis, quelques jours après, bien nettoyer les masses filtrantes. – Limiter un éventuel éclairage solaire sur le bac.

LES PROBLÈMES ÉVENTUELS ET LEURS SOLUTIONS

Malgré toutes les précautions que l'on prend, on n'est jamais totalement à l'abri d'un problème lié au matériel ou à l'équilibre de l'aquarium.

Une panne de secteur, par exemple, n'a pas de conséquences dramatiques sur une courte période, mais elle est plus préoccupante si elle dure 1 journée (cas rare, il est vrai). L'aquarium se refroidit, mais les déperditions de chaleur peuvent être limitées si l'on entoure le bac d'une couverture (la même opération est à effectuer si le système de chauffage est déficient).

Généralement, lors d'une panne de secteur, l'eau qui stagne dans le filtre risque de se charger en substances toxiques. Il est donc très important de la vidanger avant de rétablir le courant et de remettre le filtre.

Une élévation anormale de la température peut se produire lorsque le thermostat se bloque en position de chauffage. Il n'y a guère d'autre solution que de le débrancher et de le changer, et la température reviendra lentement à sa valeur initiale.

La température peut également monter l'été, en fonction de celle de la pièce où se trouve l'aquarium. Bien entendu, le thermostat coupe le chauffage, mais on dépasse parfois 25-26 °C. Jusqu'à 27-28 °C, il n'y a pas lieu de s'affoler, mais il faut envisager de rafraîchir la pièce en l'obscurcissant afin de limiter la pénétration de la lumière solaire. En revanche, changer une partie de l'eau pour la remplacer par celle du robinet ou déposer des glaçons dans l'aquarium demeurent des solutions peu efficaces.

La couleur de l'eau est un bon indicateur de l'équilibre de l'aquarium : si elle est claire et transparente, il n'y a apparemment pas de problèmes ; si elle se colore, cela peut refléter un déséquilibre.

Une baisse du pH est souvent consécutive à une trop forte quantité de gaz carbonique dissous dans l'eau. On peut alors augmenter le débit de l'aération. Pour finir, il faut envisager l'accident rare : la fuite, ou la fêlure, d'une vitre de l'aquarium. Dans ces cas-là, il faut agir rapidement en transvasant plantes et poissons dans un autre bac, avec leur eau d'origine. L'aquarium doit être ensuite entièrement vidé et séché. Le col-matage de la fuite ou le changement de la vitre fêlée sont alors à envisager, en utilisant les techniques de collage du verre décrites, pp. 224-225.

La réfection d'un aquarium

Un aquarium bien équilibré peut « tourner » (c'est le terme utilisé dans le langage aquariophile) pendant 1 an, et même plus, s'il est entretenu régulièrement. Si ce n'est pas le cas, il faut envisager sa réfection. Cela peut également se faire lorsque l'on veut changer le décor, déplacer l'aquarium, ou même déménager. Plantes et poissons doivent être stockés dans un autre bac, avec leur eau d'origine. Tous les éléments non vivants seront alors enlevés, nettoyés et stockés avant leur réutilisation.

C'est ensuite au tour de l'aquarium lui-même. La remise en service s'effectue comme une première mise en eau.

Si la réfection de l'aquarium peut avoir lieu en 1 journée, il est recommandé de ne pas laver la totalité du sable qui sert de sol. Ce dernier contient, en effet, les bonnes bactéries nécessaires à l'accomplissement du cycle de l'azote. Un rinçage grossier permet d'éliminer les plus gros débris. Seule la couche supérieure sera nettoyée plusieurs fois, jusqu'à l'obtention d'une eau claire, pour avoir un sédiment esthétique.

△ Réfection de plusieurs bacs par un jeune passionné, membre d'un club.

LES RÈGLES D'OR POUR UN BON ÉQUILIBRE

Voici quelques règles importantes à respecter pour un bon équilibre.

1. Voyez grand : plus le volume du bac sera important, plus l'équilibre sera facile à maintenir, surtout en eau de mer.
2. Prévoyez une bonne filtration et une bonne aération.
3. Pensez à planter l'aquarium, même en eau de mer : beaucoup de bacs de débutant ne contiennent pas assez de plantes.
4. Commencez avec des poissons faciles à élever et robustes, recommandés aux débutants : ce ne sont pas les moins jolis, et ce sont souvent les moins chers.
5. Ne surpeuplez pas.
6. Ne suralimentez pas.
7. Contrôlez régulièrement la température, le pH, les nitrites, la dureté (en eau douce) ou la densité (en eau de mer).
8. Siphonnez et changez régulièrement une partie de l'eau.

LE SOL

Le rôle du sol n'est pas uniquement esthétique, il doit aussi contribuer à l'équilibre général de l'aquarium. C'est un milieu vivant où se déroulent des mécanismes physiques, chimiques et biologiques, plus ou moins favorisés par sa composition et sa granulométrie. Il est donc important de bien choisir le matériau au moment de la conception de l'aquarium afin de concilier tous ces impératifs.

LE RÔLE DU SOL

Le premier rôle d'un bon sol est mécanique : il maintient le décor, qui est composé de roches ou d'autres éléments. C'est pourquoi il est placé après ce dernier lors de l'aménagement d'un aquarium.

Le sol a ainsi un rôle biologique, non moins important : on y trouve des bactéries qui contribuent au cycle de l'azote ; et il conditionne donc l'élimination des composés azotés.

Ce rôle est particulièrement mis en valeur lorsqu'on utilise un filtre-plaque.

Bien entendu, et c'est son rôle le plus évident, le sol permet l'enracinement des plantes, principalement en eau douce.

Pour toutes ces raisons, un sol doit présenter les caractéristiques suivantes :
– avoir une granulométrie moyenne ;
– ne pas être trop épais, mais suffisamment pour que les plantes se fixent correctement ;
– présenter un aspect à la fois esthétique et naturel.

Il ne faut pas oublier qu'un sol est lourd : entre 1,4 et 2 kg par litre ; il faut donc prévoir le support de l'aquarium en consé-

LA GRANULOMÉTRIE DES DIFFÉRENTS MATÉRIAUX

Dénomination	Granulométrie en mm (= taille des particules)
Cailloux	> 20
Gros graviers	8 à 20
Graviers moyens	4 à 8
Graviers fins	2 à 4
Sable grossier	0,5 à 2
Sable fin	0,5 à 0,05
Vase	< 0,05

QUELLE ÉPAISSEUR DE SABLE ?

Assez pour permettre l'enracinement des plantes, pas trop pour ne pas nuire à l'esthétique : 5 à 8 cm constituent une donnée théorique à adapter à chaque cas.

Seul l'aquarium-hôpital ne possédera pas de sable pour des raisons d'hygiène évidentes.

Le tableau suivant donne approximativement le poids du sédiment pour une surface de 1 m². En général, on ne descend jamais en dessous de 70 kg/m² pour les sables grossiers.

Sédiments	Épaisseur (en cm)	Volume (en litres)	Poids (en kg/m²)
Sables fins (Loire)	5	50 litres	90
	8	80 litres	144
Sables grossiers (quartz)	5	50 litres	75
	8	80 litres	112

▽ *L'épaisseur du sédiment est importante pour la fixation des racines des plantes.*

◁ Dans ce bac marin, vu par sa partie supérieure, le sol va servir à caler les éléments du décor.

Il existe plusieurs types de sables, différents par la taille de leurs particules et par leurs couleurs. ▽

quence (30 kg de sédiment environ pour un bac de 100 litres, l'aquarium complet totalise un poids de 150 kg environ).

LES DIFFÉRENTS TYPES DE SOL

Les sols naturels d'aquarium d'eau douce

• *Les sables grossiers et les graviers fins*

Ils constituent les meilleurs sédiments pour l'aquariophilie. Le sable de quartz provient du concassage de roches siliceuses (granit). Ses grains, de 1 à 3 mm, possèdent des arêtes vives qui peuvent gêner les poissons fouisseurs, mais il permet toutefois une bonne circulation de l'eau. Sa coloration varie en fonction de sa teneur en oxyde de fer. Le sable de quartz est considéré comme un sédiment pauvre, et ses qualités sont mieux utilisées dans la filtration.

Le sable de Loire provenait, à l'origine, comme son nom l'indique, du lit de la Loire. À l'heure actuelle, des sables identiques sont récoltés dans d'autres rivières ou des carrières. Ces sables sont plus fins (0,5 à 1 mm) que le quartz, les grains sont plus érodés. Lorsqu'il provient de rivières, il renferme des résidus de matières nutritives assimilables par les plantes.

• *Les sables fins*

De couleur assez claire, ils plaisent aux aquariophiles, mais présentent l'inconvénient de ne pas assurer une bonne circulation de

Du sédiment foncé peut éventuellement être utilisé pour mettre en valeur des poissons de couleur claire. ▽

LES SÉDIMENTS PARTICULIERS	
Sédiments	**Utilisation**
Sable foncé ou noir	Souvent d'origine volcanique, il est parfois utilisé pour mettre en valeur des poissons à coloration claire, alors que les sables traditionnels sont plus adaptés aux poissons sombres ou aux couleurs vives.
Graviers	Dans des aquariums peu plantés ou à plantes pourvues de racines robustes, pour des grands poissons (Cichlidés par exemple, bien que ce ne soit pas le substrat le mieux adapté).
Pouzzolane et autres roches volcaniques	Lorsqu'elles sont concassées, on obtient un sédiment très grossier qui assure une excellente circulation de l'eau. Certaines ont une couleur brun rougeâtre particulière. Plus utilisées pour la recherche d'un effet esthétique que pour celle d'un aspect naturel.
Tourbe	Support de ponte des killies. (Cyprinodontidés ovipares, voir p. 95). Voir aussi p. 16.

△ *Certains poissons (ici, Sturisoma rostratum, d'Amérique du Sud) préfèrent le sable fin pour s'y dissimuler plus ou moins partiellement.*

l'eau. De plus, les dépôts inesthétiques de débris végétaux, d'excréments, d'aliments en surplus sont très visibles à la surface. Enfin, les plus fines particules peuvent rester en suspension dans l'eau. Les poissons fouilleurs de fond, pourvus de barbillons, semblent les apprécier. On trouvera dans l'encadré p. 261 d'autres éléments propres à des utilisations particulières.

• *Récolte d'un sédiment en milieu naturel*
Certains aquariophiles pourraient être tentés de récolter eux-mêmes des sédiments en milieu naturel, bien que ce soit en théorie interdit. Il faut alors choisir un cours d'eau propre et bien oxygéné. D'amont en aval, la granulométrie diminue régulièrement. Souvent, les sédiments sont accessibles dans la partie intérieure de la boucle d'un cours d'eau.

L'enrichissement des sols naturels
Comme un horticulteur, l'aquariophile peut enrichir ces sols naturels : les sables les plus courants – quartz, sable de Loire – sont assez pauvres en éléments minéraux. Lors de la mise en service de l'aquarium, les plantes risquent donc d'en manquer. On se souvient que l'on peut utiliser des engrais solides et liquides pour pallier ce manque. Lorsque l'aquarium est bien équilibré, le sol s'enrichit progressivement et devient réellement profitable aux plantes au bout de 4 à 6 mois de service environ.

Les aquariophiles désireux de favoriser la croissance des plantes peuvent, dès la mise en place de l'aquarium, y introduire un substrat enrichi. Il en existe sous forme préparée dans le commerce, mais on peut également fabriquer son propre sol enrichi à partir d'une recette utilisée et préconisée par de nombreux aquariophiles et par les magazines spécialisés (voir encadré ci-dessous). Lorsque l'on débute, il est préférable de commencer par un sol normal ou un sol enrichi du commerce, avant de se diriger vers la fabrication de substrats particuliers.

LE SOL ET L'OXYGÈNE

D'une manière générale, on considère qu'un sol doit faciliter le passage de l'eau. Cette dernière apporte de l'oxygène à la microfaune qui y vit, ce qui favorise l'accomplissement du cycle de l'azote. Si le sable utilisé est trop fin, il devient trop compact pour permettre une bonne circulation de l'eau.

On peut alors voir apparaître des taches noires, signe d'un manque d'oxygène et de la présence de substances toxiques.

FABRICATION D'UN SOL ENRICHI

La composition, très classique, est la suivante :
– 10 % d'argile. Cette matière favorise l'utilisation des sels minéraux par les plantes ;
– 40 % de terre de bruyère sans engrais. Attention aux fausses terres de bruyère et aux divers terreaux ;
– 50 % de sable de Loire brut. Non lavé, il contient des éléments minéraux.
Mélangez l'ensemble et disposez une couche de 1 cm de sable de quartz sur le fond, puis 2 à 3 cm du mélange bien tassé. Recouvrez l'ensemble de quelques centimètres de quartz.
Il est bien entendu que vous ne pourrez plus fouiller dans un tel substrat ; n'oubliez donc pas de placer le décor avant. N'utilisez pas de filtre-plaque avec ce substrat. On objectera qu'il n'est pas oxygéné, comme nous le recommandions auparavant, ce qui est exact. Il s'y produit d'autres réactions, et les accidents sont très rares.
Selon les informations obtenues par les aquariophiles, un sol de ce type peut rester efficace plus de 1 an, parfois même au-delà de 2 ans. Si l'on hésite à utiliser directement cette méthode dans l'aquarium, on peut cependant l'appliquer dans des mini-jardinières aquatiques qui recevront les plantes. L'aspect pratique est indéniable (déplacement aisé), mais il faut penser à les camoufler.

Les sols naturels d'aquarium d'eau de mer

En aquarium marin, le rôle du sol est différent : en effet, les rares végétaux que l'on rencontre dans ce type d'aquarium n'ancrent pas leurs racines dans le sol, qui n'a donc pas besoin d'être très épais ; sa granulométrie peut donc être plus grossière.

Deux matériaux principaux sont utilisés, souvent confondus et regroupés sous l'expression sable corallien.

• *Le maërl*

Il s'agit d'un sédiment grossier, originaire de certains fonds marins, composé d'algues calcaires, de débris provenant des coquilles de mollusques et d'autres du squelette des anthozoaires. Très riche en calcium, il limite les variations de pH dans les bacs.

• *Le corail concassé*

Ce sédiment, plus ou moins grossier selon le degré de concassage, est entièrement composé de fragments de squelettes de coraux et d'animaux apparentés. Les fragments sont suffisamment érodés pour ne pas blesser les animaux qui se déplacent sur le sol ou s'y enfouissent.

Ne contenant pratiquement que du calcium, il limite également les variations du pH dans le bac.

Ces deux sols pour aquariums marins sont disponibles dans le commerce aquariophile.

• *Le sable vivant*

Extrait de la mer, il est commercialisé sous forme humide. Il contient de nombreux micro-organismes, dont les bactéries du cycle de l'azote. Il est donc, en théorie, fonctionnel dès la mise en route de l'aquarium, ce qui n'est pas le cas des autres sédiments. Les résultats diffèrent cependant d'un bac à l'autre, et les aquariophiles demeurent partagés sur l'effet bénéfique de ce sable.

On peut être tenté de récolter du sable marin sur nos côtes, car il contient des bactéries. Plusieurs précautions sont à prendre cependant pour choisir ce sable.

Choisissez donc une zone non polluée, bien brassée par les mouvements de la mer et récoltez un sédiment grossier.

Ceux composés seulement de sable sont pauvres en calcaire, mais on peut les compléter par des coquilles d'huître concassées. Il faut préférer un sédiment coquillier, composé en grande partie de fragments de coquilles de mollusques bivalves. Rincez bien le sédiment avant de l'introduire dans l'aquarium, afin d'éliminer les plus fines particules.

À noter : le sable dunaire ne convient pas du tout aux bacs marins.

• *Les coquilles d'huîtres concassées*

Elles peuvent être mélangées aux sables grossiers précédemment évoqués pour y augmenter le taux de calcaire. Il faut bien les laver, afin d'éliminer les fragments les plus fins.

Précisons que les deux derniers types de sédiments ne sont pas ceux que l'on rencontre dans les zones d'où les poissons tropicaux sont originaires. Ils ne sont donc pas considérés comme vraiment naturels, mais peuvent être utilisés à la place des sables coralliens pour des raisons de disponibilité ou de coût.

▽ *Il est en principe interdit de prendre du sable en grande quantité sur les plages. À notre connaissance, aucun aquariophile n'a rencontré de problèmes pour l'extraction de petits volumes.*

△ *Il y a deux types de sédiments courants dans les bacs d'eau de mer : le maërl (en haut) et le corail concassé et érodé, plus grossier (en bas).*

LE DÉCOR

*Très important, le décor participe à l'esthétique de l'aquarium, et l'une des premières
motivations de l'aquariophile, n'est-ce pas le plaisir d'un beau spectacle ? Cependant,
il ne faut pas tomber dans l'excès, et l'ensemble doit conserver un certain aspect naturel.*

LE DÉCOR : UN ÉLÉMENT INDISPENSABLE À L'AQUARIUM

Le rôle du décor

Le décor est nécessaire, parfois indispensable, à certains animaux et végétaux qui doivent y être à l'aise. Les poissons y recherchent des abris, soit permanents pour les espèces timorées, soit temporaires pour pouvoir s'y reproduire : certaines espèces déposent leurs œufs sur des pierres verticales ou horizontales. Même s'il ne leur sert pas d'abri, le décor sécurise vos pensionnaires en leur fournissant quelques repères géographiques, ce qui permet à un certain nombre d'espèces de délimiter leur territoire.

Ces remarques sont également valables pour les invertébrés. Parmi ces derniers, certains vivent fixés sur des éléments du décor, comme les anthozoaires. Lorsque l'on place une anémone dans un aquarium, il n'est pas rare de la voir se déplacer jusqu'à ce qu'elle se fixe à l'endroit qui lui convient le mieux. Le décor représente aussi un support pour certains végétaux : fougères et mousses en eau douce, caulerpes et autres algues en eau de mer.

Enfin, il permet de dissimuler les accessoires, de masquer les vitres, de casser les angles arrière. Ainsi, il donne du relief et de l'harmonie à l'aquarium.

Les caractéristiques générales du décor

Outre la recherche de l'esthétique et de l'aspect naturel, quelques règles doivent être respectées lors de la conception de votre décor. Il doit être fonctionnel, accessible et facile à entretenir. Le matériel utilisé, à de rares exceptions près, doit être neutre, c'est-à-dire qu'il ne doit pas modifier les caractéristiques de l'eau. Sa solidité lui permettra de résister à certains poissons déménageurs comme les Cichlidés.

Bien entendu, le décor augmente le poids de l'aquarium : on compte en moyenne 60 kg de décor par mètre carré de surface. Cette donnée est à minimiser pour les bacs d'eau douce très plantés, de type aquariums hollandais, pour les bacs marins et lors de l'utilisation de matériaux artificiels.

Rappelons encore une fois que le décor doit être mis en place avant le sédiment.

LE DÉCOR EN EAU DOUCE

Les roches

Dans la nature ou dans le commerce aquariophile, on trouve un certain nombre de roches susceptibles de servir d'éléments de décor dans un aquarium (voir encadré p. 265). Leurs arêtes ne doivent pas être trop tranchantes pour éviter que les poissons ne se blessent ; on peut les éroder.

Comment reconnaît-on une roche calcaire ? En réitérant une bonne vieille expérience, que certains d'entre nous ont réalisée à l'école : on verse quelques gouttes de vinaigre ou d'un acide sur la roche. Si une légère effervescence se produit, provoquée par le dégagement

En eau de mer, le décor doit parfois servir de support aux invertébrés qui y vivent fixés. ▷

Décor à base d'éléments végétaux : racines de tourbière et branches de saule. ▷

Types	Observations
QUELQUES EXEMPLES DE ROCHES POUR AQUARIUMS D'EAU DOUCE	
Calcaires	– À n'utiliser que pour augmenter ou maintenir la dureté de l'eau (aquariums est-africains ou eau saumâtre).
Schistes	– Couleurs variables : gris, verdâtre ou rougeâtre ; – peuvent se séparer en feuilles minces et légères, pratiques pour dissimuler les accessoires.
Ardoises	– Le noir met bien les plantes et les poissons en valeur ; – attention aux ardoises à reflets dorés contenant des métaux.
Laves	– Roches fendues ou projetées lors d'éruptions, assez légères ; – couleurs variables : rougeâtre, brun, noir.
Basalte	– Lave lourde à arêtes coupantes.
Galets	– Lourds, mais peu anguleux ; – pratiques pour réaliser un petit éboulis avec abris ; – caractéristiques des eaux courantes.
Bois silicifié (ou pétrifié)	Ce n'est pas une roche, mais de la silice qui a progressivement remplacé les parties vivantes du bois ; on voit encore la structure fibreuse ; – bel effet décoratif, couleur claire.

△ On peut se procurer des roches dans la nature, mais aussi dans les magasins d'aquariophilie.

de CO_2, ou gaz carbonique, cela signifie que la roche contient du calcaire. La même méthode peut être utilisée pour tester les sables.

Les éléments d'origine végétale

Les biotopes naturels de nos poissons renferment souvent plus de végétaux que de roches : racines, branches tombées à l'eau, écorces, végétaux immergés à la saison des pluies.

Employé seul ou avec une roche, le bois produit un bel effet décoratif, surtout s'il s'y développe de la mousse ou des fougères.

Il est donc logique d'utiliser ces matériaux en aquarium, mais après les avoir traités. Les éléments végétaux présentent deux inconvé-nients majeurs. D'une part, ils libèrent des substances acides qui colorent l'eau en jaune ambré : si cela est bon pour des aquariums de type amazonien, cela ne l'est vraiment pas pour des eaux qui doivent rester dures. D'autre part, ces éléments sont légers et doivent être calés ou lestés.

• *Le traitement des végétaux avant introduction dans l'aquarium*
Le traitement a pour but :
– de débarrasser le bois de tout élément vivant, surtout en ce qui concerne ceux qui sont récoltés dans la nature : bactéries, champignons et autres organismes vivants totalement indésirables ;
– de faciliter la pénétration de l'eau pour alourdir l'élément ;
– de lui faire libérer une grande partie de ses substances acides et colorantes.

Pour caler le bois, on peut le fixer sur une petite pierre plate à l'aide d'une vis. ▷

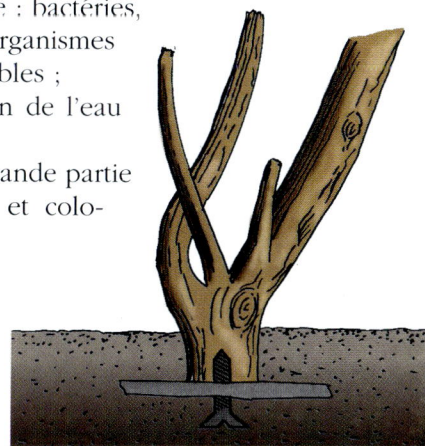

265

LES DIFFÉRENTS ÉLÉMENTS VÉGÉTAUX UTILISABLES EN AQUARIOPHILIE	
Branches, racines	Chêne, hêtre, cep de vigne sont intéressants. On n'utilise que des bois morts, d'autant plus intéressants qu'ils ont déjà séjourné dans l'eau. Les résineux sont à éviter impérativement, ainsi que le bois rejeté par la mer, lequel est saturé de sel.
Écorces	Utiliser le chêne-liège pour la décoration des vitres latérales et arrière du bac. On le fixe avec de la colle silicone.
Bois de tourbière	Également appelé racines de tourbière. Les branches et les racines ayant séjourné dans cet endroit dégagent rapidement des substances acides qui colorent l'eau.
Bambous	Couplés à des plantes à feuilles rubanées *(Vallisneria)*, ils sont intéressants pour un aquarium asiatique.

Naturel ou artificiel ? En réalité, ce décor marin est un mélange des deux, colonisé par des invertébrés. ▷

On brosse tout d'abord soigneusement le bois, puis on le désinfecte par trempage durant 48 heures :
– soit dans de l'eau de Javel (1 ml/4 litres d'eau avec un berlingot concentré) ;
– soit dans du sulfate de cuivre à raison de 1 g/litre.
On le fait ensuite bouillir, en renouvelant l'eau plusieurs fois : celle-ci se colore, c'est la preuve que les acides sortent du bois. Pour parfaire le traitement, on peut alors le maintenir immergé pendant 1 à 2 semaines, afin qu'il se gorge d'eau.

△ *En eau de mer, le squelette des coraux est un des éléments classiques du décor.*

Ce n'est souvent pas suffisant, le bois flotte encore et il faut le caler dans l'aquarium avec des roches. On peut également le lester de petites pierres attachées avec un fil de Nylon invisible, cette partie du bois pouvant alors être dissimulée dans le sédiment.

LE DÉCOR EN EAU DE MER

Les poissons marins tropicaux vivent dans un milieu pauvre en roche, mais riche en revanche en coraux et autres éléments, qui peuvent constituer un décor transposable en aquarium.

Les coraux
C'est le squelette calcifié du corail qui sert de décor. Il est souvent rugueux ou coupant et se présente sous différentes formes, en fonction de l'espèce dont il assure la rigidité. Ce squelette, sauf de rares exceptions,

est plus ou moins blanchâtre ; un traitement à l'eau de Javel permet d'obtenir un blanchiment parfait.

En aquarium, il arrive souvent que le corail mort se recouvre progressivement d'algues vertes. Tout d'abord lavés et brossés à l'eau courante, les coraux sont ensuite trempés dans de l'eau javellisée (1 berlingot d'eau de Javel pour 10 litres d'eau) pendant 1 semaine. En même temps que l'on blanchit le squelette, on détruit ainsi les particules organiques qui auraient pu y demeurer. Il est ensuite abondamment rincé, puis séché à l'air libre pendant au moins 8 jours. Il ne faut pas appliquer ce traitement aux coraux à squelette coloré, du genre *Tubipora*, qui seront nettoyés à l'eau chaude et avec une brosse douce.

Les autres éléments d'origine animale

Les gorgones produisent un squelette de couleur sombre qui, souvent, s'abîme progressivement pour finir dans certains cas, par se désagréger. Elles ne doivent pas être traitées à l'eau de Javel, mais uniquement avec de l'eau chaude.

On peut également utiliser des coquilles de mollusques, des bénitiers par exemple. Ils devront être brossés et nettoyés à l'eau chaude avant d'être introduits dans l'aquarium.

Certains aquariophiles les considèrent comme des pièges où s'accumulent les déchets, mais ils peuvent également offrir des abris aux petits poissons ainsi qu'aux crustacés.

N'oublions pas les pierres vivantes, qui peuvent jouer un rôle important dans la décoration d'un aquarium.

LES DÉCORS ARTIFICIELS

Cette technique moderne se développe rapidement à l'heure actuelle, notamment pour les grands aquariums d'eau douce ou d'eau de mer. Son principal avantage, à nos yeux, est la liberté de créativité qu'elle donne à l'aquariophile, qui peut alors choisir au centimètre près le décor qu'il désire.

Deux types de matériaux sont principalement utilisés : le polystyrène et le polyuréthane. Ils sont tous deux légers et neutres.

Le polystyrène

Disponible en blocs ou en plaques, il sert habituellement à protéger des chocs et de la chaleur (certains appareils électroménagers, par exemple). On peut le récupérer ou l'acheter dans le commerce.

Le polystyrène à petits grains est préférable, car plus rigide. C'est un matériau très léger qui flotte et qui devra donc être fixé dans l'aquarium. Le polystyrène peut se travailler en dehors de l'aquarium avant d'y être incorporé.

• *Fabrication d'un décor en polystyrène*

On utilise des blocs ou des plaques qui se travaillent à froid avec des couteaux dentés ou de petites scies. On travaille également le polystyrène à chaud, avec un chalumeau portatif ou un décapeur à air chaud. Il faut rester prudent : le polystyrène peut fondre, s'enflammer et dégager des vapeurs toxiques.

L'exemple présenté à la page suivante permet de comprendre l'élaboration de ce décor. On découpe un bloc aux formes et aux dimensions désirées. Si l'on utilise des plaques de quelques centimètres d'épaisseur, le relief peut être renforcé en superposant plusieurs plaques. Elles sont assemblées entre elles par de la résine mélangée à du sable. L'exemple présenté (voir p. 269) peut être complété par d'autres morceaux de polystyrène qui pourront partiellement masquer les vitres latérales.

On peut mélanger plaques, petits blocs et gros blocs. On brûle ensuite les parties visibles pour obtenir un aspect naturel. À ce

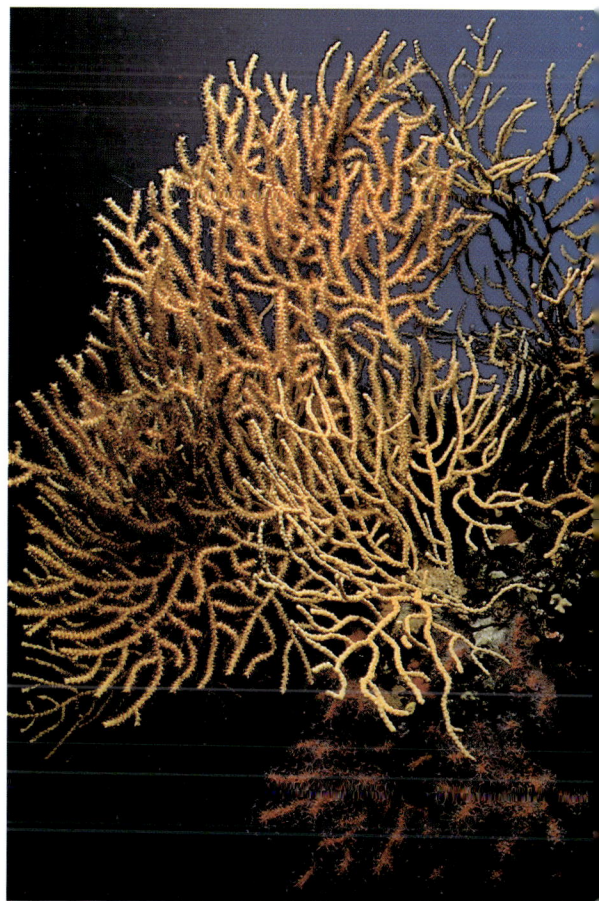

△ *Les gorgones possèdent un squelette sombre, susceptible d'être utilisé comme élément décoratif.*

stade, on peut inclure des éléments naturels tels que roche, squelette de corail. Le résultat obtenu est alors résiné et sablé, sauf les éléments naturels, puis nettoyé avec un aspirateur. L'ensemble de ces opérations se réalise en général hors de l'aquarium, ce qui est plus pratique, le décor étant ultérieurement fixé aux vitres avec de la colle silicone.

◁ *Décor en plaques de polystyrène : la plaque entière sera placé verticalement contre la face arrière de l'aquarium.*

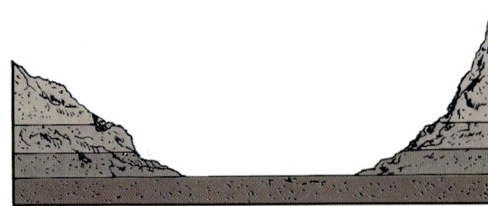

Le polyuréthane

La mousse de polyuréthane peut se fabriquer à partir de deux composants à mélanger, mais elle est également disponible en bombe aérosol, plus pratique à utiliser. Le produit qui en sort augmente rapidement de volume et se solidifie en quelques minutes. Il peut alors être taillé au couteau ou à l'aide d'autres instruments tranchants.

• *Fabrication d'un décor en polyuréthane*
Avant de se lancer dans la fabrication d'un décor en polyuréthane, il est prudent d'avoir assisté au préalable à la même opération, pour éviter quelques erreurs.
Le décor se réalise obligatoirement dans l'aquarium. Si ce dernier est fabriqué par l'aquariophile, il est pratique d'y inclure le décor avant la pose de la vitre frontale, car cela facilite les opérations.

Le polyuréthane est de plus en plus utilisé pour les décors des bacs de grand volume, ici mélangé à de l'écorce de liège. ▽

Une petite préparation préalable de l'aquarium est nécessaire pour l'accrochage du polyuréthane :
– on colle des petites chutes de verre, espacées de quelques centimètres, aux endroits où prendra place le futur décor ;
– on peut également faire un mélange sable-colle silicone et déposer régulièrement quelques points de ce mélange aux zones prévues.
On coule ensuite le polyuréthane par petites doses. On peut travailler verticalement pour concevoir un décor en forme de falaise. Il est possible d'y inclure des roches ou des fragments de coraux morts, des zones creuses pour des plantes…
Dans le cas où le bac est pourvu d'un filtre à décantation, il ne faut pas oublier les passages pour l'entrée et la sortie de l'eau. Ils peuvent être moulés sur des tuyaux de plastique. Après le séchage, qui est rapide, on sculpte la mousse de polyuréthane avec un couteau, un cutter ou une petite scie, pour lui donner un aspect tourmenté plus naturel que son apparence lisse d'origine. Utilisez un aspirateur pour éliminer toutes les chutes.

La terre cuite

Des décors en terre cuite imitant des roches, réalisés à partir de terre glaise, sont disponibles dans le commerce.
Certains amateurs fabriquent ainsi leur propre décor. Cependant, polystyrène et polyuréthane sont d'usage plus courant, notamment grâce à l'activité des clubs et des associations aquariophiles, où l'on peut s'initier à ces techniques et bénéficier d'aide.

• *Fabrication d'un décor en terre cuite*
Prenez contact avec une fabrique de tuiles ou de pots de fleurs pour obtenir la matière première et la faire cuire.
Utilisez de la terre glaise, élément neutre et malléable. Pour un décor moyen, il faut compter environ 100 g de terre glaise par

litre de volume, mais seuls l'expérience ou les conseils d'aînés permettront de préciser cette indication.

Modelez la terre selon le décor final que vous voulez obtenir :
– roches de taille plus ou moins importante ;
– falaise ou tombant rocheux ;
– grottes, arches.

L'ensemble doit présenter un aspect naturel. Les éléments réalisés sont séchés à l'air libre, puis cuits dans un four à 800-900 °C. Leur poids diminue alors de 25 à 30 %, la couleur obtenue est proche de celle des tuiles.

Vous pouvez alors éventuellement résiner et sabler la surface.

La résine

Elle permet de peaufiner le décor. On pourrait se contenter d'utiliser les décors artificiels tels quels et attendre qu'ils acquièrent une patine, après quelques mois passés dans un bac. Mais, généralement, les amateurs préfèrent leur donner un aspect naturel en y incorporant différents matériaux : sédiments de différentes granulométries tels que sables, graviers, sable de corail, fragments de roches ou de coraux.

Pour réaliser ces aménagements, on utilise une résine dite alimentaire, la résine époxy, qui n'a aucune influence sur l'eau. Elle est formée de deux composants qui durcissent lorsqu'ils sont mélangés, et elle peut être colorée.

△ La résine que l'on applique sur le polyuréthane peut être teintée par des colorants alimentaires, ici un mélange de rouge et de noir.

LES DÉCORS EXTÉRIEURS

A priori, il peut paraître surprenant de parler de décor extérieur. Pourtant, rien n'est plus désagréable que de voir, à travers l'aquarium, le mur contre lequel il est adossé, parcouru de câbles et de tuyaux ! Le premier rôle d'un décor extérieur est donc de masquer ces éléments, le second de mettre en valeur les plantes et les animaux.

LA FINITION D'UN DÉCOR ARTIFICIEL : RÉSINAGE ET SABLAGE

La résine et le sable isolent totalement le décor de l'eau et lui donnent un aspect naturel. Le sable utilisé doit correspondre au type de bac (eau douce ou eau de mer) et être assorti au sédiment. Si vous utilisez du sable fin, il faudra en prévoir plusieurs couches.

• Décor en polystyrène ou en terre cuite

Le résinage et le sablage s'effectuent hors de l'aquarium. On passe une couche de résine avec un pinceau, puis on la parsème de sable. Selon sa granulométrie, on répète l'opération une à trois fois, après séchage (24 heures par couche de résine).

Il est important de bien résiner l'ensemble, en n'oubliant pas les petits reliefs, les anfractuosités et les grottes. Les parties du décor qui seront en contact avec les vitres de l'aquarium seront résinées, mais non sablées.

Le surplus de sable est éliminé avec un large pinceau, puis avec un aspirateur. Le décor achevé est fixé dans l'aquarium avec de la colle silicone, après 48 heures de séchage.

• Décor en polyuréthane

Vous réaliserez les mêmes opérations sur le polyuréthane fixé dans l'aquarium, en résinant et en sablant les lignes de jonction entre le décor et les vitres de l'aquarium. Le surplus de sable est éliminé par aspiration.

Dans tous les cas, rincez le décor au minimum deux fois dans l'aquarium.

Les posters

Plusieurs modèles de posters représentant des végétaux d'eau douce ou des fonds marins sont disponibles dans le commerce aquariophile. Ils se fixent à l'extérieur de la vitre arrière. Leur esthétique n'est pas appréciée de tous les aquariophiles.

LE DÉCOR ET L'IMAGINATION

L'imagination est une fée capricieuse qui peut parfois vous manquer. Vous voulez créer le décor de votre aquarium, vous en avez rêvé... et c'est la panne ! Il existe alors plusieurs sources d'inspiration :

– les autres aquariums, les amis, les clubs, les aquariums publics ;

– les livres et les publications aquariophiles ;

– mais aussi – et surtout ! – la nature. À l'aide de photos ou de croquis, on peut y relever des idées de décor, notamment en ce qui concerne l'harmonie des reliefs.

△ Les sources d'inspiration ne manquent pas lorsqu'on veut réaliser un décor et qu'on manque parfois un peu d'imagination.

△ La vitre arrière de ce bac est remplacée par un miroir, ce qui donne un effet particulier.

Les fonds colorés

Les posters peuvent être remplacés par des feuilles de couleur unie, bleu, vert, gris, brun clair ou noir. Cette dernière couleur met bien en valeur les plantes et les poissons. Quelques rares aquariophiles peignent eux-mêmes un dégradé de couleur, clair en haut de l'aquarium et plus foncé en bas, pour représenter la pénétration de la lumière. On peut également peindre directement l'extérieur de la vitre arrière.

Les miroirs

Toujours placés derrière la vitre arrière, ils donnent l'impression que l'aquarium est plus grand que sa taille initiale,... mais qu'il est aussi deux fois plus planté et peuplé !

Autres éventualités

Une plaque de polystyrène résinée et sablée peut être plaquée contre l'extérieur de la vitre arrière.

Enfin, on peut aller jusqu'à placer les éléments de décor naturels, tels que roches, branches et racines, derrière l'aquarium, entre la vitre arrière et une feuille de carton noir. Les éléments peuvent être simplement calés les uns contre les autres, collés, ou maintenus par une pâte adhésive qui sert habituellement à fixer les posters aux murs. L'ensemble augmente la profondeur de champ, car lorsqu'un aquarium est rempli, il apparaît un tiers moins large, en raison de la réfraction de l'eau. Ce type de décor qui peut se modifier aisément, ne nécessite aucun traitement préalable et très peu d'entretien, son seul défaut étant de se couvrir de poussière.

QUELQUES RÈGLES POUR RÉUSSIR UN DÉCOR		
Caractéristiques du décor	Ce qu'il faut éviter	Ce que nous recommandons
Esthétique et naturel	– Certains accessoires que l'on voit encore trop souvent, trop peu naturels à notre goût (mais cela prête, bien sûr, à discussion) : scaphandriers, mini-amphores, épaves, coffres qui font des bulles ; – roches trop colorées ; – trop de roches différentes.	– Utiliser un seul type de roche, à la rigueur deux dans les plus grands aquariums ; – proportionner le décor au volume de l'aquarium : des grandes roches dans des grands bacs, des petites pour les plus petits aquariums.
Fonctionnalité, accessibilité, facilité d'entretien	– Dans un premier temps, les reliefs trop tourmentés, dans lesquels il est difficile d'intervenir (siphonnage et pêche des poissons).	– Recréer un modeste éboulement, sans trop entasser, créer une grotte ou un surplomb vaste et accessible, faire une grande terrasse ; – utiliser un décor artificiel pour imiter une falaise ou un éboulis.
Neutralité	– Roches calcaires, sauf exception, en eau douce ; – roches contenant des éléments métalliques, parfois difficiles à détecter s'ils ne brillent pas.	– Utiliser ardoises, basalte, laves, schistes.
Solidité	– Empilements instables ; – roches posées sur le sédiment.	– Placer le décor avant le sédiment ; – éventuellement, coller les roches entre elles, ou avec les vitres, à l'aide de colle silicone.

AVANTAGES ET INCONVÉNIENTS DES DÉCORS ARTIFICIELS		
	Décor naturel traditionnel	Décor artificiel (polystyrène, polyuréthane)
Avantages	– Mise en place aisée ; – modifiable ; – neutre.	– Matière légère ; – plastique : sculpture, incorporation d'éléments naturels ; – possibilité de créativité importante ; – neutre.
Inconvénients	– Poids et volume.	– Inamovible ; – demande un peu d'expérience.

LA MISE EN SERVICE DE L'AQUARIUM

*L'installation d'un aquarium demande du calme et un peu de rigueur.
Inutile de se précipiter, la réussite risque d'en pâtir. Précisons d'abord que l'aquarium
ne pourra pas recevoir de poissons immédiatement après sa mise en service, il faudra
attendre un certain temps, surtout lorsqu'il s'agit d'eau de mer.
Donc, armez-vous de patience !*

COMMENT PROCÉDER ?

Il y a un ordre logique, dans les opérations de mise en service d'un aquarium, que vous devez respecter. Ces opérations diffèrent très légèrement s'il s'agit d'eau douce ou d'eau de mer mais le principe général est identique : l'eau n'est versée dans l'aquarium qu'après la mise en place du décor, du sol et du matériel.

L'installation étape par étape
L'ordre est le suivant :

1. Nettoyage du bac. On utilise une éponge douce et de l'eau tiède. Il est préférable d'éviter les détergents.

2. Mise en place du décor externe (voir p. 264). Il est important qu'il soit correctement fixé, car sinon il serait difficilement accessible ultérieurement.

3. Installation de l'aquarium sur son support. Rappelons que ce dernier doit être parfaitement horizontal et recouvert d'un matériau souple pour absorber ses éventuelles inégalités. À ce stade, il faut veiller à laisser un espace suffisant derrière le bac pour permettre une ouverture facile de la galerie et le passage des tuyaux et des câbles. L'aquarium ne sera plus déplacé ensuite.

4. Remplissez une première fois, pour vérifier son étanchéité. Les fuites se produisent rarement ; il s'agit généralement d'un léger suintement, qu'on ne pourra déceler que 24 heures environ après la mise en eau. Lorsque vous êtes sûr de son étanchéité, videz l'aquarium par siphonnage.

5. Si vous utilisez un filtre-plaque, placez-le de telle sorte que l'exhausteur se trouve dans un angle arrière de l'aquarium.

6. Installation des accessoires. Placez-les directement dans le bac ou dans les cuves du filtre à décantation. Le système de chauffage ne doit pas se trouver en contact direct avec un élément en plastique, et il doit être proche d'un diffuseur. Si vous utilisez un filtre extérieur, il ne faut pas oublier les tuyaux de raccordement.

7. Mise en place du décor. Placez les roches ou les coraux en associant l'aspect visuel et l'aspect pratique, le décor devant dissimuler les accessoires.

Prenez votre temps, recherchez le meilleur effet esthétique jusqu'à ce que l'ensemble vous satisfasse. Lorsque vous aurez rempli l'aquarium, vous n'aurez pratiquement plus la possibilité de retoucher le décor.

8. Mise en place du sol. La moitié du sol est disposée sur le fond de l'aquarium, sans lavage préalable. La seconde moitié est lavée à l'eau tiède, jusqu'à l'obtention d'une eau de rinçage claire, puis elle prend place sur la couche précédente. On s'assure alors que les éléments du décor sont bien calés. Certains d'entre eux peuvent servir à créer des terrasses sableuses surélevées.

Mise en place du filtre-plaque, sur lequel sera disposé le sédiment. La sortie d'eau doit se trouver dans un angle arrière de l'aquarium. ▷

Pour des raisons esthétiques, le sédiment doit présenter une légère pente descendante de l'arrière vers l'avant de l'aquarium : cela donne une impression de profondeur de champ.

9. Remplissage. Quel que soit le moyen utilisé, qu'il s'agisse d'un tuyau branché sur un robinet ou de seaux, il faut « briser » l'arrivée d'eau, pour ne pas chasser une partie du sédiment. L'astuce la plus classique consiste à placer un bol ou une assiette creuse sous cette arrivée d'eau.

L'aquarium ne doit pas être rempli jusqu'à son niveau maximal, car il vous faudra peut-être rectifier la position de certains éléments du décor, par exemple une pièce de bois qui se met à flotter. Vous pouvez également procéder à la plantation.

L'eau est légèrement trouble et présente des microparticules à sa surface qui peuvent être éliminées avec une épuisette à mailles très fines ou par siphonnage.

10. Mise en service du matériel. Vérifiez d'abord que l'élément chauffant est totalement immergé, puis branchez le chauffage et réglez-le à 25 °C. Reliez l'aération et la filtration au secteur. Un rapide coup d'œil permet de vérifier le fonctionnement de l'ensemble, et, au bout de quelques heures, l'eau doit s'éclaircir et se réchauffer.

△ Le remplissage d'un bac doit se faire avec précaution, de manière à ne pas bouleverser le décor.

11. Attendez encore 24 heures, puis vérifiez une nouvelle fois le fonctionnement du matériel. L'eau doit être maintenant éclaircie, et sa température plus ou moins proche de 25 °C. Une légère modification du réglage du thermostat est parfois nécessaire pour atteindre la température souhaitée. Vous pouvez à présent introduire les végétaux.

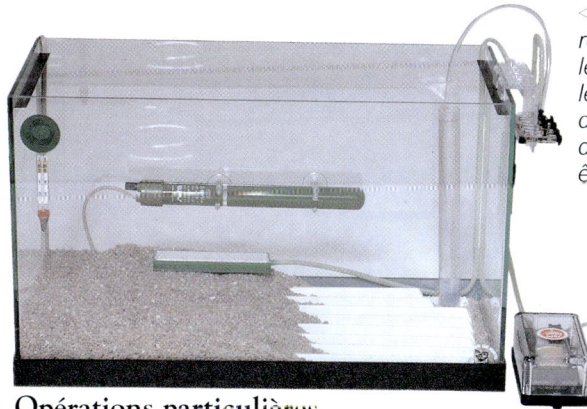

◁ Le sédiment recouvre le filtre-plaque, les éléments de chauffage et d'aération devront être camouflés.

Opérations particulières pour les aquariums marins

Le processus de mise en service est identique jusqu'à l'étape **6**. À ce stade, il faut penser à placer l'écumeur et le système de stérilisation UV.

Mettez en place le décor, puis le sol. Ce dernier sera entièrement lavé, puis disposé sur une épaisseur assez faible de sédiments. Remplissez alors l'aquarium avec de l'eau la plus douce possible ; ne mettez en service que l'aération. C'est le moment de dissoudre les sels. Pesez la quantité nécessaire, en vous fondant sur le volume réel d'eau, avant de l'introduire dans l'aquarium. Laissez les sels se dissoudre pendant 48 heures, vérifiez la densité et procédez aux ajustements nécessaires. Revenez alors à l'étape **10**, sans mettre en service l'écumeur ni le système UV, puis passez à l'étape **11**.

L'installation des végétaux

• *Provenance des plantes et transport*

Elles peuvent provenir d'un magasin d'aquariophilie, d'un club ou avoir été offertes par un ami. Dans tous les cas, il ne faut pas oublier qu'elles sont fragiles lorsqu'elles sont manipulées hors de l'eau.

Le meilleur moyen pour les transporter sans les détériorer est de les placer dans un sac de plastique étanche du même type que ceux utilisés pour les poissons, gonflé et hermétique.

▽ Les végétaux peuvent être plantés à la main ou avec une pince prévue à cet effet.

LA DISPOSITION DES PLANTES

Pour la plantation d'un premier aquarium, il est préférable de s'en tenir au style classique, en optant pour la disposition en amphithéâtre.

Les plantes à croissance rapide seront réparties sur les côtés et le long de la vitre arrière de l'aquarium ; les plantes à croissance moyenne seront placées devant les précédentes, les plus petites formeront l'avant-plan.

Cet aménagement laisse un espace libre au centre de l'aquarium et donne une bonne impression de profondeur de champ.

La disposition des plantes doit être agréable à l'œil, mais également respecter leur écologie. ▷

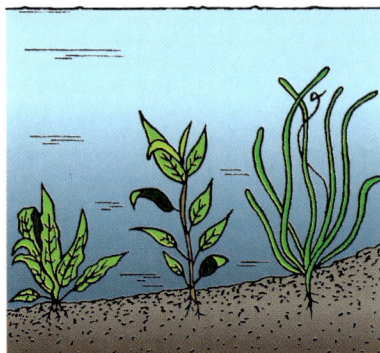

• La plantation

Là encore, il convient de combiner impératifs esthétiques et techniques. Un petit plan de l'aquarium peut rendre bien des services pour effectuer une bonne plantation, en fonction des espèces disponibles.

D'une manière générale, lorsque l'on dispose de plusieurs plantes du même type, elles seront groupées. Les exemplaires uniques seront mis en valeur.

Maniez les plantes avec délicatesse, commencez par l'arrière de l'aquarium et surtout gardez-vous de trop serrer les plantes entre elles, afin d'obtenir un décor fourni ; il est préférable de les espacer, même si la végétation peut paraître clairsemée. À cela, il y a trois raisons principales :

– il faut prévoir suffisamment de place pour l'étalement des racines ;

– il faut prévoir également que les végétaux vont se développer et parfois étaler leurs feuilles ;

– il est nécessaire, enfin, de favoriser la pénétration de la lumière jusqu'au bas des plantes.

Il ne faut pas couper les racines existantes, ni les grouper, mais au contraire bien les étaler dans le sédiment. Les plantes en touffes ne seront pas enterrées trop profondément ; seules les racines et la partie la plus basse, souvent blanche, des tiges seront recouvertes par le sédiment.

Les boutures seront débarrassées des feuilles abîmées au bas de la tige, puis enfouies sur

Les pierres vivantes et les organismes qu'elles portent, favorisent la mise en service d'un aquarium marin. ▷

4 ou 5 cm. Une petite excavation, pratiquée avec la main ou un instrument adapté, facilite la plantation, le sol étant ensuite tassé autour de la plante.

Les végétaux qui se fixent, tels que les fougères et les mousses, seront disposés sur leur support. On facilitera leur accrochage en les calant ou en les attachant à l'aide d'un petit bout de fil de Nylon. Déposez les plantes flottantes à la surface.

Il ne faut pas s'étonner si les plantes ne présentent pas une allure normale. Elles l'acquièrent peu de temps après la mise en service de l'éclairage en se redressant, attirées par la lumière. À partir de ce moment, l'aquarium est normalement éclairé selon les recommandations précédentes.

Il ne reste plus qu'à ajuster le niveau d'eau à sa position définitive et à... attendre, avant d'introduire les poissons.

Préparer la venue des poissons

Votre aquarium, pour être complet, n'a plus besoin que de l'arrivée de ses hôtes... Faites une dernière fois appel à votre patience. Tel quel, l'aquarium n'a pas encore atteint un équilibre satisfaisant. Il faut que les plantes s'enracinent et que les bactéries du cycle de l'azote se développent.

• Une mise en service progressive

Pour un aquarium d'eau douce, 1 semaine d'attente est un minimum, mais 2 semaines sont préférables. S'agissant d'eau de mer, cette durée s'étendra parfois jusqu'à 4 semaines. Si vous « craquez », vous pouvez réduire cette durée par différents moyens. Sachant que ce temps d'attente a pour but de permettre le développement des bactéries et

△ *Dans un aquarium marin, il faut de la patience pour obtenir un résultat aussi heureux que celui-ci.*

d'éviter la présence de substances azotées toxiques, il faut alors favoriser artificiellement ce développement. Tout d'abord en oxygénant bien – les bactéries ayant besoin d'oxygène pour respirer et pour transformer les composés azotés –, puis en apportant des bactéries. Cela peut être réalisé par l'adjonction de sédiment ou d'une matière filtrante provenant d'un autre aquarium marin, par l'apport de sable ou de roches vivantes, ou encore par l'introduction dans le bac de bactéries lyophilisées, qui sont disponibles dans le commerce. Mais cette dernière solution n'est pas recommandée, car parfois inefficace.Vous pouvez également vous transformer en éleveur de bactéries et les nourrir de matières organiques qu'elles ne trouvent pas dans un aquarium fraîchement mis en service.

Dans ce cas, la meilleure solution consiste à placer dans l'aquarium une ou deux moules cuites et réduites en petits fragments, et en siphonner l'excédent au bout de quelques jours. Le temps d'attente peut être, grâce à tous ces moyens, réduit à 8-10 jours. Dans tous les cas, il vous faudra régulièrement mesurer le taux de nitrites et n'introduire les poissons que lorsque ce taux sera stabilisé à un niveau nul durant environ 1 semaine. Alors seulement, vous mettrez en service l'écumeur, et la stérilisation UV, dans le cas d'un aquarium marin, bien sûr.

COMBIEN DE POISSONS DANS UN AQUARIUM ?						
Taille des poissons	**Densité de peuplement**					
	Eau douce			**Eau de mer**		
	Cas général	Bac de 100 litres	Bac de 300 litres	Cas général	Bac de 300 litres	Bac de 500 litres
Inférieure à 5 cm	1 poisson pour 5 litres	20	60	1 poisson pour 25 litres	12	20
5 à 8 cm	1 poisson pour 8 litres	12	37	1 poisson pour 40 litres	8	12
9 à 15 cm	1 poisson pour 15 litres	7	20	1 poisson pour 75 litres	4	7
Supérieure à 15 cm	1 poisson pour 30 litres	*	10	1 poisson pour 150 litres	*	3

* Il est préférable de ne pas maintenir des poissons de cette taille dans un volume aussi faible.

• *Le choix des poissons*

Le choix de vos hôtes dépend du type d'aquarium (communautaire, régional ou spécifique), de vos goûts et de votre budget. Le nombre d'espèces disponibles sur le marché est largement suffisant pour satisfaire la plupart des amateurs, surtout les débutants. Un rapide tour d'horizon chez les différents détaillants permet d'avoir une idée d'ensemble et d'effectuer un choix raisonné.

Il vaut donc mieux toutefois respecter certaines règles afin d'éviter ce que l'on voit encore trop souvent : un aquarium « fourre-tout » où vivent des espèces disparates et en surnombre. Il faut donc mieux choisir peu d'espèces et les maintenir en groupes, ce qui est possible pour un grand nombre de poissons. Respectez alors leur comportement naturel, car cela augmente la probabilité de formation d'un couple. Les espèces batailleuses, ou qui vivent habituellement en solitaire, ne seront, bien sûr, gardées qu'en un seul exemplaire.

Vous pouvez exploiter tous les niveaux de l'aquarium en introduisant des poissons de pleine eau, mais aussi des poissons de surface et de fond.

Reste le problème de l'espace vital. La règle générale, pour les petites espèces, est de compter 1 cm de poisson pour 1 litre d'eau douce, et 1 cm pour 5 litres d'eau de mer. Le tableau ci-dessus vous donne quelques précisions supplémentaires, en sachant que l'on prend en considération la taille maximale que le poisson peut atteindre en aquarium.

L'obtention et le transport

Il est bien évident qu'un poisson doit être introduit dans un aquarium en bonne santé, ce qui se reconnaît à certains signes. Cependant, le risque d'avoir de mauvaise surprises demeure, certains poissons étant porteurs de maladies qui ne se déclareront qu'après leur introduction dans l'aquarium.

Quelle que soit son origine – commerce aquariophile, club ou ami –, il faut soigneusement observer un poisson avant de l'acquérir. C'est pourquoi il ne faut pas se pré-

Les magasins d'aquariophilie offrent un grand choix d'espèces de poissons, parmi lesquels on peut facilement choisir ses premiers pensionnaires. ▽

cipiter, mais fréquenter régulièrement un détaillant ou un club, observer et comparer. Ensuite, l'introduction des poissons dans un aquarium se déroule selon une certaine stratégie :

– il est préférable de peupler le bac en une seule fois, à la rigueur deux fois, séparées par un court intervalle, plutôt que d'introduire les poissons un à un. En effet, un nouveau venu est perçu comme un étranger a priori indésirable, ce qui peut provoquer des conflits se terminant parfois par la mort du petit nouveau ;

– si l'on est obligé d'échelonner les introductions dans le temps, il vaut mieux commencer par des espèces de petite taille qui s'habitueront à leur environnement ; les poissons seront peu inquiétés par les suivants, de plus grande taille.

Le transport des poissons est assez facile. Ils sont enfermés, en petite quantité, dans un sac de plastique contenant un tiers d'eau et deux tiers d'air atmosphérique.

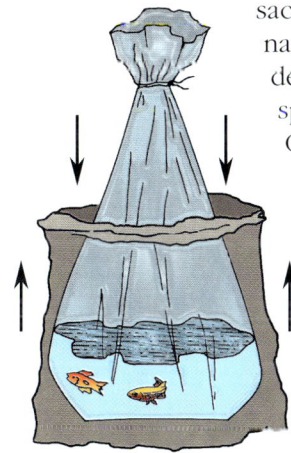

On peut doubler avec un second sac de plastique pour les espèces à rayons épineux. Un tel système est efficace pour une courte durée : de 1 à 2 heures, selon la température extérieure. Au-delà de ce laps de temps, il se produit une déperdition de chaleur. Pour la limiter, on peut entourer le sac de plastique de vêtements ou de papier et le placer dans une boîte en polystyrène.

Le transfert dans l'aquarium

Le poisson sera stressé lors de son introduction dans ce nouveau milieu ; ce stress est dû au transport, au changement radical d'environnement et à la différence de qualité de l'eau. Pour le limiter, il est impératif de ne jamais introduire directement un poisson dans un bac.

Procédez par étapes, l'ensemble des opérations s'étalant sur 1 ou 2 heures au minimum. Pendant environ 30 minutes, laissez flotter dans l'aquarium le sac contenant le ou les poissons pour que sa température s'équilibre avec celle du bac. Puis ouvrez le sac pour y introduire un peu d'eau de l'aquarium. Répétez l'opération plusieurs fois, jusqu'à ce que le sac soit rempli. Transvasez alors délicatement le poisson dans son nouvel environnement.

Si l'aquarium est déjà peuplé, deux précautions supplémentaires peuvent être prises : détourner l'attention des autres occupants du bac en leur donnant à manger, et introduire les nouveaux arrivants le matin, avant d'allumer l'aquarium.

Dans tous les cas, le nouveau poisson aura tendance à se dissimuler quelque temps, ce qui est une attitude normale. Selon son caractère, il va réapparaître plus ou moins rapidement, parfois à peine 1 heure après son introduction.

Très vite, il va apprendre à connaître son nouvel environnement, à s'habituer aux distributions d'aliments, pour finalement parfaitement s'intégrer à l'aquarium. Si le poisson est en bonne santé et que toutes les précautions sont prises, les accidents sont très rares.

△ Les sacs de transport des poissons doivent flotter un certain temps pour que leur température s'équilibre avec celle du bac.

◁ Les poissons sont transportés dans des sacs hermétiques qui contiennent plus d'air que d'eau.

◁ Sur de longs trajets, il faut isoler les sacs de transport pour éviter les déperditions de chaleur.

BAC D'EAU DOUCE D'AMÉRIQUE CENTRALE

CE TYPE D'AQUARIUM, plus particulièrement destiné à un débutant, reconstitue un milieu d'eau douce d'Amérique centrale. Les poissons qui le peuplent (famille des Poéciliidés) ne tarderont pas à se reproduire s'ils sont dans de bonnes conditions.

Pour faciliter la récupération des alevins, il est prudent de prévoir un petit bac de reproduction. L'aquariophile pourra ensuite s'intéresser aux vrais vivipares, issus de la même zone géographique : *Ameca splendens* et *Xenotoca eiseni*. Les plantes présentées ici grandissent assez rapidement et se bouturent facilement ; elles constituent donc une bonne approche pour s'initier au décor végétal, parfois délaissé par les débutants au profit des poissons.

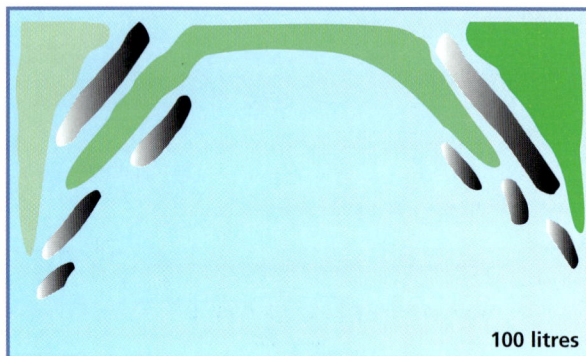

100 litres

Ludwigia

Heteranthera

Myriophyllum

Roches

Dimensions (en cm)	L x l x h : 80 x 35 x 35
Volume brut	100 litres
Région	Amérique centrale
Poissons	Guppy, platy, xipho, mollies, environ une quinzaine d'individus
Plantes	*Ludwigia, Myriophyllum* (ou *Cabomba*), *Heteranthera* (ou *Bacopa*)
Sol	Assez grossier
Décor	Quelques roches (schistes ou ardoises)
Température (°C)	23 à 28, de préférence 25
pH	7 à 7,8
Dureté	Supérieure à 10 °fr., de préférence 15 °fr.
Filtration	Normale

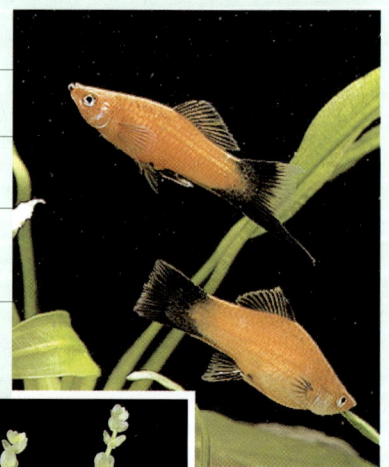

△ Xiphophorus helleri
(voir p. 101).

◁ Bacopa caroliniana
(voir p. 202).

SON AMÉNAGEMENT

BAC DU SUD-EST ASIATIQUE

C E BAC DOIT ÊTRE BIEN PLANTÉ, mais avec un espace destiné aux déplacements des poissons. On peut lui donner une touche originale en introduisant quelques espèces transparentes : la perche de verre (Chanda ranga) ou le silure de verre *(Kryptopterus bicirrhis)*. Une petite crevette *(Atya ou Macrobrachium)* et des gastéropodes (ampullaires) peuvent compléter le peuplement ; l'esthétique du décor végétal sera rehaussée par une belle plante isolée : *Barclaya longifolia* ou une espèce du genre Nymphaea.

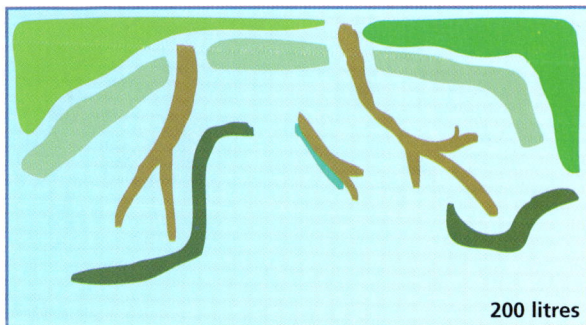

200 litres

Vallisneria	*Cryptocorynes de taille moyenne*
Hygrophila	*Cryptocorynes de petite taille*
Bois	*Mousse de java fixée sur du bois*

Dimensions (en cm)	L x l x h : 100 x 40 x 50
Volume brut	200 litres
Région	Sud-Est asiatique
Poissons	Barbus, rasboras, danios, 1 kuhli, 1 labéo, 1 botia (environ 35 poissons)
Plantes	*Vallisneria, Hygrophila,* cryptocorynes de taille moyenne, cryptocorynes de petite taille, mousse de Java fixée sur du bois
Sol	Sable, quartz.
Décor	À dominante végétale : branches, racines, bambous
Température (°C)	24 à 28, de préférence 26
pH	6,6 à 7
Dureté	Inférieure à 10 °fr., de préférence inférieure à 5 °fr.
Filtration	Normale

△ Capoeta titteya *(voir p. 83).*

△ Cryptocoryne cordata *(voir p. 208).*

BAC DE CICHLIDÉS AFRICAINS

L'ABSENCE DE PLANTES dans ce bac de Cichlidés africains sera compensée par un décor rocheux qui offrira des abris et des cachettes aux poissons ; l'utilisation de polyuréthane ou de polystyrène se révèle ici très efficace.

Pour le lac Tanganyika, on peut prévoir l'introduction du Cyprinodontidé *Lamprichthys tanganicanus* ou d'une espèce de *Lamprologus,* qui s'abrite dans une coquille de gastéropode. Pour le lac Malawi, on peut adjoindre certaines espèces du genre *Haplochromis.* Leur reproduction se fait par incubation buccale, l'aquariophile pourra donc s'attendre à un spectacle fascinant dès qu'il aura repéré une femelle à la gorge gonflée par ses œufs.

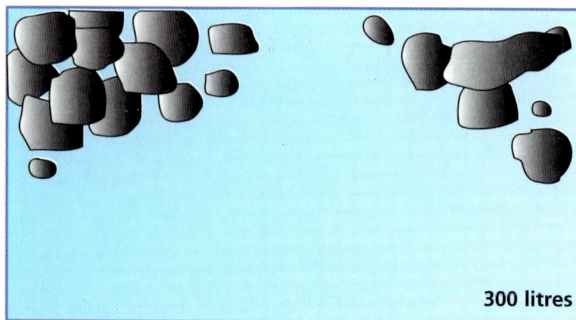

300 litres

Roches

Dimensions (en cm)	L x l x h : 120 x 50 x 50
Volume brut	300 litres
Région	Lacs de l'Est africain
Poissons	*Neolamprologus, Julidochromis* pour le lac Tanganyika (environ 4 poissons) ; *Pseudotropheus, Aulonocara, Melanochromis* pour le lac Malawi (environ 30 poissons).
Plantes	Elles sont absentes en milieu naturel. Éventuellement, quelques *Anubias.*
Sol	Granulométrie plutôt grossière
Décor	Roches avec abris, grottes, cachettes. Éventuellement décor artificiel.
Température (°C)	23 à 27, de préférence 25
pH	Supérieur à 7,5
Dureté	Supérieure à 15 °fr.
Filtration	Assez puissante

△ Julidochromis marlieri *(voir p. 112).*

Pseudotropheus tropheops
(voir p. 117). ▽

SON AMÉNAGEMENT

BAC MARIN

C E BAC MARIN CONSTITUE un modèle de base pour un débutant en eau de mer. Les espèces proposées sont résistantes ; et leur comportement offre un spectacle agréable, notamment les poissons-clowns dans leur anémone, qui pourront éventuellement se reproduire.

Pour diversifier la population animale, on pourra leur adjoindre une crevette ou un bernard-l'hermite, ainsi que des petits invertébrés portés par des pierres vivantes, dont l'introduction est souhaitable. Un décor artificiel intégrant du sable corallien, et même des petits fragments de coraux, donne un effet esthétique agréable ; il pourra être colonisé par des caulerpes. L'équilibre d'un tel aquarium sera garanti grâce à une qualité d'eau irréprochable.

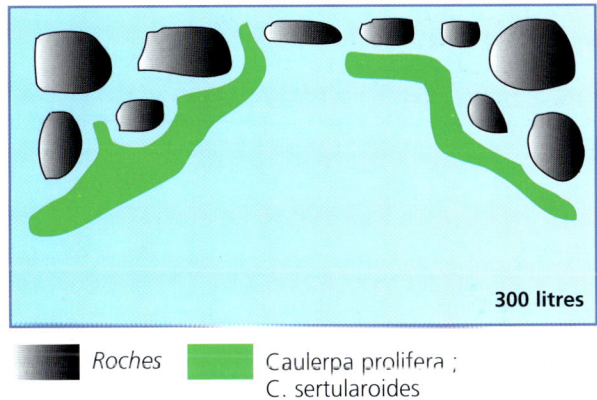

300 litres

Roches — Caulerpa prolifera ; C. sertularoides

Dimensions (en cm)	L x l x h : 120 x 50 x 50	Chaetodon auriga (voir p. 132). ▷
Volume brut	300 litres	
Région	Zone tropicale corallienne	
Poissons	1 couple de poissons-clowns (avec 1 anémone), demoiselles bleues, 1 Chaetodon auriga, blennies ou gobies (pas plus de 8 individus)	
Plantes	Caulerpes (C. prolifera ou C. sertularoides)	
Sol	Maërl ou sable de corail grossier	▽ Caulerpa sertularoides (voir p. 215).
Décor	Coraux morts, éventuellement décor artificiel	
Température (°C)	25-28	
pH	Environ 8,3	
Densité	1022-1023	
Filtration	Puissante (au minimum 3 fois le volume du bac)	

Ouvrages

- *Plantes et décors d'aquariums,* Allgayer R. et Teton J., Bordas
- *Les aquariums, une passion,* Artaut J., Nathan
- *L'aquarium,* Breitenstein A., La Maison rustique
- *Les poissons d'aquarium,* Breitenstein A. et Sérusier P., Guide vert Solar
- *Encyclopédie des poissons d'aquarium marin,* De Graaf F., Bordas
- *Précis de pathologie des poissons,* De Kinkelin P., Michel C. et Ghittino P., Inra
- *Le guide Marabout de l'aquarium d'eau douce,* Favré H., Marabout
- *Le guide Marabout de l'aquarium d'eau de mer,* Favré H. et Tassigny M., Marabout
- *Les poissons d'aquarium,* Louisy P., Maitre-Allain T. et Gourdon G., Éditions du Rocher, guide pratique, collection « Nature »
- *Le Nouveau Manuel de l'aquarium,* Maitre-Allain T., Solar
- *Poissons et aquariums,* Masson C., Larousse
- *La Grande Encyclopédie des poissons d'aquarium,* Petrovicky I., Gründ
- *Manuel d'aquariologie,* Terver D., Tome 1 : L'aquarium, eau douce et eau de mer. Tome 2 : Les plantes, 1ʳᵉ partie : généralités - Réalisations éditoriales pédagogiques

Périodiques

- *Aquarama,* 24, rue de Verdun, 67000 Strasbourg (bimensuel)
- *Aquarium magazine,* 41-43, rue Paul-Bert, 92100 Boulogne (mensuel)
- *Revue française aquariologie-herpétologie,* musée de Zoologie, 34, rue Sainte-Catherine, 54000 Nancy (trimestriel)

À cela s'ajoutent les publications des clubs, associations et fédérations aquariophiles.

LES AQUARIUMS PUBLICS

Il existe plusieurs dizaines d'aquariums publics en France, répartis sur tout le territoire ; certains sont consacrés à la faune tropicale, d'autres s'intéressent aux espèces des régions tempérées. La place nous manque pour tous les citer ; leurs adresses peuvent être obtenues à :
- l'UCA (Union des conservateurs d'aquarium), Aquarium tropical, 34, rue Sainte-Catherine, 54000 Nancy ;
- la FAF (Fédération aquariophile de France), 136 A, boulevard de Dijon, 10800 Saint-Julien-les-Villas.

LES ASSOCIATIONS ET LES CLUBS AQUARIOPHILES

Il existe un grand nombre d'associations et de clubs locaux, régionaux ou nationaux qui peuvent se rattacher à l'une des deux fédérations :
- FAF (Fédération aquariophile de France), 136 A, boulevard de Dijon, 10800 Saint-Julien-les-Villas ;
- FFAAT (Fédération française des associations d'aquariophilie et de terrariophilie), Aquarium tropical, 54, rue Sainte-Catherine, 54000 Nancy.

Les associations au niveau national sont généralement consacrées à un groupe particulier de poissons :
- AFC (Association France-Cichlidés), Roland Staub, 5, rue Clémenceau, 67800 Hoenheim ;
- CIL (Comité international pour les Labyrinthidés), Michel Dantec, 35, rue André-Malraux, 41000 Blois ;

- Évasion, la passion du discus, 12, domaine Château-Gaillard, 94700 Maisons-Alfort ;
- France Vivipares, Jean-Claude Sanglebœuf, 42, rue d'Auvergne, 41000 Blois ;
- KCF (Killi club de France), Léopold Chevreau, Le Bugnon-Lavernat, 72500 Château-du-Loir.

Signalons également l'existence du serveur Minitel 36 16 code AQUATICA.

ADRESSES POUR EAU DE MER

- L'IFREMER (Institut français de recherche pour l'exploitation de la mer), 155, rue J.-J. Rousseau, 92138 Issy-les-Moulineaux, qui possède plusieurs stations côtières : Boulogne-sur-Mer, Ouistreham, Saint-Malo, Roscoff, Brest, Concarneau, Lorient, La Trinité-sur-Mer, Nantes, Noirmoutier, La Rochelle, La Tremblade, Arcachon, Hendaye, Sète, Palavas-les-Flots, Marseille, Toulon, Bastia. Il existe également des stations dans les DOM-TOM : Saint-Pierre-et-Miquelon, Martinique, Guyane, Réunion, Nouvelle-Calédonie, Tahiti ;
- les laboratoires ou centres de recherches en biologie et écologie marine (certains sont rattachés aux universités ou à d'autres organismes, quelques-uns sont privés) :
• station marine de Wimereux (62) ;
• station marine de Luc-sur-Mer (64) ;
• laboratoire du muséum d'histoire naturelle de Dinard (35) ;
• station biologique de Roscoff (29) ;
• laboratoire de biologie marine du collège de Concarneau (29) ;
• centre de recherches et d'aquaculture marine de L'Houmeau (17) ;
• station biologique d'Arcachon (33) ;
• observatoire océanologique de Banyuls-sur-Mer (66) ;
• station de biologie marine et lagunaire de Sète (34) ;
• centre d'océanologie de Marseille (13) ;
• fondation océanographique Ricard, sur l'île des Embiez, Six-Fours-les-Plages (83) ;
• centre d'études et de recherches de biologie et d'océanographie médicale de Nice (06) ;
• observatoire océanologique de Villefranche-sur-Mer (06) ;
• centre scientifique Monaco, situé dans le même bâtiment que l'aquarium bien connu.

ADRESSES POUR EAU DOUCE

Pour l'eau de distribution (eau du robinet) :
- direction départementale des affaires sanitaires et sociales (DDASS). Il en existe une dans chaque département, en général dans la ville préfecture ;
- laboratoires municipaux d'analyses (agréés par l'État), présents dans de nombreuses grandes villes.

Pour les eaux naturelles :
- pour chaque réseau hydrographique (par exemple la Seine, tous ses affluents, les affluents des précédents, et ainsi de suite), il existe une agence de bassin :
• agence de bassin Adour-Garonne (située à Toulouse, avec délégation à Bordeaux).
• agence de bassin Artois-Picardie (à Douai) ;
• agence de bassin Loire-Bretagne (à Orléans, avec délégation à Nantes et Clermont-Ferrand) ;
• agence de bassin Rhin-Meuse (à Metz) ;
• agence de bassin Rhône-Méditerranée-Corse (à Lyon, avec délégation à Marseille) ;
• agence de bassin Seine-Normandie (à Paris).

287

Couverture :

1ère de couverture : **PHO.N.E./**J.M. Labat.

4 ème de couverture : **PHO.N.E./**J.M. Labat - Y. Lanceau (hg, bg, hd) ; **MAP**/N. & P. Mioulane (b).

Toutes les photos appartiennent à Yves LANCEAU et Hervé CHAUMETON/Agence Nature à l'exception des photos suivantes :

Aquapress : p. 167 - **Berthoule/Nature :** p. 12 ; p. 15 ; p. 25 (h) ; p. 30 (h) ; p. 51 (g) ; p. 52 ; p. 53 (h) ; p. 54 (b) ; p. 57 (h) ; p. 58 (g) ; p. 168 (h) ; p. 173 (h) ; p. 222 ; p. 223 ; p. 230 ; p. 234 ; p. 235 (h) ; p. 236 ; p. 236/237 ; p. 238 ; p. 240 ; p. 241 ; p. 242 (g) ; p. 247 (b) ; p. 248 (h) ; p. 250 ; p. 251 ; p. 252 ; p; 254 ; p. 257 ; p. 271 ; p. 272 ; p. 273 ; p. 277 - **Biehler/Aquapress :** p. 25 (b) - **Bretenstein :** p. 55 (b) ; p. 56 (b) ; p. 169 (b) - **Chambfort :** p. 24 ; p. 221 (h) - **Corel :** p. 43 (mg) ; p. 68 ; p. 128 (md-bg) ; p. 129 (hd) ; p. 131 ; p. 132 (h) ; p. 134 (b) ; p. 135 (hg) ; p. 137 (h-b) ; p. 143 (hd) ; p. 145 (md) ; p. 146 (mg) ; p. 148 (hd) ; p. 152 (hd) ; p. 153 (bd) ; p. 154 (bg) ; p. 156 (bg) ; p. 161 (h) ; p. 163 (b) ; p. 164 (hd) ; p. 165 (hd) ; p. 171 (h) ; p. 176 (h-m) ; p. 182 (m) ; p. 231 ; p. 244 ; p. 258 - **Etcheverry :** p. 181 (m) - **Francour/Aquapress :** p. 28 - **Genetiaux/Aquapress :** p. 185 (md) - **Guerrier/Nature :** p. 213 (mg) - **Heather Angel :** p. 81 (hd) - **Houtmann/Aquapress :** 182 (b) - **JM/Bour/UW/Cameraman photographer :** p. 267 - **Lamaison/Nature :** p. 33 (h) ; p. 203 (bd) ; p. 206 (mg) ; p. 210 (mg) - **La Tourette/Nature :** p. 133 (hg) ; p. 138 (mb-bg) - **Londiveau/Aquapress :** p. 35 (d) - **Louisy :** p. 61 (h) ; p. 76 (m) ; p. 87 (hd-b) ; p. 94 (bd) ; p. 104 (m) ; p. 107 (hd) ; p. 108 (mg) ; p. 112 (b) ; p. 113 (m-bd) ; p. 130 (bg) ; p. 130/131 (b) ; p. 135 (hd) ; p. 136 (hg) ; p. 137 (md) ; p. 140 (bd) ; p. 144 ; p. 145 (hd-bg) ; p. 146 (bd) ; p. 150 (m) ; p. 164 (hg) ; p. 165 (hg-b) ; p. 177 (hg) ; p. 180 (h) ; p. 187 (hd) ; p. 208/209 ; p. 215 (hd) - **Maître-Allain :** p. 23 (b) ; p. 59 (h) ; p. 102 (h) ; p. 103 (bg) ; p. 109 (hd) ; p. 148 (b) ; p. 155 (hd) ; p. 164 (b) ; p. 174 (b) ; p. 175 ; p. 183 (m) ; 185 (mg) ; p. 190 ; p. 194 (h) ; p. 200 ; p. 220 ; p. 229 ; p. 248 (b) ; p. 249 ; p. 259 ; p. 261 ; p. 263 (h) ; p. 274 ; p. 278 ; p. 279 ; p. 280 ; p. 281 - **Pecolatto/Nature :** p. 94 (bg) - **Piednoir/Aquapress :** p.4 ; p. 5 ; p. 8 ; p. 9 ; p. 14 ; p. 20 ; p. 21 ; p. 29 ; p. 30 ; p. 31 ; p. 32 ; p. 33 (b) ; p. 34 ; p. 35 (g) ; p. 36 ; p. 37 ; p. 38 ; p. 39 (h) Aquarium de Tours ; p. 39 (b) ; p. 40 ; p. 41 ; p. 42 (g) ; p. 43 (md) ; p. 44 (b) ; p. 47 ; p. 48/49 ; p. 50 ; p. 51 (h - m) ; p. 52 (hg) ; p. 53 (b) ; p. 54 (h) ; p. 56/57 ; p. 58 (d) ; p. 59 (b) ; p. 60 ; p. 61 (b) ; p. 62 ; p. 63 ; p. 64 ; p. 65 ; p. 70 ; p. 71 ; p. 72 (b) ; p. 73 ; p. 74 ; p. 75 (b) ; p. 77 (hg) ; p. 77 (md) ; p. 78 (md) ; p. 80/81 ; p. 81 (mg) ; p. 82 (h) ; p. 87 (hg-m) ; p. 89 (hd-mg-bg) ; p. 91 (mg) ; p. 92 (hd) ; p. 93 (mbg) ; p. 96 ; p. 97 ; p. 98 (hd-mg-bg) ; p. 100 (mhd-b) ; p. 101 (m) ; p. 102 (mg-bg) ; p. 103 (h-m) ; p. 104 (b) ; p. 105 (hg-bm) ; p. 106 (h-bg) ; p. 106/107 (b) ; p. 107 (hg) ; p. 111 (md) ; p. 112 (h-mh) ; p112/113 (h) ; p. 113 (hd-mbg) ; p. 114 (mg) ; p. 114/115 ; p. 115 (b) ; p. 116 (mg) ; p. 116/117 ; p. 117 (mhd-mbg-bg) ; p. 118 (bg) ; p. 118/119 ; p. 122/123 ; p. 133 (hd-bg) ; p. 139 (mbd) ; p. 138 (mhg) ; p. 142 (hd) ; p. 147 (b) ; p. 148 (mg) ; p. 149 (m) ; p. 150 (bd) ; p. 151 (md) ; p. 153 (bg) ; p. 154 (h) ; p. 157 (b) ; p. 158 (h) ; p 160 (h-bg) ; p. 161 (m-b) ; p. 162/163 ; p. 166 (g) ; p. 168 (b) ; p. 169 (h) ; p. 170 ; p. 173 (b) ; p. 174 (h) ; p. 176 (b) ; p. 177 (hd-b) ; p. 179 ; p. 180 (m-b) ; p. 181 (h-b) ; p. 182 (h) ; p. 183 (h-b) ; p. 184 (h-b) ; p. 185 (h-mg-bd) ; p. 186 (h-b) ; p. 187 (hg-m-b) ; p. 188/189 ; p. 189 (h-b) ; p. 191 (bg) ; p. 192 (b) ; p. 193 ; p. 194 (b) ; p. 197 ; p. 198 ; p. 199 (h) ; p. 201 (b) ; p. 203 (bg) ; p. 204 (h) ; p. 204/205 ; p. 205 ; p. 207 (hd-b) ; p. 209 (hd-mg-bd) ; p. 210 (bd) ; p. 210/211 ; p. 211 (h-bd) ; p. 213 (hg-md-b) ; p. 214 ; p. 214/215 ; p. 215 (m) ; p. 216/217 ; p. 217 (h-b) ; p. 218 ; p. 219 ; p. 221 (b) ; p. 226/227 ; p. 228 ; p. 233 ; p. 235 (b) ; p. 242 (d) ; p. 243 ; p. 245 ; p. 246 ; p. 247 (h) ; p. 253 ; p. 255 ; p. 260 ; p. 262 ; p. 263 (b) ; p. 264 ; p. 264/265 ; p. 265 ; p. 266 ; p. 266/267 ; p. 268 ; p. 269 ; p. 270 ; p. 275 ; p. 276 ; p. 281 (h) - **Prévot/Nature :** p. 120 (mg) - **Quinn/Nature :** p. 172. - **Roulland/Aquapress :** p. 10/11 ; p. 23 (h) - **Sauer/Nature :** p. 56 (h) - **Tramasset & Etcheverry :** p. 166 (d).

LE GRAND GUIDE DE L'AQUARIUM
Publié par Sélection du Reader's Digest
Photogravure : ATP

Impression et reliure : NUOVA GEP, Crémone

DEUXIÈME ÉDITION
Troisième tirage

Achevé d'imprimer : septembre 2001
Dépôt légal en France : septembre 1999
Dépôt légal en Belgique : D.1995.0621.116
Imprimé en Italie - *Printed in Italy*